乾隆的百宝箱

清宫宝藏与京城时尚

赖惠敏　著

社会科学文献出版社
SOCIAL SCIENCES ACADEMIC PRESS (CHINA)

目　录

引　子

　　李渔的小说《夏宜楼》描述了一位名叫瞿佶的书生在街肆上买了一副西洋望远镜。他登塔试眺，照见一位名叫娴娴的富家小姐，居处夏宜楼。娴娴容貌端庄过人，他决计娶其为妻。在这里，千里镜打破了男女空间区隔的樊篱，结局为"吉人既占花王，又收尽了群芳众艳"。李渔是明末清初的文人，虽然在那个时代已经有西方传教士把洋货引入中国，但他是第一位把望远镜写入中文小说的中国文人。到18世纪，《红楼梦》中出现的西洋器物更多。该书描述刘姥姥进大观园时见到自鸣钟，"只听得当的一声，又若金钟铜罄一般，不防倒唬得一展眼"。贾府的大时钟、大镜子，妇女穿的毛皮服饰或使用的玛瑙、鼻烟壶等物品都是洋货。然而，《红楼梦》中贾府的洋货和清宫的洋货比起来，就显得小巫见大巫。清宫有粤海关大量采办的洋货，以及乍浦港进口的日本洋铜和各种东洋器皿等，还有从恰克图进口的俄国毛皮、纺织品等。这些进口的毛皮、毛织品、纺织品、珊瑚、铜、锡、铅、玻璃、紫檀木、洋毡等令人叹为观止，而且数量庞大。清人对西方舶来品的兴趣值得深入探讨。

　　经由贸易数据的变化来观察洋货对人们生活品味的影响，是近年来中西学者关注的焦点。彭慕兰（Pomeranz Kenneth）的《大分流》（*The Great Divergence*）讨论了欧洲和中国的奢侈消费，如糖、丝、棉产量影响了城市居民的品味。此外，西洋的眼镜、饰品、毛皮与食品（如鱼翅、燕窝）等舶来品的数量也在中国迅速增长。彭慕兰认为，除了燕窝，中国人对西方进口的其他舶来兴趣不大。[①] 康无为（Harold Kahn）曾说："18 世纪的北京在生活方式或服饰上，并未模仿外人，也没做过什么调适，不像 8 世纪长安那样，深受唐帝国外缘的突厥人和波斯人的风格与货物的影响。"[②] 韩格理（Gary G. Hamilton）揭示了 19 世纪俄国接受了大量的西方货品，其原因是这些货品是欧洲制造的，特别是法国制造的。亲法分子掌握俄国大权后，就把这些西方商品留给俄国的贵族及其家臣使用。精英分子有意借着把这种货品集中于君主，特别是凯瑟琳大帝，以形成一种消费模式。南美的精英分子也使用大量的西方货品，精英分子也是政治领袖，他们保有极大的优异性特点，作为维持他们领导权的手段之一。在印度使用西方货品的是特殊分子，例如有知识的行政人员及商人等。如此看来，这些地方的精英群体比较容易接受西方商品。当时的中国人基于文化的优越性，精英分子不喜欢所有的外国人及外国制的货品。[③] 19 世纪的中国内忧外患，统治阶层与文武官员等都倡导简约，而 18 世纪盛清时期，皇帝的生活奢靡铺张，洋货充斥宫廷。洋货成为清朝维持统治的利器，如用于赏赐蒙古王公、西藏喇嘛等，缔造太平盛世，不能忽视它的重要性。西洋物品除了在宫廷大量使用，在旗人居住的北京内城的东西两庙——东城的隆福寺和西

---

① 彭慕兰：《大分流》，邱澎生等译，台北：巨流出版社，2004，第 211—213 页。

② 康无为：《帝王品味：乾隆朝的宏伟气象与异国奇珍》，《读史偶得：学术演讲三篇》，台北："中央研究院"近代史研究所，1993，第 70 页。

③ Gary G. Hamilton：《中国人对外国商品的消费：一个比较的观点》，张维安译，《中国社会与经济》，台北：联经出版社，1990，第 191—225 页。

城的护国寺，一日能消耗百万钱，消费者竭尽所能地购买洋货。

笔者阅读清人笔记，特别是《北京竹枝词》提到乾嘉时期洋货充斥北京，如大小绒、哔叽、羽纱、紫檀、火石，以及所制时辰钟表等物，精巧绝伦。18世纪朝鲜每年派使臣到北京朝觐，许多使臣的日记中提到北京繁华且奢侈的景象。如朴趾源在其《热河日记》中记隆福寺："阶城玉栏所布挂，皆龙凤毡罽，而衣被墙壁者，尽是法书名画。……前年李懋官游此寺，值市日，逢内阁学士嵩贵，自选一狐裘，挈领披拂，口向风吹毫，较身长短，手揣银交易，大骇之。……然今吾历访卖买者，皆吴中名士，……其所觅物，类多古董彝鼎、新刻书册、法书名画、朝衣朝珠、香囊眼镜。……以中国人人能有精鉴雅赏也。"[①] 李德懋看到嵩贵在庙会市集购买高级狐裘，大为惊讶。朴趾源到北京正逢乾隆帝七十大寿（1780），当时的隆福寺所卖皆毡罽、书画、古董、朝珠、香囊、眼镜、狐裘、貂帽等。嘉庆朝礼亲王昭梿的《啸亭杂录·续录》载："乾隆末，和相当权，最尚奢华，凡翰苑部曹名辈，无不美丽自喜，衣褂袍褶，式皆内裁。其衣冠敝陋，悃愊无华者，人皆视为弃物。"[②] 官员衣褂袍褶必称宫样，争尚奢华，说明宫廷带动了时尚。

倪玉平、许檀等提到崇文门关税收的增加，他们留意了商业的发展，[③] 但是未特别讨论税收和国际贸易的关系。雍正五年（1727）中俄签订《恰克图条约》，乾隆二十年（1755）中俄商民开始在恰克图贸易。[④] 又，乾隆二十二年所谓"广州一

① 朴趾源：《热河日记》，朱瑞平校点，上海书店出版社，1997，第346—347页。

② 昭梿：《啸亭杂录·续录》，台北：弘文馆出版社，1986，第423页。

③ 倪玉平：《清代关税：1644—1911年》，科学出版社，2017，第62页；许檀：《明清华北的商业城镇与市场层级》，科学出版社，2021，第19—58页。

④ 赖惠敏：《满大人的荷包：清代喀尔喀蒙古的衙门与商号》，中华书局，2020，第8页。

口通商"。[1] 洋货带来了崇文门关税收的变化。第一，以"洋"为税目的数量增加。康熙二年（1663）规定："凡外国进贡之人，带来贸易物件，应令崇文门监督，止记册报部，不必收税。"[2] 康熙八年崇文门关订立税则，雍正八年关于皮张的税则不多，包括上、中、下三等貂皮，以及豹皮、狐皮、水獭皮、虎皮等。[3] 乾隆十七年增海龙皮、沙狐皮、羔皮袍、羔皮褂的税额。乾隆三十六年增订了洋貂皮、太平貂皮、洋灰鼠皮的项目，这些都是进口的毛皮。同时增羽绸、珊瑚器、水晶器、碧霞玺、钟表之税则。至乾隆四十五年，崇文门关征税的布匹类中有"洋""回"字样的锦缎、布匹约 17 项。皮张则增加 20 种毛皮项目，而且依照服饰所需，分有"袖""领""帽沿"。[4] 其他金线、绒毡、镜子、八音盒、自行羊、显微镜、洋针、洋红和洋青颜料等更是不可胜数。详细的内容将在本书各章讨论。

第二，崇文门关税收在乾隆年间大幅增加。崇文门关税收以烟、酒、茶、布四项为大宗，顺治年间正额为银 85099 两[5]，康熙二十五年为 94483 两，雍正元年为 102175 两，[6] 乾隆二十一年正额盈余 262085.7 两，乾隆四十一年为 316089.5 两。

---

① 陈国栋认为"广州一口通商"的说法一定要和英国联结，不能扩大到包括所有与中国贸易的国家。参见陈国栋《清代前期的粤海关与十三行》，广东人民出版社，2014，第 8—9 页。

② 《大清圣祖仁皇帝实录》，台北：华文书局，1969，第 161—162 页。

③ 《督理崇文门商税盐法·康熙八年题定则例征银数目》，《国家图书馆藏清代税收税务档案史料汇编》第 6 册，全国图书馆文献缩微复制中心，2008，第 2860—2862 页。

④ 《督理崇文门商税盐法·乾隆三十六年新增税则》，《国家图书馆藏清代税收税务档案史料汇编》第 7 册，第 3007—3008、3021—3023、3088—3090、3104—3106 页。

⑤ 下文"两"如未特别写明，皆指银两。

⑥ 倪玉平：《清代关税：1644—1911 年》，第 62 页。

崇文门关税缴交户部的定额约为 11 万两。[①] 嘉庆八年（1803）
八月初三日起至九年八月初二日止一年期内，征收过额税铜斤
水脚 102180.81 两，又尽收尽解参税 5.43 两，盈余 179359.54
两。[②] 自嘉庆十年八月初三日起至十一年八月初二日止一年期
内，共收正额 102186.71 两，收盈余 212473.11 两，通计正额
盈余尽收尽解 314659.82 两。较上个无闰月年份多收盈余 108.5
两。[③] 税收增加和洋货在北京的流通不无关系。乾嘉年间崇文
门关税收的变化参见图 0-1。

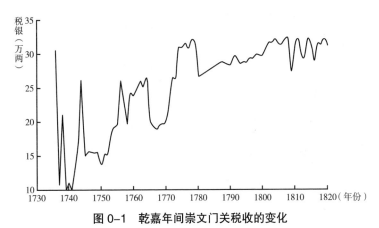

图 0-1　乾嘉年间崇文门关税收的变化

资料来源：倪玉平《清代关税：1644—1911 年》；《清代内阁大库原藏明清
档案》。

---

①　崇文门关交户部银，乾隆二十七年为 111274.5 两，四十一年为 110694
两。《宫中朱批奏折·财政类》，中国第一历史档案馆发行微卷，1986，
乾隆二十七年八月十八日，档案号：0335-037；乾隆四十一年八月九日，
档案号：0347-042。

②　《清代内阁大库原藏明清档案》，"中央研究院"历史语言研究所藏（下
略），嘉庆十年六月十九日，档案号：116735。

③　《清代内阁大库原藏明清档案》，嘉庆十一年九月，档案号：173914。

崇文门关的税收和居住内城的居民消费有关。根据韩光辉的研究，清代顺治四年（1647），内城人口 39.5 万人，外城 14.4 万人，城属人口 12 万人，共 65.9 万人。康熙二十年，内外城共 76.7 万人。乾隆四十六年共 98.7 万人，其中内城 45 万人。宣统二年（1910），外城人口 82.2 万人，内城约 38.8 万人，共 121 万人。若算上外城人，内外城人口清初为 55 万人，乾隆四十六年为 86 万人，清末为 121 万人。① 根据史志宏的研究，户部银库每年的支出项目中，京师八旗兵饷计 400 余万两，京师王公百官俸禄、京官养廉银等 108 万两，行政经费约 90 万两。② 京师官员和兵丁的俸饷等近 600 万两，足以形成庞大的消费群体。

《金吾事例》载："嘉庆十八年，御史嵩安等奏酌筹内城编查保甲事宜。……居民铺户俱令注明姓名、籍贯、年岁、行业、家口、奴仆。除妇女幼孩，其余俱令注明年貌。铺户令一月出具甘结，一本送衙门存查，一本交该官厅收存。"③ 据该书统计，咸丰元年（1851），北京内城的户口约 76443 户，商铺数量 15333 家（图 0-2）。

---

① 韩光辉:《清代北京地区人口的区域构成》,《中国历史地理论丛》1990 年第 4 期;韩光辉:《北京历史人口地理》,北京大学出版社,1996,第 128 页。

② 行政经费每年支出约 90 万两,其中包括内务府、工部、太常寺、光禄寺、理藩院等衙门支领备用 56 万两。参见史志宏《清代户部银库收支和库存研究》,社会科学文献出版社,2014,第 54—56 页。

③ 《金吾事例》,故宫博物院编《故宫珍本丛刊》第 330 册,海南出版社,2000,第 57—58 页。

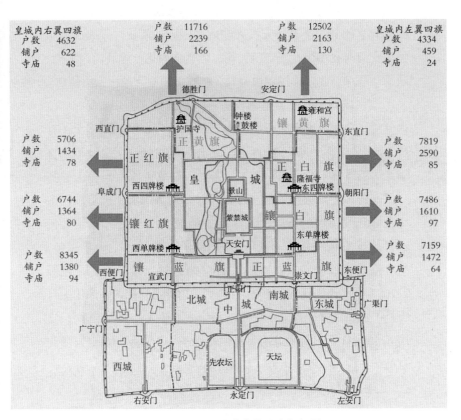

图 0-2 北京内城铺户的分布与数量

资料来源:《金吾事例》,故宫博物院编《故宫珍本丛刊》第 330 册,第 15—18 页。

　　过去笔者探讨北京庙会的活动主要集中在护国寺、隆福寺、雍和宫等地。从图 0-2 来看，这些寺庙附近，以及东四牌楼、西四牌楼附近铺户的分布较多，此为旗人消费场所。① 刘小萌利用北京的契约文书研究汉人在内城经营的商业，其铺面分布于东直门内北小街、安定门大街、鼓楼前斜街、德胜门内大街、国子监西口、西四牌楼东边等处，② 靠近图 0-2 铺户密集所在。

　　北京内城的核心为皇帝住所——紫禁城，服务皇帝的单位内务府是全国最庞大的行政机构。内务府下属机构 50 多个，官员 3000 多位，太监近 3000 人，还有三旗内管领下食钱粮、食季米苏拉 4950 名。③ 内务府所掌握的财政资源相当惊人，其广储司银库为内务府庋藏金银的单位。内务府奏销档记载，银库依雍正元年奏过黄册内实存 832365.65 两，雍正二年正月初一日起至三年八月二十九日止用 1848900.38 两。④ 雍正七年，内务府官员双全奏报银库收贮 359000 余两，遵旨熔化之色银 1320890 两，得纹银 476300 余两。⑤《内务府广储司银库用项月折档》载，乾隆十年至六十年，该银库总收入 68803253 两，支出 67705043 两。⑥ 内务府每年的花费平均在百万两以上，而北京的铺户向内务府提供办买物资的服务。

---

① 赖惠敏:《乾隆皇帝的荷包》，台北:"中央研究院"近代史研究所，2014，第 329—337 页。

② 刘小萌:《清代北京内城居民的分布格局与变迁》，《清史　满族史论集》（下），中国社会科学出版社，2020，第 695—714 页。

③ 祁美琴:《清代内务府》，中国人民大学出版社，1998，第 186 页。

④ 中国第一历史档案馆、故宫博物院合编《清宫内务府奏销档》第 1 册，雍正三年十二月初七日，故宫出版社，2014，第 455—457 页。

⑤ 《清宫内务府奏销档》第 3 册，雍正七年十一月十六日，第 367 页。

⑥ 朱庆薇:《内务府广储司六库月折档》，《近代中国史研究通讯》第 34 期，2002 年。

　　祁美琴将内务府的经费支出分成六部分：帝后日常膳食和服御用品的消耗、赏赐、节日庆典、修缮和祭祀、出巡、衙门办公费和官员差役人员的薪资。① 本书利用《内务府广储司银库用项月折档》统计各年支出，重点在宫廷的服饰、赏赐、祭祀等项目。之所以将膳食和服饰分开，修缮与祭祀分开，意在着重服饰、赏赐及祭祀中的洋货。通过内务府各机构办买的物资，异国奇珍不断涌入清宫。

　　内廷生活中重要的支出费用是帝后的服御用品。皇太后、皇帝、皇后御用冠服，妃嫔及皇子、公主朝冠、朝服，皆依定式成造，主要由江南三织造局分织龙衣，采布、缎、纱、绸、绢、棉甲及采买金丝、织绒，每岁由内务府拟定式样及应用之数奉行织造。三织造每年额定经费 13 万两，不过内务府的买卖人（采购人员）仍须在北京办买各种珠宝、珊瑚、皮张、毡毯等。

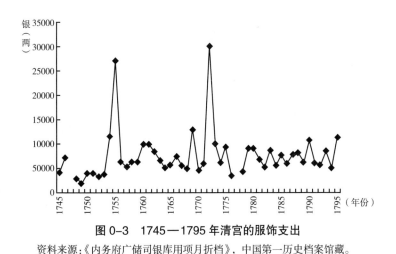

图 0-3　1745—1795 年清宫的服饰支出

资料来源：《内务府广储司银库用项月折档》，中国第一历史档案馆藏。

① 　祁美琴：《清代内务府》，第 170—189 页。

　　清代宫中筵宴名目繁多，由内务府承办的主要有为皇太后圣寿、皇后千秋节、各级妃嫔生辰等所举行的筵宴，有皇子、皇孙、皇曾孙婚礼中的初定礼、成婚礼筵宴，有皇帝家筵宴及宗室宴，还有几次大规模的千叟宴等。皇帝万寿、元旦及除夕赐宴外藩蒙古王公等，则由内务府和光禄寺合办，筵宴之后赏给外藩蒙古王公等各种皮张、缎匹等。虽然赏赐物品并非都是洋货，但档案未明显区分各项赏赐的经费。按照《内务府广储司银库用项月折档》，1745—1795 年赏赐支出参见图 0-4。

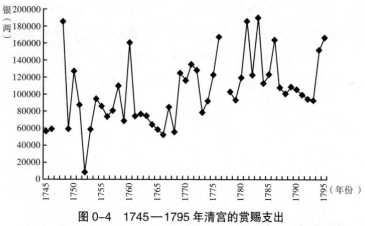

图 0-4　1745—1795 年清宫的赏赐支出

资料来源：《内务府广储司银库用项月折档》，中国第一历史档案馆藏。

　　内廷祭祀包括祭神、祭天、祭祖等项。一年之中，大小祭祀不断，内务府官员办买各项香供、糖斤、果品、蜡烛等，其中沉香、速香等属舶来品，其费用也相当不菲。乾隆三十五年以前在 4 万两以下，三十五年以后增加到 6 万—8 万两（图 0-5）。

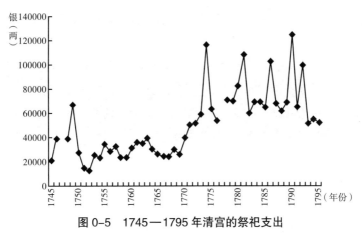

图 0-5　1745—1795 年清宫的祭祀支出

资料来源：《内务府广储司银库用项月折档》，中国第一历史档案馆藏。

　　内务府所需的物资会从北京的铺户购买，因此乾隆年间出现了著名的银楼商号等。潘荣陛的《帝京岁时纪胜》记载，乾隆年间帝京品物，"金银宝饰，开敦华、元吉之楼；彩缎绫罗，置广信、恒丰之号。貂裘狐腋，江米街头；珊瑚珍珠，廊房巷口。靛青梭布，陈庆长细密宽机；羽缎氆毡，伍少西大洋青水。冬冠夏纬，北于桥李齐名。满袜朝靴，三进天奇并盛。织染局前鞾带，经从内府分来；隆福寺里荷包，样自大宫描出"。[①] 江米街（今东交民巷）专卖貂裘狐腋，廊房巷卖珊瑚、珍珠。北京百货齐聚，服玩之好，厌古而喜新，争奇而夸美者，必曰宫样。西方研究物质文化的学者认为，奢侈品本来是贵族用来显示其特权身份的，消费社会形成后，任何人只要有钱就可以购买到奢侈品，且贵族的消费模式被下层社会所仿效，而城市化更促进仿效现象，便在城市内造就了这种消费的集中市场。笔

————————

① 　潘荣陛：《帝京岁时纪胜》，台北：木铎出版社，1982，第 41—42 页。

者认为，乾隆帝面对的全球化贸易有意推广奢侈品的使用，其在礼制上规定贵族、王公、官员的服饰，引进西方等地工艺技术，并且影响了北京的城市工商业。1760 年工业革命后，贸易全球化的趋势改变了清宫对物品的喜好，乃至影响到礼仪制度的变化，而这些变化都和皇帝设计、西洋和西藏地方技术支援，以及杰出的执行群臣和手艺精湛的工匠有关。

清宫物资与全球化

过去学者注意到，清代朝贡体系主要通过礼仪制度建立起宗藩等级名分关系，各地的贡物进行互换，但 1760 年工业革命后，全球贸易兴盛，以朝贡名义进行实质的贸易成为必然趋势。最显著的是毛皮和纺织品的贸易。18 世纪清朝版图扩大至喀尔喀蒙古，与俄国接壤。俄国每年输入中国的毛皮达数百万张。至 19 世纪，恰克图与莱比锡成为全球毛皮贸易的重镇。关于俄国方面的研究已经有很多论著，譬如克利福德·M. 福斯特（Clifford M. Foust）、米·约·斯拉德科夫斯基、阿·科尔萨克、特鲁谢维奇、B. C. 米亚斯尼科夫、谢·宾·奥孔等的研究。① 其他研究者还有吉田金

---

① Clifford M. Foust, *Muscovite and Mandarin: Russia's Trade with China and Its Setting, 1727-1805*. Chapel Hill: University of North Carolina Press, 1969; 米·约·斯拉德科夫斯基：《俄国各民族与中国贸易经济关系史（1917 年以前）》，宿丰林译，社会科学文献出版社，2008；阿·科尔萨克：《俄中商贸关系史述》，米镇波译，社会科学文献出版社，2010；特鲁谢维奇：《十九世纪前的俄中外交及贸易关系》，徐东辉、谭萍译，岳麓书社，2010；B. C. 米亚斯尼科夫主编《19 世纪俄中关系：资料与文献》第 1 卷，徐昌翰等译，广东人民出版社，2013；谢·宾·奥孔：《俄美公司》，俞启骧等译，商务印书馆，1988。

一、森永贵子、谢健（Jonathan Schlesinger）等。[①]有关英美毛皮输入中国的资料，以《东印度公司对华贸易编年史（1635—1834）》为主，记载了18世纪末19世纪初，中国从英、美进口海獭、海豹、兔的毛皮等，每年贸易额约20万元。[②]

笔者曾于2020年出版《满大人的荷包：清代喀尔喀蒙古的衙门与商号》一书，探讨晋商在恰克图贩售茶叶的情况，利用了台北蒙藏文化中心藏蒙古国国家档案局的《恰克图商民买卖货物清册》。该文献还记载了商民将从俄国进口的毛皮、西洋纺织品销遍中国各个城市的情况。学者看到英国进口的纺织品在中国销路不佳，认定中国人不爱洋货，若看到数量众多的俄国商品在中国热销应该会改变此观点。

探讨金属的进口，主要是铜、锡、铅的进口。《水窗春呓》提到，与河厅"同时奢靡者，为广东之洋商，汉口、扬州之盐商，苏州之铜商，江苏之州县，其挥霍大半与河厅相上下"。[③]刘序枫统计自康熙二十三年清朝开放海禁后，日本铜输至中国的数量急遽增加。康熙二十三年至三十四年，每年均

---

① 吉田金一「ロシアと清の貿易について」『東洋學報』第45卷第4号、1963年、39-86頁；森永貴子『ロシアの拡大と毛皮交易：16-19世紀シベリア・北太平洋の商人世界』彩流社、2008；森永貴子『イルクーツク商人とキャフタ貿易：帝政ロシアにおけるユーラシア商業』北海道大學出版會、2010；Jonathan Schlesinger, *A World Trimmed with Fur: Wild Things, Pristine Places,and the Natural Fringes of Qing*. Stanford: Stanford University Press, 2019（中译本为谢健《帝国之裘：清朝的山珍、禁地以及自然边疆》，关康译，北京大学出版社，2019）。

② 马士：《东印度公司对华贸易编年史（1635—1834）》，区宗华译，中山大学出版社，1991。相关论文有蔡鸿生《清代广州的毛皮贸易》，《学术研究》1986年第4期。本书中的货币单位"元"，如无特别说明则为银元。

③ 欧阳兆熊、金安清：《水窗春呓》卷下，谢兴尧点校，中华书局，1984，第42页。

有三四百万斤；康熙三十五年至四十九年，每年均有 400 万—700 万斤。康熙五十四年后日本铜产量减少，至乾隆七年日本将输出铜数限制在 150 万斤以下，乾隆三十年为 130 万斤，乾隆五十六年降为 100 万斤。[①] 永积洋子所编相关史料记载了 1735—1795 年中国船到日本购买的洋铜数量（图 0-6 ）。[②]

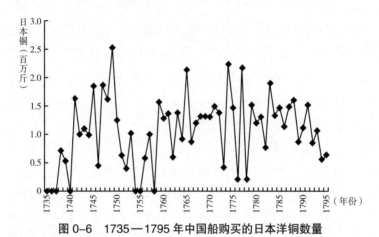

图 0-6　1735—1795 年中国船购买的日本洋铜数量

资料来源：永積洋子編『唐船輸出入品数量一覧：1637~1833 年復元唐船貨物改帳·帰帆荷物買渡帳』、257-298 頁。

在中国历史上任土作贡的传统下，清朝贡锡、贡铅的数量相当多。何新华在《清代贡物制度研究》一书中提到贡锡的省份有江苏、安徽、福建、山西、广东等，以广东贡锡数量最

---

① 刘序枫：《清康熙、乾隆年间洋铜的进口与流通问题》，汤熙勇编《中国海洋发展史论文集》第 7 辑上册，台北："中央研究院"中山人文社会科学研究所，1999。

② 永積洋子編『唐船輸出入品数量一覧：1637~1833 年復元唐船貨物改帳·帰帆荷物買渡帳』創文社、1987。

多。^① 实际上，从英国东印度公司及荷兰东印度公司的史料确可看到锡、铅进口到广州。英国、荷兰船只运送的锡原来是压船舱用的，后来发现中国人祭祀焚烧锡箔冥纸用量多，荷兰东印度公司输出中国的锡大为增加，18 世纪中叶后锡的输出量较 17 世纪增加了 15 倍。^② 锡和铅的合金称为六锡，清宫大量使用于宫殿建筑防水、旅行轻便器皿、茶罐防潮等，用途相当多元。

洋货与清宫礼仪制度

研究中国服饰的著名学者安东篱（Antonia Finnane）讨论了中国历代文人描述的边疆文学出现穿着毛皮的野蛮人形象。^③ 到了清朝，貂裘不再是野蛮的象征。乾隆十三年，皇帝命允禄编纂《皇朝礼器图式》。这套图谱包括祭器、仪器、冠服、乐器、卤簿与武备六部。帝室、王公、百官等穿用按照冠服图的规范，形成阶层分明的社会。^④ 赖毓芝认为中西贸易进口之物

① 何新华:《清代贡物制度研究》，社会科学文献出版社，2012，第 23—39 页。如江苏贡高锡 16239 斤，安徽贡高锡 16654 斤，福建贡锡 22028 斤，山西贡锡 11800 斤，广东贡高锡 35664 斤 8 两、点锡 211713 斤。

② Els M. Jacobs, *Merchant in Asia: the Trade of the Dutch East India Company During the Eighteenth Century*. Leiden: CNWS Publications, 2006, pp. 227–228. 刘勇书附录 2 有荷兰 1758—1793 年运到中国锡的数量，参见 Liu Yong, *The Dutch East India Company's Tea Trade with China, 1757-1781*. Leiden: Brill, 2007, pp. 178–203。

③ Antonia Finnane, *Changing Clothes in China: Fashion, History, Nation*. London: Hurst & Company Press, 2007; Antonia Finnane, "Barbarian and Chinese: Dress as Difference in Chinese Art," *Humanities Australia* 1(2010), pp. 33–43.

④ 刘潞:《一部规范清代社会成员行为的图谱——有关〈皇朝礼器图式〉的几个问题》，《故宫博物院院刊》2004 年第 4 期。

并非一时猎奇之物，而是长期贸易的结果。[1] 新的礼仪注入了许多新的元素。林士铉提到《皇朝礼器图式》内容的多元族群文化现象，仅翻检《皇朝礼器图式》目录，就很容易发现诸如境内"蒙古""回部""厄鲁特""番部"等各族群，以及朝鲜、瓦尔喀等外国及部族名目的器具，也包括大量的西洋仪器。[2]

宫廷制作服饰取动物毛皮之精华，如海龙帽沿、黑狐端罩、乌云豹皮长褂、草狐腿长褂、青狐下颏长褂、金银下颏长褂、海龙皮长褂等。衣、裤的制作过程是将小块毛皮拼装加工，只取毛皮最珍贵的部位如狐肷、下颏做成长褂。缝制手工细致，所谓"针脚细若蚊睫，工艺精妙绝伦"。[3] 毛皮加工必须注意柔软、明亮，内务府使用"炸""染""熏"的方式，功夫独到。又规定"本项匠役不敷应用，仍添外雇民匠"，这些外雇工匠成为北京毛皮业的重要成员。[4] 宫廷毛皮制作的材料和技术影响了北京的毛皮手工业，至民国年间北平仍为皮货制作之中心。[5]

瞿同祖的《中国法律与中国社会》一书指出封建社会以生活方式来表现阶级差异，妇女的首饰和衣服都取决于夫或子的官阶，金珠翠玉一直都是命妇的专用品。[6] 清代皇室使用的金

---

① 赖毓芝：《"图"与礼：〈皇朝礼器图式〉的成立及其影响》，《故宫学术季刊》第 37 卷第 2 期，2020 年。

② 林士铉：《〈皇朝礼器图式〉的满蒙西域西洋等因素探究》，《故宫学术季刊》第 37 卷第 2 期，2020 年。

③ 严勇等主编《清宫服饰图典》，紫禁城出版社，2010，第 258 页。

④ 李华：《明清以来北京的工商业行会》，李华编《明清以来北京工商会馆碑刻选编》，文物出版社，1980，第 1—46 页。

⑤ 参见撷华编辑社《新北京指南》，撷华书局，1914；徐珂编《实用北京指南》，商务印书馆，1920；池泽汇等编纂《北平市工商业概况（一）》，张研、孙燕京主编《民国史料丛刊》第 571 册，大象出版社，2009。

⑥ 参见瞿同祖《中国法律与中国社会》，台北：里仁书局，1982，第 183—184 页。

银器皿在《皇朝礼器图式》中有详细的等级界定。皇太后、皇帝、皇后、妃嫔等的卤簿、膳具中的金银铜锡器皿成色不同。乃至皇室成员去世后，其祭器亦以金属来区分贵贱。本书将分别探讨清宫的金银器及金属祭器与贵贱的关系。

清宫的工艺技术

明代宋应星的《天工开物》描述的冶铸、锤锻、焊接等技术相当经典，但在实际做法上仅有简要的说明，并没有详细记载相关物品的设计、具体尺寸、耗材用量等。清代宫廷的档案在这方面的资料相当齐全。乾隆帝令官员或匠役成做器物，首先得呈"样"，依照其喜好进行样的修改。样包括纸样、蜡样、合牌样等。① 另外，章嘉若必多吉绘制的佛像的样亦不容忽视。再者，庄亲王允禄参与了各种器皿的制作，他所带领的工匠来自全国各地，他们是当时工艺技术的佼佼者。清宫在工艺上有图、模型、文字说明，工艺趋于标准化、定型化，可以大量复制各种佛像、法器、祭器等。

值得一提的是，清宫充分掌握了各种合金技术，能制作杰出的艺术作品。法国传教士利国安（Giovanni Laureati）曾说："帝国拥有各种金属矿：金、银、铜、铁、铅、锡。白铜看起来简直像银。日本人把黄色的铜运到中国，它是锭块状出售的，看上去像金锭，中国人用来做各种日用品，人们认为

---

① 张淑娴研究宫廷内檐装修，有地盘图、装修纸样、布样、烫样（以草纸、秫秸、油蜡和木料制作器物模型，按照比例缩小）、木样（属于透雕工艺）。做法单详细说明装修式样、位置和具体尺寸、做法。张淑娴：《金窗绣户：清代皇宫内檐装修研究》，故宫出版社，2019，第38—58页。

这种铜不会生锈。"① 铜和锌的合金称为黄铜，在明代以前已出现，但到了清朝才被普遍使用。2010 年，故宫博物院、柏林马普学会科学史所合编了《宫廷与地方：十七至十八世纪的技术交流》。该书将清宫制作器物知识的流动和传播纳入具有地理广度的技术体系进行考察。例如皇室引进欧洲的画珐琅生产技术，以及来自尼泊尔和西藏地区的铜造像技术，吸收相关知识之后再予以创新，最重要的是清朝统治者参与了人员管理及产品的设计。康熙帝干预了组织结构、管理生产和交流，而雍正帝和乾隆帝则参与了产品设计，并在物品上打下了烙印。② "乾隆年制"有如现在的商标，成为古物收藏家鉴定的印记。

20 世纪初，西方学者费迪南德·莱辛（Ferdinand Lessing）在研究雍和宫的器物时都以青铜（bronze）称呼，其实黄铜（brass）才是清代制作器物的主流。③ 不只是西洋人对雍和宫器物认识不清，连金梁对雍和宫黄铜、镀金器物的描述也不多。④ 笔者发现，从 18 世纪到 19 世纪末，清宫制作铜器的技术知识已出现断层。幸亏清宫留下来大量的《匠作则例》可以还原 18 世纪工匠的技术，如《清代宫苑则例汇编》《清代匠

① 杜赫德编《耶稣会士中国书简集：中国回忆录》(2)，郑德弟等译，大象出版社，2005，第 117 页。

② 薛凤：《追求技艺：清代技术知识之传播网络》，故宫博物院、柏林马普学会科学史所编《宫廷与地方：十七至十八世纪的技术交流》，紫禁城出版社，2010。

③ Ferdinand Lessing, *Yung Ho Kung: An Iconography of the Lamaist Cathedral in Peking with Notes on Lamaist Mythology and Cult*. Stockholm, Göteborg: Elanders Boktryckeri Aktiebolag, 1942, p. 56.

④ 金梁编纂《雍和宫志略》，牛力耕校订，中国藏学出版社，1994，第 216—217 页。

作则例汇编》。^①已有许多学者研究了西洋传教士对清宫的技艺影响，而对西藏工艺影响的研究较少。罗文华的《龙袍与袈裟：清宫藏传佛教文化考察》的第五章"清宫藏传佛教造像"，讨论了清宫造佛受到藏传佛教文化的影响，并指出章嘉若必多吉对造佛像的贡献，特别是梵铜琍玛（藏文中铜质统称"lima"）的分类和制造。章嘉若必多吉还参与了法器、佛像加工的工艺流程。^②《章嘉国师若必多吉传》载："他只要用手触摸一下，就能查知佛像等物品制作的好坏，区别出是用印度的还是用西藏的新旧铜料制作的，对唐喀的图像的好坏也有很强的鉴别能力。"^③此外，清朝有许多被册封为"呼图克图"的转世活佛驻锡北京，他们被称为驻京喇嘛。乾隆帝常令他们辨别各种器物的年代、成分和制作的程序，阿旺班珠尔呼图克图、噶勒丹锡哷呼图呼图克图、阿嘉呼图克图亦参与佛像制作和佛塔建设。本书将利用《清宫内务府造办处档案总汇》《雍和宫满文档案译编》等档案，讨论西藏及尼泊尔的工艺对清宫的影响。^④

① 《清代宫苑则例汇编》，全国图书馆文献缩微复制中心，2011；王世襄编著《清代匠作则例汇编（佛作、门神作）》，北京古籍出版社，2002；王世襄编著《清代匠作则例汇编（装修作、漆作、泥金作、油作）》，中国书店，2008。

② 罗文华：《龙袍与袈裟：清宫藏传佛教文化考察》上册，紫禁城出版社，2005，第373—383页。

③ 土观·洛桑却吉尼玛：《章嘉国师若必多吉传》，陈庆英、马连龙译，中国藏学出版社，2007，第186页。

④ 中国第一历史档案馆、香港中文大学文物馆合编《清宫内务府造办处档案总汇》，人民出版社，2005；赵令志等主编《雍和宫满文档案译编》，北京出版社，2016。

宫廷与北京城市文化

德国学者诺贝特·埃利亚斯（Norbert Elias）研究了18世纪法国宫廷对社会的影响，认为：“法国社会整个结构和发展，逐步地使越来越多的阶层渴望效仿上流社会所形成的模式。”①不仅是就餐形式，还包括思维和谈吐的方式。近年来，关于明清时期百姓对士大夫消费习惯的仿效，有巫仁恕研究晚明士大夫的消费文化。他特别重视鉴赏的品味，认为其具有社会区分的作用，并以“雅”“俗”作为士人与庶民之间的区分点。②

《北平市工商业概况》载：“清代养心殿设有造办处，专为内庭供奉。其时各地制造首饰之名工，罔不招致其中。又前外打磨厂内戤子市，向为首饰楼聚集之所，承造满籍贵族妇女之扁方垫子（满人梳两把头，其顶梁之横簪名为扁方，其底部曰垫子），镶嵌金玉珠翠，备极精巧。业此者出入府邸，借通声气，颇有势力。此外各首饰楼制造满汉首饰，为各士商眷属所购用者，更为普遍。”③ 说明造办处网罗各地名匠，这些工匠又将宫廷的式样带出，为商号仿做的对象。杨静亭编《都门杂记》中特别标明了“内式暖帽”“内式荷包”等。此书记载了北京风俗：“京师最尚繁华，市廛铺户，妆饰富甲天下。如大栅栏、珠宝市、西河沿、琉璃厂之银楼、缎号，以及茶叶铺、靴铺皆雕

---

① 诺贝特·埃利亚斯：《文明的进程：文明社会起源和心理起源的研究》第1卷，王佩莉译，三联书店，1998，第191页。

② 巫仁恕：《品味奢华：晚明的消费社会与士大夫》，台北：“中央研究院”、联经出版公司，2007，第219页。

③ 池泽汇等编纂《北平市工商业概况（一）》，张研、孙燕京主编《民国史料丛刊》第571册，第91页。

梁画栋、金碧辉煌，令人目迷五色。"①

晚清时期北京的银楼数量相当可观。1904 年北京金店业同业公会登记表中记载的金店有 50 余家；1916 年北京金银首饰业同业公会登记表中记载的银楼有 74 家；1919 年《京师总商会名录》收录的银楼有 97 家，银楼、金店合计超过 130 家。② 靠近铸炉处的雍和宫是北京藏传佛教的中心，附近有 7 家佛像店，分别为永丰号、聚兴厚、广聚成、义和永、义和斋、恒丰号、泰兴号，都在雍和宫大街上。永丰号开设于明末清初。据京师市政公所调查，7 家佛像店每年售出佛像合计 12000—13000 元。其中永丰号三四千元，聚兴厚约 2000 元，义和永 1200—1300元，义和斋约 1300 元，恒丰号约 1400 元，泰兴号约 2000 元。③另外，蒙古王公每年到北京朝觐驻锡外馆，附近有一二百家杂货店贩售铜盆、铜器皿、铜佛像等。根据王永斌的研究，外馆的双顺铜器铺生产红铜奶壶、铜盆、铜盘、铜蜡扦、铜香炉、铜供碗、铜供盘等拜佛用品。④

由以上讨论可知，紫禁城并非独立于高墙内，它与北京城市关系密切。本书将阐释中西各种物资进入清宫，由皇帝订立礼器规范、工匠成做器物，再流传北京及全国各地的过程。

① 杨静亭编《都门杂记》，徐永年增辑《都门纪略》上册，台北：文海出版社，1972，第 251 页。
② 金文华《简明北平游览指南》，北平：中华印书局，1932，第 1 页。
③ 中野江漢『北京繁昌記』支那風物研究会、1925、96–101 頁。
④ 王永斌：《北京的关厢乡镇和老字号》，东方出版社，2003，第 66—67 页。

第一章　清宫的毛皮

自古以来，皮裘为上层人士社会地位的象征。从元朝开始，中国冠服中多有毛皮。狐皮在明代被视为奢侈品，貂皮、海獭皮、银鼠皮等珍贵毛皮亦为民众喜爱。明朝皇家和官员穿着的毛皮主要来自蒙古和女真两地。[①] 满洲自努尔哈赤时代便和明朝有贸易往来，其中以人参、毛皮为大宗。明末，宫中每年需用1万张貂皮和大约6万张狐皮，民间也流行貂皮服饰，促成了明与女真貂皮贸易的长期持续发展。[②] 至19世纪，恰克图仍是中俄毛皮贸易的重镇。

康熙二十八年的《尼布楚条约》协议俄国商队到北京贸易，之后俄国的政府商队定期到北京贸易，大约三年一期。然而，俄国商队往返一次至少需要三年时间，商团到北京也花费不少，俄国政府必须给使团两年的特殊薪金、赠送皇帝和大臣的礼品，以及运输费用，共约10万卢布。相较之下，商人每年若拿出10万卢布的资金投在恰克图的贸易上，所得到的利润比北京商

---

① 参见周锡保《中国古代服饰史》，台北：南天书局，1989；邱仲麟《保暖、炫耀与权势：明代珍贵毛皮的文化史》，《中央研究院历史语言研究所集刊》第80本第4分，2009年。

② 河内良弘：《明代东北亚的貂皮贸易》，《庆祝王锺翰先生八十寿辰学术论文集》，辽宁大学出版社，1993。

队得到的要多。①《恰克图条约》规定两国在边界上建立市场，这让私商能够参与贸易，从而获得利润。俄国商队在乾隆二年之后仍然继续来京，直到乾隆二十年才完全停止。商人的数目和货物的数量不如以前，因这一时期的中俄贸易重心转移到了恰克图。②

清代中国北方地区寒冷，对毛皮需求量很大，往往供不应求。俄国不断寻找新的毛皮产地，从西伯利亚到堪察加半岛，进而向东进入阿留申群岛和阿拉斯加半岛，得以猎获大量皮毛。恰克图贸易给俄国政府提供了大量的税收，1755 年为 193173 卢布，1800 年增加到 715364 卢布。恰克图海关税收在俄国关税总收入中占了 20%—38%。大量毛皮和呢绒的输入，使中国北方地区居民的衣着变得丰富多彩，尤其在北京，用俄国毛皮和呢绒做的服饰非常时髦，从宫廷显贵到商民百姓都争相穿戴。③

谢健探讨了 1760—1830 年满洲、蒙古出现的环境变迁，认为毛皮贸易影响了动植物的生态。譬如淡水的珍珠贝、野生人参、海獭及貂都被过度捕捞、挖掘或猎捕，这时期消费热潮的生态后果是前所未见的。该书第四章讨论了乌梁海的贡貂，认为恰克图贸易和乌梁海贡貂存在关联性，如果恰克图交易的貂皮数量增加，乌梁海进贡的貂皮数量就减少。④ 谢健并没有利用《恰克图各铺户请领铺票随带货物价值银两并买俄罗斯

---

① 《六等文官米勒教授于 1764 年所写的关于赴华使团的意见》，尼古拉·班蒂什 - 卡缅斯基编著《俄中两国外交文献汇编（1619—1792 年）》，中国人民大学俄语教研室译，商务印书馆，1982，第 421—422 页。

② 张维华、孙西：《清前期中俄关系》，山东教育出版社，1997，第 277 页。

③ 王少平：《中俄恰克图贸易》，《社会科学战线》1990 年第 3 期。

④ 谢健：《帝国之裘：清朝的山珍、禁地以及自然边疆》，第 14、143 页。

货物价值银两数目清册》，亦未统计恰克图毛皮贸易数量，怎能比较两地的相关程度？况且，乌梁海进贡貂皮3000张，而恰克图贸易貂皮万张、狐皮数十万张、鼠皮数百万张。两者在量上不可同日而语。本笔者查阅了台北蒙藏文化中心藏蒙古国国家档案局的许多满文、蒙文、汉文档案，发现其中关于商人买卖茶叶、毛皮、布匹的档案为数不少。1813—1871年，虽然此时的毛皮贸易已衰微，但仍有相当数量的毛皮在交易。

清宫毛皮另一来源为唐努乌梁海。唐努乌梁海自乾隆二十三年开始进贡貂皮等。该地居民共1100余户，其中500余户尚能交纳贡赋。乾隆朝每年向唐努乌梁海征收貂皮3000张，遇有貂皮不足，可用其他毛皮代替，这些貂皮的总值为6万卢布。[①] 东北各民族也向清廷进贡貂皮。根据裘石、沙勇福的考证，从乾隆十五年到同治十二年（1873），三姓地方贡貂的户数没有变化，始终是2398户。纳贡者所缴纳的貂皮（紫貂，又称黑貂）是清朝皇帝御用之物，因此有严格的质量标准。[②]《内务府广储司皮库月折档》记载，东北貂皮分为五等。这些珍贵的毛皮并不变卖，故本章的讨论不包括东北的毛皮。

本章利用19世纪下半叶，俄国人和中国人陆续到唐努乌梁海、科布多考察记录的相关材料展开。如格·尼·波塔宁的《蒙古纪行》、拔杜耶甫的《西部蒙古游历谈》、马鹤天的《内

---

① 樊明方：《从唐努乌梁海进贡貂皮看清政府对唐努乌梁海的管辖》，《中国边疆史地研究》1993年第4期。

② 裘石、沙勇福：《贡貂与赏乌林制度非贸易辨》，《北方文物》1995年第2期。

外蒙古考察日记》、李廷玉的《游蒙日记》、孟榘的《乌城回忆录》、樊镛的《科布多风土记》，对这些地方的物产有清楚的描述。日本学者则松彰文认为清代中期以后出现"消费社会"，要从生产、流通、消费三个角度来思考。[①] 此一观点给笔者很大启发，从中俄毛皮贸易的论著中可知俄国各地生产毛皮种类，在中国毛皮的流通和消费方面也有完整记录。故本章拟探讨清宫皮库庋藏毛皮种类，并就恰克图、唐努乌梁海的贸易量进行统计。另外，分析这些毛皮宫廷留用数量与变价数量，可知宫廷喜好哪类毛皮。

一　恰克图进口的毛皮

乾隆二十二年，沙俄商队被限定在恰克图一地贸易。《竹叶亭杂记》记载，恰克图库伦大臣所辖也，交易即在恰噶尔，设监督，以我之茶叶、大黄、磁、线等物易彼（俄国）之哦登绸、灰鼠、海龙等物。[②] 乾隆帝似乎认为恰克图的毛皮可能种类较多，故派遣内务府官员前往买办。《内务府广储司银库用项月折档》记载，乾隆帝曾 13 次派出内务府官员、买卖人等前往恰克图办买毛皮，每次本金并盘费脚价等项将近 2 万两。[③]

① 则松彰文「清代中期社會における奢侈・流行・消費－江南地方を中心として－」『東洋學報』第 80 卷第 2 期、1998 年 9 月、173-200 頁。
② 姚元之：《竹叶亭杂记》，李解民点校，中华书局，1982，第 81 页。
③ 《内务府广储司银库用项月折档》，中国第一历史档案馆藏，乾隆二十六年八月。

图 1-1 恰克图买卖城遗址

资料来源：笔者拍摄。

根据乾隆朝《内务府广储司皮库月折档》的记载，内务府商人到恰克图采购毛皮，使皮库贮存的毛皮种类变多了，有黑狐皮、青狐皮、黑猞猁狲、黄狐皮、狼皮、白豹皮、红豹皮、海狼皮、染貂皮、貂膆、貂肷、青狐皮腿仁口袋、青肷皮、虎皮、狐皮拐子、花貉子皮、獾子皮、白海龙皮、白獭皮、贺兰国牛皮、蜜狗皮、鹿皮、羊皮、白孔雀翎等。从以上毛皮可看出，除了整张毛皮，俄国亦大量出售动物各部位毛皮，如将狐皮背部、腿部、尾巴、腹部和颈部分开来卖，以赚取更多利润。[1]

乾隆三十三年，中俄恢复恰克图贸易，两国贸易额每年为200万—300万卢布，较以往明显增加。开市前，乾隆帝谕旨库伦办事大臣订定恰克图章程，拟定开市后对俄贸易策略。库伦办事大臣瑚图灵阿拟定："俄罗斯哪项物件应如何折价，如何依时应增价，应减价之处，亦照此由行头等会同各商人研商统一去买换，永远禁止暗中妄行加价争着买换俄罗斯物件。这些俱交给部院章京详查，严加管理。"[2] 次年，恰克图办事、理藩院郎中留保住奏报，将俄国贸易物件分别旧商品数目、新减商品数目送皇帝御览。18 世纪俄国输出的毛皮占总贸易额的 85%，至 19 世纪毛皮比重不断下降，1830 年代末降至 28%；1854 年毛皮的比重大为下降，仅占 5%。[3] 俄国输出的毛皮数量减少，价格自然提高，本节将讨论 19 世纪从恰克图输入的毛皮数量和价格。

[1]　Foust, *Muscovite and Mandarin*, p. 349.

[2]　《军机处满文录副奏折》，乾隆三十三年九月二十四日，中国第一历史档案馆藏（下略），档案号：03-2281-019，第 1661—1678 页。

[3]　孟宪章主编《中苏贸易史资料》，中国对外经济贸易出版社，1991，第 174 页。

中俄贸易

乾隆三十四年，恰克图办事、理藩院郎中留保住奏报四月初三日与俄国进行恰克图贸易事。他说："俄国人遵照我们现减商品贸易已有十日，与我方商人毫无争端，谦和贸易。在前俄国贸易物件，分别旧商品数目、新减商品数目，缮写汉字清单一并呈览。"[①] 就留保住所附物单，可知这是按照《恰克图章程》，照前将俄国物件价值数目，十分减一、二、三分不等（表1-1）。

表1-1　乾隆三十四年前后的货物价格

俄国商品	单位	旧价京布	减作京布	单价（每张）	单价银（两）
顶高银针皮	每张	17 甬	14 甬	14 甬	42
中等银针皮	每张	10 甬	8 甬	8 甬	24
下等银针皮	每张	7 甬	5 甬	5 甬	15
大银鼠皮	每百张	8 甬	7 甬	0.7 匹	0.21
中银鼠皮	每百张	5 甬	4 甬	0.4 匹	0.12
锅盖水皮	每张	1 甬 6 匹	1 甬 4 匹	1 甬 4 匹	4.2
翻板水皮	每张	1 甬 8 匹	1 甬 6 匹	1 甬 6 匹	4.8
长毛水皮	每十张	8 甬	7 甬	7 匹	2.1
水獭狄皮	每十张	4 甬	3 甬	3 匹	0.9
大白灰鼠皮	每千张	24 甬	20 甬	0.2 匹	0.06
二白灰鼠皮	每千张	18 甬	15 甬	0.15 匹	0.045

---

① 《军机处满文录副奏折》，乾隆三十四年四月十三日，中国第一历史档案馆藏，档案号：03-2311-014，第1758—1763页。

续表

俄国商品	单位	旧价京布	减作京布	单价（每张）	单价银（两）
带尾黑鼠皮	每千张	18 甬	15 甬	0.15 匹	0.045
杂样灰鼠皮	每千张	15 甬	13 甬	0.13 匹	0.039
粗毛貂皮	每张	1 甬	8 匹	8 匹	2.4
黑羔子皮	每百张	16 甬	15 甬	1.5 匹	0.45
长脖羔子皮	每百张	5 甬	4.5 甬	0.45 匹	0.135
白羔子皮	每百张	7 甬	6 甬	0.6 匹	0.18
红狐狸皮	每十张	10 甬	8 甬	8 匹	2.4
二信狐狸皮	每十张	6 甬	5 甬	5 匹	1.5
黄狐狸皮	每十张	4 甬	3 甬	3 匹	0.9
小毛白狐狸皮	每百张	33 甬	28 甬	2.8 匹	0.84
二毛白狐狸皮	每百张	26 甬	22 甬	2.2 匹	0.66
大毛白狐狸皮	每百张	24 甬	20 甬	2 匹	0.6
青狐仔皮	每百张	18 甬	15 甬	1.5 匹	0.45
黑猫儿皮	每百张	7 甬	6 甬	0.6 匹	0.18
花猫儿皮	每百张	5 甬	4 甬	0.5 匹	0.15
沙狐皮	每百张	28 甬	24 甬	2.4 匹	0.72
苍兔皮	每百张	7 甬	6 甬	0.6 匹	0.18
花鱼皮	每百张	40 甬	35 甬	3.5 匹	1.05
青鱼皮	每百张	35 甬	30 甬	3 匹	0.9
骟马	每匹	3 甬	2 甬 4 匹	2 甬 4 匹	7.2
骒马	每匹	1 甬 8 匹	1 甬 6 匹	1 甬 6 匹	4.8
绵羊	每十只	3 甬	2 甬 5 匹	2.5 匹	0.75

资料来源:《军机处满文录副奏折》,乾隆三十四年四月十三日,档案号:
03-2311-014,第 1758—1763 页。

表 1–1 中的银针皮为海獭皮，有学者认为堪察加半岛和新发现群岛的主要皮货是海獭皮、狐皮、黑貂皮、白鼬皮、狼皮、熊皮等。这些皮货经海路到鄂霍次克，然后沿着西伯利亚边境运往恰克图，绝大部分皮货在恰克图卖给中国人，获利很大。除此之外，俄国也将外国的皮货输入圣彼得堡再运到边境，英国提供了大量来自哈得孙湾和加拿大的海狸皮及其他毛皮。[1]

海獭皮（otter skins）的数量最多且最贵重，海獭经常出现于阿留申群岛和狐狸群岛。由于海獭和普通海狸相似，被俄国人称为"Bobry Morski"，意即海狸，有时候又叫堪察加海狸。上等海獭皮每张卖 30—40 卢布，中等海獭皮每张卖 20—30 卢布，下等海獭皮每张卖 15—20 卢布。在恰克图，老海獭皮和中年的海獭皮每张卖 80—100 卢布，次等海獭皮每张卖 30—40 卢布。[2] 当时 1 卢布等于银 0.7 两，表 1–1 顶高银针皮一张 42 两、中等银针皮一张 24 两、下等银针皮一张 15 两。乾隆三十六年，皇帝询问吉林将军富椿有关海獭的信息。富椿回复："汉人称之为太平貂，价亦贱。询据地方人言，此乃勒可哩，系海獭崽。夫海獭者，到海方可捕获；勒可哩者，于海口即可捕得。"乾隆帝谕："因此，与内库所存真正海獭皮核对，看得毛尖黑且密，并非如此。从前海獭不易捕得，捕猎者必先写遗书后方去捕猎。是以先汗特颁仁旨永禁。惟因进贡，故意夸大其难，亦未可定。或有小人图利，仍在海私捕

---

① G. F. 米勒、彼得·西蒙·帕拉斯:《西伯利亚的征服和早期俄中交往、战争和商业史》，李雨时译，商务印书馆，1979，第 29 页。

② G. F. 米勒、彼得·西蒙·帕拉斯:《西伯利亚的征服和早期俄中交往、战争和商业史》，第 31—32 页。

者，亦为难免。富椿想是不认得海獭，被人所骗，将勒可哩作为海獭送来者，亦有之事。"[1] 海獭皮的可贵之处是得在大海捕捉，海獭崽栖息海口容易捕捉，亦称太平貂。太平貂皮的税则为海龙（Sea lion，今译为海狮）皮的 1/4，每张征银 2 钱。[2] 俄美公司 1797—1821 年捕获海獭 72894 只，而 1842—1861 年则下降到 25602 只。一张海獭皮的售价一般在 100—300 卢布，最珍贵的海獭皮有时能卖到 1000 卢布，这种珍贵毛皮在中国的销量甚少。俄美公司猎获的海獭皮一小部分经恰克图运往中国或直接运往广州，大部分则在俄国销售。[3] 北京的当铺对俄国产的毛皮有详细描述："海龙皮，俄罗斯者高皮大绒，足有银针。每张银六十两。"[4] 内务府采购的毛皮以海龙皮货最为珍贵，白针海龙尤不易得，其栖息于北冰洋附近的海域。《内务府广储司皮库月折档》记载，乾隆八年至五十五年收购海龙皮 20131 张，因数量不多，多数用于制作皇室成员之衣裳。

恰克图贸易中，貂鼠皮为珍贵的皮货之一。最好的貂鼠皮来自东西伯利亚，尤其是堪察加。1820 年代，由于西伯利亚森林穷捉滥捕紫貂、普通貂和玄褐色狐狸等，致使其数量急遽减少。[5]《当谱集》载："凡看貂皮要毛细软嫩，嫩是新鲜色、好要

①　中国第一历史档案馆编《乾隆朝满文寄信档译编》第 9 册，岳麓书院，2011，第 620—621 页。

②　《督理崇文门商税盐法·乾隆四十五年新增税则》，《国家图书馆藏清代税收税务档案史料汇编》第 7 册，第 3021 页。

③　谢·宾·奥孔：《俄美公司》，第 51、215 页。

④　《当谱》，国家图书馆分馆编《中国古代当铺鉴定秘籍》，全国图书馆文献缩微复制中心，2001，第 188 页。

⑤　米·约·斯拉德科夫斯基：《俄国各民族与中国贸易经济关系史（1917 年以前）》，第 231 页。

毛厚、伶放板张要大、色道要紫。"[①] 道光二十三年（1843）抄本《论皮衣粗细毛法》记载："紫貂其色紫，毛厚满绒、满坐、满针，并不露板，其皮厚而柔者上也。其色微紫，而草黄色者次也。其针黑、其毛绒乌包色者，更次也。紫貂皮一张银三两，以至于五六两。"[②] 毛细柔软、紫色是最高级的貂皮，紫貂皮每张 3 两至 6 两，与恰克图商号清册记载的相符。细毛貂皮为伊尔库茨克的黑貂皮。

18 世纪中叶，每年有 6000—16000 张貂皮经恰克图输往中国，貂腿亦单独出售，每年出口 5 万—10 万只。[③] 19 世纪商号购买的貂皮数量大多在一万张以下，而价格则在 2 两至 5 两，比表 1–1 的貂皮价格贵些。有研究者提到来自西伯利亚的许多皮货很不值钱，甚至抵不上运至欧俄所需的运费，而那些以高价卖给中国人的上等皮货，则由于价格高昂难在俄国境内遇到买主。[④] 银鼠（Ermine）又称臊鼠、骚鼠、扫雪、鼬鼠，夏天时其皮毛为赤鸢色，冬天时雪白色，尾端有点黑色为其特色，其皮属于珍贵的毛皮。银鼠皮在受欢迎程度上仅次于灰鼠皮，俄国每年出口 14 万—40 万张银鼠皮。[⑤]

北极狐的本色为蓝灰色或深灰色，但它们随着季节换毛。它们刚生下来的毛色是褐色，冬季变为白色，夏季变为褐色；

---

① 《当谱集》，《中国古代当铺鉴定秘籍》，第 91—92 页。

② 《论皮衣粗细毛法》，《中国古代当铺鉴定秘籍》，第 131 页。

③ 米·约·斯拉德科夫斯基：《俄国各民族与中国贸易经济关系史（1917 年以前）》，第 231 页。

④ G. F. 米勒、彼得·西蒙·帕拉斯：《西伯利亚的征服和早期俄中交往、战争和商业史》，第 32—33 页。

⑤ Foust, *Muscovite and Mandarin*, p. 347.

在毛逐渐脱落的春秋季节，皮上便显出各种斑点和条纹。[1] 商号档案称北极狐皮为二信狐皮或似貂的狐狸皮。狐狸皮有许多种类、品级和价格。黑狐亦称银黑狐、元狐、握刀，是高贵的毛皮。青狐的毛皮有灰青色、石板色、紫褐色，纤细如棉纤维。白狐产于西伯利亚、阿拉斯加等地，冬天毛为纯白色，夏天毛在脊椎、肩部呈暗褐色、紫褐色。在恰克图进行交易的狐皮不下 45 种。黑狐皮、红狐皮是俄美公司从美洲大陆运来的。[2]

表 1-1 中，红狐皮每张 2.4 两、二信狐皮每张 1.5 两、黄狐皮每张 0.9 两，至 19 世纪红狐皮每张 2.4 两、二信狐皮每张 2.8 两、黄狐皮每张 1.5 两。二信狐皮和黄狐皮的价格上升，沙狐皮、白狐皮价格则和 18 世纪差不多，因中国向来"恶色白，近丧服也"，[3] 所以白狐皮价格特别低。狐皮除了整张售卖，俄国因应中国的需求，将狐狸的背部、腿部、尾巴、腹部和颈部毛皮分开来卖，以获得更多的利润。[4] 恰克图商人采办黑狐腿每对 2 两、红狐腿每对 0.3 两、二信狐腿每对 0.2 两、黄狐腿每对 0.1 两，白狐腿每对才 0.07 两。有趣的是，狐前腿比后腿贵一倍，如红二信狐前腿每对 0.3 两，后腿每对 0.15 两。表 1-1 中青狐仔皮为幼小狐的毛皮，做成皮裘称狐崽裘。

阿·科尔萨克提到俄国销售到中国的毛皮以松鼠皮居多，

---

① G. F. 米勒、彼得·西蒙·帕拉斯：《西伯利亚的征服和早期俄中交往、战争和商业史》，第 50 页。

② 阿·科尔萨克：《俄中商贸关系史述》，第 165—166 页。

③ 徐珂编撰《清稗类钞》，中华书局，1984，第 6183 页。

④ Foust, *Muscovite and Mandarin*, p. 349.

松鼠在东西伯利亚和西西伯利亚都可以捕获，在后贝加尔湖一带松鼠的捕获数量每年达到 50 万只。1780 年代，毛皮占俄国向中国出口总值的 85%，到 1826 年只占 47.5%。清中后期，俄国平均每年向中国输出 400 万—600 万张灰鼠皮、200 万张羔羊皮、3 万张狐皮。[①]

清宫皮库储存数量最多的是灰鼠皮，官员曾采购灰鼠皮287459 张。灰鼠也被称为松鼠，俄国每年出售灰鼠皮在 200 万至 400 万张，在恰克图的贸易活动中占第一位。[②] 在各种灰鼠皮中，以鄂毕河上游获得的最珍贵。[③] 它是银色的，腹部则是白色的，据说每千张卖 60—65 卢布。其次受欢迎的为托波河以西的森林所产的灰鼠皮，每千张卖 40 卢布。尼布楚区或鄂毕河之灰鼠皮销量更大，而价格为更便宜的 20—35 卢布。鼯鼠较灰鼠短，其毛皮每张卖 0.02—0.06 卢布。一种有条纹的灰鼠，较欧洲同类瘦小，全身布满黑色斑纹，底色则为淡黄褐色。它的毛皮平滑，外观近似银鼠皮，每张卖 0.02—0.03卢布。

乾隆二十六年，皇帝派范清注、留保住到恰克图采购毛皮。乾隆帝很重视两人采购毛皮时的价格和出售之利润，故要求他们报告采办的数量、单价、在北京的售价、盘缠旅费等（表 1-2）。

---

① 米·约·斯拉德科夫斯基:《俄国各民族与中国贸易经济关系史（1917 年以前）》，第 231 页。

② Foust, *Muscovite and Mandarin*, p. 346.

③ Foust, *Muscovite and Mandarin*, p. 346.

表1-2　内务府买卖人留保住、范清注采购皮货的数量与价格

单位：两，%

物品	采购人	数量	原单价银	京价银	利润率
黑狐皮	留保住	122 张	26.85	28.62	6.59
	范清注	215 张	24.6	30.18	22.68
青狐皮	留保住	94 张	6.47	9.86	52.39
	范清注	214 张	4.73	5.91	24.94
银针海龙皮	留保住	41 张	17.77	20.43	14.96
	范清注	34 张	26.5	29.64	11.84
银鼠	留保住	11900 张	0.2	0.21	5
	范清注	27761 张	0.19	0.21	10.52
各色毡	留保住	371 尺	0.66	1	51.51
	范清注	767 尺	0.54	1	85.18
各色香羊皮	留保住	104 张	0.63	1	58.73
	范清注	61 张	0.66	1	51.51
青狐腿	留保住	103 对	1.41	1.1	−21.98
灰鼠皮	范清注	25160 张	0.03	0.04	33.33
俄罗斯缎	留保住	82 尺	2.47		
金线	留保住	70 枝	1.29		
银线	留保住	14 枝	0.88		
金花边	留保住	8.5 两	1.83		

资料来源:《乾隆朝内务府奏销档》第257册，乾隆二十六年六月四日，第279—291页。

　　范清注、留保住两人分别采办毛皮，显然范清注获利较多，数量也较多。而在旅费方面，留保住和回族人等行装脚价

2953.1 两，范清注脚价盘费 1731.4 两。范清注在售出皮货的报告中说明，此次采购皮货的利润率为 9.46%。乾隆帝派遣内务府商人和官员去恰克图采购皮货，原打算以较低价格买进毛皮，再以较高价格卖出，然而实际获利的机会并不如他所想象的，其原因大约有如下几项。

第一，恰克图所采买的毛皮不见得符合市场所需。譬如，乾隆二十七年内务府员外郎勤保的报告指出，采买的毛皮有去腿欣芝麻花黑狐皮、青狐皮，外间用处稀少，即便减价亦难销售。还有近白色的毛皮，而中国向来"恶色白，近丧服也"。所以白狐皮、白灰鼠皮等毛皮也不易出售。

第二，内务府采买的毛皮大部分交由皮行商人估价后变卖。通常内务府官员希望商人的估价包含采买的原价和运费（脚价）后再加一成出售。可是市场上毛皮价格变动大，商人不能保证所有皮货都赚钱。

第三，商人领了内务府的毛皮变价，并不能在一年内变价，于是奏请延长交银的年限，分成五年或十年完交。例如，范国英乾隆三十四年买得内务府变价毛皮，至三十八年十一月才卖出 17719.05 两。总管内务府大臣金简等五人甚至因商人交毛皮变价银迟延，被罚俸一年 1550 两。[①] 内务府不得已将毛皮改交由长芦和两淮盐政、江南三织造局、粤海关等六个单位变价，限期一年将银两交内务府。乾隆朝中俄恰克图贸易曾三次关闭，造成内务府采办毛皮次数不多。根据郦永庆、宿丰林的研究，第一次关闭是因为俄国越界立栅，又向商人增加税收，以及边境窃盗等民事案件不秉公处理，时间是乾隆二十七年到三十三

---

① 《乾隆朝内务府银库用项月折档》，乾隆三十八年十一月，乾隆三十九年七月、八月、九月。

年。清朝于乾隆二十七年宣布暂停市易，但并未撤走买卖城的商人，未严格禁止商人往来。[①] 克利福德·M. 福斯特引用的俄国资料显示，乾隆二十八年以后贸易量剧减，至三十二年则没有贸易数据。[②]

不过，《乾隆朝内务府银库用项月折档》记载，乾隆年间内务府买卖人在北京就可以办买羽缎、皮张、颜料、骖鼠帽沿等，其金额为数千至万两（图1-2）。

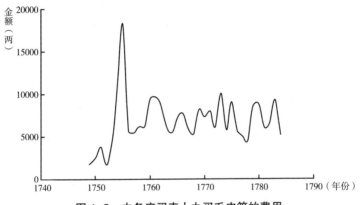

图 1-2　内务府买卖人办买毛皮等的费用

资料来源:《乾隆朝内务府银库用项月折档》。

皇帝的买卖人采办恰克图毛皮，自然为王公、官员仿效，其贸易影响到崇文门关税则的变化。康熙八年崇文门关开始订立税则，雍正八年关于毛皮的税则并不多。上等貂皮1张税银

---

①　郦永庆、宿丰林:《乾隆年间恰克图贸易三次闭关辨析》,《历史档案》1987年第3期。

②　转引自王少平《恰克图贸易中断原因初探》,《学习与探索》1987年第3期。

6 分，中等貂皮 1 张税银 4.2 分，下等貂皮 10 张税银 3 钱。豹皮 1 张税银 2.1 钱，狐皮 10 张税银 6 分，水獭皮 100 张税银 1.8 钱，虎皮 1 张税银 1.2 钱。[1] 至乾隆四十五年，崇文门关征税的毛皮项目更多了，而且依照服饰所需，分有"袖""领""帽沿"。俄国商人将狐皮背部、腿部、尾巴、腹部和颈部分开来卖，以赚取更多利润。崇文门关亦按照"副""条"计税，可见乾隆帝不遗余力课奢侈税。

表 1-3　乾隆四十五年崇文门关各类毛皮税则

项目	数量	税银（两）	备注
银针皮	1 张	0.8	比海龙皮例
熊皮	1 张	0.06	比元狐例
貂皮袖	1 副	0.06	比上等貂皮例
银针袖	1 副	0.06	比上等貂皮例
貂皮领	1 副	0.03	比上等貂皮例减半
兔毛	100 斤	0.12	比保德毛例
驼毛	100 斤	0.06	比羊毛例
猫皮袖	100 副	0.06	比羊毛袖例
银针领	1 条	0.03	比上等貂皮例减半

---

[1]　《督理崇文门商税盐法·雍正二年题定则例征银数目》，《国家图书馆藏清代税收税务档案史料汇编》第 6 册，第 2860—2862 页。

续表

项目	数量	税银（两）	备注
银鼠袖	1 副	0.006	比羊毛袖例加十倍
水獭领	1 条	0.003	比羊毛袖例加五倍
狐皮领	1 条	0.003	比羊毛袖例加五倍
狐膝领	100 条	0.6	比乌云豹下嗑倍
狐背领	100 条	0.6	比乌云豹下嗑倍
窝刀狐膝领	1 条	0.03	比窝刀皮例
皮条	100 根	0.06	比皮渣减半
香鼠皮	100 张	0.36	比银鼠例
驼皮	1 张	0.012	比牛皮例
貂皮帽沿	1 副	0.06	比上等貂皮例
水獭袖	1 副	0.006	比羊毛袖例加十倍

资料来源：《督理崇文门商税盐法·乾隆四十五年新增税则》，《国家图书馆藏清代税收税务档案史料汇编》第 7 册，第 3021、3104—3106 页。

二　唐努乌梁海进贡的毛皮

康熙五十四年，唐努乌梁海成为清朝的一部分。清廷将唐努乌梁海划分为五个旗，除了库伦大喇嘛直属的库布苏库勒诺尔旗，其他四旗为唐努旗、萨拉吉克旗、托锦旗和克木齐克旗。

五旗设总管五人。旗下设佐领、骁骑校各 5 人。每佐领 150 户，每户 1 丁，共 150 丁。①

唐努乌梁海的进贡

乾隆二十三年订唐努乌梁海贡赋，每贡户的贡赋额为貂皮 3 张。清高宗实录记载："据成衮扎布等奏称，和托辉特之特斯、奇木、托济、锡尔克腾等四部乌梁海，共十六鄂拓克，一千一百余户。内五百余户，尚能交纳贡赋，余皆无力。现在收取伊等貂鼠、猞猁狲、狼、狐等皮张，以及雕翎、麝香等物，除麝香不准充贡，余物量其所值，以每户三貂计算。"② 用貂皮折抵其他毛皮，如猞猁狲皮、水獭皮每张折交貂皮 3 张；狐皮、扫雪皮、狼皮每 2 张折交貂皮 1 张；灰鼠皮 40 张折交貂皮 1 张。③

内务府奏销档记载，乾隆年间乌梁海进贡的毛皮数量没有固定，不过毛皮种类很固定，如貂皮、猞猁狲、水獭皮、狼皮、扫雪皮、黄狐皮、沙狐皮、灰鼠皮等。④ 乾隆年间，唐努乌梁海、阿勒台乌梁海、阿勒坦淖尔乌梁海历年的进贡皮张数量见表 1–4。

---

① 《大清会典事例（光绪朝）》，中华书局，1991，第 11161 页；康右铭：《清代的唐努乌梁海》，《世界历史》1988 年第 5 期。

② 《清实录》第 16 册，中华书局，1986，第 359 页下—360 页上。

③ 《宫中档咸丰朝奏折》，咸丰五年九月十六日，台北故宫博物院藏，档案号：406006740。

④ 《乾隆朝内务府奏销档》第 264 册，中国第一历史档案馆藏，乾隆二十八年七月二日，第 98—99 页。

表1-4 1759—1796年乌梁海进贡毛皮数量

单位：张

年份	黄貂皮	猞猁狲皮	水獭皮	黄狐皮	扫雪皮	狼皮	豹皮	沙狐皮	灰鼠皮
1759	2105	62	73	1286	10	131	6	71	26584
1761	2355	49	108	423	34	54		36	18266
1762	1123	24	54	177	12	10		16	8060
1763	1492	22	58	428	19	4	1	57	8600
1764	1536	38	47	988	57	6	2	50	6340
1765	1519	101	49	713	68	4	2	7	2200
1766	1660	117	68	751	29	4	1	38	2960
1767	1702	71	40	897	53	5		11	4080
1768	2357	41	13	771	36	3	1	6	
1769	2322	25	19	714	47			12	8180
1770	2747	14	3	42	6	3			13480
1771	2576	31	6	303	31			1	13480
1772	2765	17		198	10	7			12140
1773	2692	46	7	646	22				2840
1774	2428	120	8	756	24	36	1		2320
1775	2443	67	16	791	17	3	4	1	8200
1776	2650	16		908	8	1			7980
1777	2629	49		948	46		2		3160
1779	1924	31	1348	12	17				29100
1780	2483	32	1	1243	13	41			10020
1781	1998	38	1	1650	32	55	2	20	20380
1782	1445	53	1	1796	14	23	1	23	20040

· 续表

年份	黄貂皮	猞猁狲皮	水獭皮	黄狐皮	扫雪皮	狼皮	豹皮	沙狐皮	灰鼠皮
1783	2171	73	3	1650	41	12	1	0	2680
1784	1947	98	9	1991	38	9	1	1	11980
1785	2034	74	7	2265	51	54	3	0	5840
1786	1614	78	11	2531	59	32	0	0	18000
1787	2456	140	17	4608	96	97	3	2	39020
1789	1155	108	10	2280	55	232	1	3	16120
1790	1208	107	4	2176	54	62	0	1	21880
1791	1393	73	7	2609	46	102	0	3	11280
1792	984	90	5	2180	46	69	0	0	36520
1793	1739	94	6	2088	28	81	2		28200
1794	1792	121	9	2242	32	215		2	18100
1795	1255	75	15	1935	12	5			56320
1796	1562	69	6	2255	10	49			39680

注：缺 1760 年数据。

资料来源:《军机处录副奏折》《清宫内务府奏销档》等。

　　嘉庆十年，乌里雅苏台将军成宽奏请，乌梁海等现有人丁
1679 户，进贡貂皮 4144 张，作为定额，每年添户不添毛皮。[1]
乌梁海五旗户数共 786 户，各旗贡貂的分配为唐努、萨拉吉克、
托锦三旗额定 406 户，年纳貂皮 1218 张；克木齐克旗 229 户，

　　① 《军机处档折件》，同治二年七月初二日，台北故宫博物院藏，档案号：089596。

年纳貂皮 687 张；库布苏库勒诺尔旗交貂皮 453 张。[1] 科布多所属的阿勒台乌梁海七旗 685 户，科布多所属的阿勒坦淖尔乌梁海二旗 208 户，每户交 2 张。阿勒坦淖尔乌梁海贡貂亦可以其他毛皮折抵。

阿勒坦淖尔又称阿尔泰诺尔（诺尔亦称淖尔，为湖泊之意），为阿尔泰河所流入之湖。该处两旗，一名阿尔泰诺尔；一名索洛什卑。富俊在《科布多政务总册》提到阿勒台乌梁海左翼四旗，乾隆二十年投诚。同治三年《中俄勘分西北界约记》签订后，科布多参赞大臣向俄方提出两国应及早在国界设立界碑。科布多段边界在俄人巴布科夫主导下，俄国顺利取得斋桑泊以东及阿尔泰山以北，额尔齐斯河以东之海留图河、科尔沁河、布克图满河（布赫塔玛河）、哈屯河上游等诸河流域土地。居住在此区域之阿尔泰诺尔两旗、阿勒台乌梁海七旗，均划归俄国所属。[2] 因此，同治朝以后贡貂只剩下乌里雅苏台所属唐努乌梁海五旗，至清末一直都维持每年贡貂皮 2358 张。因为贡貂皮只剩下唐努乌梁海五旗，清朝规定用貂皮折抵其他毛皮的数量只限于 1/3，其余仍交纳各种毛皮。

贡貂皮的运输及赏赐

乌梁海贡区打猎的旺季在九月、十月。这两个月野兽的新绒毛完全长齐，所以猎人集中在这时期捕猎野兽。这也是野兽

---

[1]　樊明方：《清朝对唐努乌梁海地区的管辖》，《中国边疆史地研究》1996年第 2 期。

[2]　陈维新：《同治时期中俄乌里雅苏台及科布多界务交涉——以故宫博物院藏外交舆图为例》，《蒙藏季刊》2011 年第 3 期。

毛皮交易最活跃的月份。但在猎业地区必须等到纳贡毛皮选足之后，其余的才能上市自由买卖。

1. 运输贡貂皮的路线

乌梁海总管交纳貂皮时，必须呈递应交毛皮户口造具蒙字名册。乌里雅苏台将军奏称，唐努乌梁海总管到乌里雅苏台呈递贡皮，并将应交毛皮户口造具蒙字名册呈递前来。将军当堂点验，遵照额数收齐，照理折放赏项。然后装箱封固粘贴印花，拣派员外郎善贵督带弁兵，由驿护送交纳。①《乌里雅苏台事宜》载，乌里雅苏台的房租银用于制造进贡貂皮木箱 18 两、布 24 匹。又，支放官兵出差行装 1000 余两，其中官领 12 两、兵领 8 两。②

贡貂的路线，《科布多政务总册》载："阿勒台乌梁海年贡皮张，向系伊等送往乌里雅苏台转进，乾隆五十三年参赞大臣保泰与乌里雅苏台将军会奏，伊等送往乌里雅苏台道路遥远，往返必须四十余日，一切驮载口粮，未免竭蹶，请嗣后照阿勒坦诺尔乌梁海之例，就近交科布多，遇便转送乌里雅苏台。"阿勒台乌梁海贡毛皮原直接交到乌里雅苏台，后就近交科布多，"每年正月内阿勒坦诺尔乌梁海进贡皮张，五月内阿勒台乌梁海进贡皮张，本处派员送至乌里雅苏台将军处，派员送京"。③科布多的毛皮送到乌里雅苏台后，由定边左副将军派员送到山西，再送到北京。

---

① 《宫中档光绪朝奏折》，光绪二十六年九月二十一日，台北故宫博物院藏，档案号：408004262。
② 佚名：《乌里雅苏台事宜》，茅海建主编《清代兵事典籍档册汇览》第 17 册，学苑出版社，2005，第 111—112 页。
③ 富俊：《科布多政务总册》，全国图书馆文献缩微复制中心，1988，第 16—22 页。

2. 贡貂皮之奖赏

樊明方认为乌梁海贡貂皮是一种赋税，具有强制性、无偿性、固定性。清政府对于贡貂皮和灰鼠皮赏给彭缎和布匹，属于奖励物品，其他猞猁狲皮、水獭皮、狐皮、扫雪皮、狼皮等毛皮不支付报酬。可是这样就违反一般所认为的清朝朝贡制度"薄来厚往"的精神。笔者认为朝贡制度和赋税制度还是不同，清朝人民交地丁银之赋税完全无偿，但是贡貂皮多少还有奖赏。事实上，清朝的贡貂皮和奖赏可用银两换算，乌里雅苏台所属的唐努乌梁海五旗，科布多所属的阿勒台乌梁海、阿勒坦淖尔乌梁海二地，每年进貂皮折赏彭缎，按进贡貂皮 10 张给彭缎 1 匹，彭缎例价 2.84 两。若无缎，每缎 1 匹折布 8 匹，1 匹布等于 0.355 两。貂皮不足 10 张的，每张给布 2 匹。由塔尔巴哈台领解存库之布匹以备赏。[①] 按 3 匹彭缎抵马 1 匹，每匹马价 8 两，但蒙古人不喜欢赏马，改折布匹。

咸丰四年七月，乌里雅苏台将军扎拉芬泰具奏，因库存缎匹无多，现值军务未竣、道路阻塞，各省应解物件诚恐弗克照常依期解京，部库乏存。议将应支放缎 3 匹者，改抵赏马 1 匹。查彭缎例价 2.84 两，马例价 8 两，按数核算亦属轻重相等。是以奏准咨行科布多一律照办。阿勒坦淖尔乌梁海及阿勒台乌梁海二处，每年进贡貂皮数在五六十张到一二百张不等，按貂皮 10 张给缎 1 匹，但数至赏 3 匹缎者折马 1 匹，除抵马之外零给布匹无多。办理蒙古事务处章京等面禀，交纳貂皮蒙古人等似有不愿领马之意。再查交纳貂皮每户 2 张至 15 户

① 《宫中档咸丰朝奏折》，咸丰六年七月十七日，台北故宫博物院藏，档案号：406008491。

共交 30 张，应领折马 1 匹。唯马系蒙古出产之物，例价虽系 8 两，市价私购价银不过数两。户多马少不敷均分，此系实在情形。

嘉庆二年，乌梁海进贡毛皮各户，赏小彭缎 163 匹、蓝布 902 匹。彭缎折银 462.92 两，蓝布 320.21 两，共 783.13 两。贡貂皮 4144 张，按内务府变价每张 0.9 两，共 3729.6 两，报酬约 21%。到咸丰年间，清朝实施减俸制度，赏赐银两更少。同治四年，唐努乌梁海每年额进貂皮，赏小彭缎 85 匹，每 3 匹折马 1 匹，共折赏马 28 匹；折赏布 1106 匹，每匹 0.33 两，共 364.98 两，核减两成，共 291.98 两。[1] 同治年间的赏赐和嘉庆朝相比只剩下 1/4。

乌梁海的商贸活动

商人欲赴乌梁海购货必由哈拉（为入乌要口，设有稽查官员）经过，须先赴乌城请领护票，以便验票放行，然后能达。乌梁海为打牲部落，土货除牛羊毛皮外，有狼、狐、猞猁等皮毛，以及貂鼠皮、鹿茸、香脐等。又，科布多与乌梁海连界出产略同，但细皮较多，并产羚羊角。[2]

乌梁海的物产丰富，除了产毛皮，马的品种亦好。乾隆二十九年八月二十五日奉上谕："前派巴图济尔噶勒等，前往杜尔伯特、乌梁海等处，采办御用马匹，乌梁海人等献出马匹使其挑选，从中选出察罕莫尔之枣骝马、唐努乌梁海之白马，皆

---

[1] 《内阁题本户科》（同治四年），中国第一历史档案馆藏，档案号：02-01-04-21877-004。

[2] 李廷玉：《游蒙日记》，吴丰培整理，香港：蝠池书院出版有限公司，2009，第 479—480 页。

可为朕之乘骑。此等乌梁海皆为属民，深知朕之御用马匹，便献出好马，以供选购，其心甚属可嘉，虽已超值赏赐，仍应施恩。着传谕成衮扎布等，将出售此等马匹之人，施恩蠲免十年之赋。嗣后，再有此等之人，除赏给马价外，仍令蠲免其赋。"[1] 乾隆帝喜欢好马，出售马匹者可被蠲免十年之赋税。嘉庆二年，定边左副将军图桑阿参奏参赞大臣额勒春牟利营私各款。事因乌梁海进贡马到乌里雅苏台，额勒春令家人向其索马40匹，伊即挑存20匹；又勒索羊100只，乌梁海只应付50只，额勒春贪鄙已极实难宽宥。向来派往各路大臣于所管部落尚多有备带赏需散给者，岂有转向所部等人勒索之理，大失满洲大臣颜面。[2]

　　乾隆帝曾告诫商人不应贪利，而应与乌梁海、厄鲁特和睦相处。乾隆四十八年九月三十日奉上谕："阅海宁所奏商民贾力，于乌梁海贸易时，马匹为乌梁海总管巴雅尔图旗下之诺尔布所盗一事。看来，彼处商民与乌梁海、厄鲁特交往密切。商民皆图利。久之，乌梁海、厄鲁特吃亏后，衔恨成仇，商民必定吃亏。着将此寄信海宁，令其平时留心，遇有在乌梁海行商之人，即谕以：尔等皆系图利之人，嗣后再往乌梁海等处贸易，稍加获利，即应知足，应与乌梁海、厄鲁特和睦相处。若过于贪利，乌梁海、厄鲁特等吃亏仇视尔等，于尔等颇为不利。商民各知谨慎，不再滋事，与乌梁海、厄鲁特和睦相处，则甚善哉。"[3]

---

① 《清实录》，第 1038 页上—1038 页下。
② 《乾隆朝满文寄信档译编》第 3 册，第 497 页。
③ 《乾隆朝满文寄信档译编》第 16 册，第 648 页。

图 1-3 乾隆帝（左一）所骑乌梁海所贡白马

资料来源：《哨鹿图》局部，郎世宁绘，北京故宫博物院院藏。

1918 年，都护副使乌里雅苏台佐理员恩华咨呈，乌城华商永兴恒、恒和义、义盛德、恒隆厚、新升永等在唐努乌梁海经商，房产屋宇与内地壮丽争胜，一切财产不下数千百万。[①]唐努乌梁海盛产高级的貂皮、狐皮、狼皮、猞猁狲皮等毛皮。永兴恒所贩售的应是来自唐努乌梁海与科布多的毛皮和毡绒。1914 年的《调查归化商埠情形报告书》载，清盛时每年归化、包头两处输入皮张绒毛计可值五六百万两。1912 年，归化产羊皮 830633 斤、羊绒 58215 斤、驼绒 479200 斤、马尾 22601 斤、牛尾 10000 斤，制造绒毡 30000 斤、毛毡 291000 斤。[②]

滕德永的研究提到嘉庆以后各朝的内务府贡貂皮变价，多数以貂皮成品貂皮褂的形式卖给王公大臣，其价格根据等第略有不同。一等貂皮褂用貂皮 80 张，每张 1.75 两，每件 140 两；二等貂皮褂用貂皮 80 张，每张 1.5 两，每件 120 两；三等貂皮褂用貂皮 80 张，每张 1.125 两，每件 90 两。[③]内阁大库档案常见内务府变价库存的貂皮、貂褂，如咸丰元年总管内务府咨内阁此次库存黄貂皮一千余张，貂褂 24 件。除道光三十年赏领过貂褂之大臣衔名毋庸开送外，其本年情愿认买及不愿认买之大臣衔名造册以便折奏。[④]

清宫从恰克图贸易和唐努乌梁海进贡所获得的毛皮，从《乾隆朝内务府广储司皮库月折档》的记载可以统计出貂皮、

① 《北洋政府外交部商务档》，民国七年一月六日，"中央研究院"近代史研究所档案馆藏（下略），档案号：03-32-177-02-002。
② 《北洋政府外交部商务档》，民国三年，档案号：03-17-002-03-004。
③ 滕德永：《清代内务府贡貂变价制度探析》，《黑龙江社会科学》2013 年第 6 期。该文只讨论唐努乌梁海，没有提到阿勒台乌梁海、阿勒坦淖尔乌梁海二地的贡貂皮。
④ 《清代内阁大库原藏明清档案》，咸丰元年四月初七日，档案号：143316。

狐皮、鼠皮收支的数量。图 1-4 显示皮库藏的貂皮在万张左右，其中约有 2000 张为乌梁海黄貂皮，说明上等貂皮数量不多。

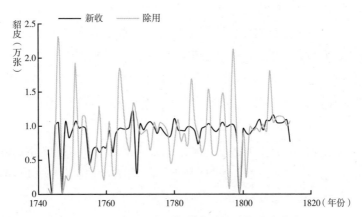

图 1-4 1740—1810 年内务府皮库貂皮类收支

资料来源:《乾隆朝内务府广储司皮库月折档》。

图 1-5 为狐皮的进项和用项。青狐皮和黑狐皮的数量增长与恰克图的贸易有关。至于黄狐皮在 1780 年前后数量明显增加，是因为唐努乌梁海进贡数量增加。黄貂皮的数量大约自 1760 年以后数量增加，亦与唐努乌梁海进贡有关。

图 1-6 为《内务府广储司皮库月折档》所载 1740—1810 年灰鼠皮各年新收、除用数量变化。在恰克图和唐努乌梁海的毛皮进入北京之前，灰鼠皮一年最高存量约 4 万张，1770 年代增为约 15 万张；除用的部分，在 1740—1750 年代都不满 2 万张，1760 年代则超过 5 万张，1770 年代也超过 10 万张。这表示由恰克图买进和唐努乌梁海进贡的灰鼠皮在宫廷的用量增加了。

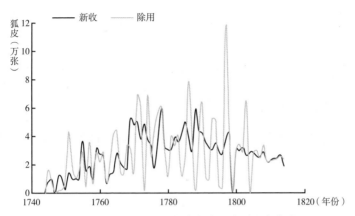

图1-5　1740—1810年内务府皮库狐皮类收支

资料来源:《乾隆朝内务府广储司皮库月折档》。

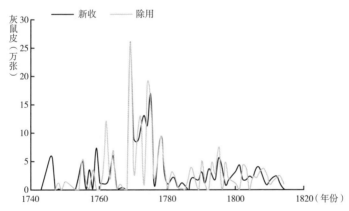

图1-6　1740—1810年内务府皮库灰鼠皮类收支

资料来源:《乾隆朝内务府广储司皮库月折档》。

三　19世纪进口的毛皮

1802—1804年,从俄国出口到中国的主要商品——毛皮的销量下降,每年贸易额为124万卢布,占出口总额的37.7%,

而外国呢绒向中国的出口量却增加至每年164.1万卢布，占49.5％。19世纪恰克图毛皮贸易特点在于俄国的猫皮、粗毛羊羔皮的出口明显增长，其他毛皮的出口出现下降趋势。①

恰克图的毛皮贸易

俄罗斯学者认为，优质的紫貂皮或被运往俄国、欧洲，或被希腊人运至土耳其、波斯、阿拉伯，劣质的则被运到了中国，因为中国人善于巧妙地将这些毛皮染色、染黑，然后将其以优等品卖给自己的同胞和非西伯利亚的俄国人。②

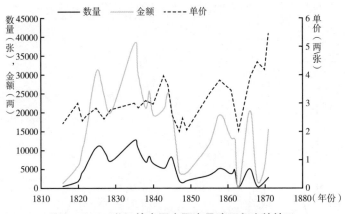

图1-7 19世纪恰克图中国商号购买貂皮的情况

资料来源：《恰克图商民买卖货物清册》，台北蒙藏文化中心藏蒙古国国家档案局档案，档案号：003-007、003-008、025-014、025-015、026-018、026-019、027-001、029-004、029-010、030-021、030-022、031-021、031-022、032-001、032-002、032-003、033-024、034-016、034-017、035-002、035-008、037-008、038-001、042-005、045-013、045-014、046-001、046-002、046-015（以下省略档案来源与编号）。

---

① 特鲁谢维奇：《十九世纪前的俄中外交与贸易关系》，第171—172页。
② 特鲁谢维奇：《十九世纪前的俄中外交与贸易关系》，第161页。

　　俄国输入的狐皮以沙狐皮居多，其次是黄狐皮、红狐皮、白狐皮等，中国人重视的黑狐皮相当少，必须加以染色。

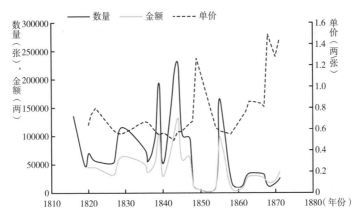

图 1-8　19 世纪恰克图中国商号购买狐皮的情况

资料来源：《恰克图商民买卖货物清册》。

图 1-9　狐皮

资料来源：笔者拍摄。

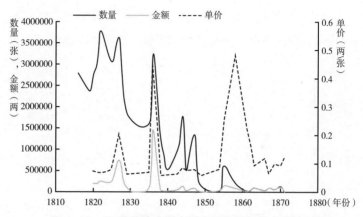

图 1-10　19世纪恰克图中国商号购买灰鼠皮的情况

资料来源:《恰克图商民买卖货物清册》。

　　在图 1-10 中，灰鼠皮的数量有明显下降，从三四百万张降到数万张；单价则有上升趋势，由 1 钱以下升至 1.5 钱和 2 钱，但总体看来灰鼠皮的价格仍不高。在 1780 年代毛皮占俄国向中国出口总值的 85%，到 1826 年只占 47.5%，从平均每年向中国输出 400 万—600 万张灰鼠皮，到 1841—1843 年降为 100 万张。[1] 1849 年在雅库茨克一个市集出售的松鼠皮达到 126.5 万张，这些松鼠皮都被运往恰克图。[2]

　　恰克图的贸易中也包括猫皮。猫皮分为家猫皮和草原猫皮两种。家猫皮中纯黑色要比杂色毛更受欢迎。表 1-1 的黑猫皮每张 0.18 两，花猫皮每张 0.15 两。图 1-12 中猫皮的价格每张为 2—3 钱，价格比乾隆时高些。中国对黑色家猫皮的需求量

① 　米·约·斯拉德科夫斯基:《俄国各民族与中国贸易经济关系史（1917 年以前）》，第 231 页。

② 　阿·科尔萨克:《俄中商贸关系史述》，第 47—48、161—164 页。

图 1-11　柏木山猫

资料来源：故画 00339600006，台北故宫博物院藏。

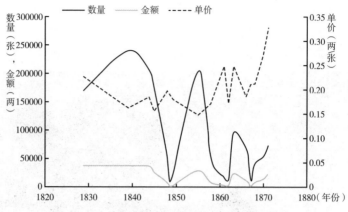

图 1-12　19 世纪恰克图中国商号购买猫皮的情况

资料来源:《恰克图商民买卖货物清册》。

相当大。贸易清册中将猫皮分为黑猫皮、杂色猫皮、色猫皮、野猫皮。1829—1871 年猫皮进口数量共 1856590 张,其中黑猫皮有 1390020 张,约占 75%。草原猫尺寸比家猫尺寸大,颜色更像猞猁狲,但它的毛很短。此外,还有在奥伦堡和西伯利亚边境线上从吉尔吉斯人手中换得的猫皮,也被运到恰克图的市场。[1] 中国人喜好黑色毛皮,在缺乏黑貂和黑狐的情况下,以黑猫皮做服饰越来越普遍。《红楼梦》记载贾府被抄家时,也抄出猫皮 35 张。

随着俄国陆地动物数量的减少,俄美公司转而猎捕海洋动物,每年获得水獭皮约 2000 张,全都运往中国。[2] 水皮(выдра)包括水獭皮和海狸皮,有所谓正板水皮指俄国水獭皮,番板水皮指西洋水獭皮(外国水獭皮),锅盖水皮指德国海狸

---

[1]　阿·科尔萨克:《俄中商贸关系史述》,第 166—167 页。
[2]　谢·宾·奥孔:《俄美公司》,第 216 页。

皮（外国海狸皮），长毛水皮指俄国海狸皮。①

　　表 1-1 中"翻板水皮"每张 4.8 两、"锅盖水皮"每张 4.2 两，"长毛水皮"每张 2.1 两。这些奇怪的名词，《论皮衣粗细毛法》载："水獭皮，酱黑色，其针硬，绒米色。其原皮土黄色，至大者身长 2 裁尺、面宽 1 尺 1、2 寸。次小者身长 1 尺 6、7 寸、面宽 8、9 寸。番水皮，獭出北口外，满针、满绒。"②又《当谱·清抄本》记载水獭皮分成三种，"头等为藏水獭，其毛纯而亮，紫色到根。次者番板水獭，其毛淡紫色黄根。又次者为锅盖水獭，其毛黑黄色灰根。锅盖水獭出在俄罗斯"。③在恰克图贸易的晋商解释的水皮名称和北京当铺写的不一样，晋商靠近毛皮产地，他们的说法应较为准确。俄国资料说每张约 10 卢布，折算成银 6—7 两，和恰克图记载的价格相近。

　　俄美公司捕获量最多的是海狗（海豹）。1803 年，海豹皮充斥恰克图，价格一直下跌，从 6—7 卢布跌到 2 卢布，并因为粗制滥造，导致质量极差。为了稳定价格，足智多谋的俄美公司经理毫不迟疑地下令将十几万张海豹皮付之一炬，仅在乌纳拉斯卡就烧毁 70 万张。④ 1842—1861 年，海豹皮的输出只有 338604 张，减少了许多，可见毛皮资源枯竭。19 世纪下半叶，俄美公司平均每年捕获 18000 只海豹，其中 8000 只海豹的毛皮经恰克图运往中国，另有部分海豹皮直运上海港。⑤

① Словари Кяхтинского пиджина. Перевод с китайского, публикация, транскрипция, исследование и приложения И. Ф. Поповой и Таката Токио. Москва: Наука - Восточная литература. 2017. с. 178.

② 《论皮衣粗细毛法》，《中国古代当铺鉴定秘籍》，第 135 页。

③ 《当谱》，《中国古代当铺鉴定秘籍》，第 292 页。

④ 谢·宾·奥孔:《俄美公司》，第 54 页。

⑤ 谢·宾·奥孔:《俄美公司》，第 215—216 页。

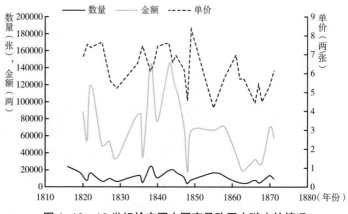

图 1-13　19 世纪恰克图中国商号购买水獭皮的情况

资料来源:《恰克图商民买卖货物清册》。

表 1-1 中,"长脖羔子皮"每张 0.135 两,"白羔子皮"每张 0.18 两。民国时北平"盛行骨种黑羊皮帽,其毛乌而润,倍于存色,皮板极白耐久,然价昂,甚者高于七八金一顶"。[1]长脖皮指俄国的羔羊皮,黑骨种羊皮为布哈拉的羔羊皮,青骨种羊皮是灰色羊羔皮,白骨种羊皮为图鲁汉克斯牧羊人驻扎地的羊羔皮。恰克图商号的档案有"长脖子皮""白长脖子皮""黑长脖子皮"名目。长脖皮指羔羊皮,大黑长脖皮指西洋羊羔皮(外国羊羔皮)。

英美毛皮贸易

蔡鸿生讨论了广州的毛皮贸易始于 1787 年英船乔治国王号和查律女王号携带 2500 张毛皮到广州发售;1789 年,美国船

---

①　李家瑞编《北平风俗类征》,台北:台湾商务印书馆,1992,第 234 页。

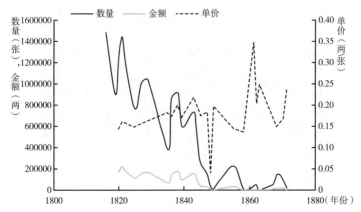

图 1-14　19 世纪恰克图中国商号购买长脖皮（羔羊皮）的情况

资料来源：《恰克图商民买卖货物清册》。

只哥伦比亚号运来 1200 张毛皮到广州。[1] 1787 年运来的毛皮中有海獭皮，以 5 万元售给石琼官。[2] 1791 年 3 月 13 日，文官通知特选委员会，海关已出告示禁止输入海獭皮，认为它们是从俄国人那里购来的，因为皇帝几年前已和该国不睦，不准互相交往，故颁发这一禁令。[3] 1792 年取消了海獭皮入口的禁令。[4] 该年英公司船进口兔皮每张 2 钱、海狸皮每张 4 两、海獭皮每张 10 元。[5] 根据 1801 年广州市场价格表，海豹皮每 100 张 80 元，海狸皮每张 6 元，而海獭皮每张 22 元。[6]

18 世纪末，美国在加州和南美洲西班牙领地发现了新的毛皮资源，大举组织猎取海豹皮。1798—1807 年，马萨洛夫岛就

[1]　蔡鸿生：《清代广州的毛皮贸易》，《学术研究》1986 年第 4 期。

[2]　马士：《东印度公司对华贸易编年史（1635—1834）》第 2 卷，第 455 页。

[3]　马士：《东印度公司对华贸易编年史（1635—1834）》第 2 卷，第 502 页。

[4]　马士：《东印度公司对华贸易编年史（1635—1834）》第 2 卷，第 510 页。

[5]　马士：《东印度公司对华贸易编年史（1635—1834）》第 2 卷，第 518 页。

[6]　马士：《东印度公司对华贸易编年史（1635—1834）》第 2 卷，第 667 页。

图 1-15　冷枚的《梧桐双兔图》

资料来源：北京故宫博物院藏。

有 850 万张海豹皮运到广州。但如蔡鸿生所说，1820 年代美国输入的毛皮达 20 余万美元，之后太平洋区域毛皮资源枯竭，美洲毛皮被毛织品取代。[①]《东印度公司对华贸易编年史（1635—1834）》记载了 1787—1833 年英美输入中国毛皮的数量与金额，显示从英美进口的毛皮数量远比俄国的少得多。另外，英美的毛皮以海洋动物为主，如海獭皮、海豹皮、海狸皮，陆地动物以兔皮为主。珍贵毛皮，如貂皮、狐皮、银鼠皮等则阙如。

四 恰克图进口的毛皮

在恰克图市场销售量大的还有皮革，像香牛皮、山羊皮、小牛皮等。俄国将皮革销售给中国的历史很长。香牛皮之名出自俄国，因俄国出产一种树皮带有香味，含有丹宁质，用作制革材料，制成之革含有香气，故名香牛皮。[②]

乾隆帝派内务府官员或买卖人到恰克图采办毛皮的同时，也采买皮革。乾隆二十八年三月，购得香羊皮（满文 šafiya）300 张、金花香牛皮（aisin ilhai bulgari）76 张。[③] 清朝称皮革为香牛皮（bulgari），是因为牛皮上的香味。嘉庆年间成文的《草珠一串》载："尖靴武备院称魁，帽样须圆要软胎。注解：近时尖靴必须武备院样。"[④] 说明武备院设计的尖靴成为流行时尚。

---

① 蔡鸿生：《清代广州的毛皮贸易》，《学术研究》1986 年 4 期。
② 张家口香牛皮厂则是使用内地所产之科子橡椀子，以及南洋运来之树胶皮等，采用植物鞣法制成，其皮并无香味。魏雅平：《工商月报调查·张家口皮革业近况及其衰落之原因》，《河北工商月报》第 1 卷第 8 期，1929 年。
③ 《军机处满文录副奏折》，乾隆二十八年三月，档案号：03-2018-014，第 2791—2793 页。
④ 得硕亭：《草珠一串》，杨米人等：《清代北京竹枝词（十三种）》，路工编选，北京古籍出版社，1982，第 53 页。

蒙古地区皮革的使用非常普遍，如蒙古人冬天穿皮衣，一直到夏天；夏天穿上单衣，男女都穿着皮靴子。军需品中最好的要算晒干后捣成粉装在袋内的咸牛肉，袋是熟牛皮做的，因而不怕潮湿，一名军人有 2 升就可吃三四个月。还有炒米，每人有 2 升可吃三个来月。又，蒙古包外边随着季节用毡子或皮子、布围起来。[1] 因此，瑚图灵阿、庆桂等制定《恰克图贸易章程》时，特别考虑蒙古人的需求，规定："俄罗斯物件内毡子、狐皮香牛皮等项，皆是蒙古人平常需用者，恰克图附近有蒙古人买俄罗斯物件时，价值百两银子以内物件，令其任意贸易。"[2]

俄国的香牛皮、香羊皮等颇有名气。鞣制皮革加工业是俄国工业的一个专门分支，喀山、沃洛格达、乌斯秋格及其他的城市很早就以自己的制革工厂而著名，西伯利亚也很早就存在这种产业。在俄国商队时期，西伯利亚边境的居民就在库伦用香牛皮交换家畜，随着恰克图贸易的开办，皮革的销量应该是相当大的。[3] 恰克图贸易对皮革商品的需要，促进了贝加尔地区皮革生产的发展。例如，伊林斯基和卡班斯克城堡（色楞格斯克县）附近有不少"皮革工厂"，上乌丁斯克、色楞格斯克、伊尔库茨克和其他地方都出现了皮革企业。其产品不仅销售于边区，也运往恰克图，以便向中国销售。1762—1785 年，在恰克图贸易的香牛皮每年交换量从 5 万张增长到 8 万张，而山羊

---

[1]　罗布桑却丹:《蒙古风俗鉴》，赵景阳译，辽宁民族出版社，1988，第 6—11 页。

[2]　《军机处满文录副奏折》，乾隆三十三年九月二十四日，档案号：03-2281-019，第 1674 页。

[3]　阿·科尔萨克:《俄中商贸关系史述》，第 54 页。

皮和小牛皮每年总计达到 5 万张。[①]

　　19 世纪初，香牛皮的销售从 7 万张增加到 9 万张，而小牛皮和公山羊皮的销售已经超过了 20 万张。[②] 这些商品的贸易状况维持到了 1824 年。中国商人输出茶叶，将皮革作为包装材料，用皮革包装大黄和制作茶叶箱，以便长途转运。[③]

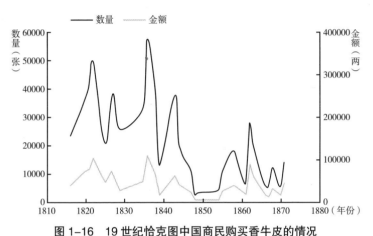

图 1-16　19 世纪恰克图中国商民购买香牛皮的情况

资料来源：《恰克图商民买卖货物清册》。

　　《俄中商贸关系史述》提到 19 世纪初，香牛皮的销售从 7 万张增加到 9 万张。不过从商民贸易清册来看，香牛皮革最多将近 6 万张。会有这样的落差是因为清政府允许蒙古人到恰克图从事小额买卖，或者边境走私贸易所致。

①　阿·科尔萨克：《俄中商贸关系史述》，第 54 页。
②　阿·科尔萨克：《俄中商贸关系史述》，第 71 页。
③　孟宪章主编《中苏贸易史资料》，第 187 页。

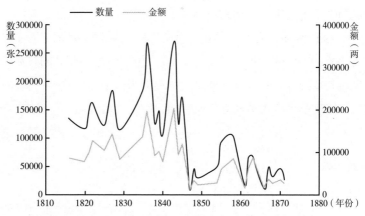

图 1-17   19 世纪恰克图中国商民购买香羊皮的情况

资料来源:《恰克图商民买卖货物清册》。

19 世纪, 恰克图中国商民购买山羊皮的数量有两年超过了 20 万张, 多数年份为十余万张。山羊皮可用来制作靴子, 如《红楼梦》描述林黛玉换上掐金挖云红香羊皮小靴。

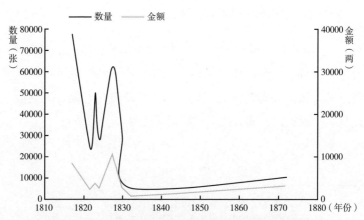

图 1-18   19 世纪恰克图中国商民购买香鼠皮的情况

资料来源:《恰克图商民买卖货物清册》。

俄国商人出售的香鼠皮数量比不上香牛皮、香羊皮，可能鼠体型小，做出来的皮革用处不大。俄国学者科尔萨克指出，中国所需要的主要是香牛皮和公山羊皮。在恰克图市场上常用于交换的大部分是秋明和托木斯克的香牛皮，以黑色和红色为主。精致上等山羊皮是从喀山运过来的，在那里为恰克图贸易收购的大部分是经过高级精制，并染了色的上等山羊皮。公山羊皮和香牛皮成了继呢子、波里斯绒和毛皮之后，恰克图最重要的贸易商品。1824—1840 年恰克图皮革类商品的价值平均数如表 1-5 所示。

表 1-5　1824—1840 年恰克图毛皮类商品的价值平均数

年份	金额（卢布）
1824—1826	969022
1827—1829	1019696
1830—1832	906400
1833—1835	791934
1836—1838	650616
1839—1840	677002

资料来源：阿·科尔萨克《俄中商贸关系史述》，第 125 页。

从恰克图相关档案可知，库伦办事大臣每年必须进贡香牛皮给内务府武备院。据恰克图部员奎禄呈报，同治十三年应交黄香羊皮 16 张、红香牛皮 6 张，并光绪元年应交黄香羊皮 16 张、红香牛皮 6 张，以及光绪二年司员任内应交黄香羊皮 16 张、红香牛皮 6 张。以上三年共应解交黄香羊皮 48 张、红香牛皮 18 张，均如数购齐，一并派家丁郭玉、徐顺等管解运京赴武备院呈交。查该部员家丁郭玉、徐顺等于光绪三年十二月十七日持文赴武备院呈进，随即呈明武备院堂台如数验收讫。[①]

康熙七年，崇文门关开始订立税则，因当时已有俄国的商人到北京贸易，因此俄国的毛皮也被列入税则，如黄正牛皮 1 张银 3 分、红牛皮 1 张银 3 分、普通牛皮 1 张银 1.2 分。[②] 清末对毛皮课税，羊皮板每 100 张 2.75 两、色香羊皮每 100 张 2.25 两、香羊皮每 100 张 2 两、牛皮每 10 张 7.5 钱，香鼠皮照各国税则灰鼠、银鼠例每 100 张 5 钱。[③]

* * *

满洲统治者起源于东北，以猎取毛皮动物为业。但东北所产的貂皮不足，故乾隆帝派人到遥远的恰克图采办毛皮，主要原因是 18 世纪俄国占领西伯利亚、阿拉斯加，动物毛皮产量丰盛，种类远远超过东北。乾隆帝派人采购珍贵的银针海龙皮等，俄国商人亦大量出售动物各部位毛皮，如将狐皮背部、腿部、尾巴、腹部和颈部分开来卖，以赚取更多利润。有趣的是，狐肷、狐膁、貂臁等价格高，崇文门关按"条"课税。毛皮亦以有"袖""领""帽沿"而课税，说明制作毛皮的规格在中俄两国有了共识。

---

① 《恰克图呈交御用黄香羊皮红香牛皮额征张数》，台北蒙藏文化中心藏蒙古国国家档案局档案，编号：049-016，第 110—112 页。
② 《督理崇文门商税盐法·乾隆四十五年新增税则》，《国家图书馆藏清代税收税务档案史料汇编》第 6 册，第 2860—2861 页。
③ 蒋廷黻编《筹办夷务始末补遗》卷 178，民国间抄本，第 344 页。

　　清宫制作的毛皮服饰成为王公贵族、官员效仿的对象，又通过皇帝的赏赐，毛皮服饰传播至蒙古、新疆、西藏，以及朝鲜等地区，影响超过历代。

　　俄国在广大的西伯利亚、阿拉斯加捕猎动物，从海洋猎获的海獭皮价格超过陆地动物的毛皮，海獭皮每张30—40两，而貂皮只有2—3两。至19世纪毛皮资源枯竭，毛皮被毛织品取代。这与广州的毛皮贸易相似。蔡鸿生认为随着广州的毛皮贸易发展，1820年代以后，太平洋区域的海獭和海豹等珍贵皮兽濒临灭绝。[①] 从蒙古国藏的档案可看出，1816—1871年，貂皮的数量在万张以下。狐皮、鼠皮数量急遽下降，且价格不断上升。俄国在狩猎毛皮产量下降后，从欧美进口水獭皮和海豹皮转卖到中国。再者，中国人喜好黑色毛皮，19世纪黑貂皮数量减少，由黑猫皮、黑羊皮、黑鼠皮等代替。清季只有少数上层官员仍穿着带膆貂褂，下层官员则以猫皮、兔皮代替狐皮、银鼠皮等。灰鼠皮在货货中价格低廉，平民百姓亦有能力购买。

　　北京作为清代的首都，冠盖云集，皇帝、王公、官员冬天都需要穿着毛皮服饰，实为毛皮消费重镇。毛皮的加工手续烦琐，北京有各种硝皮局、刷皮局、洗染局来整理毛皮，缝制毛皮的工匠将毛皮切割成大小齐一的材料，兼备"针脚细若蚊睫"的手艺。此外，由行会组织可见，制作冠帽、靴鞋等行业中的毛皮制作分工细密、专业，至民国时期北京仍网罗全国各处的毛皮，制作外销高级毛皮服饰。

---

　　① 蔡鸿生：《清代广州的毛皮贸易》，《学术研究》1986年4期。

第二章　清宫的冠服

　　瞿同祖认为衣饰自古迄清都是用以区别贵贱的一种重要标识，清朝以毛皮区分各种身份品级，不能随意穿用。[①] 宗凤英的《清代宫廷服饰》探讨宫廷服饰制度，分成礼服、吉服、常服、行服、雨服、便服。根据各种服饰穿着的场合和对象不同，从帝后到文武官员的服饰各有不同等第规定。[②] 皇太极即位之初即谕："今国中冠服不一，各任意创制，甚非所以肃观瞻也。特定入朝冠服之制，凡朝期俱用披领，平居止用袍。自八大臣以下，庶人以上，毋得戴尖缨帽。冬则戴缀缨圆皮帽，夏则用凉帽。其黑狐大帽，系御赐者，入朝准戴，平居俱行禁止。"[③] 乾隆帝引述皇太极的规定，告诫子孙要保留满洲服装。罗友枝（Evelyn S. Rawski）探讨了满洲文化政策，认为服装、语言和习武等条例用以巩固征服精英集团内部的认同。[④] 谢健也注意到毛皮在满汉人生活中产生了交集，也让人们创造了新名词。毛皮和其他野生动物成为

---

① 瞿同祖：《中国法律与中国社会》，第182—183页。
② 宗凤英：《清代宫廷服饰》，紫禁城出版社，2004，第30—188页。
③ 《大清太宗文皇帝实录》，台北：华文书局，1964，第193页下—194页上。
④ 罗友枝：《清代宫廷社会史》，周卫平译，中国人民大学出版社，2009，第40—53页。

帝国更广阔的共享物质文明的一部分。① 乾隆帝以《皇朝礼器图式》颁行天下，虽有意界定社会阶级的服饰，然毛皮贸易的兴盛打破了阶级的樊篱，也促进了 18 世纪毛皮服饰的流行。

乾隆十三年，清朝启动宫廷编辑图书大型计划，包括祭器、冠服、定卤簿五辂之制等图书。其中冠服图书有四册，第一册为皇帝、皇太子、亲王、贝勒、王公，属于皇室近亲贵族阶层冠服；第二册为民公侯伯、侍卫、文武官员，举人、生员，乃至宫廷执事冠服；第三册为皇太后、皇后、皇贵妃以下至乡君冠服；第四册为民公夫人以下冠服。原则上系按照阶级等第、性别来编排。② 实际上，在《皇朝礼器图式》编成之前，乾隆十三年绘制了 561 页的冠服图，与《皇朝礼器图式》冠服门不一样，前者开头是皇帝祭天、雩、日、月等的冠服。后来再按阶级等第、性别绘制的武英殿版《皇朝礼器图式》系整合乾隆十三年的冠服图而来。《皇朝礼器图式》有好几个版本的绘本，如今散落于各大博物馆、图书馆，其中北京故宫博物院彩图本有 92 册，每册页数不一，共 1974 页，武英殿本共有 1303 幅图，四库本共有 1320 幅图。③ 乾隆十三年内务府奏案有每幅图之画师所用的银两，嵇若昕曾关注造办处工匠的收入。④ 从奏案资料可知，这些画师的日薪较一般工匠高，算是待遇优渥的技术

① 谢健：《帝国之裘：清朝的山珍、禁地以及自然边疆》，第 17—19 页。
② 允禄等纂《皇朝礼器图式》，牧东点校，广陵书社，2004，第 101—348 页。
③ 赖毓芝：《"图"与礼：〈皇朝礼器图式〉的成立及其影响》，《故宫学术季刊》第 37 卷第 2 期，2020 年。
④ 嵇若昕：《清中后期（1821—1911）内务府造办处南匠及其相关问题》，《故宫学术季刊》第 32 卷第 3 期，2015 年。

人员。

《皇朝礼器图式》的祭器门常引用《周官》、《礼记》、聂崇义的《三礼图》等，延续三代礼制；冠服门则是展现满洲本位，以"本朝定制"来阐释服制特色。清朝制定帝后、官员朝服、朝冠使用的貂皮、黑狐皮等各色毛皮，为历朝服饰所未见。它不仅是东北或乌梁海贡貂皮的结果，而且与贸易的关联尤为密切，前章叙述中俄毛皮贸易，不乏珍贵毛皮如海龙皮、貂皮、狐皮，建构了皇帝、王公和职官的服制。再从乾隆二十四年抄本《当谱集》来看，各种宝石、珊瑚、青金石充斥京城，证明贸易量遽增，构成上层社会的洋货服饰来源。再者，乾隆朝生产朝冠的人员为内务府人员，并由皇帝拨内帑开帽铺。《皇朝礼器图式》不仅是规范上层社会的礼制，而且成为一种型录。许多官员按照朝服图式来制作龙袍送给皇帝，唯有质量最高的西洋金银线织的龙袍受到皇帝的青睐，其他质地不佳的被退回，形成有趣的送礼文化现象。

一 绘制冠服图式

清朝入关后以推行满洲传统服饰为基础，制定冠服制度，在冬季的服饰特别使用毛皮来显现皇室、王公、官员的等级差异。《大清会典图》载，清代宫廷服饰包括礼服、吉服、常服、行服、便服（氅衣、衬衣都是清宫后妃常见的便服）等。礼服分为朝袍（图2-1）、端罩（图2-2）等；吉服分为龙袍、龙褂；常服分为常服袍、常服褂。其中端罩是整件毛皮朝外的礼服，冬天举行大典时，将端罩穿于朝袍外面以

图 2-1 康熙明黄色缎绣云龙貂镶海龙皮朝袍

资料来源：严勇等主编《清宫服饰图典》，第 27 页。

图 2-2 嘉庆明黄色绸黑狐皮端罩

资料来源：严勇等主编《清宫服饰图典》，第 23 页。

御寒。①

这些服饰对满汉官员来说可能不太熟悉，因此乾隆帝命官员绘图以示其意。乾隆十三年，总管内务府大臣三和奏为绘画冠服图式用过银两、绢布、纸张细数。三和等奏报："此诚重名分，而明秩序之至意，臣等谨按章程详细商酌。上自皇上朝冠、朝服、吉服、常服，下至王公大臣，以至九品以上官员朝帽、朝衣，图分为三册。又上自皇太后、皇后、皇贵妃、妃嫔之朝冠、朝服，下自王妃，以至六品以上命妇之朝帽、朝衣，分为三册，共写六册。其绘图所需画工物料，并办事人员饭食、纸笔等项之费，实属预需而所用银两数目预难酌定。请向广储司银库暂领银五百两应用，将用度银两详加酌核得其细数另行奏闻。如有不敷再行请领，通俟绘图完竣之日，将用过银两数目详细核销具奏。"② 这说明绘制冠服分性别各三册，总共六册。经费系向广储司领 500 两，至结案时再一并核销。

三和会同汪由敦、王扎尔、阿岱等按章程详细商酌，共编六册、561 页（表 2–1），花费 2983.85 两，自乾隆十四年正月初六日起，至十六年八月二十六日告竣。自皇上朝冠、朝服、吉服、常服图式至王妃以至六品命妇之朝帽、朝衣图式，共为六册，其绘图所需画工、物料并办事人员饭食、纸笔等项之费，共 2983.85 两，向广储司支领应用（表 2–2）。

---

① 《大清会典图（光绪朝）》，清光绪二十五年刻本，台北：新文丰出版社 1976 年影印本，第 1855、1887、1922、1925、1928 页；《总管内务府现行条例（广储司）》，台北：文海出版社，1972，第 59 页。

② 中国第一历史档案馆、故宫博物院合编《清宫内务府奏案》第 57 册，故宫出版社，2014，第 228—233 页。

表 2-1　皇帝至命妇等之冠服图式页数

册数	等第	服饰总类	页数（页）
1	皇帝	朝冠、朝服、吉服、常服	107
2	东宫以至伯	朝帽、朝衣	88
3	一品官至九品官	朝帽、朝衣	90
4	皇太后、皇后、皇贵妃	朝冠、朝服、吉服	120
5	贵妃、嫔	朝冠、朝服、吉服	102
6	王妃以至六品命妇	朝帽、朝衣	54
	共用经费	2983.85 两	

资料来源:《清宫内务府奏案》第 75 册，乾隆十七年十一月十八日，第 213—306 页。

表 2-2　冠服图之工匠和材料支出预算

支出	数量	单价（两）	时间	共计（两）
工匠	8657 名	0.255	965 日	2207.54
每页均折颜料飞金银两	1 页	0.302		169.42
监看绘画图式无品级司库	2 员	每日饭食 0.1	965 日	193
贴写人	1 名	每日饭食 0.08	965 日	77.2
领班画工	1 名	每日饭食 0.08	965 日	77.2
领班画工	1 名	每月公费 5	32 个月 21 日	163.5
苏拉	3 名	每日饭食 0.03	965 日	86.85
厨役	1 名	0.04	965 日	38.6
共计		2843.89		

资料来源:《清宫内务府奏案》第 75 册，乾隆十七年十一月十八日，第 213—306 页。

三和所奏绘画冠服图式用过银两，稽核的官员逐一详加查核，发现除雇觅画工、购买颜料俱系按照图页计算应准开销外，其所开司库人等饭食公费等项共 735 两，"查司库人等原有别项差使内，应给之饭食公费，尽可令其相兼行走，何必另行专派？其办理殊有未善之处，不便准其开销"。故，于册开用过3112 两内照数核减 735 两，着令三和赔缴。

表2-3 冠服图之其他费用

项目	用量	日期	用量	日期	共计
烤颜料用炭	每日 10 斤	十月初一日起至正月二十日	每日 5 斤	二月初一日起至九月三十日	6130×6 厘 =36.78（两）
煤	每日 10 斤	十月初一日起至正月二十日	每日 5 斤	二月初一日起至九月三十日	6130×2 厘 =12.26（两）
颜色磁碟	400 个				400×2 分 =8（两）
做画挣	60 个				60×5.5 分 =3.3（两）
绘画冠服底本	40 页				38.92 两

资料来源：《清宫内务府奏案》第 75 册，乾隆十七年十一月十八日，第213—306 页。

冠服图式 561 页，每页用宽 1.5 尺、长 1.6 尺画绢一幅，再裱背图式六册缮写上谕。每册用宽 1.5 尺、长 1.6 尺画绢四幅，共画绢 24 幅，共计宽 3 尺画绢 46.8 丈。铺垫图样用榜纸 600 张，苫盖画挣用三线布 1 匹。

宗凤英认为，清朝皇帝的朝服是举行嘉礼庆典、吉礼祭祀活动时所穿的礼服，在历史上皇帝没有祭服。礼服由朝冠、朝服、端罩、补服、朝褂、朝裙、朝珠、朝靴、朝带、领约、金

图 2-3　皇帝冬朝袍图样

资料来源：严勇等主编《清宫服饰图典》，第 28 页。

图2-4　皇帝十二章金龙袍

资料来源：万依等主编《清宫生活图典》，紫禁城出版社，2007，第163页。

约、采帨、耳饰等部分组成。[①] 内务府奏案绘制冠服图式和《皇朝礼器图式》不同的是，前者特别列出皇帝祭天坛、祭雩坛、祭地坛、祭日坛、祭月坛、设朝的礼服。既然嘉礼庆典与祭祀活动的礼服一样，为何还特别辟出吉礼之礼服？

《皇朝礼器图式》载，皇帝冬朝"谨按，本朝定制：十一月朔至上元，皇帝御冬朝服，色用明黄，惟南郊祈谷用蓝。披领及裳俱表以紫貂，袖端熏貂，绣文。两肩，前后正龙各一，襞积行龙六。列十二章，俱在衣，间以五色云"。[②] 披领及裳俱绘制紫貂，袖端熏貂黑狐、貂皮。又有正龙两条、行龙六条，以及十二章，绘制朝服最复杂，一页需要 25 画工，正反面约 12.76 两；补褂、端罩都用 13 画工，正反面共 6.62 两。据杨玉君研究，在清中叶后北京、天津民俗画中出现许多画工设计皮裘的图像。[③] 或许宫廷画工也将这套冠服图体裁用于年画设计。

乾隆三十二年，笔帖式八十四持来武英殿印文内开，为咨送新增雨衣等画册事。照得本殿奏准，酌定品官雨帽并将雨服（图 2-5）一类，增入皇朝礼器图冠服门内，遵即办理。乾隆三十二年七月十四日奏："本日奉旨知道了。钦此。钦遵相应抄录原奏，并图样说文，咨送贵处转交春宇舒和照式绘画，俟随时画得随交如意馆查照办理可也。"[④] 乾隆三十二年增加的雨衣

---

① 宗凤英:《清代宫廷服饰》，第 30 页。

② 允禄等纂《皇朝礼器图式》，第 104 页。十二章：日、月、星辰、山、龙、华虫、黼、黻在衣，宗彝、藻、火、粉米在裳，间以五色云，下幅八宝平水。

③ 杨玉君:《杨柳青民俗版画中的财富母题意义与转换》，《民俗曲艺》第 207 期，2020 年。

④ 《清宫内务府造办处档案总汇》第 31 册，乾隆三十二年二月初八日《记事录》，第 702 页。

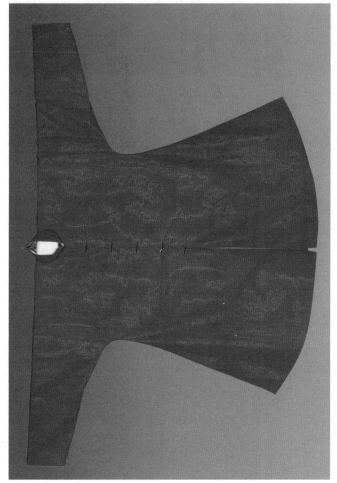

图 2-5 康熙帝雨服

资料来源：万依等主编《清宫生活图典》，第 165 页。

画册，是乾隆十三年没有绘制的内容。制作雨衣的材料为羽缎，是荷兰进口的商品。[1] 冠服的绘制到乾隆三十六年完成，首领董五经交御制序 23 页、目录 90 页、冠服图小册页一份，计图 792 页、说 560 页。传旨交如意馆裱册页。[2]

乾隆帝对于冠服坚持"夏收殷冔，本不相沿袭"的义理，并举出辽金元易服饰、改衣冠丧失淳朴之风，导致国事衰颓的事例。

因之，乾隆十三年到三十六年，武英殿礼器馆、造办处书画处各绘制了不同版本的冠服图。郭福祥认为《皇朝礼器图式》的编纂经过初纂和重加校补两个过程。初纂于乾隆二十四年完成，重加校补则于乾隆三十一年完成，形成《皇朝礼器图式》的最后版本。[3] 就冠服的部分来说，应当到乾隆三十六年才完成服制体系。再者，《皇朝礼器图式》不仅收入四库全书，而且公之于世。因此，新服饰的款式、材质、流传必然造成变革。

二　冠服图的文化史

部分冠服极为华美珍贵。首先，绘制冠服图使用一百多两飞金，帝后的服饰闪亮耀眼，实因制作服饰使用金线、银线、片金等。其次，工匠仔细绘制珍贵海龙皮帽等，海龙皮、貂皮、

---

① 《清宫内务府造办处档案总汇》第 31 册，乾隆三十二年六月十八日《记事录》，第 709 页。

② 《清宫内务府造办处档案总汇》第 34 册，乾隆三十六年六月二十六日《如意馆》，第 495 页。

③ 郭福祥：《〈皇朝礼器图式〉编纂与乾隆朝科学仪器的礼制化》，《故宫学术季刊》第 37 卷第 3 期，2020 年。

黑狐皮本身价格不菲。最后，荷兰生产的羽缎也被做成皇帝、官员等的雨衣，通过贸易俄国商人将羽缎从荷兰贩卖到中国。其他如青金石、珊瑚、猫眼石等玉石也有很长的商贸路线。《皇朝礼器图式》用来规范帝国的礼制，探讨清朝冠服的制作价格、贸易乃至技术是有趣的议题。以下分三小节来讨论制作冠服的材质。

西洋金银线

唐代以后，中国产金线以杭州地区制作的最为著名，称为"杭金"，然其质量仍不如欧洲进口的。据粤海关的报价，金线每重 1 两价格为 1.76 两，银线每重 1 两为 0.88 两。恰克图商人购买的金线每重 1 两价格为 1.53 两，银线每重 1 两为 1.29 两。[①]清代后妃有固定宫分。金线方面，皇太后金线 20 绺；皇贵太妃金线 14 绺；皇贵妃金线 14 绺；贵妃金线 12 绺；妃 6 位，每位金线 10 绺；嫔 2 位，每位金线 6 绺；贵人 5 位，每位金线 3 绺；福晋 6 位，每位金线 3 绺；八阿哥福晋金线 6 绺。以上共金线 171 绺。[②]

这些金线用来缝制朝服。乾隆十三年，太监胡世杰传旨："着南边做二色金龙袍一件。"太监胡世杰交龙袍纸样一张，传旨："着照样用三蓝色宁绸绣做金银线穿花九龙袍一件，其花要银线，龙身枝叶要金线靠色，先画样呈览，准时交南边绣做。"十月十三日，七品首领萨木哈持出西洋银线 6 把（绺）外

①　《清宫内务府奏销档》第 61 册，乾隆二十六年六月初四日，第 320—321 页。金花边每重 1 两，合价 1.37 两。
②　《清宫内务府奏销档》第 81 册，乾隆三十一年十二月二十七日，第 491—495 页。

有零的 14 支，共重 48 两；西洋金线 12 把（绺）外有零的 10 支，共重 86.5 两。奉旨："龙袍照样准做，将银线挑头等的二把做龙袍花头用，次等的二十五支做石青面甲上花头用。金线内挑次等十九支，做月白面甲上明叶用，再袍甲上所用靠色之金线着伊本地添做。其下剩之金银线俱各送进。"乾隆十四年二月三十日，苏州织造图拉送到三蓝地宁帕金线穿花九龙袍一件持进，交太监胡世杰呈进讫。乾隆三十二年，苏州织造萨载做缂丝龙袍 4 件、绣洋金龙褂 4 件，共 1001.82 两。[①] 李侍尧在乾隆四十三年进贡，派人到苏州采办贡品。顾廷煊承办绣袍褂数目单：洋金龙袍褂 3 套，计 1080 两；顾绣龙袍褂 3 套，计 480 两；缂丝龙袍褂 3 套，计 450 两；共 2010 两。[②] 洋金龙袍褂就是用西洋金银线做的龙袍，每套要 360 两，比顾绣和缂丝贵一两倍。图 2-6 即为金银线交互换色的装饰方式。顾绣是皇帝和贵族喜欢的龙袍出产铺子，很多官员选用顾绣龙袍进贡，却常被驳回。在《清宫内务府造办处档案总汇》的杂录档有许多实例，说明顾绣加西洋金线才是皇帝的最爱，缺一不可。

金银线织的缎匹价格贵，恰克图郎中伊克坦布呈称："查得俄国等虽拿出金银线织缎，给我商人看过，并无人询问要买，先前金线织缎，以俄国尺每尺曾索价银二十两，今定价十二两；

---

① 《清宫内务府造办处档案总汇》第 16 册，乾隆十三年十月十二日《苏州织造》，第 193 页；第 32 册，乾隆三十二年三月《行文房》，第 606—607 页。
② 中国第一历史档案馆编《乾隆朝惩办贪污档案选编》第 1 册，中华书局，1994，第 995、1061—1063 页。

图 2-6　乾隆朝蓝色江绸平金银龙夹龙袍

资料来源：严勇等主编《清宫服饰图典》，第 83 页。

银线织缎每尺曾索银十两，今定价七两。"① 除此之外，织造龙袍的工匠费用也不便宜。内务府奏销档记载，龙缎每匹织价 25.6 两，妆缎每匹织价 31.1 两，蟒缎每匹织价 33.7 两。②

毛皮

《皇朝礼器图式》记载，"皇帝御冬朝冠，熏貂为之，十一月朔至上元用黑狐"。又，皇帝冬朝服以"片金加海龙缘"，皇帝的冬吉服冠"海龙为之，立冬后易熏貂或紫貂，各惟其时"。③ 皇太子、皇子等的朝冠、朝服也用熏貂皮。熏貂系用乌梁海进贡的毛皮，乾隆朝每年须向唐努乌梁海征收貂皮 3000 张。貂皮不足，可用其他毛皮代替。此地产的貂皮色黄，被称为黄貂皮，价格便宜，大概每张 1 两，经过熏染之后就成为熏貂。"每年乌里洋海进到皮张变价时，其中貂皮有可熏染应用者，亦准其挑选备用。"④ 通称为染貂皮，在北京的店铺即有贩售。

端罩是皇帝与文武百官的冬裘服外罩，为举行嘉礼庆典和吉礼祭祀及平常朝会所穿服饰。《皇朝礼器图式》规定，皇帝的端罩以黑狐、紫貂为之；皇太子端罩黑狐为之；皇子端罩紫貂为之；亲王端罩青狐为之；镇国公端罩紫貂为之；民公端罩貂皮为之；一等侍卫端罩猞猁狲为之，间以貂皮；二等侍卫端罩

① 《军机处满文录副奏折》，乾隆二十八年七月初一日，中国第一历史档案馆藏，档案号：03-2403-016，第 407—408 页。
② 《清宫内务府奏销档》第 45 册，乾隆二十年十二月十七日，第 468—472 页。
③ 允禄等纂《皇朝礼器图式》，第 101、105、108 页。
④ 《总管内务府现行条例（广储司）》卷 3，第 74—81 页。

图 2-7　清贾全画二十七老图（局部）

资料来源：冯明珠主编《乾隆皇帝的文化大业》，台北故宫博物院，2002，第 92 页。

红豹皮为之；三等侍卫黄狐皮为之。[①] 端罩整件都是毛皮缝制，耗材量大，所以黑狐皮价格高。北京元狐皮价格高，2 张约 90 两。[②] 貂皮价格亦高，《总管内务府现行条例（广储司）》载："头等侍卫镶貂皮、猞猁狲端罩，蟒襕缎面羊皮里染貂皮朝衣。二等侍卫红豹皮端罩补缀面羊皮里，有腰襕剪绒朝衣。三等侍卫蓝翎侍卫黄狐皮端罩补缀面羊皮里，无腰襕剪绒朝衣。"[③] 所以头等侍卫穿的是镶貂皮端罩和染貂皮朝衣，也不是真的貂皮。

《北徼方物考》载："西北域记曰俄罗斯产毧黑，而毫白曰元狐。张玉书外国记曰，康熙十五年俄罗斯贡黑狐。总记曰悉比厘阿产黑狐，慕维廉曰黑狐居于西卑利。"[④] 悉比厘阿、西卑利都指西伯利亚，俄国在 18 世纪每年向中国输出 3 万张狐皮。[⑤]《当谱集》则载："玄狐皮出在洋海东，紫黑色，毛灵软微，代针尖灰白根。"[⑥] 所谓的"洋海东"和海龙皮产于"西洋海"一样，不太确定产地。可见在朝廷能掌握的毛皮产地，到民间十分模糊，毛皮的知识尚未普及。

在冠服图中，皇帝至天坛祭祀穿着天马皮。天马皮比沙狐皮的价格便宜，每张约 1.2 两。而且，清朝高级的毛皮服饰选择动物的下颏（膁）、腋下（肷）、腹部两侧（膁）等部位，切

---

① 允禄等纂《皇朝礼器图式》，第 102—103、114、123、127、145、154、175、183、190 页。
② 《乾隆朝惩办贪污档案选编》第 1 册，第 33 页。
③ 《总管内务府现行条例（广储司）》卷 3，第 59a 页。
④ 何秋涛：《北徼方物考》，《小方壶斋舆地丛钞正编》，清光绪丁丑年（1877）至丁酉年（1897）上海著易堂排印本，第 219b 页。
⑤ 米·约·斯拉德科夫斯基：《俄国各民族与中国贸易经济关系史（1917 年以前）》，第 231 页。
⑥ 《当谱集》，《中国古代当铺鉴定秘籍》，第 3 页。

割成条状贩售。黑狐膝每条 0.8 两，乌云豹每条 1 两，黑狐臁每条 1 两，沙狐皮每张仅 0.23—0.3 两。[①] 沙狐皮可以权充黑狐皮。《当谱集》载："西沙狐其色仓，身上出的是乌云豹乃是下额之皮，麻紫子乃是乌云豹两旁之皮，西天马乃是胸膛之皮，又名曰天马廷子。下手截为天马囊子，其天马代囊子的，方问长也。七寸，宽四寸。"[②] 本书第一章曾讨论俄国商人将狐皮背部、腿部、尾巴、腹部和颈部分开来卖，以赚取更多利润。崇文门关亦按照"副""条"计税，工匠再一条条组装起来，显示其精湛的缝制技术。

《皇朝礼器图式》规范了皇帝、公侯、文武百官穿戴的各种毛皮，导致捕猎过多，野兽数量减少，就有其他动物毛皮取而代之的情况发生。熏染貂皮是将乌梁海进贡的貂皮加工。乾隆十六年，广储司总管六库事务郎中宝善等据衣库员外郎歪三等文开，给三阿哥做染貂皮帽 1 顶、四阿哥染貂皮帽 1 顶、五阿哥染貂皮帽 2 顶，用染貂皮 4 张，每张 4 两，共 16 两。[③] 染貂皮 1 张需要 4 两银子，并不便宜。《当铺集》载："色道要紫，大凡俱是染的，红色要用胭脂土粉，黑色油霉子。"[④]

珠宝

《皇朝礼器图式》详细规定了上至皇帝，下至文武百官和命妇的各项服制形制，可以看出其中使用了大量的珠宝，皇帝的朝珠和冬朝冠是其中很有特色且使用珍宝最为繁杂的品项。这

---

① 赖惠敏:《清乾隆朝内务府皮货买卖与京城时尚》，胡晓真、王鸿泰主编《日常生活的论述与实践》，台北:允晨文化，2011。
② 《当谱集》，《中国古代当铺鉴定秘籍》，第 94 页。
③ 《乾隆朝内务府银库用项月折档》，乾隆十六年十二月一日起至三十日。
④ 《当谱集》，《中国古代当铺鉴定秘籍》，第 91 页。

些皇室的冠服，依据等级有明显的种类和数量区分，可以借由服饰表明身份与地位。

在皇室冠服中，最常用的珠宝是东珠，上至皇帝、下至一品命妇，都广泛使用东珠，只是在使用数量上有明显的不同。东珠使用的范围包括皇帝的朝冠、朝珠、朝带；皇太子的朝冠、朝带；皇子的朝冠、朝带；世子、郡王、贝勒的朝冠、朝带；固伦、固伦额驸的朝带；镇国公的朝冠；民公、侯、伯、文一品的朝冠。文武二品以下就不能使用东珠了。后妃方面，皇太后和皇后冠服当然也大量使用东珠，像是朝冠、金约、耳饰、领约、朝珠、吉服冠等。皇贵妃、皇太子妃、皇子福晋的冬朝冠、金约、领约，妃、嫔、世子福晋、郡王福晋、贝勒夫人、贝子夫人、镇国公夫人、辅国公夫人、镇国公女乡君的冬朝冠、金约，民公夫人、侯夫人、伯夫人、一品命妇的冬朝冠，以及皇贵妃、贵妃、妃、嫔的耳饰皆用到东珠。从使用的品项范围可看出，随着等级下降，使用东珠的概率越低，使用的数量也递减。

东珠使用的范围虽广，但是唯独皇帝、皇太后、皇后可以在朝珠上使用东珠，而且使用的数量也有定制："皇帝朝珠，用东珠一百有八。"[1]《大清会典事例》中规定："正珠朝珠，定例惟御用。至皇子及亲王郡王，不但不准用正珠，即东珠朝珠，亦不准用。"[2]《皇朝礼器图式》也特别规定："皇子朝珠，不得用东珠，余随所用……亲王、世子、郡王皆同。"[3] 再搭配绦带的颜色，包括帝后用的明黄，皇子、亲王等用金黄，以及贝勒

---

① 允禄等纂《皇朝礼器图式》，第 107 页。

② 《大清会典事例（光绪朝）》卷 3，第 17a 页。

③ 允禄等纂《皇朝礼器图式》，第 125 页。

以下用石青，皆可看出对应身份的等级。^① 另一个例证是，在《乾隆朝惩办贪污档案选编》中被抄家的臣子拥有的珍宝令人叹为观止，唯独缺东珠，可见东珠在使用上的特殊性，证明东珠表示身份高贵。

有趣的是，在部分特定冠服定制上会特别标明"大东珠"，当然能使用"大东珠"的只是少数人，像皇太子、皇太后、皇后的冬朝冠。"皇太子冬朝冠，熏貂为之，十一月朔至上元用黑狐。上缀朱纬。顶金龙三层，饰东珠十三，上衔大东珠一。""皇太后、皇后冬朝冠，熏貂为之，上缀朱纬。顶三层，贯东珠各一，皆承以金凤，饰东珠各三，珍珠各十七，上衔大东珠一。"^②

至于珍珠，虽然在皇室冠服中也被频繁使用，但"大珍珠"只出现于皇帝的冬朝冠和冬吉服冠、皇太后和皇后的冬朝冠、皇太后和皇后的金约及皇贵妃的冬朝冠。看得出来其也是皇室珠宝珍品之一。

冬朝冠是一个相当有代表性的礼器，尤其是皇太后与皇后的，上面缀满各式珠宝。《皇朝礼器图式》记载："皇太后、皇后冬朝冠，……顶三层，贯东珠各一，皆承以金凤，饰东珠各三，珍珠各十七，上衔大东珠一。朱纬上周缀金凤七，饰东珠各七，猫睛石各一，珍珠各二十一。后金翟一，饰猫睛石一，小珍珠十六。翟尾垂珠，五行二就，共珍珠三百有二，每行大珍珠一。中间金衔青金石结一，饰东珠、珍珠各六，末缀珊瑚。冠后护领垂明黄绦二，末缀宝石，青缎为带。"^③ 其中光珠宝类

① 陈慧霞：《清代朝珠研究的再省思》，《故宫学术季刊》第 37 卷第 4 期，2020 年。

② 允禄等纂《皇朝礼器图式》，第 113、245 页。

③ 允禄等纂《皇朝礼器图式》，第 245 页。

图 2-8　清皇贵妃的冬朝冠及局部图

资料来源：故杂 001931，台北故宫博物院藏。

就提到了东珠、珍珠、大东珠、猫睛石、翟尾垂珠、青金石、珊瑚等。之后的皇贵妃、妃、嫔的冬朝冠也都有琳琅满目的缀饰，形制上大致相同，但可以看得出来依等级减少部分宝石及数量。

宝石类也是皇室冠服常见的装饰品，青金石、绿松石、猫睛石等都出现在冠服之中。当时当铺的鉴定秘籍对青金石有很有趣的叙述："青金石此石色青而呆，虽名青金不要透金，亦分新旧之论。"① 并对其颜色和价钱也有介绍："其色蓝高如雨过天晴，内有金色高元者为美。洋青是翠色，有水青是白色。乾隆三十年间，如佛头上好的值价银七八十换；嘉庆三十年间不过值几换而已。"②

皇太子的朝珠也使用青金石和绿松石来装饰，但不像皇帝的那么讲究，依据每种场合而变化，"皇太子朝珠、珊瑚、绿松石、青金石随所用"。皇太子的朝带则是"饰青金石，每具衔东珠五"。③ 文武四品冬朝冠、冬吉服冠冠顶也会用青金石装饰。④ 另外，皇太后、皇后、皇贵妃、妃、嫔的冬朝冠、金约等都用到了青金石。

绿松石则使用于皇帝的朝珠，"夕月用绿松石"；皇帝的朝带，"饰红宝石或蓝宝石及绿松石"；皇太子的朝珠，"珊瑚、绿松石、青金石随所用"；镇国公的夏朝冠，"后缀金花，饰绿松石"；侯的朝带，"每具饰绿松石一"；皇太后、皇后的金约，"后系金衔绿松石结"；皇太后、皇后的领约，"末缀绿松石各

① 《当谱集》，《中国古代当铺鉴定秘籍》，第 313 页。
② 《当谱集》，《中国古代当铺鉴定秘籍》，第 52 页。
③ 允禄等纂《皇朝礼器图式》，第 118、119 页。
④ 允禄等纂《皇朝礼器图式》，第 177、179 页。

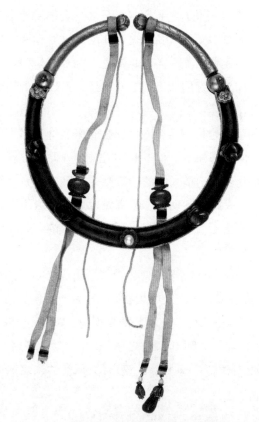

图 2-9　金镶青金石金约、领约

说明：上图为金约，下图为领约。

资料来源：严勇等主编《清宫服饰图典》，第 66 页。

二"；皇贵妃的金约，"后系金衔绿松石结，……贵妃、皇太子妃皆同"；妃的金约，"后系金衔绿松石结"；嫔的金约，"后系金衔绿松石结"。[①]

关于有着生动名字的猫睛石，《中国古代当铺鉴定秘籍》中对其有活灵活现的描述："猫睛此石何谓之猫睛，其形不大，其色如清酒，中有一线神光净满中间之线，其光能动就如家猫之眼睛相同，故曰猫睛。"顾名思义，猫睛石就像是猫的眼睛一般澄澈。《中国古代当铺鉴定秘籍》中对猫睛石着墨甚多，把等级和价值都规范得很清楚："有三种，名上种清酒地、次种慈姑色、下种白果色，此必要清净有灵光，其光如绵一样不散为美。有一说能定时刻，如真猫睛随时而变，如此二分重值银四两五钱，一分重值银一两五钱。下的二分半重值银二两五钱，五分重值银八两；散八分重的值银五两。"[②] 定时刻或许只是形容词，但可以表示"高者要有腰线光随人转着好"，[③] 中间那条像是猫眼睛一样的光线，看来是猫睛石画龙点睛之处。不过乾隆朝惩贪档案中的抄家记录虽出现了绝大多数常见的珠宝玉石，倒是没有出现猫睛石。

猫睛石常用来跟朝带搭配，例如皇子的朝带"每具饰东珠四，中饰猫睛石一"，郡王的朝带"每具饰东珠二，猫睛石一"，镇国公的朝带"每具饰猫睛石。一辅国公同"，和硕额驸的朝带"每具饰猫睛石一"，民公的朝带"每具饰猫睛石

---

① 允禄等纂《皇朝礼器图式》，第 107、108、144、160、247、256、265、281、284 页。

② 《当谱集》，《中国古代当铺鉴定秘籍》，第 51 页。

③ 《当谱集》，《中国古代当铺鉴定秘籍》，第 209 页。

图 2-10 乾隆 "金镶东珠猫睛石嫔妃朝冠顶"

资料来源：故杂 004837，台北故宫博物院藏。

一"。① 此外，皇太后和皇后的冬朝冠、皇贵妃的冬朝冠、妃的冬朝冠等也都有用猫睛石装饰。

水晶也有用在冠服上，但主要用在五品以下的冠服。乾隆朝惩贪档案中的抄家记录大量出现水晶，可见水晶并非皇室专用的高级珍宝。《中国古代当铺鉴定秘籍》中介绍水晶："此石总名水晶，亦有分别，但分颜色而论之。……清白色而透者乃水晶也。"② 文五品、五品命妇的冬朝冠"中饰小蓝宝石一，上衔水晶"。文五品、五品命妇的冬吉服冠"顶用水晶"；文七品、七品命妇的冬朝冠"中饰小水晶一，上衔素金"。③

纪昀的《阅微草堂笔记》载："盖物之轻重，各以其时之好，尚无定准也。记余幼时，人参、珊瑚、青金石，价皆不贵，今则日昂；绿松石、碧鸦犀（碧砑玺），价皆至贵，今则日减；云南翡翠玉，当时不以玉视之，不过如蓝田乾黄，强名以玉耳，今则以为珍玩，价远出真玉上矣。又灰鼠旧贵白，今贵黑；貂裘旧贵长毳，故曰丰貂，今贵短毳；银鼠旧比灰鼠价略贵，远不及天马，今则贵几如貂；珊瑚旧贵鲜红如榴花，今则贵淡如樱桃，且有以白类车渠为至贵者。盖相去五六十年，物价不同已如此，况隔越数百年乎？"④ 从纪昀年幼到五六十岁，毛皮、玉石价格不断上涨，清朝的官俸却不变，如何维持冠服礼制是个问题。

---

① 允禄等纂《皇朝礼器图式》，第 125、133、146、148、157 页。

② 《当谱集》，《中国古代当铺鉴定秘籍》，第 391—392 页。

③ 允禄等纂《皇朝礼器图式》，第 185、187、197、343、344、346 页。

④ 纪昀：《阅微草堂笔记》，《笔记小说大观》第 28 篇第 6 册，台北：新兴书局，1988，第 3571—3572 页。

三　北京的铺子

清初买卖人最初的活动是替内务府办买皇室所需诸项什物，并查访时价，以及外藩进贡折赏等事，授为领催之职每月给银二两。[1] 后来买卖人还兼营各种粮食、铜矿、食盐运销，资本雄厚超过百万两。内务府买卖人替皇室采买被认为是一项肥缺，清末时还流传一句谚语："树小房新当不古，住家必是内务府。"显然内务府的买办生活富裕。[2] 买卖人采购的物品相当多，除了供应宫廷日用物资，比较大宗的物品是人参、毛皮、铜矿、木材等。关于范家及其他经营盐业、铜业的买卖人，笔者在《乾隆皇帝的荷包》一书已经讨论过，本节主要讨论采办宫廷物资的买卖人。

清初期买卖人有数百人，康熙十五年十二月，总管内务府大臣衙门奏：原有新旧买卖人八百余名，除将不能交息买卖人革退外，所余买卖人 285 名。其中头等买卖人给贸易官房 3 间、本银 300 两，银 1 两交息 6 分；二等买卖人给贸易官房 2 间、本银 200 两，银 1 两交息 5 分；三等买卖人给本银 100 两，银 1 两交息 3 分。康熙四十三年正月，总管内务府大臣衙门奏："今图桑阿系亲王府交息预备祭祀物品之买卖人，再营造司等处当

---

① 内务府买卖人是因"盛京每年均有出卖三旗制作所余棉、盐等物，并购买所需诸项什物，以议价等事务，故应设置商人"。关嘉录、王佩环译《〈黑图档〉中有关庄园问题的满文档案文件汇编》，中国社会科学院历史研究所清史研究室编《清史资料》第 5 辑，中华书局，1984，第 65—66 页。又见《总管内务府现行条例（广储司）》卷 1，第 20 页。

② 《北京满族调查报告（一）》，中国科学院民族研究所、辽宁少数民族社会历史调查组编《满族社会历史调查报告》下册，1963，第 11 页。

差买卖人外，广储司现有买卖人三百九十七名，议再添加三名，共足四百名之数。"[1] 内务府有七司三院，广储司即设有 400 名买卖人，其他各单位应有数百人。

买卖人开设帽铺

乾隆时由广储司在所有买卖人中挑选买卖人王廷玺、王廷亮办理帽铺生意。乾隆十七年五月，因买卖人承办与铺户不同，时价不齐，每有赔累。总管内务府大臣三和奏准，向崇文门关税务余银内，借领 3500 两交买卖人王廷献、刘长庆二人作本，开设帽铺，借此购买帽沿。选其上好者预备内廷传用，每顶照例领价银 5.5 两，次等者卖给各铺户。因王廷献借领崇文门关银，分限十年按一分起息。至乾隆三十一年，王廷献还 5132.05 两，仍欠 677.95 两。

王廷献退出，内务府改派"为人小心、办事稳妥"的衣库员外郎文德，再广储司八品司匠兼买办催长四德"人亦谨伤，向来买办六库一应物件俱无赔误"，借领 3000 两交给文德率同四德开设帽铺，分限六年归还原款。[2]《总管内务府现行条例（广储司）》买办染皮冠沿事宜载："上用染貂冠沿每顶价银五两五钱，阿哥貂皮帽沿每顶价银四两，染海龙皮帽沿每顶价银三两，令衣库办买。如每年乌里洋海进到皮张变价时，其中貂皮有可熏染应用者，亦准其挑选备用。"[3] 可见乌梁海的毛皮质量

---

① 《清宫内务府奏销档》第 12 册，雍正十三年十二月初九日，第 368—372 页。

② 《清宫内务府奏销档》第 80 册，乾隆三十一年十一月十二日，第 52—60 页。

③ 《总管内务府现行条例（广储司）》卷 3，第 74a 页。

欠佳，需要熏染加工。

乾隆三十一年，发生内务府司库德全承包三织造成做皮包之事，说明内务府人经营皮革生意。原先，江南三处织造成造绽钉棉甲 17528 副，应办随甲皮包 17528 个，"因南方并无熟皮，俱是熏皮不堪成作。且地方潮湿，作来皮包一遇风燥，必致膙裂"。苏州织造普福等交坐京家人彩住等在京如式办造。乾隆二十九、三十年，两次办过甲包 18028 个，每个定价 1.4 两，共发给 25239.2 两。彩住等因钱粮重大，铺家难以凭信，且要价昂贵，因向来在缎库交差，随找寻认识的缎库委署司库德全，央求他替办每个甲包讲定 1.2 两，管保照式成造。其余每个利银 2 钱，彩住等用于租房、打架子，堆放皮包，并来往运费。只有苏州织造普福家人汪林是每个甲包按 1.4 两交给王德全办理，后王德全因汪林租赁房间搭架运费，曾给回汪林 50 两。

总管内务府大臣等认为牛皮、马皮质既厚薄不同，则其价亦必有悬殊，遂派员照式成造牛皮、马皮甲包各一份。据委员制办牛皮甲包一个，实用 1.27 两，办马皮甲包一个，实用 1.07 两。织造处每甲包一分开销 1.4 两，即使买办牛皮甲包价尚有余，乃以马皮成造其浮冒明白易见。应令该织造将前项皮包照旧领回按每个 1.07 两实价变价归还原项；其有变不足数者，即着落该织造等赔补，以为办公不慎之戒。此外，家人彩住等三人，每包一个侵银 2 钱，计 1765.6 两；揽办之德全每个浮冒彩住等 1.35 钱，并每个浮冒汪林 3.35 钱，共计浮冒 1861.78 两。①

---

① 《乾隆朝内务府奏销档》册 286，乾隆三十一年十二月二十日，第 151—158 页。

北京铺子与时尚

潘荣陛撰《帝京岁时纪胜》记载乾隆年间帝京品物，"貂裘狐腋，江米街头；珊瑚珍珠，廊房巷口。靛青梭布，陈庆长细密宽机；羽缎毡毡，伍少西大洋青水"。[①] 买卖人在江米街头办买貂裘狐腋。[②]《都门杂记》载，镀金顶（凿铜镀金货物一概俱全）启盛斋在三府菜园路东，内式荷包聚和号在廊房二条胡同西口路北等，内式暖帽永增局在前门外打磨厂西口路北。[③] 以上表明北京的荷包、暖帽都是宫廷"内式"。

帽行商人早在乾隆年间就在东晓市药王庙成立了行会，并悬挂"冠裳肇式""冕服开天""冠冕百王"等匾额为证。[④] 宫廷衣服之细、饮食之微，商家必曰宫样，转相仿效。最明显的例子是官员由北京到地方任官，需携带各种时尚的京帽、京靴等。延昌的《事宜须知》提到应用衣服、备送礼物必须在京购买，开列细单为："朝冠（一罗一皮足矣）、披肩一件、朝衣一件（朝裙亦可）、蟒袍单纱各一件、京帽各一顶、本色貂褂一件、白风毛褂一件、京靴各双、皮棉夹单纱袍褂各一件、红呢帽罩一件、大呢荷衫一件、朝珠、各色卷领、补子雨缨荷包手巾拜垫各一分。至于送礼之物另有一单：袍褂料一套（总以绸料为上），宫样活计（九件、七

---

① 潘荣陛：《帝京岁时纪胜》，第 41—42 页。
② 孙健主编《北京经济史资料：近代北京商业部分》，北京燕山出版社，1990，第 237 页。
③ 徐永年增辑《都门纪略》上册，第 285—291、299、310 页。
④ 李华：《明清以来北京的工商业行会》，李华编《明清以来北京工商会馆碑刻选编》，第 26 页。

件均不可少）连托头品顶珠、帽缨、皮帽沿、皮袖头、头二品补子、京靴等。"[1] 最重要的是这些物品有着"宫样活计"。

清代北京竹枝词对服饰的描绘相当多，如《都门竹枝词》载："帽沿貂尾拉三水，最爱羊皮骨种奇。"[2] 所谓三水，是指用黄色的骚鼠皮染黑，充当貂皮拉三水，可以做衣服、帽沿、领袖等。另有竹枝词载，"金线荷包窄带悬，纱袍扇络最鲜妍。领带海龙尾一条，帽檐个个是熏貂。止有貂裘不敢当，优伶一样好衣裳"；"御史巡城气焰熏，驴车到处让纷纷。金顶朝珠挂紫貂，群仙终日任逍遥"。[3] 还有竹枝词载，"暖帽黑毛三寸长，纵非四海亦名扬"；"商贾近来新学得，石青马褂出风毛"。[4] 时兴、京式为乾嘉道年间士人所称颂，连优伶、商贾都穿着毛皮，说明皇帝的品味影响了北京城市消费。

清代俗曲《禄寿堂》载："武备院内造尖靴绷挈软底。"[5] 武备院样儿的靴子为内兴隆字号所仿效，北京七家十一户鞋店是天成斋鞋店、大成鞋店、集升斋鞋店、长福斋鞋店、兴隆斋鞋店、步瀛斋鞋店及天成斋鞋店的四个分号（天成、天华馨、天源、天利斋），每天来往的顾客熙熙攘攘，非常热闹。九家帽店中，最引人注目的是"黑猴儿"帽店，不仅买卖兴隆，而

① 延昌：《事宜须知》卷1，清光绪十三年（1887）桂林杨鸿文堂刊本，第11—12页，"中央研究院"傅斯年图书馆藏（下略）。
② 杨米人等：《清代北京竹枝词（十三种）》，第20页。
③ 杨米人等：《清代北京竹枝词（十三种）》，第40、42页。
④ 杨米人等：《清代北京竹枝词（十三种）》，第64、78页。
⑤ 《禄寿堂》，首都图书馆编《清蒙古车王府藏曲本》第4册，北京古籍出版社，1991，第304函。

且誉传京城内外，商品远销附近各省，是旧北京著名商店之一。[1]

北京工匠

过去清宫称赞缝制毛皮的工艺，常用"针脚细若蚊睫，工艺精妙绝伦"。[2] 宫廷制作服饰取动物毛皮之精华，如乌云豹皮长褂、草狐腿长褂、青狐下颏长褂、金银下颏长褂、海龙皮长褂等。衣、裤的制作过程是将小块毛皮拼装加工，只取毛皮最珍贵的部位狐肷、下颏做成长褂，宫廷匠役缝制手工细致。清宫皮库熟皮匠 118 名、刷毛匠 2 名、毳氄匠 9 名，衣库裁缝匠 125 名、毛毛（皮）匠 118 名。[3] 又规定："本项匠役不敷应用，仍添外雇民匠。"这些外雇工匠成为北京毛皮业的重要成员，甚至有组织行会。[4] 如"合美会"为靴鞋行业工人的组织，还有靴鞋行财神会，为商号组织。据说有 120 余家商号，参加行会组织的有二十几家。皮箱行于康熙二十八年组织皮箱公所。[5]帽行公会创于乾隆年间，以东晓市药王庙为会所。庚子事起，受时局影响，行会遂行瓦解。1928 年，同业凡 180 余家，恢复帽行同业公会。[6]

北京的狐膝、狐肷、狐臁是按个 / 条论价，缝制的工匠再

---

① 孙健主编《北京经济史资料：近代北京商业部分》，第 147 页。

② 严勇等主编《清宫服饰图典》，第 258 页。

③ 《总管内务府现行条例（广储司）》卷 1，第 22 页。

④ 李华：《明清以来北京的工商业行会》，李华编《明清以来北京工商会馆碑刻选编》，第 1—46 页。

⑤ 李华：《明清以来北京的工商业行会》，李华编《明清以来北京工商会馆碑刻选编》，第 1—46 页。

⑥ 李华：《明清以来北京的工商业行会》，李华编《明清以来北京工商会馆碑刻选编》，第 181 页。

一条条组装起来。乾隆十六年，宫殿监副侍马国用文开，做上用添皮换面白狐肷皮袍 4 件、褂 2 件，用白狐肷 61 条，每条银 6 钱，用 36.6 两；白狐下颏（狐膝）21 个，每个银 2.5 钱，用 5.25 两。[1]《旧京琐记》载："外褂之制，五品以上始得用貂及猞猁狲。自后唯貂有制，猞猁狲则听人用之。五品下，唯编检、军机章京准穿貂。翰林多清贫不能制，则有一种染貂，俗所谓翰林貂也。又有带膝貂褂者，以赏亲贵，每褂之貂膝凡七十二，甚可罕贵。"[2]

内务府武备院和广储司皮库毛皮需要清洗，首先将毛皮浸泡在小米水里数月。《乾隆朝内务府银库用项月折档》载每月采办的小米数十两。譬如乾隆三十四年四月，皮库员外郎额尔登布等文开熟库存貂皮 9121 张、青狐皮 81 张、黑狐皮 377 张、猞猁狲皮 2 张、海龙皮 388 张、豹皮 5 张、黄狐皮 937 张、狼皮 8 张、虎皮 17 张，领小米折价 42.33 两。[3] 内务府皮作匠役有熟皮匠，专司熟洗皮张等。生皮用皂角洗净，晒干后即入缸。每缸用小米 40 斤、硝 25 斤，合熬成水倾入，将皮浸以合度之时日，取出晒干，则板柔而毛固，即为熟皮。另一配方是，明矾 5 斤，硫酸 20 斤，两者兑一百斤水。北京有硝皮局、刷皮局、洗染局等分布于宫廷附近的东河沿、王府井、裱褙胡同、小报房胡同、东交民巷、手帕胡同、官马圈、梯子胡同等。[4] 各种皮局靠近宫廷或许是承揽活计之故。

---

① 《乾隆朝内务府银库用项月折档》，乾隆十六年十二月一日起至三十日。
② 夏仁虎：《旧京琐记》，北京古籍出版社，1986，第 71 页。
③ 《乾隆朝内务府银库用项月折档》，乾隆三十四年四月一日起至二十九日。
④ 正风经济社主编《北京市工商指南》，张研、孙燕京主编《民国史料丛刊》第 572 册，第 214 页。

北京作为清朝的首都，冠盖云集，皇帝、王公、官员冬天都需要穿着毛皮服饰，为毛皮消费重镇。毛皮的加工手续烦琐，北京有各种皮局整理毛皮，缝制毛皮的工匠将毛皮切割成大小齐一的材料，兼备"针脚细若蚊睫"的手艺。并且，由行会组织可见，制作冠帽、靴鞋等行业毛皮分工细密、专业，至民国时期北京仍网罗全国各处的毛皮，制作外销高级毛皮服饰。

民国时期北京有 17 家皮革厂，当时有对皮革厂进行调查。"用蓝矾、硫酸、石灰、苏打等溶解后，将生皮置于（石灰）池内，俟皮柔软，使毛剥落而晒之。浸泡的时间以生皮浸入灰池十余日即可退毛。用刀将皮之厚处割薄使其平滑，再用清水洗净。做红皮时将皮下红池或红缸，做蓝色者下蓝缸或蓝池，转鼓红皮在缸中，月余即可取出，用人力或机器压榨晒干之，即成红皮，三四日即可取出，以铁钉钉于木板晒干即可。"[1] 红底皮、油皮原料是牛皮，系以植物鞣法制得，以各种树皮之浸出液浸泡而成；法蓝皮原料牛皮，芝麻皮原料小牛皮，均以矿物鞣法制得，用蓝矾液浸泡而成；两色皮原料牛皮，系以矿物、植物两种鞣法材料合鞣而成；各色羊皮因用途不同，或以植物鞣或以矿物鞣或以两法合鞣而成。[2] 北京的皮革和景泰蓝在民国时期还有广大市场，应该是继承了清代的京城风尚。

---

① 《实业部档》，民国二十年一月至民国二十六年五月，"中央研究院"近代史研究所档案馆藏（下略），档案号：17–27–183–01。

② 《实业部档》，民国二十年一月至民国二十六年五月，档案号：17–27–183–01。

＊＊＊

入关后，为展现满洲人的自信与本位，皇太极即位之初便已对服装的样式做出规范。乾隆帝遵循祖制，以毛皮的种类界定皇室、王公与官员之间的等级差异。乾隆十三年，乾隆帝启动宫廷编纂图书计划，其中通过编纂冠服图，用以规定如祭器、冠服与定卤簿五辂之制。冠服图是以皇帝祭天、雩、日、月等冠服及阶级等第、性别绘制而成，之后武英殿版《皇朝礼器图式》整合了乾隆十三年的冠服图。无论是冠服图还是《皇朝礼器图式》，其制定的服装、饰物，不仅是东北与乌梁海贡物的结果，还与清朝对外贸易有关。本章有几点发现。

第一，在冠服制作的材料运用方面，中国的金线以杭州地区制作的"杭金"最为著名，但其质量仍不如欧洲进口。欧洲进口的金线主要用于朝服的缝制，价格并不便宜，如洋金龙袍褂就是用西洋金银线所做的龙袍，每套要价比皇帝与贵族喜欢的顾绣龙袍贵上不少。冠服图中有各种珍贵的毛皮，有些产于中国东北，有些是雍正五年中俄恰克图贸易后的新兴商品。但由于需求与猎捕过多，以致数量减少，如1735年的紫貂皮金额占了整个商队商品的25.6%，而向中国大量销售紫貂皮的行为不久使得西伯利亚紫貂猎取量减少，以致需要从国外进口紫貂皮。另外，因西伯利亚貂数量稀少，1778年后就中断向中国出口，后改以其他毛皮代替用以制作端罩等服饰，比如"洋貂皮"的猫皮及由乌梁海进贡貂皮加工而成的"熏染貂皮"。

第二，清代北京西城，即今地安门至天安门、西单至西四一带，由于特定的历史和地理环境原因，金银制品行业较为发达，工艺尤为精细，如在崇文门外、前门外珠宝市集开设首饰业经营金银首饰，在廊房二条开设玉器铺，也有制作、销售金银器皿、装饰摆件等的铺子。由于器物类制品个头大、分量重，通常以银制品为主。自康熙开始，皆招募开设帽铺民人承办；乾隆时不交给铺户，而是在广储司买卖人内挑选二人专司承办，专门向北京铺子办买宫廷所需。

第三，乾隆朝和嘉庆朝时北京的竹枝词对城市服饰变化有深刻描写。《俗言杂字》载："细毛皮皮貂鼠银针，狐皮灰鼠又暖又轻。水獭领袖海骝拔针，如今衣服俱要时行。铰孰尺寸飞线走针，包工作活坐夜点灯。"[1] 穿着貂皮、狐皮、灰鼠皮、水獭皮、海骝皮都是时尚的象征。

---

[1] 转引自史若民、牛白琳编《平、祁、太经济社会史料与研究》，山西古籍出版社，2002，第 635 页。

第三章　清宫的西洋纺织品

乾隆帝平定准噶尔后，设满蒙库伦办事大臣，监督中俄贸易。乾隆三十三年，清朝订《恰克图章程》，对商人的管制更加系统化。俄国进口的哦噔绸、金花缎、倭缎、回绒、回布数量相当多，此因 19 世纪上半叶，俄国狩猎业年复一年地衰弱，毛皮变得更加珍稀，中国人寻找其他的服饰衣料，转而使用呢子和棉布。莫斯科的商人用相当低廉的价格把呢子卖给中国人，使中国人喜欢上了呢子。呢子比毛皮便宜是很重要的因素。[①]关于恰克图贸易的研究主要利用俄文文献《俄中通商历史统计概览》，对俄国输出的毛织品、棉制品等进行分析。[②] 然商民的档案提供了数量和价格的详细资料，与英国东印度公司纺织品比较，可以知道俄国纺织品物美价廉。

本章利用《清宫粤港澳商贸档案全集》及厄尔·H. 普里查德（Earl H. Pritchard）的《1635—1842 年的中英贸易》（*Britain and the China Trade 1635–1842*），探讨从英国进口的

---

① 阿·科尔萨克:《俄中商贸关系史述》，第 174 页。
② 米·约·斯拉德科夫斯基:《俄国各民族与中国贸易经济关系史（1917 年以前）》；阿·科尔萨克:《俄中商贸关系史述》；米镇波:《清代中俄恰克图边境贸易》，南开大学出版社，2003；米镇波:《清代西北边境地区中俄贸易：从道光朝到宣统朝》，天津社会科学院出版社，2005。

毛织品。[①]19世纪初，从英国东印度公司对华贸易资料可以看出，自英国输往广州的毛织品大量增加，1788年毛织品的销售额超过100万两，1804年增至346万两。中俄贸易方面，19世纪初贸易额超过1000万卢布，1847—1851年俄国每年输往中国的呢子达到130万俄尺。[②]阿·科尔萨克说，中国人有能力把像米泽里茨基呢这样的商品，在距离其产地9000俄里之外的地方，卖得比在莫斯科便宜17%，但茶叶在离产地几乎同样距离的情况下，在俄国的价格是原产地价的4倍。[③]俄国商人只要把纺织商品换成茶叶，就立刻把茶叶运回国抢占市场，所以不考虑自己的商品是否获利。俄国的纺织品在中国价格低廉，甚至打垮从欧美其他国家进口的纺织品，成为中国官宦、平民喜爱的商品。

近年来，学界整合文化史、经济史、艺术史等研究《皇朝礼器图式》，发现该书中有许多进口物资，并不是皇帝偶然猎奇之物，而是宫廷生活仪典中不可或缺的一环。[④]上一章探讨了冠服中使用的各种来自西洋的毛皮、珠宝，本章讨论的西洋纺织为《皇朝礼器图式》雨冠、雨衣之羽缎，羽缎系来自荷兰。此外，近年来有学者讨论西洋锦常被用于装饰蒙古包内墙或蒙古包内设置的屏风，武备仪式大阅卤簿的鞍鞯和囊鞬亦常用西洋锦制成。[⑤]章新发现宫廷遗存毛织品成衣中比羽缎、羽

---

① 中国第一历史档案馆编《清宫粤港澳商贸档案全集》，中国书店，2002；Earl H. Pritchard, *Britain and the China Trade 1635–1842*. London and New York: Routledge, 2000.

② 阿·科尔萨克：《俄中商贸关系史述》，第144页。

③ 阿·科尔萨克：《俄中商贸关系史述》，第229页。

④ 赖毓芝：《"图"与礼：〈皇朝礼器图式〉的成立及其影响》，《故宫学术季刊》第37卷第2期，2020年。

⑤ 梅玫：《清宫西洋锦——以乾隆二十三年大阅图中所绘鞍鞯与囊鞬为中心》，《故宫文物月刊》第367期，2013年；林顾玲：《乾隆的移动宫殿——清宫制"蒙古包"研究》，硕士学位论文，台北艺术大学，2016。

纱品种和数量更多的是各色呢的行服袍、行裳、常服袍褂、马褂、坎肩、斗篷等，约 400 件。从清中期雍正、乾隆朝一直到清晚期，洋呢制作的成衣在宫廷常服、行服制作中扮演了重要的角色。妆花缎机头织有工厂的商标图案及款识"фабрикаА. и В. Сапожниковыхъ. Москва"，背面有俄国双头鹰国徽的蓝色戳记，以及"72298"数位蓝戳。此织金银妆花缎出自莫斯科一家当时非常有声望的工厂，其经常承接来自僧侣、贵族及宫廷的订单。[①] 参考目前北京故宫博物院收藏的纺织品，更证实中俄贸易的蓬勃发展。

清人笔记提到英国土产，有大小绒、哔叽、羽纱、紫檀、火石，以及所制时辰钟表等物，精巧绝伦。乾隆年间北京崇文门关就开始增订课征西洋纺织品的税则，亦即代表纺织品数量之多，成为税收的新项目。再者，民间的当铺书籍如《当谱集》亦提供辨识纺织品的方法，说明民间对西洋纺织品知识之普及。[②] 另外，从一些英国和俄国的日记中，能够找到许多中国人习惯消费西洋纺织品的记录，特别是俄国阿·马·波兹德涅耶夫（Aleksei Matveevich Pozdneev）的考察日记，他到过华北、蒙古各地，发现俄国纺织品相当流行。[③] 本章利用档案资料，首先讨论毡呢类，其次讨论布匹，最后讨论西洋纺织品成为朝廷广泛使用的物品，并且在中国流行的情况。

---

① 章新:《清代宫廷外国织物的来源与用途述略》，任万平等主编《宫廷与异域：17、18 世纪的中外物质文化交流》，厦门大学出版社，2017，第166—188 页。

② 《当谱集》，《中国古代当铺鉴定秘籍》，第 112—117 页。

③ 阿·马·波兹德涅耶夫:《蒙古及蒙古人》第 1 卷，刘汉明等译，内蒙古人民出版社，1989，第 706 页。

一　英国进口的毡呢

乾隆朝洋货的来源不外西洋国家进贡和中西贸易两种方式。虽然清人的文集常提到西洋进贡一事，但进贡洋货的数量非常少，实以贸易为大宗。至于洋货传到北京，则通过粤海关监督采办与商人贸易等。由粤海关监督每年报告可了解采办洋货所需银两。

英国毛织品的贸易

从 1635 年开始，英国东印度公司由英国输入中国的物品有毛织品、铅、锡和少量的铜，并由孟买输入棉花，由马德拉斯和孟买输入檀香木和少量的红木，由苏门答腊的明古连（Bencoolen）输入胡椒，且一度由孟加拉输入鸦片。不过，英国东印度公司在广州贸易的 18 世纪中期档案残缺不全，如 1743—1753 年的记录零碎，而存放在印度的 1754—1774 年的档案则完全散失。1775—1795 年这 20 年输入中国的货物总值为 20011850 两，其中九成来自英国，一成来自印度和苏门答腊的明古连。英国毛织品占总值之 75.8%，英国金属占 14%，英国东印度公司输入中国的毛织品、金属比印度农产品的数量多且重要。[1]

1769 年，英国东印度公司与广州行商签订合约，交换茶叶与毛织品，以免毛织品存货过多。由每位行商购买一定比例的毛织品。1782 年签订合约，英国方面认为："毛织品这种重要商品的输入是可以增加的；公司所要求的主要是数量，而不是利润。大量

---

[1]　Pritchard, *Britain and the China Trade*, pp. 154–162. 来自英国的各种农产品才占 0.2%。来自印度和明古连的 10% 中，胡椒占了 4.7%，棉花占了 3.5%，鸦片占了 1.2%，而檀香木和红木仅占 0.6%。

输入是压制私商和外国公司的唯一有效办法。"[1] 1775—1795 年，毛织品输入额达 15224639 两。在由英国输入的所有商品中，毛织品几乎占了 84.5%，金属只占 15.5%。毛织品有三种，分别为长厄尔绒（Long ells）、宽幅绒（Broadcloth）和羽纱（Camlet）。英国东印度公司不时想要输入其他品种的毛织品，但都没有成功。

在英国东印度公司输入的三种主要毛织品中，羽纱只占毛织品总值的近 5%，三种主要毛织品以外的毛织品仅占 0.1%。一般品级的羽纱每匹卖 36 两，由此价格推断其材质介于长厄尔绒和宽幅绒之间。英国东印度公司输入较差品级的羽纱需与荷兰输入的高级品竞争，它却是唯一获利的毛织品。其利润为 165424 两，占全部获利之 29%。1789 年英国运来模仿荷兰织染的羽纱，赚得很多利润，一匹售价为 40—44 两。1794—1795 年，这种羽纱被安哥拉羊毛羽纱取代，后者每匹售价 33 两。1783 年之前，安哥拉羊毛羽纱平均每年输入约 300 匹，其后逐年增加，至 1794—1795 年达到 5020 匹。羽纱是清代官定的雨服，《皇朝礼器图式》规定了从王公到文武百官都必须穿戴雨冠、雨裳，羽纱有固定的销售市场，因此价格不菲。

1775—1795 年，自英国输入的长厄尔绒总值为 9897584 两，占输入毛织品总值的 65%。[2] 英国东印度公司输入的毛织品中，居次要地位的是出色、平滑、织缀的宽幅绒。在此 20 年间宽幅绒输入总值 4558321 两，占输入毛织品总值的 30%。自英国输入广州的宽幅绒有三种品级：较差的一码卖 1 两；次好的平均

---

[1] 当时英国毛织品的精细度极为低下，且尺码不足，而其他国家运来的货品却都保持良好的水平。马士：《东印度公司对华贸易编年史（1635—1834）》第 2 卷，第 362 页。

[2] Pritchard, *Britain and the China Trade*, pp. 154–155.

一码卖1.45两；最好的平均一码卖2.50两。长厄尔绒应属较差的毛织品，由其名称来判断，它们是一厄尔（ells，等于48寸）宽，可能有24码长，因为在1792年每块布长24码，每匹6—7两。1793—1794年，长厄尔绒的销售量减少了3.2%，尤其1794—1795年由于市场存货太多，故中国方面将价格降至每匹6.7两。① 英国法律规定，东印度公司每年必须运往中国一定数量的毛料，但英国毛料在中国销售的情况不佳，广州行商贩卖毛料大多有所亏损。② 英国以毛织品换取中国的茶叶，以物易物从而避免毛织品大量存货，但是毛织品销售成绩不佳（图3-1）。③

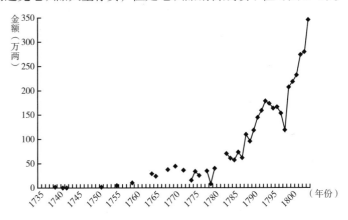

图3-1　英国东印度公司输入中国毛织品的情况

资料来源：马士《东印度公司对华贸易编年史（1635—1834）》。

---

① 一匹布长约35码，三匹布打包成一捆。1783年之前平均每年输入约2000匹布，1783—1790年升至每年约4000匹，然后1793—1794年遽升至7151匹。在这段时间宽幅绒亦以亏本在卖，总损失为465013两，占总成本的9.33%。若以最基本的材料及人工成本来算，则有小赚。Pritchard, *Britain and the China Trade*, pp. 154–162.

② 陈国栋：《清代中叶广东行商经营不善的原因》，氏著《东亚海域一千年：历史上的海洋中国与对外贸易》，山东画报出版社，2006，第267—277页。

③ 马士：《东印度公司对华贸易编年史（1635—1834）》第4卷，第74页。

粤海关监督办贡

内务府所需的西洋商品都通过粤海关监督采买。粤海关监督在税收盈余支销"备贡银"始于乾隆三年，每年约计开销5.5万两。[①] 英国东印度公司档案载："按例，粤省每年向皇帝进贡珍奇物品三次。购买此项物品的价款，由皇帝按年拨付银50000两，后来减为30000两。此项价款一半用于到北京的长途运输费用，剩下的一半是不足以购买各种珍奇物品的。这件头痛的差事，总督固然不愿负担，而海关监督也不愿自己拿钱补上，因此，就把负担转嫁到被承保的商船上。"[②]

粤海关监督采购的贡品包括玻璃灯屏、紫檀木器、金银丝线、鼻烟、女儿香、珐琅器、洋钟及各种珍珠饰物等。英国东印度公司输入的锡在广东制造锡器，有"广锡"之称。紫檀木全部从外国输入，而且输入量也很大，在广东由"广匠"打造成各种木器。乾隆四十八年年底，停止"例贡"各种木器，改进西洋钟表。

除了粤海关监督进贡洋货，监督的奴仆也因洋货暴利而参与买卖。乾隆二十四年，发生粤海关监督李永标纵容奴仆贪渎案。李永标在监督任内，每遇洋船进口，家人置买绒呢羽纱等项，顺带至京售卖，以图重利。[③] 李永标的奴仆七十三供称："在泰和、义丰、达丰三行内前后共赊取大绒、羽缎、哔叽等

---

① 戴和:《清代粤海关税收述论》,《中国社会经济史研究》1988年第1期。

② 马士:《东印度公司对华贸易编年史（1635—1834）》第5卷，第427页。

③ 《两广总督李侍尧将会同根查英商呈诉粤海关监督李永标折》(乾隆二十四年闰六月二十二日),《清宫粤港澳商贸档案全集》第4册，第1755—1762页。

物。所该价银除完过外尚欠五百三四十两。赊的物件主儿实在不知道的。小的从前在八条胡同买有房屋一所十三间价银三百两。又在六条胡同买有房屋一所共十二间半价银三百五十两，都是二十二年买的。"① 李永标的奴仆分别向泰和行、义丰行、达丰行等赊取大绒、羽缎、哔叽等物带回北京出售，赚取丰厚利润，在北京胡同置房产数十间。

二　俄国进口的毡呢

从乾隆十九年开始，皇帝派内务府官员到恰克图贸易。乾隆帝关注俄国贸易商品价格，传谕："俄罗斯所带之金丝缎、银丝缎、金壳问钟、磁面问钟是否有购买者？若有，购买者系何等之人？出价多少？着询问清楚。"② 看守俄罗斯贸易郎中伊克坦布呈称："查得俄罗斯等虽拿出金银线织缎、问钟，给我商人看过，并无人询问要买，先前金线织缎，以俄罗斯尺每尺曾索价银二十两，今定价十二两；银线织缎每尺曾索银十两，今定价七两。"③ 至乾隆四十三年都有官员采办各种金花缎、俄罗斯缎、金线等（表 3-1、图 3-2）。金花缎的价格高，每尺为 5.8 两，俄罗斯缎每尺 2.47 两，金线每两价银 1.33 两。

---

① 《钦差大臣新柱等奏报审理英吉利商人控告李永标各款事折　附件：钦差大臣新柱奏呈会审过番商洪任辉控告李永标等案犯供单》（乾隆二十四年七月二十二日），《清宫粤港澳商贸档案全集》第 4 册，第 1795—1900 页。

② 《乾隆朝满文寄信档译编》第 4 册，第 530—531 页。

③ 《军机处满文录副奏折》，乾隆二十八年七月初一日，档案号：03-2403-016，第 407—408 页。

表 3-1 乾隆时期派官商在恰克图采购缎匹数量

年份	1761 年	1762 年	1763 年	1770 年	1771 年	1772 年	1774 年
官员及头卖人	范清注、留保住	员外郎秦保	主事法富里	郎中法福里	郎中班达尔沙	郎中班达尔沙	郎中海绍、员外郎隆兴
金花缎				132.4 尺	196.5 尺	1428 尺	176 尺
各色毡	1138 尺	3 块	31 块				
俄罗斯缎	82 尺		20 块				
金线	70 枝						

资料来源:《清宫内务府奏销档》,乾隆三十七年,《军机处满文录副奏折》,档案号: 03-2772-014,第 868 页。

18 世纪中国对呢绒、毛皮的大量需求,促使俄国商人从普鲁士、荷兰[1]和英国进口呢绒,转运到恰克图贸易。至 19 世纪,普鲁士于 1817 年与俄国签订关于过境运输权和经俄国商人在恰克图销售西里西亚呢绒的专约,此后普鲁士呢绒过境俄国输往中国。普鲁士名牌呢子包括特利德查多呢、宾廓夫呢、卡尔诺夫呢、马斯洛夫呢、米泽里茨基呢,也称三块呢、四块呢、五块呢。[2]马斯洛夫呢又称卡尔诺夫呢,名称源自普鲁士的一个小镇,该小镇一直生产这种呢子。米泽里茨基呢来自波兰小镇

---

[1] 由俄国输往中国的羽纱（Dutch camlets）主要是荷兰产品。姚贤镐编《中国近代对外贸易史资料（1840—1895）》第 1 册,中华书局,1962,第 112 页。

[2] 阿·科尔萨克:《俄中商贸关系史述》,第 75 页;加利佩林:《18 世纪至 19 世纪上半叶的俄中贸易》,《东方学问题》1959 年 5 期,转引自孟宪章主编《中苏贸易史资料》,第 176 页。

图 3-2 乾隆帝用嵌珠金银丝囊鞬

资料来源：徐启宪主编《宫廷珍宝》，香港：商务印书馆，2004，第173页。

米泽里奇，这个小镇长期以生产大量质量上乘的呢子著称。米泽里茨基呢常织成 1 俄尺 10 俄寸宽、25 俄尺长，重 35—36 磅，每俄尺约 1.7 磅。马斯洛夫呢织成 1 俄尺 12—14 俄寸宽、40 俄尺长，重 50 磅，每俄尺约 1.25 磅。1850 年前后两种呢都制成一样尺寸的有三种：2.2 俄尺宽、2.2—2.4 俄尺宽、2.6—2.8 俄尺宽。①

当普鲁士、波兰的呢子减少时，俄国生产的呢子仿照波兰呢或普鲁士呢的样子织成，并且在销售时采用原来的名称马斯洛夫呢、米泽里茨基呢。② 马斯洛夫呢和米泽里茨基呢主要在莫斯科及其近郊织造，与英国毛呢中的所谓小呢（Blankets）或制服呢（Habit Cloths）相近，③ 在出口商品中占重要位置。18 世纪末起，其输入量逐年增加，1799 年约 6000 件，至 1807—1809 年输入总和达到 2 万件。

米泽里茨基呢在恰克图档案里的称呼为哦噔绸，价格不菲，每板（长 44 尺、宽 2.2 尺）在 1838 年以前大概在 20 两以下，1838—1855 年约在 30 两以下，1858 年以后为 30—40 两。输入最多的年份为 1862 年，其次是 1843 年，总数超过 100 万两。鸦片战争和第二次鸦片战争让俄国输入中国的哦噔绸数量增加。哦噔绸的满文是 "odonceo jangci"（哦噔绸毡）。清代当铺文献记载，头等名曰喀拉明镜④（满文 "karmingjing"），直经丝粗而

---

① 阿·科尔萨克：《俄中商贸关系史述》，第 140—141 页。

② 阿·科尔萨克：《俄中商贸关系史述》，第 140—141 页。

③ 姚贤镐编《中国近代对外贸易史资料（1840—1895）》第 1 册，第 111 页。

④ 乾隆三十年恰克图卖的喀拉明镜一块价值 8 两，珍珠狐皮一张 6 两、黄狐皮 2 两。《军机处满文录副奏折》，乾隆三十年七月二十九日，档案号：03-2153-001，第 3282—3296 页。

坚，绒紧而贴纬，有骨而绵者是也；次一等名曰哦噔绸较比喀拉毡纬松泄堆绒，而成珠微厚，而绒稀者是也；又次一等丝粗绒泄发散，而不实纬不能紧，绒不能固地，此等即是口毡也。[①]颜色方面，原来大体黑色占50%—60%、蓝色占15%，其他为红色或别的流行色。1850年后黑色约占20%、蓝色占30%、宝蓝色占15%、深红色占21%，其他为金色或灰色等。恰克图的商号清册记载了"元青哦噔绸""青哦噔绸""色哦噔绸"等名目，1860年后各色哦噔绸有增加趋势。清人提到这种价格昂贵的俄国毛料可以满足富有阶层的需求，穿得衣冠楚楚、神气十足，即使这种毛料既费钱又不经穿。[②] 1816—1871年哦噔绸输入的数量参见图3-3。

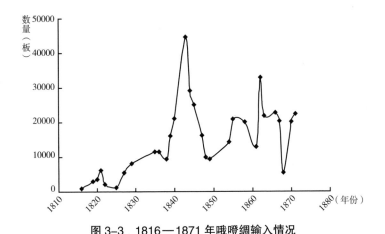

图3-3 1816—1871年哦噔绸输入情况

资料来源：《恰克图商民买卖货物清册》。

---

① 《当谱》，《中国古代当铺鉴定秘籍》，第331—332页。

② 姚贤镐编《中国近代对外贸易史资料（1840—1895）》第2册，第1287页。

《恰克图商民买卖货物清册》上称其为大哈喇、二哈喇，亦写作"大哈洛""二哈洛"或者"大合洛""二合洛"的，都是音译名词。乾隆时期的当铺文献称，哈喇指宽幅呢子，一板长44尺、宽4尺；"二哈拉"或"二喀喇"，一板长48尺、宽4尺。①《恰克图商民买卖货物清册》记载，大合洛每尺1.2—2.5两，二合洛每尺1—1.6两。图3-4之大合洛进口量最多的一年为1821年，超过6万尺，其余年份都不到2万尺。图3-5之二合洛进口数量多的年份超过20万尺，鸦片战争时由俄国输入的数量也较多，价格相对来说也较为便宜。

如同马斯洛夫呢、米泽里茨基呢一样，俄国也仿造英国的哈喇，并且在销售时采用原来哈喇的名称。1887年有报道说在牛庄的哈喇有两种，"口哈拉"和"洋哈拉"，洋哈拉字义上看起来很可能不是俄国的产品，但实际上两种毛料上都印有俄文字母和俄国商标。洋哈拉是一种次级的毛料，卖价比较便宜，是用轮船从上海运来，或是从俄国的东方各港等处运来。口哈拉来自张家口，从陆路经过西伯利亚运来，价格很高，每匹22—23两，高昂的价格是由于运费成本高。②

图3-4中，大合洛单价在每尺1两至2.5两之间，1821年进口数量最多，达60900尺，其余年份大多在1万尺以下。1821年的单价较低，每尺只有1.28两。

图3-5中，二合洛单价在每尺1两至1.5两之间，进口量较大合洛多，主要在10万至20万尺之间。

---

① 《当谱集》，《中国古代当铺鉴定秘籍》，第116页。
② 姚贤镐编《中国近代对外贸易史资料（1840—1895）》第2册，第1287页。

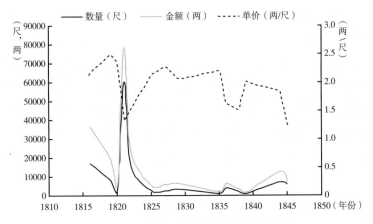

图 3-4　19 世纪上半叶大合洛输入情况

资料来源:《恰克图商民买卖货物清册》。

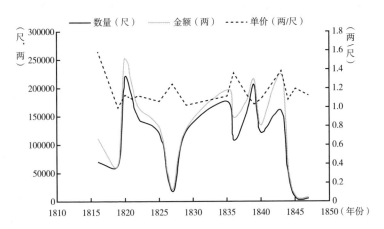

图 3-5　19 世纪上半叶二合洛输入情况

资料来源:《恰克图商民买卖货物清册》。

俄国呢绒 1733 年始于西伯利亚设立的第一家制呢厂——捷利缅斯卡亚工厂，1790 年代中国对俄国的呢绒需求增加，该厂产量大增。1790 年至 1797 年，该厂生产 32200 俄尺（arshin）的呢绒，一俄尺等于 71 厘米，大部分运销恰克图。[1] 1815 年俄国呢绒输入达到 533930 俄尺，1820 年为 916618 俄尺。同一年从英国、美国和其他国家经由广州输入中国的呢绒只有 206325 俄尺和 420075 俄尺。俄国制呢工厂的主要产品为科热夫尼科夫、茹科夫、雷布尼科夫和巴布金。1827 年出现了亚历山德罗夫制呢工厂，该厂的呢子在中国成为著名品牌，直到 1855 年仍在恰克图贸易中占据首位。[2]

恰克图贸易的毛纺织品为适应中国人的品味，特别注意呢子上浆，因为英国和法国的呢子明显具有这种特点。[3] 俄国生产的棉绒布为棉花和毛呢混纺，又称回绒，每匹 25 俄尺。[4] 关于俄国呢子的价格，阿·科尔萨克认为，俄国商人用一块呢子可以跟中国商人换取一件或两件茶叶。[5] 1847—1851 年，俄国向中国出口的毛纺织品平均值为 2687623 银卢布，约占恰克图贸易额的 43%，或俄国呢子输出亚洲总值的 93%。[6] 鸦片战争及第二次鸦片战争都让俄国输入的回绒数量大为增加。虽然从俄国输入的回绒数量增加了，但价格有下跌的趋势。俄国输入的回绒 1816—1825 年每俄尺在 0.5 两以上，1827—1836 年每

---

[1] 米·约·斯拉德科夫斯基：《俄国各民族与中国贸易经济关系史（1917 年以前）》，第 190 页。

[2] 阿·科尔萨克：《俄中商贸关系史述》，第 78 页。

[3] 阿·科尔萨克：《俄中商贸关系史述》，第 145 页。

[4] 阿·马·波兹德涅耶夫：《蒙古及蒙古人》第 1 卷，第 706 页。

[5] 阿·科尔萨克：《俄中商贸关系史述》，第 206—207 页。

[6] 阿·科尔萨克：《俄中商贸关系史述》，第 148 页。

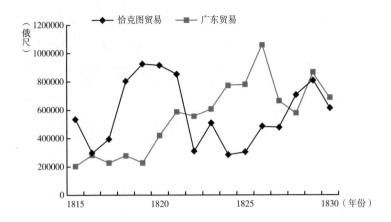

图 3-6　1815—1830 年恰克图与广州进口毛呢数量比较

资料来源：阿·科尔萨克:《俄中商贸关系史述》，第 80—81 页。

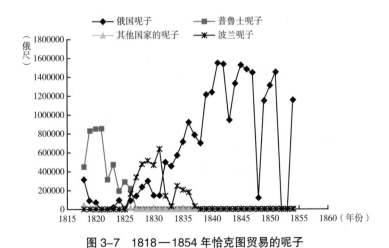

图 3-7　1818—1854 年恰克图贸易的呢子

资料来源：阿·科尔萨克:《俄中商贸关系史述》，第 143—144 页。

俄尺为 0.3—0.4 两，1838—1871 年每俄尺为 0.2—0.3 两（图 3-8）。此因织造棉绒布的棉花来自西伯利亚，在光照不足气候下生长的短绒棉，质量远不及英国自印度进口的棉花。[1]

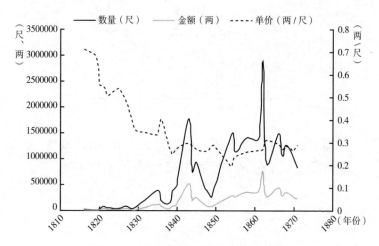

图 3-8　19 世纪俄国输入回绒的情况

资料来源：《恰克图商民买卖货物清册》。

清代当铺文献记载，回毡宽 4.2 尺、长百尺。花发边较比洋毡，地丝粗，绒厚而敛，亦系直经，地厚而不实，绒浑不亮，露横丝而掩直。此物系物粗毡之论也。阴阳毡，此毡系洋货，宽窄不一，长短尺寸与洋毡相同（长 44 尺、宽 2.2 尺），唯两面不得一样，故名。此原系织造而成，非染色冲之。[2]

天下物资输往北京都必须在崇文门关缴税，康熙八年户部颁行崇文门关税课则例，但乾隆年间洋货进口名目甚繁，因此

---

[1]　姚贤镐编《中国近代对外贸易史资料（1840—1895）》第 2 册，第 1288 页。

[2]　《当谱》，《中国古代当铺鉴定秘籍》，第 330、332—333 页。

在乾隆十七年、三十六年、四十五年增减了税目条款。从这些新增税则可看出西洋纺织品的输入增加了。呢绒按照"一身"课税，应该是一件的意思，大呢的税率是哦嗹绸的 3 倍，哈喇的税率是哦嗹绸的 1.5 倍。洋呢的税率比回绒多 1 倍，这也可看出哦嗹绸和回绒的市面价格比英国、德国的毛织品低（表 3-2）。

表 3-2　乾隆年间崇文门关毡呢绒税则

项目	时间	数量（身）	颜色	银两（两）	备注
大呢	乾隆四十五年	1	大红加倍，桃红加半倍	0.72	比照小哆罗绒例
哈喇	乾隆四十五年	1	大红加倍，桃红加半倍	0.36	比照哔叽加半倍
哦嗹绸	乾隆四十五年	1	大红加倍，桃红加半倍	0.24	比照哔叽例
咯叽呢	乾隆四十五年	1	大红加倍，桃红加半倍	0.24	比照哔叽例
洋呢	乾隆四十五年	1	大红加倍，桃红加半倍	0.36	比照哔叽加半倍
回绒	乾隆四十五年	1		0.18	比照彰绒例
洋绒	乾隆四十五年	1	大红加倍，桃红加半倍	0.18	比照彰绒例

资料来源：《督理崇文门商税盐法·乾隆三十六年新增税则》第 7 册，第 3 页；《督理崇文门商税盐法·乾隆四十五年新增税则》第 7 册，第 78—79 页。

三　俄国进口的布匹

18 世纪俄国大量输入中国的货物为毛皮，俄国产的印花布、单面印花布等很少出现在恰克图。[1] 19 世纪上半叶，俄国生产的棉制品在 1825 年的恰克图市场上份额只占 6%，到 1854 年已上升为 30%。[2] 1847—1851 年棉布制品的总值达 1174067 卢布，超过恰克图贸易总额的 18%，占俄国对亚洲贸易输出总额的 49.5%。[3] 1825 年俄国工厂生产的南京小土布开始卖给中国，1828 年销售达 4653 俄尺。[4] 从 1833 年开始，俄国的布匹销售迅速增长。中国人换取俄国的商品，要先到俄国人的铺子，看他们所需商品的样品，中国人将俄商的样品发往张家口，俄国布大量倾销到中国。

棉织品中主要是棉绒或波里斯绒、粗布；亚麻织品中主要是切舒伊卡布、吉克布、粗麻布。[5] 俄国质量好的一类棉织品被称为"波瑟令斯基"，生产的手工业工厂有巴拉诺夫工厂、亚历山德罗夫的祖博夫工厂、杜尔捷列夫工厂、甘杜林工厂、伊万诺夫镇的乌宁工厂；另一类被称为"萨克森"，指低质量家庭手工土法制作。"波瑟令斯基"的印花布在 1849 年每俄尺 12—12.5 戈比；高级的"萨克森"印花布每俄尺 8—9 戈比，低级的每俄尺 5.5—6 银戈比。棉绒需要良好的质量和 16 俄寸的幅宽，如此才能制成中国外衣的一整对袖子，如果成色低，或幅宽只有 13—15 俄寸，那么销售就会遇到困难，工厂总是尽量满足这些要求。[6] 根据恰克图商号的档案，自俄国输入的布称为"回回布""回锦布""喃坎布"。回回布每尺 0.15—0.3

---

① 阿·科尔萨克：《俄中商贸关系史述》，第 70—71 页。
② 孟宪章主编《中苏贸易史资料》，第 174—175 页。
③ 阿·科尔萨克：《俄中商贸关系史述》，第 134—137 页。
④ 阿·科尔萨克：《俄中商贸关系史述》，第 94 页。
⑤ 孟宪章主编《中苏贸易史资料》，第 178 页。
⑥ 阿·科尔萨克：《俄中商贸关系史述》，第 131—132 页。

两。回回布又有狗头国回回布、花儿回回布、碎花回回布、雨过天青回回布、大红兰回回布几种，应是以颜色和图案来命名。喃坎布较便宜，每尺 0.08—0.1 两，宽幅喃坎布则约 0.15 两。喃坎布是什么，目前还没找到相关资料。回锦布每尺 0.2 两，清代当铺文献记载：倭罗绸、倭罗缎、握洛缎长 44 尺、宽 2.2尺，一匹 10 两。[①] 从价格上来看，回锦布可能是倭罗绸，但还需考证。

从回绒和回布的比较可发现，回布进口数量少，是因为俄国产的布匹从表面看起来结实美丽，但验货员认为其质量比不上英国货和美国货。它们的长度和宽度都异乎寻常，因此中国人都不买。俄国棉织品在中国市场上的竞争力不太乐观。这种棉织品被认为是西伯利亚光照不足气候下生长的短绒棉织品。[②]至 1858 年，俄国输出的制成品中，毛料占 41%，棉织品占25%，4%—20% 为生皮，10% 是毛皮和皮革，2% 是谷物，17% 是贵重金属品。[③]

因为从俄国输入布料多，乾隆四十五年崇文门关的新增税则中出现了回布、回锦布、色布、洋回锦布、洋印花布、印花洋布等名目（表 3-3），和恰克图商号贸易的布匹名称相同。崇文门关乾隆二十一年关税为 262085.7 两，至乾隆四十一年增至316089.5 两。[④]崇文门关关税收入增长应与中俄贸易增长有关。

---

① 《当谱》《论皮衣粗细毛法》，《中国古代当铺鉴定秘籍》，第 238、144 页。
② 姚贤镐编《中国近代对外贸易史资料（1840—1895）》第 2 册，第1288 页。
③ 姚贤镐编《中国近代对外贸易史资料（1840—1895）》第 2 册，第666 页。
④ 赖惠敏：《清乾隆朝的税关与皇室财政》，《中央研究院近代史研究所集刊》第 46 期，2004 年。

表 3-3 崇文门关布匹税则

项目	数量	颜色	税银（两）	备注	数量	税银（两）	备注
回布	1 身		0.0204	比照西洋布例	100码	0.21	口外者
回锦布	1 身	大红加倍、桃红加半倍	0.0204				
色布	1 身				10 匹	0.24	宽者加倍
番布	1 身				100码	0.585	
象眼罗	1 身	大红加倍、桃红加半倍	0.0408	比照西洋布加倍	100码	0.78	
洋回锦布	1 身				100码	0.39	
斜纹羽布	1 身	大红加倍、桃红加半倍	0.0204	比照西洋布例	100码	0.39	
斜纹花洋布	1 身	大红加倍、桃红加半倍	0.0408	比照西洋布加倍			
斜纹素条布	1 身		0.0306	比照西洋布加半倍			
洋标布	1 身	大红加倍、桃红加半倍	0.0204	比照西洋布例	100码	0.39	
洋纱布	1 身	大红加倍、桃红加半倍	0.0204	比照西洋布例	100码	0.39	
洋印花布	1 身				100码	0.39	
洋罗布	1 身	大红加倍、桃红加半倍	0.0204	比照西洋布例			
织花洋布	1 身				100码	0.78	
柳条布	1 身				100码	0.585	
刷绒布	1 身				10 匹	0.24	

续表

项目	数量	颜色	税银（两）	备注	数量	税银（两）	备注
褡裢绒	1身		0.0408	比照西洋布加倍	100码	0.78	
洋褡裢	1身		0.0204	比照西洋布例	100码	0.39	
白褡裢布	100匹		0.6	比照斜纹布减半			
洋漆布	1身		0.0408	比照西洋布加倍	100码	0.78	
洋缎	1身	大红加倍、桃红加半倍	0.0306	比照西洋布加半倍	100码	0.78	
各种洋绒布	1身				100码	1.2	
洋小褂	1件		0.0204	比照西洋布例			
织花褡裢绒	1身				100码	1.2	
织花洋布	1身	大红加倍、桃红加半倍	0.0306	比照西洋布加半倍			
绒棉布	1身	大红加倍、桃红加半倍	0.0204	比照西洋布例	100码	0.39	
被面	100个		1.2	比照苎麻布例			
印花洋布	1身	大红加倍、桃红加半倍	0.0204	比照西洋布例			
冷布	100匹		0.24	比照白粗布例			
香正	100匹		0.24	比照白粗布例			

资料来源:《督理崇文门商税盐法·乾隆四十五年新增税则》第7册，第79—81页;《崇文门商税衙门现行则例》，光绪三十三年，第19—20页。

四　西洋纺织品的用途

清代北京市民重门面、排场，在家饰用品和衣着方面都很讲究。朝鲜使臣俞彦述《燕京杂识》记载："国俗专以夸矜炫耀为能事。市肆间杂货山积，金碧炫眼，极其富丽。"[1] 家中什物宏丽奇巧自然少不了西洋的器物，以下从文集、旗人子弟书、抄家档案来看旗人家庭的装饰。清人生活中，冬天穿着欧洲来的哆罗呢、羽缎、哔叽衣裳成为时尚。

英国东印度公司记录中国人喜好毛织品："中国人认为身薄而质优的织物，销售得比厚身的织物好。总的来说，销售织物是盈利的。"[2] 有所谓"洋毡胜紫貂"的谚语。乾隆五十七年马戛尔尼到中国来，使团副使乔治·斯当东的《英使谒见乾隆纪实》写道："北京商铺有来自南方各省的茶叶、丝织品和瓷器，有的是来自鞑靼的皮货。我们非常有兴趣地看到货品中居然还有少量的英国布匹。"[3] 官员购买薄的毛织品如哆罗呢、哔叽、羽纱、羽缎的数量较多，而毡毯类的厚毛织品数量较少。巴罗估计清朝官员的一套普通服饰价格为 10 英镑[4]，一套礼服约 30 英镑，一双缎子靴 20 先令，一顶帽子也是这价格。如果饰以绣品和金丝银线，整套衣服价格在 200 英镑到 300 英镑

---

①　俞彦述：《燕京杂识》，林基中编《燕行录全集》第 39 卷，首尔：东国大学校出版部，2000，第 286 页。

②　马士：《东印度公司对华贸易编年史（1635—1834）》第 5 卷，第 437—438 页。

③　乔治·斯当东：《英使谒见乾隆纪实》，叶笃义译，上海书店出版社，1997，第 302 页。

④　此时 1 英镑等于 3 两白银。

之间。①

　　比起英国的纺织品，俄国的纺织品更受欢迎。阿·马·波兹德涅耶夫的《蒙古及蒙古人》一书描述他走过北方城市的店铺，在乌里雅苏台看到这里的店铺经营的棉布有褡裢布、大布、洋大布及俄国各色印花布等。1880 年，乌里雅苏台周围地区的草原上至少有 3/4 的居民穿的是俄国棉布做的衣服。在乌里雅苏台经营的北京人，在库伦也有店铺。庆宁寺附近的汉商经营的商品主要是俄国货，例如纺织品中有士兵呢、棉绒布、各种颜色的厚棉布、各种颜色的羽毛绒和细平布。库伦的北京人店铺里的毛织品、棉织品大多数是欧洲产品。② 归化城出售的布匹也都是外国货，中国生产的只有丝织品，棉布只有大布一种。③ 张家口的买卖城可以说是中国对俄贸易的集中点，几乎全部的俄国呢绒和各种绒布，以及俄国出口的毛皮制品都先运到张家口上堡买卖城的货栈，然后批发给下堡，再转运往中国各地。④ 多伦诺尔贩售欧洲商品，如斜纹布、府绸、印花布和德国呢，不过德国呢往往是俄国呢的仿冒品。俄国呢子有邱利亚耶夫和巴布金两家厂商出产的呢子，莫罗佐夫厂出产粗平布和棉绒布，以及黑白两种油性软革的香牛皮。多伦诺尔的货物来自恰克图，主要的商人是山西人。⑤

　　俄国呢子越来越普及，特别是在中国北方，因为俄国

① 约翰·巴罗:《我看乾隆盛世》，李国庆、欧阳少春译，北京图书馆出版社，2007，第 409 页。
② 阿·马·波兹德涅耶夫:《蒙古及蒙古人》第 1 卷，第 47、112、283 页。
③ 阿·马·波兹德涅耶夫:《蒙古及蒙古人》第 2 卷，第 95 页。
④ 阿·马·波兹德涅耶夫:《蒙古及蒙古人》第 1 卷，第 704 页。
⑤ 阿·马·波兹德涅耶夫:《蒙古及蒙古人》第 2 卷，第 342 页。

呢子粗劣、厚重，较适合北方的寒冷气候。[①] 1850 年，俄国呢子销于上海、苏州、广东，与欧洲产品竞争，更超越英德的呢子。[②] 1845 年《澳门月报》载，来自俄国的产品主要是一种粗糙的哆罗呢，这种呢多半是在俄国织的，但也有一定的数量来自比利时和萨克森，它的宽度是 62—64英寸。[③] 在 19 世纪上半叶，中国北方口岸常见到的是俄国的纺织品，运至上海、宁波的俄国呢子比从英国进口的多12 倍。

除此之外，西洋纺织品在宫廷的用途还有下列几项。

赏赐蒙古王公、官员

清朝与蒙古关系密切，蒙古王公、喇嘛每年派人到北京朝贡觐，喀尔喀蒙古王公设立的行馆被称为外馆，位于安定门外附近偏西的郊区。北京城里王府井大街东交民巷附近的内馆为科尔沁等内蒙古王公朝觐的住所。[④] 清朝皇帝于紫光阁筵宴蒙古王公、喇嘛，赏给缎、貂皮等（图 3-9）。嘉庆年间，自俄国进口的呢绒较多，皇帝下令："命理藩院通行内外众扎萨克蒙古

---

① Foust, *Muscovite and Mandarin*, p. 352.

② 阿·科尔萨克：《俄中商贸关系史述》，第 148—150、155—156 页。俄国呢子廉价和适应中国北方寒冷气候，是呢子在北方各省市场上居领先地位的担保。

③ 《澳门月报》1845 年 6 月号，转引自孟宪章主编《中苏贸易史资料》，第177 页。

④ 札奇斯钦、海尔保罗撰述《一位活佛的传记：末代甘珠尔瓦·呼图克图的自述》，台北：联经出版公司，1983，第 48 页。康熙二十六年题准，科尔沁等十旗令于会同馆内安置。三十三年，分内外馆。参见中国社会科学院中国边疆史地研究中心主编《清代理藩院资料辑录》，全国图书馆文献缩微复制中心，1988，第 71 页。有关朝觐规定，参见《清代理藩院资料辑录》。

图 3-9　《紫光阁赐宴图》（姚文瀚绘）

资料来源：聂崇正主编《清代宫廷绘画》，香港：商务印书馆，1996，第 224—225 页。

王公等，嗣后年班围班请安时，俱着正穿石青马褂，不得穿黄马褂及反穿马褂。着为例。"[1] 石青马褂为蓝色的哦噔绸。根据阿·马·波兹德涅耶夫的观察，库伦店铺里的毛织品和棉纺织品大多数是欧洲产品。[2] 对喀尔喀蒙古王公来说，石青马褂应取自俄国的毛织品更为便利。

朝鲜使者《皇都杂咏》载："喇嘛僧满雍和宫，锦帽貂裘抗贵公。乾隆盖是英雄主，赚得蒙蕃尽彀中。"[3] 喇嘛穿戴的锦帽、貂裘来自皇帝的赏赐。金梁《雍和宫志略》提到喇嘛的法衣必须按照月令季节穿着，皇帝赏给"皮袄银"。[4]

乾隆四十五年，班禅额尔德尼到北京，皇帝很高兴，赏赐他和其他使臣许多东西，丝绸、瓷器之外，还包括许多洋货，如洋花缎、海龙皮、豹皮、玻璃碗、玻璃盘、玻璃瓶。[5]《律藏》中说："持守清净戒条的比丘也可积聚财物。"《诸续部》经典中也说："持咒师若按烧施的规定享用饮食，也可以积累如须弥山一般的财富。"[6] 信徒奉献喇嘛精巧珍器、稀世之宝，代表他们的诚心，乾隆帝深信藏传佛教，因此对喇嘛的赏赐也特别多。

石青马褂用燕尾青的深蓝色呢绒制作，宫廷侍卫亦穿这料子做的马褂。同治十三年，皇帝大阅于南苑，命"文案

① 《清实录》第30册，第240页上。
② 阿·马·波兹德涅耶夫:《蒙古及蒙古人》第1卷，第112页。
③ 转引自夫马进「日本现存朝鲜燕行録解题」『京都大學文學部研究紀要』第42号、2003年、163页。
④ 金梁编纂《雍和宫志略》，第129页。
⑤ 六世班禅到北京时，乾隆帝赏赐了许多礼物。参见嘉木央·久麦旺波《六世班禅洛桑巴丹益希传》，许得存等译，西藏人民出版社，1990，第477—529页。
⑥ 土观·洛桑却吉尼玛:《章嘉国师若必多吉传》，第313页。

营务翼长委员等穿天青马褂，佩刀入队。……侍卫均穿天青马褂"。① 或许俄国的呢子穿起来衣冠楚楚，能展现男性气概，《儿女英雄传》《老残游记》也多处提到男性穿着石青马褂。

《皇朝礼器图式》的服饰定制

许多学者讨论乾隆帝认为"本朝定制"为呈现满洲特色，实则展示中西贸易成果。根据张仲礼的研究，清代的士绅以上群体占人口的2%，以乾隆时期有1.5亿人口计算，士绅以上人口起码有30万人，要满足如此众多士绅的需求，非得兴盛贸易不可。乾隆三十二年增定品官雨帽并雨服一类。《皇朝礼器图式》记载，"皇帝雨冠二，谨按，乾隆十六年，钦定皇帝雨冠，羽缎为之，明黄色"，"皇帝雨衣三，谨按，乾隆十六年，钦定皇帝雨衣，羽缎为之，明黄色，如雨衣二之制"。职官雨冠"乾隆三十二年，钦定职官雨冠，用红色，毡及羽纱、油绸惟其时，蓝布带。民公、侯、伯、子、男，一品至三品文、武官，御前侍卫，乾清门侍卫，上书房翰林，南书房翰林，奏事处、批本处行走人员皆用之"。"谨按，乾隆八年，钦定职官雨衣，用红色，制如常服褂而加领，长与坐齐，前施掩裆，毡及羽纱、油绸惟其时。民公、侯、伯、子，文、武一品以上官，御前侍卫，各省巡抚皆服之。"②

官员大量使用羽纱、羽缎，这些进口的纺织品价格不菲。乾隆二十四年抄本《当谱集》中就有许多洋货。举例来说，羽绉，经丝纬毛望日光地起金星，有羽毛的为羽毛绉，无羽毛的为绉，其物花素丕袍料二则，重23两，每尺1.15两，袍料重

---

① 《大清会典事例（光绪朝）》，第616页。
② 允禄等纂《皇朝礼器图式》，第227、231、238—240页。

17 两，每尺 1.3 两。羽缎线道粗发亮无花银十两之数也，每尺重 1.7 两。[1] 宫廷许多旧的毛皮或绸缎放久了，就找内务府买卖人变价出售。羽缎、羽纱即便是旧些，价格也不低。如乾隆三十二年李廷荣变价出售羽缎，每庹（相当于 5 尺）2 两，每尺 0.4 两；羽纱每庹 1 两，每尺 0.2 两。[2]

佛教器物

壁画先绘于布缦上，再悬挂在墙壁上。壁画内容都以宗教故事为题材。壁画以黄、红、蓝三种颜色为主色，用对比手法突出主题。《西藏密教研究》提到格鲁派在寺庙堂内的柱及两侧的壁上，都挂着布制的幡及被称为唐卡的挂轴式布制佛画，以烘托堂内的庄严氛围。[3] 乾隆五十年，员外郎五德、库掌大达色、催长舒兴来说太监常宁传旨："方壶胜境中层楼上明间成做拉古里一件、壁衣一件。钦此。"他于是挑得内库石青倭缎一块，做拉古里毗卢帽用；紫绿石青回子绸三匹，做拉古里刷子用；大红缎一匹，做拉古里顶面刷子里；用石青回绸一匹，做壁衣边用；紫回绸一匹，做壁衣心子用。[4]

蒙古包

清宫内务府造办处档案记载了清宫建造蒙古包的事，最有名的是热河避暑山庄万树园的蒙古包。昭梿的《啸亭杂录》载：

---

① 《当谱集》，《中国古代当铺鉴定秘籍》，第 112—113 页。
② 《乾隆朝内务府奏销档》第 287 册，乾隆三十二年正月二十日，第 39—69 页。
③ 日本种智院大学密教学会编《西藏密教研究》，世界佛学名著译丛编委会译，台北：华宇出版社，1988，第 51 页。
④ 《清宫内务府造办处档案总汇》第 48 册，乾隆五十年十月《记事录》，第 438 页。

"避暑山庄之万树园中，设大黄幄殿，可容千余人。其入座典礼，咸如保和殿之宴，宗室王公皆与焉。上亲赐卮酒，以及新降诸王、贝勒、伯克等，示无外也，俗谓之大蒙古包宴。"[①] 黄幄殿蒙古包 7 丈 2 尺，蒙古包内天花板、围墙用库红地金花回子绸、石青回子绸做成。[②] 此外还有 5 丈 2 尺花顶蒙古包 2 架，2 丈 5 尺备差蒙古包 24 架。蒙古包前有遮阳平顶棚，四周有窗，内设宝座及地毯，使用回子绸当围帐等（图 3-10）。乾隆帝曾多次向粤海关订购西洋纹样的毡毯，主要用作蒙古包的地毯。可见西洋锦在乾隆朝的武备仪式中，特别是行围和大阅中拥有显著的地位。[③] 虽然西洋锦在宫廷使用的织物中只占一小部分，其重要性却不可低估。

　　阿·马·波兹德涅耶夫描述他经过乌里雅苏台、科布多时，官员的接待室房炕上铺着大红呢子，同样的红呢坐垫，四壁墙下各放着一张窄长的桌子，上面也铺着大红呢子。[④]

包装器物

　　台北故宫博物院收藏的许多玉器用回子布包装，在档案中也可以找到相关记录。乾隆五十一年四月十六日，太监常宁"将玉有盒圆洗一件、玉壶一件，配得回子布套呈进交乾清宫讫。于四月二十二日将玉圆洗一件，配得回子布套呈进"。[⑤]

<hr>

① 昭梿：《啸亭杂录》，中华书局，1980，第 375—376 页。
② 《清宫内务府造办处档案总汇》第 44 册，乾隆四十六年九月十五日《记事录》，第 597 页。
③ 《清宫内务府造办处档案总汇》第 30 册，乾隆三十二年八月一日《皮裁作》，第 721 页。
④ 阿·马·波兹德涅耶夫：《蒙古及蒙古人》第 1 卷，第 267、331 页。
⑤ 《清宫内务府造办处档案总汇》第 49 册，乾隆五十一年四月《匣裱作》，第 396—397 页。

图 3-10 佚名《万树园赐宴图》

资料来源：聂崇正主编《清代宫廷绘画》，第 172—173 页。

《皇朝礼器图式》武备皇帝大阅卤簿櫜鞬载："本朝定制：皇帝大阅卤簿櫜鞬，鞬以银丝缎为之，绿革缘，天鹅绒里，面缀金环，系明黄绥。櫜以革，蒙银丝缎，后软壶三，以革为之。皆饰金丝花，衔东珠。"[1] 櫜鞬用来包装弓箭，以银丝缎制作。现存北京故宫博物院之织金银缎面皮櫜鞬，为织金银卷草纹缎面（图3-2）。[2] 根据梅玫的研究，清宫档案中提到的西洋锦名字有一个显著的特征：这些锦缎上几乎全部织有金线或银线，或两者兼有。这一特征在故宫的旧藏西洋锦中可得到印证。织有金属线的丝绸是欧洲丝绸中最为昂贵和精美的品种，其华丽耀眼也许深深吸引了乾隆帝，使他连带亦偏爱作为纺织原材料的西洋金银线，屡屡传旨向外洋购买。[3]

车轿帷幔

皇室冬天乘坐的车驾使用毡呢。如内务府成造皇太后、皇贵妃成用车帏二分需用黄哆罗呢96.38尺。[4] 皇太后圆顶车上做哆罗呢围一分、上缎下接哆罗呢围一分、春绸夹里围一分、纱围一分、狼皮褥一个、衣素褥一个、靠背一个。哆罗呢是宽幅绒，适合做轿子围屏，内务府銮仪卫成做八人抬的暖轿需用哆罗呢35.48尺。[5] 巫仁恕研究明代的轿子说："明代的暖轿应室外披

① 允禄等纂《皇朝礼器图式》，第647页。
② 故宫博物院编《清宫包装图典》，紫禁城出版社，2011，第184—185页。
③ 梅玫：《清宫西洋锦——以乾隆二十三年大阅图中所绘鞍鞯与櫜鞬为中心》，《故宫文物月刊》第367期，2013年。
④ 《清宫内务府奏销档》第76册，乾隆三十一年三月十七日，第378页。
⑤ 《乾隆朝内务府奏销档》第203册，乾隆五年十二月，第617页；第65册，乾隆二十七年闰五月二十九日，第289页。

有厚布料以防寒，而凉轿则是围以竹帘。"①《北平市工商业概况》记载，清乾嘉年间，"其时王公贵族及达官富户类，皆出入乘坐轿车，需用围垫较多，且各蒙古王公于入觐之便，常大批采购此项围垫，携归蒙地，视为极珍贵之礼品。以故治斯业者，先后继起，并力谋业务之发展，兼制桌围椅垫、帘帐枕褥。一时出品繁而购者众，获利颇厚。车围垫之材料，以蓝白洋布、市布、褡裢布、蒲绒为大宗。还有俄国来的回锦（似薄帆布）、哈喇等"。②

五　西洋纺织品的普及

罗友枝在其《清代宫廷社会史》一书的第一部分"清朝宫廷之物质文化"中指出，清初颁布有关发式、服饰、语言和战术的法令，以界定征服精英之独特认同，虽然满人认同的内涵随时间而有变异，却从未消失。③清代首重"国语骑射"，北京故宫博物院藏雍正酱色羽缎行裳为清代皇帝的行服之一，满语称为"都什希"。皇帝在出行和围猎时，将行裳系在行服袍外，形式如围裙。行裳的面料多为耐磨保暖的毛皮、毡、呢及羽缎等。羽缎也用于做成皇帝的常服袍。④"都什希"是用鹿皮做的骑射服饰。

从皇帝到官员都穿着的马褂象征满洲文化，马褂亦称棉甲，满语为"olbo"。《清朝通志》载，"皇帝行褂色用石青，长

---

① 巫仁恕：《明代士大夫与轿子文化》，《中央研究院近代史研究所集刊》第 38 期，2002 年。

② 池泽汇等编纂《北平市工商业概况（一）》，张研、孙燕京主编《民国史料丛刊》第 571 册，第 267—268 页。

③ Evelyn S. Rawski, *The Last Emperors: A Social History of Qing Imperial Institutions*. Berkeley: University of California Press, 1998, pp. 17–55.

④ 严勇等主编《清宫服饰图典》，第 156、176 页。

与坐齐，袖长及肘，棉夹纱裘惟其时"；亲王以下"行褂色用石青，长与坐齐，袖长及肘，棉夹纱裘惟其时"；郡王以下文武品官行褂制同；健锐营前锋参领行褂色用明黄、蓝缘，营兵行褂色用蓝、明黄缘。[①] 男性穿着石青马褂，如《武乡试》应试武生员"穿一件大蓝箭袖缺衿线绉，套一领月白夹衬遮体天青，倭缎厢沿巴图鲁坎，小呢帽凤尾龙头紫绦缨，系一条巧匠结成腰里硬"。[②] 皇帝、亲王至文武品官行褂皆用石青色，因此俄国石青色的呢子特别畅销。广东巡抚等高官在庆典场合都郑重地穿上俄国呢子制作的袍子。中国存在对俄国呢子偏好的其他原因是它价格低廉、颜色种类齐全、宽幅及包装花色繁多。恰克图贸易的毛织品可以比出厂价便宜20%卖给中国人，所以俄国呢子在长江以南还能占有一席之地。[③] 清代帝后、官员的朝服和朝冠，用料包括了西方进口的羽纱、羽缎及各色毛皮。[④] 俄国输入的元青哦噔绸为清朝服饰规定用料，石青色的呢子在中国能畅销有其原因。

嘉庆四年，库伦办事大臣蕴端多尔济审理恰克图章京永龄、九十四收取商号大量馈礼案，其中衣料类有合洛袍料、哦噔绸、回子布、回子绒、毹氇袍料、宝蓝西绒等。[⑤] 恰克图商人的衣

① 《清朝通志》，台北：台湾商务书局，1987，第1799页。

② 《武乡试》，首都图书馆编《清蒙古车王府藏曲本》第4册，第303函。

③ 阿·科尔萨克：《俄中商贸关系史述》，第150—151页。莫斯科的商人把自己工厂生产的呢子推销给中国人，并且以相当低廉的价格卖给中国人，使中国人喜欢上呢子。呢子比毛皮便宜，而在市场上价格低廉是很重要的。因此，呢子的销量迅速增长，而毛皮的销量则下降。前书，第174页。

④ 赖惠敏：《乾嘉时代北京的洋货与旗人日常生活》，巫仁恕等主编《从城市看中国的现代性》，台北："中央研究院"近代史研究所，2010。

⑤ 《乾隆五十七年起至嘉庆四年止恰克图商人馈送历任官员回钱礼物账册》，台北蒙藏文化中心藏蒙古国国家档案局档案，编号：020-011，第125—199页。九十四的供词说："历任司员确如此所为，亦照旧接收馈礼。"该档案为《蕴端多尔济等因未查出商人馈送钱物案自请治罪折》，嘉庆四年九月二十五日，《军机处满文录副奏折》，档案号：03-3601-024，第1482—1486页。

图 3-11　珊瑚珠朝靴

资料来源：万依等编《清宫生活图典》，第 164 页。

物清单上有回锦蓝布褥子、斜纹布皮袄、斜纹布长袖马褂、夹
袍子、毡袜子、达毡、斜纹布马褂等。[1] 还有金黄洋绉腰带、
大绒喇嘛帽子、毹氆紫夹袍等。[2] 这说明恰克图官员、商人用
俄国的纺织品制作帽子、马褂、夹袍、腰带、毡袜等。

　　代表旗人"国语骑射"精神的服饰之一为朝靴，是北方游
牧民族所穿便于乘骑跋涉的靴子。清朝规定文武百官入朝奏事
必须穿着朝靴（图 3-11），如民国时期故宫博物院收藏之石青
缎补绒云头朝靴、石青缎尖底朝靴，系采用俄国之回绒。北京

---

① 《己未烧毁张书田甲内存放衣物清单》，台北蒙藏文化中心藏蒙古国国家
　　档案局档案，编号：005-013，第 242—245 页。
② 《领收衣物货柜单》，台北蒙藏文化中心藏蒙古国国家档案局档案，编号：
　　086-095，第 189—190 页。

制靴鞋之质料有呢、绒、缎、布、皮，[①]其中呢、回绒应产自俄国。清末民初北京有 240 余家靴鞋店，以全盛斋、内联升、步瀛斋、长福斋、永升斋等家开设为最久、资本亦较厚。[②]库伦亦有靴匠作坊，他们制鞋所用的皮革全是俄国皮革，如伊尔库茨克、托木斯克的制革厂生产的皮革；恰克图的制革厂使用马特列宁斯基工厂的皮革最多。[③]

穆齐贤的《闲窗录梦》记载，他家境贫寒，为谋生计，入值惇亲王府为管领，也在历代帝王庙开设学堂。他每年俸银 60 两、俸米 30 石，但是买不起一身的穿戴。道光八年，他在当差时遇王爷召见，"余急借徐二爷之褂、帽、甲裙，蒋爷之袍，什胜保之靴"。次年，安庆大人送他"灰色羊皮袄一件、外表猫皮内里灰鼠皮之袍褂一件、毛帽子沿儿一套"。[④]之后，朋友向他借袍褂。"伊昌吾穿余之袍褂入班"或有"伊隆阿将余之袍服借去"。过几天把袍服送回，再过几天伊隆阿又借去给他父亲穿戴。[⑤]旗人婚丧红白事多，借衣袍的事情屡见不鲜，可见马褂服饰对下层旗人来说算是奢侈品。

诺贝特·埃利亚斯提到欧洲文艺复兴时期，手帕非常珍贵，价钱很高。16 世纪初，亨利四世只有五条手帕，手帕通常被视为财富的象征，直到路易十四才有较多手帕。在他的带动下，

---

①　池泽汇等编纂《北平市工商业概况（一）》，张研、孙燕京主编《民国史料丛刊》第 571 册，第 250 页。

②　池泽汇等编纂《北平市工商业概况（一）》，张研、孙燕京主编《民国史料丛刊》第 571 册，第 251 页。

③　阿·马·波兹德涅耶夫：《蒙古及蒙古人》第 1 卷，第 115 页。

④　松筠（穆齐贤）记，赵令志、关康译《闲窗录梦译编》，中央民族大学出版社，2010，第 31、159 页。

⑤　松筠记《闲窗录梦译编》，第 88、172—173 页。

手帕才普及了起来，至少在法国宫廷中如此。[①] 埃利亚斯研究
欧洲社会从中古社会转变成现代文明社会经历了"教养"过程，
包括起居交际、言行衣着、用餐礼仪、男女关系、身体自然机
能（如吐痰、擤鼻涕）等态度逐步改变，教养的概念产生，并
进而被内化，成为内在自我控制的一部分，形成现代欧洲文明
社会的基础。又讨论 18 世纪法国宫廷对社会的影响，他认为：
"法国社会整个结构和发展逐步地使越来越多的阶层渴望效仿上
流社会所形成的模式。"法国宫廷礼仪影响了市民阶层中的上层
人物，使中等阶层开始讲究礼貌教养。[②] 笔者发现清朝皇帝也
有意推广宫廷文化，宫廷贵族的制约模式逐渐推动民间社会的
文明发展。

女性穿着红色的毡绒，如《镜花缘》描述："小山同若花清
晨起来，梳洗已毕，将衣履结束，腰间都系了丝绦，挂一口防
身宝剑；外面穿一件大红猩猩毡箭衣；头上戴一顶大红猩猩毡
帽儿。"[③] 子弟书《阔大奶奶听善会戏》描述阔大奶奶"穿一件
绛色洋呢厢领袖，氅衣儿里衬微微透水红"，可见清代贵族女
性喜欢穿的是红色的呢绒服。[④] 女性使用花布伞，其布多用俄
国花标或日本印花布，花样颇美观。[⑤]

北京内城的护国寺与隆福寺是旗人采办日常用品的重要市

---

① 诺贝特·埃利亚斯：《文明的进程：文明社会起源和心理起源的研究》第
1 卷，第 242 页。

② 诺贝特·埃利亚斯：《文明的进程：文明社会起源和心理起源的研究》第
1 卷，第 99 页。

③ 李汝珍：《镜花缘》第 47 回，台北：世界书局，1974，第 187 页。

④ 《阔大奶奶听善会戏》，首都图书馆编《清蒙古车王府藏曲本》第 5 册，
第 305 函。

⑤ 池泽汇等编纂《北平市工商业概况（一）》，张研、孙燕京主编《民国史
料丛刊》第 571 册，第 262 页。

集，鹤侣的《逛护国寺》载："走至绸缎棚子内去打落，德昌号连忙让坐笑盈腮，他说先与我撕一双哦噔绸的包脚布，再看看银红袍料要大裁，寸宽的栏杆我要用十数多板。"[1] 这里提到德昌号卖哦噔绸、银红袍料等。

* * *

19 世纪，中国内忧外患，统治阶层倡导简约，遂让世人觉得中国人不喜欢洋货。然而，18 世纪盛清时期，皇帝宫廷生活奢靡铺张，洋货充斥宫廷，尤其是纺织品。英国自粤海关输入相当多的纺织品，却因价格高而销路不佳，但是宫廷使用的哆罗呢、哔叽、金银线系来自粤海关。另一个纺织品来源是俄国转运了普鲁士和波兰的毛织品至中国。19 世纪中叶，俄国纺织工业发展，生产的大量毛织品和布匹输往中国，欧洲生产的呢绒和棉织品逐渐被俄国生产的纺织品排挤，到 1840 年代经恰克图贸易的欧洲产纺织品只占 2%。俄国纺织品中，毛织品因价格低廉又浑厚细密而广受欢迎，甚至比英美产品更有竞争力。在《督理崇文门商税盐法・乾隆四十五年新增税则》中，课税以"码"为计算单位。换言之，税关充分掌握了西方布匹的知识，按照布匹单位来课税。

西洋锦用于《皇朝礼器图式》武备皇帝大阅卤簿之橐鞬、鞍韂，以及皇帝的行裳等。清朝人还使用西洋纺织品制作窗帘、褥子、服饰内里、鞋袜，或将其用于车轿及包装器物等，用途极广，皆属清宫日常用品，并非珍藏的物品。19 世纪时，每年

---

[1]　鹤侣：《逛护国寺》，首都图书馆编《清蒙古车王府藏曲本》第 3 册，第 304 函。

由俄国输入的回绒多达数百万俄尺，回布亦有数十万俄尺，俄国的纺织品遍及蒙古和北方各城市。清廷规定蒙古王公年班围班请安时穿石青马褂，连广东巡抚等高官在庆典场合都郑重地穿上俄国呢子制作的袍子。中国对俄国呢子的偏好原因也包括价格低廉、颜色种类齐全、宽幅及包装花色繁多。可见19世纪的俄国纺织品在中国的普及亦不下于18世纪从俄国输入的毛皮。

第四章 珊瑚与清代的进贡与贸易

近年来，清代的中外交流史和清廷如何统治不同族群逐渐被学界重视。本章拟以珊瑚为例，从进贡和贸易两个层面讨论清廷和边疆、外国的交流模式。

《大清会典事例》载，西藏的贡物有银曼达、七珍、八宝、八吉祥、佛像、金字经、银塔、杵、瓶、红花等。然内务府题本记载西藏的贡品更为丰富。《题为喀尔喀等处蒙古王公台吉派克巴拉呼图克图喇嘛等进贡并折赏事》记载了喀尔喀蒙古、青海、西藏的进贡和赏银，时间为乾隆九年至光绪十八年（1892）。如乾隆四十五年达赖喇嘛等进贡大手帕、珊瑚数珠料、琥珀数珠料、满达、塔、瓦齐里、库尔敦、壶、七珍、八宝、八吉祥、铜盘、坐褥、靠背、藏细香、番红花、白芸香、黑芸香、藏枣、核桃、葡萄、糖果、氆氇、札木札雅碗、额纳特克带、毡、洋枪等。[1] 何新华的《清代贡物制度研究》一书提及清代藩部贡物有达赖、班禅等进献之贡物，[2] 但该书未详列进贡物品名目，本章以内务府题本进行补充。

---

[1] 《内务府题本》，中国第一历史档案馆藏，中国第一历史档案馆发行微卷，2002。

[2] 何新华：《清代贡物制度研究》，第65—71页。

图 4-1 顺治西藏金嵌松石珊瑚坛城

资料来源：故杂 000535，台北故宫博物院藏。

此外，珊瑚还通过贸易渠道输入中国，主要来自俄国和英国。《清宫粤港澳商贸档案全集》及马士的《东印度公司对华贸易编年史（1635—1834）》有相关记载。阿·科尔萨克的《俄中商贸关系史述》讨论的中俄贸易物品也包括珊瑚。[①] 哈萨克人作为中介，将俄国的珊瑚转卖至新疆等地，相关研究者有佐口透、潘志平、王熹、厉声等。[②]

中国、印度使用珊瑚的历史相当悠久，红珊瑚在佛教中是吉祥的象征，能够辟邪。所谓"佛门七宝"，包括金银琉璃、玛瑙、琥珀、珍珠、玳瑁、翡翠、珊瑚。清朝时，红珊瑚朝珠只有王公贵族及一二品官员才能佩戴，表示其身份尊贵。本章依据《内务府广储司六库月折档》《清宫内务府奏销档》《清宫内务府造办处档案总汇》来讨论珊瑚制作衣冠上的配饰和佛教的器具等。

安娜·葛拉斯康（Anna Grasskamp）描述了宋代文人收藏珊瑚的品味，"引发了道教领域中的仙境意象。更进一步的是，它们揭露了人为雕琢的形态是产生于自然形式。珊瑚作品引起了珍稀植物和想象中幻境的概念，但最重要的是，它富有创造性地展现了艺术和自然的结合"。[③]

张淑芝提到，清代皇帝在朝会及宫中举行大典时穿明黄色

---

① 阿·科尔萨克：《俄中商贸关系史述》，第 91、128—129、159 页。

② 佐口透：《18—19 世纪新疆社会史研究》，凌颂纯译，新疆人民出版社，1984，第 440 页；潘志平、王熹：《清前期喀什噶尔及叶尔羌的对外贸易》，《历史档案》1992 年第 2 期；厉声：《新疆对苏（俄）贸易史（1600—1990）》，新疆人民出版社，1993，第 30—34 页；厉声：《哈萨克斯坦及其与中国新疆的关系（15 世纪—20 世纪中期）》，黑龙江教育出版社，2004，第 154—166 页。

③ Anna Grasskamp：《框架自然：从清宫中的三件珊瑚艺术品论起》，《故宫文物月刊》第 399 期，2016 年，第 117 页。

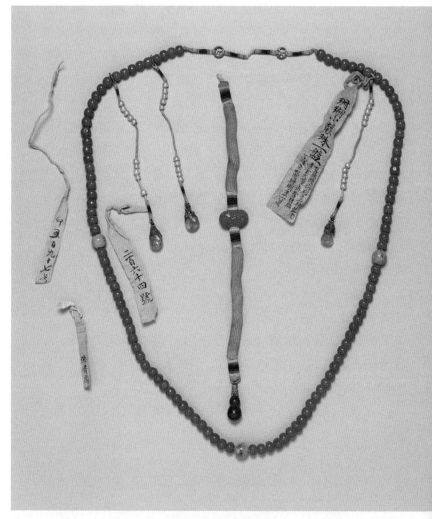

图 4-2 清代珊瑚朝珠

资料来源：故杂 003267，台北故宫博物院藏。

朝袍，佩挂东珠朝珠；在天坛祭天时穿蓝色朝袍，佩挂青金石朝珠；在地坛祀地时穿明黄色朝袍，佩挂蜜蜡朝珠；在日坛祭日时穿红夕色朝袍，佩挂红珊瑚朝珠；在夕月坛祭月时穿月白色朝袍，佩挂绿松石朝珠。清代皇后穿朝服时，中间佩挂东珠朝珠1盘，左右肩斜挎珊瑚朝珠各1盘；皇贵妃、贵妃和妃身穿朝服时，中间佩挂蜜蜡朝珠1盘，左右肩斜挎珊瑚朝珠各1盘（图4-2）。[①] 李芝安认为朝珠源于佛教的数珠，乾隆二十八年将朝珠正式列入《大清会典》。朝珠与数珠不同的是，朝珠上多三串记念。清宫朝珠多选用名贵珠石制作而成，体现皇家的富贵和奢华。同时，它还含有深刻的寓意。如选用与天色相同的青金石象征天，选用与土色相同的蜜蜡象征地，选用与日色相同的红珊瑚象征日，选用与月色相同的绿松石象征月。如此，天、地、日、月四色齐备，充分体现皇家天人合一之最高境界。这些无不彰显其主人尊贵显赫的身份。[②] 关于珊瑚用于佛教器物的研究较少，罗文华的《龙袍与袈裟：清宫藏传佛教文化考察》一书讨论了乾隆九年尼泊尔[③]六位工匠成做佛像，并将技术传递到宫廷等。[④] 其实，佛教文物用珊瑚的例子相当多，譬如粤海关曾承担制作珊瑚数珠或珊瑚树的活计。

一　异国奇珍

珊瑚生长在热带海洋中，为肠腔动物珊瑚虫分泌的石灰质

---

① 张淑芝：《清宫朝珠与满族东珠》，《满族研究》1995年第2期。
② 李芝安：《清代朝珠述论》，《中国国家博物馆馆刊》2013年第6期。
③ 当时文献中称巴勒布、巴尔布。
④ 罗文华：《龙袍与袈裟：清宫藏传佛教文化考察》下册，第588—597页。

堆积而成，主要成分是碳酸钙，经多年演化变得坚硬密实，外形呈树枝状，颜色有白、粉红、深红、橙、金黄、黑等多种。最昂贵的是黑珊瑚，其次为红珊瑚。红珊瑚大多生长在100—2000米的深海中，红珊瑚虫需生长10—12年才能繁殖后代，珊瑚虫群体每年生长不超过1厘米，成活7年以上的群体其主干也不足1厘米。[1] 在清宫及王公贵族中普遍使用的珊瑚，其来源以目前所见的资料大概有四个。

东印度公司

格达利亚·尤格夫（Gedalia Yogev）的研究指出，18世纪地中海西部的红珊瑚最初由英国东印度公司贩卖，因销量不佳改由犹太人销售。犹太人将红珊瑚卖到印度，又从印度获得钻石。红珊瑚的集散与加工地点原在法国马赛，后来移到意大利沃诺，由此输往伦敦再运到印度。印度人喜欢身上佩戴红珊瑚珠，西印度地区的人甚至火葬时也会用红珊瑚。[2] 印度红珊瑚分别由海路和陆路运入中国。

卫三畏（Samuel Wells Williams）的《中国商业指南》一书提到各式各样的珊瑚（Coral）产于菲律宾的萨马岛和米沙鄢、苏门答腊西岸、新加坡、印度等地。红珊瑚依照其密度、颜色、大小决定其价值，好的红珊瑚可加工做成官员的纽扣或珠子，差一点的做耳环、指环或其他装饰品。做官员纽扣的红珊瑚一担要价1500—3000美元，108颗珊瑚数珠要价

---

[1] 魏巧坤、丘志力：《红珊瑚的历史、文化与现代时尚》，《珠宝科技》2004年第3期。

[2] Gedalia Yogev, *Diamonds and Coral: Anglo-Dutch Jews and Eighteenth-Century Trade*. New York: Leicester University Press, 1978.

800—1000 美元，颜色好的珊瑚大珠每颗要价 100 美元。印度洋不常发现红珊瑚，英国主要从地中海获得。[1]

18 世纪，英国东印度公司对那些吨位小的货品有限制私人贸易的倾向，如珊瑚和琥珀，并限制从中国将黄金和麝香运往印度，以及将钻石从印度运回英国做回程投资。[2] 1715 年（或 1716 年）1 月 6 日，董事部训令重申限制私人贸易，除了运货回马德拉斯的玛律巴勒号管理的四人准予"分别带出价值 330 镑的珊瑚，只能投资购入适合圣乔治要塞的货品"。[3]

粤海关监督李质颖发布告示："珍奇物品，如珍珠、珊瑚、宝石、琥珀等物，皆属御用物品，铺户不得擅自买卖。……铺户人等因知其为皇上所需，是以施行种种诡计，如抬高货价，或将其藏匿，或教唆欧洲人走漏上岸等情，以致本衙门届时无法搜购此类珍奇物品进贡朝廷。故本监督决计将此等恶行革除。各店铺只能收购个人之普通货物，此项货物细目，已经列入契约内。凡持有准许对外交易执照之店铺，应知遵守规章。凡珍奇物品，只许保商出价收购。本告示实贴各公共处所，有关人等不得诿为不知。仰一体遵照，如有故违，严惩不贷。"珊瑚按照质量计价，珊瑚珠每担 8.38 两，珊瑚小块 1.76 两。[4] 这些以担或块为单位的应该是便宜的珊瑚，宫廷所需的珊瑚是昂贵的红珊瑚，甚至是樱桃色的。

---

[1]　S. Wells, Williams, *The Chinese Commercial Guide, Containing Treaties, Tariffs, Regulations, Tables, Etc., Useful in the Trade to China & Eastern Asia: with an Appendix of Sailing Directions for those Seas and Coasts*. Taipei: Ch'eng-Wen Publishing, 1966, p. 87.

[2]　马士：《东印度公司对华贸易编年史（1635—1834）》第 1 卷，第 71 页。

[3]　马士：《东印度公司对华贸易编年史（1635—1834）》第 1 卷，第 152 页。

[4]　马士：《东印度公司对华贸易编年史（1635—1834）》第 5 卷，第 456、533、537、538 页。

粤海关在税收盈余中支销备贡银始于乾隆三年，每年约5.5万两。[1]
至乾隆七年，皇帝朱批："四五万两为数已多，此后以三万两为率。
贡物但须用之以实，不必过此而求奇巧。"因此粤海关监督每年办
理贡品限于3万两内，若采办有节余，解交内务府造办处等。另
外的2.5万两被称为"裁存银"，亦解交内务府。[2]

因粤海关有承担办贡的功能，造办处所需的珊瑚行文粤海
关领取。如乾隆十年，司库白世秀来说太监胡世杰传旨："将做
嘛呢数珠的珊瑚珠，着向粤海关要上好樱桃红珊瑚珠一盘，在
京内成做喇吗字。"粤海关送到樱桃红数珠后，奉旨："着按雍
和宫主佛尺寸，用蜜蜡佛头，配合庄严，成做数珠一盘。"于乾
隆十二年十二月二十五日玉匠苏文学将珊瑚数珠一盘，配得蜜
蜡佛头、青玻璃塔、蓝玻璃背云、红玻璃坠角持进，交太监胡
世杰呈进。[3]乾隆十三年三月二十二日，七品首领萨木哈来说
太监胡世杰传旨："向粤海关要上好樱桃红珊瑚吗呢数珠一盘，
比先传做的还要好些。"[4]

西藏

前述印度红珊瑚由陆路运入中国，系通过尼泊尔与中国西
藏的贸易。乾隆四年驻藏侍郎杭奕禄奏，西藏西南三千里外，
尼泊尔部有三汗，一名库库木（或称库科目），一名颜布（或

---

[1] 戴和：《清代粤海关税收述论》，《中国社会经济史研究》1988年第1期。
[2] 赖惠敏：《乾隆皇帝的荷包》，第124页。
[3] 《清宫内务府造办处档案总汇》第13册，乾隆十年三月十二日《粤海
关》，第722页。乾隆十年十一月三十日太监胡世杰传旨："着交粤海关
用好樱桃红珊瑚，成做六字真言数珠一盘。"《清宫内务府造办处档案总
汇》第13册，乾隆十年十一月三十日《粤海关》，第724页。
[4] 《清宫内务府造办处档案总汇》第16册，乾隆十三年三月二十二日《粤
海关》，第166页。

称阳布，今加德满都），一名叶楞（或称易隆），雍正十二年曾遣使恭请圣安。[①]尼泊尔部落的三个"汗"充其量不过是小头目。乾隆五十四年，巴忠奏折提到尼泊尔大小部落 30 个，人口 22.07 万户，向来崇信红教，唯有阳布、库科目、易隆三处信奉黄教。科尔喀（廓尔喀）原系小部落，侵占阳布三处地方，势力扩张后又占取 27 处。科尔喀"素无盐茶，并无银两、马匹，所产惟米豆、牛羊、布帛、钢铁、珊瑚、玛瑙、孔雀，其有象者即称富户。西藏素产盐斤，及内地贩运银茶，实为科尔喀必需之物。向来藏属夷民往来驮运，彼此通商相安已久"。[②]因西藏第巴等通同作弊，倍收税课，复将盐内掺和砂土，以致科尔喀侵犯边界。尼泊尔向来有千百人在西藏佣工买卖，而西藏人也在尼泊尔贩运粮食和布匹，西藏与尼泊尔的贸易频繁。[③]周蔼联的《西藏纪游》载，"西藏贸易不设市肆，随地摊卖。凡食物及珊瑚、珠玉诸物皆然"，"盖廓尔喀与红毛国相近，海物往往航海而至，转入西藏，如珍珠、珊瑚之属，皆从彼中来"。[④]

　　根据陈志刚的研究，双方的三个边境地点为聂拉木、济咙、绒峡。乾隆五十六年，《钦定藏内善后章程》规定：尼泊尔商人每年只准来藏贸易三次，商人到拉萨后需通过

---

① 《清实录》第 10 册，第 405 页。

② 《宫中档乾隆朝奏折》，乾隆五十四年八月初十日，台北故宫博物院藏（下略），档案号：403058034。

③ 《宫中档乾隆朝奏折》，乾隆五十四年五月二十六日，档案号：403057224；乾隆五十四年七月十六日，档案号：403057863。乾隆五十四年尼泊尔的贡品有 11 种：珊瑚、蜜蜡、金丝纱缎、千里镜、洋枪、洋刀，并香料、药材等。

④ 周蔼联：《西藏纪游》，全国图书馆文献缩微复制中心，1991，第 20、28 页。

商头呈明驻藏大臣发给印照，在江孜、定日两处接受官兵检查。[①] 由档案可知，西藏的珊瑚来自边境廓尔喀国的尼泊尔。

印度和中国西藏把红珊瑚视为如来佛的化身，多用红珊瑚做佛珠或装饰佛像，西藏高僧多持红珊瑚的念珠。西藏喇嘛和王公进贡宫廷的物品清单中有七珍、八宝、八吉祥。[②] 珊瑚亦为重要的贡品之一（表4-1）。

表4-1　乾隆九年西藏喇嘛和王公进贡珊瑚情况

进贡人员	进贡物品及数量	重量（两）	折银（两）	共银（两）
达赖喇嘛	一百八珠珊瑚数珠料一盘	9.5	3	28.5
郡王颇罗奈	一百三珠珊瑚数珠料一盘	12	3.5	42
郡王颇罗奈	一百一珠珊瑚数珠料一盘	10	3	30
郡王颇罗奈	一百二十一珠珊瑚数珠料一盘	10	2.5	25
郡王颇罗奈	一百二珠珊瑚数珠料一盘	12	3.5	42
公索诺木达尔札	一百八珠珊瑚数珠料一盘	9.2	2.5	23
公班迪达	一百四十四珠珊瑚数珠料一盘	5	1.5	7.5
公珠尔玛特册卜登	一百一珠珊瑚数珠料一盘	10	3	30

---

① 陈志刚:《清代西藏与南亚贸易及其影响》,《四川大学学报》2012年第2期。关于廓尔喀战争，参见戴逸《一场未经交锋的战争——乾隆朝第一次廓尔喀之役》,《清史研究》1994年第3期。

② "七珍"指象宝、兵宝、女宝、轮宝、男宝、摩尼、马宝。"八宝"指法轮、法螺、宝伞、白盖、莲花、宝瓶、金鱼、盘长结。

续表

进贡人员	进贡物品及数量	重量（两）	折银（两）	共银（两）
札萨克台吉珠尔米特纳木札尔	一百三十二珠珊瑚数珠料一盘	6.5	2	13
札萨克台吉齐旺多尔济	一百三十七珠珊瑚数珠料一盘	5	1.5	7.5
布鲁克巴额尔得尼第巴阿旺札木产	一百八珠珊瑚数珠料一盘	5.5	2	11
格隆塞禹特色卜腾、册凌旺札尔、迪巴布隆灿	一百五十珠珊瑚数珠料一盘	7	2	14

资料来源：《内务府题本》。

乾隆九年进贡的珊瑚数料串成珠子以 101、108、132、137、144、150 颗不等装成一盘，重量不等，按照珊瑚优劣每串赏银 1.5—3.5 两，大约每 1 两珊瑚折银 2 两。后来西藏进贡的珊瑚数珠料以"份"为单位，每份折价银 20 两左右。

乾隆九年至光绪十七年，西藏共有 37 次进贡了珊瑚（表 4-2）。

表 4-2　乾隆九年至光绪十七年西藏进贡珊瑚情况

年份	重量（两）	平均单价（两）	共银（两）	备注
乾隆九年	102.2	2.69	274.92	珊瑚数珠料一盘
乾隆二十二年	19	3.67	69.73	珊瑚数珠料一盘

年份	重量（两）	平均单价（两）	共银（两）	备注
乾隆四十五年	11	—	133	珊瑚数珠料，每份 10—16 两
道光元年	21	2	42	
道光六年	124.2	2	248.4	
道光八年	107	2	214	
道光九年	16.5	2	33	
道光十年	111.3	2	222.6	
道光十一年	19.7	2	39.4	
道光十二年	117	2	234	
道光十三年	116.3	2	232.6	
道光十七年	17	2	34	
道光十八年	99.2	2	198.4	
道光十九年	19.5	2	39	
道光二十年	117.1	2	234.2	
道光二十二年	17	2	34	
道光二十五年	192.2	2	384.4	
道光二十八年	35.4	2	70.8	
咸丰元年	81.8	2	163.6	
咸丰三年	102.8	2	205.6	
咸丰五年	24.4	2	48.8	
咸丰六年	67.1	2	134.2	

续表

年份	重量（两）	平均单价（两）	共银（两）	备注
咸丰八年	109.7	2	219.4	
咸丰十年	20	2	40	
咸丰十一年	25.7	2	51.4	
同治元年	48.8	2	97.6	
同治五年	6	—	112.3	珊瑚数珠料，每份10.3—22两
同治九年	8.32	2	16.64	
同治十一年	1	20	20	珊瑚数珠料，每份20两
光绪元年	3	20	60	珊瑚数珠料，每份20两
光绪二年	18	20	360	珊瑚数珠料，每份20两
光绪三年	18	20	360	珊瑚数珠料，每份20两
光绪七年	5	—	50.3	珊瑚数珠料，每份10.3—20两
光绪八年	18	20	360	珊瑚数珠料，每份20两
光绪十年	11	20	220	珊瑚数珠料，每份20两
光绪十四年	4	20	80	珊瑚数珠料，每份20两
光绪十七年	18	20	360	珊瑚数珠料，每份20两
总计			5672.69	

资料来源:《内务府题本》。

乾隆五十七年，清朝在第二次廓尔喀战争中获胜，廓尔喀进贡乐工、驯象、番马、孔雀、甲噶尔所制番轿、珠佩珊瑚串、金、银、丝缎、金花缎、毡、呢、象牙、犀角、孔雀尾、枪刀、药材等 29 种。^① 嘉庆年间廓尔喀额尔德尼王进贡，其中有金丝缎一匹、珊瑚珠一串（图 4-3）、卡契缎二匹、呢片五板。^② 另有赏赐功臣珊瑚豆荷包的档案。嘉庆二十一年，赏赉蟒袍一件、海龙马褂一件、朝珠一盘、荷包八对、黄缎二匹、红缎二匹、锦缎二匹、闪缎二匹。^③

俄国

俄国输入的珊瑚分至两处，一是恰克图，另一处是由哈萨克转运至中国新疆。首先讨论恰克图的珊瑚贸易。俄人阿·科尔萨克 1857 年出版的《俄中商贸关系史述》一书记载，1824—1830 年，恰克图的贸易商品中有珊瑚饰品、珊瑚项链、宝石等。珊瑚石和珊瑚珠子从意大利利沃诺订购，经过奥德萨和布洛德运到下诺夫哥罗德集市和莫斯科。它们主要被分成两类：一是价格比较贵的科波列斯托；二是价格较便宜的格洛泽察。在下诺夫哥罗德集市上它们每磅（450 千克）能卖到 12、30、50 甚至 120 银卢布，好的珊瑚石和珊瑚珠子颜色应该不是太红或太黄，珠子要大而匀称。中国官员常把它们放在顶戴上来代替璎珞。珠子的外形越小、重量越轻，也就越便宜。1827—1830 年度，恰克图贸易总额各为 7349184、7803553、6398597 卢布，其中珊瑚从每年 4 万多卢布增加至 16 万甚至 20 万卢布。1841—1854 年，珊瑚每年贸易额降到 10 万卢布以下，珊瑚石和珊瑚珠子原先被列在杂项，后来改列在轻工业生产的商品或

---

① 庄吉发：《清高宗十全武功研究》，台北故宫博物院，1982，第 469 页。
② 《军机处档折件》，嘉庆朝，档案号：035517。
③ 《军机处档折件》，无日期，档案号：035520。

图 4-3 珊瑚数珠

说明：乾隆五十六年十二月二十五日廓尔喀王进。

资料来源：故杂 001008，台北故宫博物院藏。

原料项下。[①]

　　笔者曾讨论叶尔羌办事大臣高朴贪渎案，发现高朴被抄家时存有珊瑚手串一挂、珊瑚帽一顶等。高朴向商人伯克伊比雅里木索求金子珠子、珊瑚、玉器、裘皮等。通事果普尔送过高朴小珊瑚珠子一串。高朴向商人赵钧瑞索要珊瑚朝珠一串，赵钧瑞没送，给了6个元宝。高朴又向赵钧瑞索要珊瑚顶子、大玉碗，赵钧瑞没给，只送了碎拼的珊瑚顶子等。还有叶尔羌附近大小村落的众伯克也送给高朴玉碟、玉碗、玉剑、珊瑚、宝石等物。[②]新疆不产珊瑚，应是由哈萨克人转卖俄国的珊瑚至新疆等地。

　　潘志平、王熹根据清代满文档案，讨论了喀什噶尔、叶尔羌市场上的货物有牲畜、布匹及小商品类，如碎小珊瑚等。瓦森（W. H. Wathen）报道："浩罕商人和布拉哈商人在一起，组成商队，从塔什干出发，经过突厥斯坦城，前去鄂木斯克、奥伦堡，把中国的产品——生丝、羽纱、棉线等带到俄罗斯地区，回来时携带毛皮……和俄罗斯的手工业品。"[③]据厉声的研究，乾隆二十二年清军在平定阿睦尔撒纳后进入中玉兹，阿布赉汗上表臣服清朝，次年在额林哈毕尔噶（今乌苏、玛纳斯以南）和乌鲁木齐等处贸易。哈萨克西部、北部与俄国接壤，俄国在与哈萨克交易地奥尔河口建立奥伦堡城，很快成为俄国与哈萨克通商贸易的主要集市。清朝在中亚的藩属布鲁特部商人和中

---

① 阿·科尔萨克：《俄中商贸关系史述》，第91、128—129、159 页。

② 赖惠敏：《从高朴案看乾隆朝的内务府与商人》，《新史学》第13 卷第1期，2002 年。

③ 佐口透：《18—19 世纪新疆社会史研究》，第440 页，转引自潘志平、王熹《清前期喀什噶尔及叶尔羌的对外贸易》，《历史档案》1992 年第2 期，第86 页。

亚浩罕国商人、哈萨克商人一起从事俄国与中国西部之间的中介贸易。[1]

其他

珊瑚由盐商或官员进贡的数量也不少。总商洪充实自乾隆二十四年至二十六年采办珊瑚树 2 盒，花费 690 两。[2] 乾隆四十一年，总管内务府谨奏经刑部奏准俘酋索诺木兄弟四人随带金银、珊瑚、素珠衣物等件，交与内务府分别呈览变价。俘酋索诺木等金银物件内，除银 757.2 两交广储司银库外，拣选得应留备赏者 50 项，拟交崇文门关变价者 100 项。堪留备赏什物清单内有大珊瑚珠 2 盘。[3]

二　成做珊瑚器物

本节讨论内务府的工匠成做珊瑚器物，亦有外雇工匠参与。此外，内务府档案记载买卖人办买珊瑚背云、坠角。当铺还有一套辨别珊瑚真假的办法。宫廷所需的珊瑚珠或珊瑚树发往粤海关成做。

内务府的工匠与外雇工匠

清宫的珊瑚由广储司银库庋藏。成做珊瑚器物的单位为造办

---

① 厉声:《新疆对苏（俄）贸易史（1600—1990）》，第 30—34 页；厉声:《哈萨克斯坦及其与中国新疆的关系（15 世纪—20 世纪中期）》，第 154—166 页。

② 《军机处汉文录副奏折》，中国第一历史档案馆藏，档案号：03-1102-015。

③ 《乾隆朝内务府奏销档》第 340 册，乾隆四十一年五月初十日，第 99 页。

处银作，此专司成造金银首饰、器皿、装修数珠、小刀等事。职官设八品司匠2员，领催5名。匠役有玉匠21名、数珠匠5名等，本项匠役不敷应用乃添外雇民匠。[①]金作后来改为金玉作，内务数珠匠不敷应用则添外雇工匠。

内务府三旗人丁户口册记载了许多工匠，即为食口粮人丁，其他外聘的工匠被称为外雇民匠。乾隆朝内务府奏销档之《发给各行匠役工价制钱单》记录了外雇各行匠役的开销，珊瑚饰品制作也有外雇工匠参与。如乾隆七年银库郎中阿克栋阿等据掌仪司郎中四十八等文开，赔给淳郡王之妹多罗格格装饰，珊瑚数珠1盘、琥珀数珠2盘，做朝帽项圈金箍、朝衣上珊瑚坠角19个；给贝勒僧衮札朴之子额驸胡图灵阿做朝带1份、上玉钿4块，并荷包上珊瑚坠角16个、装饰菩提数珠1盘。除食粮玉匠做过32工外，需用外雇玉匠做长工54.5工，每工钱154文，领去大制钱8393文。[②]

北京的商铺

北京为百货云集之地，在崇文门外、前门外珠宝市集开设有首饰商铺。廊房二条开设玉器铺，经营珠玉、翠钻、珊瑚，其中蒙藏庄经营玛瑙、珊瑚等，有恒盛兴、全兴盛等字号。[③]清宫所需的珊瑚串亦有从商铺购得的。乾隆七年，买办得青金石每两6换、孔雀石每斤价3两5钱、珊瑚大顶子一件价19两。[④]乾隆十年，太监胡世杰传旨："着海望将年例进太后扣珠珊瑚

---

① 《总管内务府现行条例（广储司）》卷1，第12页。
② 《乾隆朝内务府奏销档》第208册，乾隆七年五月，第17—48页。
③ 孙健主编《北京经济史资料：近代北京商业部分》，第237页。
④ 《清宫内务府造办处档案总汇》第11册，乾隆七年十一月二十四日《镀金作》，第86—88页。

珠，是买办或系库贮查明具奏。"司库白世秀将查得乾隆八年皇太后万寿进大小扣珠 600 串、重 10 两，每两 8 换，计银 80 两；库贮大小珊瑚 600 串、重 17 两。乾隆九年皇太后万寿进大小扣珠 600 串、重 10 两，每两 8 换，计银 80 两；库贮大小碎珊瑚 600 串、重 24 两。[①] 由此可知，崇庆皇太后生日所进珊瑚有买办的和库贮的，办买珊瑚 1 两价银 8 两。乾隆元年《九卿议定物料价值》载："头等赤金每两银 9.15 两，今核定银 10 两。二等赤金每两银 8.85 两，今核定银 9 两。"[②] 最后照工部核定的价格，头等赤金每两银 10 两、二等赤金每两银 9 两。而圆明园、万寿山、内庭例叶子金每两价银 13 两。[③] 1 两珊瑚价银 8 两，只比黄金便宜一点，可见珊瑚当时属于贵重物品。

　　内务府官员每月奏销办买宫中所需物品，乾隆早期未列珊瑚项目，乾隆二十一年后增加办买珊瑚帽顶、背云、坠角等物，可见对这类物品的需求变多了（表 4-3）。

表 4-3　乾隆中后期买卖人办买珊瑚等

年份	买卖人办买珊瑚等物	用银（两）
乾隆二十一年	银库、皮库、衣库、茶库买卖人办买珊瑚帽顶、骖鼠帽沿、纸札、颜料等物	431.96
乾隆三十年	银库、衣库、茶库买卖人办买珊瑚背云、坠角、羊皮袍料、香供、纸张、颜料等项	369.49
乾隆三十三年	银库、皮库、茶库买卖人办买珊瑚背云、坠角、香供、纸张、颜料等项	191.2

① 《清宫内务府造办处档案总汇》第 13 册，乾隆十年四月十三日《记事录》，第 540 页。
② 《九卿议定物料价值》卷 1，清乾隆元年刊本，第 10—11 页，"中央研究院"历史语言研究所傅斯年图书馆藏。
③ 《清代宫苑则例汇编》（5），第 138—139 页。

续表

年份	买卖人办买珊瑚等物	用银（两）
乾隆四十一年	银库、皮库、衣库、茶库买办催总办买香供纸张、颜料、珊瑚背云等项	552.71
乾隆四十三年	银库、皮库、缎库、茶库买办催总办买珊瑚、坠角、染貂皮、冠沿、冷布、香供纸张、颜料等项	583.56
乾隆四十四年	银库、皮库、茶库买办催总办买珊瑚背云、坠角、染海龙皮帽沿、香供纸张、颜料等物	2283.77
乾隆四十五年	银库、皮库、衣库、茶库买办催总办买珊瑚背云、羊角喇嘛帽、香供纸张、颜料等项	607.2
乾隆四十六年	银库、皮库、衣库、茶库买办催总办买珊瑚背云、帽沿、羊皮袍料、香供、纸张等物	572.09
乾隆四十七年	银库、皮库、衣库、茶库买办催总办买珊瑚背云、染貂皮帽沿、羊皮袍褂料、香供、纸张料等项	399.72
乾隆四十八年	银库、皮库、衣库、茶库买办催长办买珊瑚背云、羊角、染貂皮帽、香供、纸张、颜料等项	489.21
乾隆五十年	银库、皮库、衣库、茶库办买珊瑚背云、羊皮袍料、靴帽、香供、纸张、颜料等项	426.3
乾隆五十一年	银库、皮库、缎库、茶库办买珊瑚背云、染貂皮帽沿、棉花、香供、纸张、颜料等物	1509
乾隆五十四年	银库、皮库、衣库、茶库办买香供纸张、珊瑚背云、白狼皮等项	1716.18
乾隆五十六年	银库、衣库、茶库办买香供、颜料、珊瑚背云、坠角、荷包等物	1432.57
乾隆五十九年	银库、衣库、茶库办买香供、纸张、颜料、珊瑚背云、褡裢布等物	1717.08
乾隆六十年	银库、茶库办买香供、纸张、颜料、珊瑚背云、坠角、玻璃帽顶等物	258.32

资料来源：《乾隆朝内务府银库用项月折档》，中国第一历史档案馆藏。

　　乾隆三十年之前买卖人办买珊瑚物品的数量较少，自三十年至六十年有 15 次办买珊瑚物品。从这些资料可知道珊瑚背云、坠角、帽顶、染貂皮帽、白狼皮、玻璃帽顶、羊皮袍料等物系来自北京的市集。乾隆四十四年，总管内务府大臣金简奏银库贮存珊瑚数珠料 227 盘，计 38133 珠，重 1609.93 两；琥珀数珠料 65 盘，计 9791 珠，重 1104.2 两。四十六年遵旨将库存珊瑚数珠料 276 串、琥珀数珠料 68 串呈览。奉旨将珊瑚数珠料交王成 23 串，计 3560 珠，重 131.6 两；琥珀数珠料交造办处 18 串，计 1778 珠，重 82 两。[①] 这说明珊瑚数珠料应是从市面采购的。

　　崇文门关的珊瑚课税可与内务府办买珊瑚相互参照。崇文门关的税则中，乾隆三十六年新增珊瑚器原无则例，拟照青金石例一斤征银 1.2 钱，到光绪年间变成 2.4 钱，涨了一倍。蜜蜡、玛瑙、琥珀、鹤顶红一斤乾隆时征银 6 分，光绪年间一斤征银 2.4 钱。可见珊瑚在乾隆年间较为珍贵，和青金石一样每斤课税 1.2 钱。[②]

　　北京市面上卖的珊瑚，乾隆二十四年抄本《当谱集》鉴定："珊瑚石生于海中，形似枯树，其色红的，有种樱桃红为上色，枣红为下色，名曰藏红。为有补不齐的，名曰广子；做的细腻子，名曰过管，是本地加一方做手。如此全美的朝珠一挂重八两五钱，当价十换，卖价十五换，全每佛头每个重五钱，每个

① 《乾隆朝内务府银库用项月折档》，乾隆四十四年十二月一日起至二十九日、乾隆四十六年十二月一日起至二十九日。

② 《督理崇文门商税盐法·乾隆三十六年新增税则》，《国家图书馆藏清代税收税务档案史料汇编》第 7 册，第 3022 页；《崇文门商税衙门现行税则》，光绪三十四年刊本，第 48—49 页，"中央研究院"历史语言研究所傅斯年图书馆藏。

当银二十五两。一说天子用做印色，取其日久更红，其色转鲜，药中用。但其物有纹象牙，亦有纹如象牙染的一种，甚是难辨，切宜记之。"[1] 珊瑚的颜色以樱桃红者为佳，枣红或淡血红者次之。当铺提供了辨别珊瑚真伪的办法："象牙染的，假冲（充）珊瑚，用刀削即现白地。"[2]

清抄本《当谱》提到珊瑚石，"其形如小树之熊淡红色，通身有纹，如人之手掌。其枝粗细不等，至粗者不能过一寸，至长者不能过尺余，粗者甚少。但能做出整帽顶子可为至罕矣，几做帽顶分量七八钱至一两重者，多有三拼两拼之凑做。及至佛头、计念亦有拼做，惟取其色淡以裌筒霜之颜色者高。其假者以身本面子为珠，或以象牙染色冲之，当细察之"。[3] 珊瑚可以做朝珠，越重的越值钱。珊瑚子身过管子项高，每挂重 3 两银 15 两，每挂重 4 两银 20 两，每挂重 5 两银 30 两，每挂重 6 两银 40 两，每挂重 7 两银 55 两，每挂重 8 两银 70 两，每挂重 9 两 90 两，每挂重 10 两银 120 两。珊瑚佛头更贵，重 4 钱的银 6 两，重 6 钱的银 12 两，依次类推，及至重 6 两的银 360 两。[4]

清人笔记对珊瑚有许多记载，如赵翼《檐曝杂记》述及，广东"数珠一百八粒，或用碧霞洗，或用珊瑚及青金石、伽南香之类，价不过三四千金。其旁有记念三挂，挂各十颗，以珠为之，每颗重四五分，欲取其形体光彩一样相同者，须于数百颗中选配始成。大约重四分者，以四五千金为率；重五分者，以六七千金为率。此记念也。记念之末，又有小垂角（坠角），

① 《当谱集》，《中国古代当铺鉴定秘籍》，第 52—53 页。
② 史若民、牛白琳编《平、祁、太经济社会史料与研究》，第 551 页。
③ 《当谱》，《中国古代当铺鉴定秘籍》，第 314 页。
④ 《成家宝书》，《中国古代当铺鉴定秘籍》，第 434—435 页。

须体长而上锐下圆者。每颗重六七分，则价七八百金；重八分以上，则千金矣。三垂角又以三千金为率。而数珠之后，又有一丝绦悬于背者，中为背云，下为大垂角。……又有佛头四颗，间于百八珠之间，则以碧霞洗及珊瑚之类为之，大者亦须二千金。总计数珠一挂，必三万余金始完善"。[1] 由此可见一串珊瑚数珠价格昂贵。

纪昀的《阅微草堂笔记》云："记余幼时，人参、珊瑚、青金石，价皆不贵，今则日昂；绿松石、碧鸦犀，价皆至贵，今则日减；……珊瑚旧贵鲜红如榴花，今则贵淡如樱桃。……盖相去五六十年，物价不同已如此。"[2]《广东新语》载："大抵以树身高大，枝柯丛多，纹细纵而色殷红，如银朱而有光泽者为贵，色淡有髓眼者次之。"[3]

粤海关

乾隆十年五月初三日，司库白世秀来说："太监胡世杰传旨与粤海关，将现做珊瑚佛赶八月十五日以先送来。"[4] 乾隆十二年，司库白世秀催总达子来说："太监胡世杰传旨，粤海关进的如意上穗子，着照样再打做五十副，要五色。随珊瑚珠送来。"十二月十七日，七品首领萨木哈将粤海关送的如意上五色穗 50 件，各随珊瑚珠 1 件，并原样 1 件持进交太监胡世杰

① 赵翼：《檐曝杂记》，中华书局，1982，第 61—62 页。
② 纪昀：《阅微草堂笔记》，《笔记小说大观》第 28 篇第 6 册，第 3571—3572 页。
③ 屈大均：《广东新语》，中华书局，1985，第 417 页。
④ 《清宫内务府造办处档案总汇》第 13 册，乾隆十年五月初三日《记事录》，第 547 页。

呈进。①

乾隆十三年，七品首领萨木哈来说："太监胡世杰传旨，向粤海关要上好樱桃红珊瑚吗呢数珠一盘，比先传做的还要好些。"② 乾隆十四年四月二十六日，司库白世秀、达子将刘山久送的珊瑚吗呢数珠一盘持进。

乾隆五十年八月二十一日，接得热河寄来信帖内开七月十五日太监常宁交：别做珊瑚珠大小五个，别粘处不严，系内库现收，传旨着交粤海关监督穆腾额将珊瑚珠别缝处收拾送来。③

乾隆十年，"司库白世秀将量得清净地二层殿各龛内佛数珠尺寸清单一件持进交太监胡世杰转奏，奉旨着交粤海关按尺寸成造珊瑚数珠十二盘、绿苗石数珠五十六盘送来"。十月十五日，司库白世秀、副催总达子来说："太监胡世杰传旨问：粤海关传做的珊瑚蜜蜡朝带上，着照样各随荷包豆八个送来，其京内成做白玉朝带上，亦要随荷包豆八个。"④ 十一月三十日，司库白世秀、七品首领萨木哈来说："太监胡世杰传旨，着交粤海关用好樱桃红珊瑚，成做六字真言数珠一盘。"⑤ 乾隆十三年六

①《清宫内务府造办处档案总汇》第15册，乾隆十二年七月十八日《粤海关》，第101页。

②《清宫内务府造办处档案总汇》第16册，乾隆十三年三月二十二日《粤海关》，第166页。

③《清宫内务府造办处档案总汇》第48册，乾隆五十年八月二十一日《随围信帖》，第397—398页。此于五十年十二月二十八日粤海关送到，收拾别缝珊瑚珠大小五个呈进，交内库讫。

④《清宫内务府造办处档案总汇》第13册，乾隆十年十月十五日《粤海关》，第723页。

⑤《清宫内务府造办处档案总汇》第13册，乾隆十年十一月三十日《粤海关》，第724页。

月初二日，司库白世秀来说："太监胡世杰传旨：着海望寄信与粤海关所做金塔上珊瑚垫子，务赶闰七月内送到。"①

乾隆四十二年六月初八日，员外郎四德来说："如意交珊瑚苓芝如意十五柄，俱黄穗内六柄单珊瑚珠，随黑漆罩盖盒一件、一面玻璃锡胎盒二件、五面玻璃罩盖匣二件、一面玻璃罩盖匣一件、糊锦玻璃匣一件、珊瑚苓芝如意十四柄，内十二柄、黄穗二柄单珊瑚。养心殿传旨，将如意交粤海关监督德魁拆开，别做珊瑚树，或一支或一对。钦此。于本月将珊瑚如意二十九柄上拆下，线穗二十七付随珊瑚珠八个呈览，奉旨珊瑚珠交王成，线穗做材料用。钦此。于初九日将珊瑚珠八个交总管，王成讫。于四十三年五月二十五日将粤海关送到珊瑚树一对呈进讫。"②

西藏的工匠

罗文华曾讨论乾隆九年尼泊尔六位工匠进京，他们是铸铜佛像工匠、玉匠等。他注意到尼泊尔使用铜片凿打成型造像技术降低了造像成本，工匠将此技术带到北京，影响了清宫造像技术。③本处着重介绍尼泊尔工匠成做宝石的技术。乾隆九年，内务府大臣海望奏："随问伊等蒙古话、汉话俱各不会，因传张家胡土克图之徒阿旺准丹尔格笼前来，将青金佛样与伊等逐一看视。据嘉那嘎拉等六人称：雕珊瑚、松石、青金等与铸

---

① 《清宫内务府造办处档案总汇》第16册，乾隆十三年六月初二日《粤海关》，第166页。

② 《清宫内务府造办处档案总汇》第40册，乾隆四十二年六月初八日《行文》，第205—206页。

③ 罗文华：《龙袍与袈裟：清宫藏传佛教文化考察》下册，第588—597页。

铜成做，不敢应满会做，但有样皆能造做。"① 乾隆十年，七品首领萨木哈为"藏里做金佛匠役，因玉性硬做不来"。进内交太监胡世杰转奏："奉旨准用砗磲做。"② 乾隆十年，司库白世秀"将查得藏里佛匠现做数珠箱内，五方救度佛母未做的，系镶嵌松石腰圆盒，佛龛上松石欢门宝石冏上喇嘛字，朝带上松石开其里缮写折片二件持进"。交太监张玉转奏奉旨："将镶嵌松石腰圆盒不必成做，着伊等趱工赶做五方救度佛母，并欢门宝石冏开其里。伊等已到京这几年，俟此项活计成做完时，令伊等家去。"③ 在宝石上冏上喇嘛字，即宝石上刻字，前述粤海关用好樱桃红珊瑚成做六字真言数珠，或许得自尼泊尔匠人的技术。

具体用珠宝装饰佛像的例子是乾隆十年正月十三日太监张玉传旨："藏里中殿现供罗哈西里佛一尊，着问藏里造佛匠役知道不知道，做的来做不来。如知道，做的来，速将实在佛像画一样呈览。"当月十六日，司库白世秀将画得藏里中殿佛样一张持进，交太监胡世杰呈览。奉旨："着先拨蜡，拨完蜡做金的。"正月三十日，司库白世秀、副催总达子将拨得罗杂凑里佛蜡样一张持进，奉旨："将佛项圈用珊瑚瓖做，数珠用珠子穿做，座子束腰用珊瑚瓖做，八达马上用珠子瓖嵌，肩上羊皮做银的。其披羚羊的意思与两条腿长、两条腿短，着问张家胡土克图是何道理，其余瓖嵌着用珊瑚、青金、松石做。先领金成造，后

---

① 《清宫内务府造办处档案总汇》第 12 册，乾隆九年八月三十日《记事录》，第 303—304 页。
② 《清宫内务府造办处档案总汇》第 14 册，乾隆十年正月初六日《杂活作》，第 65 页。
③ 《清宫内务府造办处档案总汇》第 13 册，乾隆十年十二月初一日《记事录》，第 576 页。

染色呈览。"

乾隆帝还派人到西藏学画样。乾隆十三年四月初五日，内务府大臣傅恒传旨："着造办处派画样人，往藏里去画样子。"[1]西藏的工匠也提供粘药的配方。乾隆三十九年三月二十日奉额驸福交藏里送到粘镶嵌用粘药4块，每块重12两，随制方并用方折片一件持进，交太监胡世杰呈览。粘药制方计开芸香4斤、清油1.5斤、冰糖4两、银朱5两，共合一处熬成膏收贮备用。用时量其所用，将药盛入小铜钟熔化，俟化开点于嵌松石处，再用微火将点上之药烤热，即将松石安上。此即西藏匠工做法。[2]

三　珊瑚的用途

《皇朝礼器图式》规范了皇亲王公贵族的服饰，与珊瑚有关的服饰及配饰相当多。皇帝朝珠、朝带用东珠一百有八、佛头、记念、背云、大小坠珍宝杂饰，各惟其宜大典礼御之。惟祀天以青金石为饰，祀地用蜜珀，朝日用珊瑚，夕月用绿松石。皇帝的吉服，朝珠、珍宝随所御绦皆明黄色。皇太后、皇后的领约（图4-4），镂金为之饰东珠十一，间以珊瑚，两端垂明黄绦二，中各贯珊瑚，末缀绿松石各二；朝服御朝珠三盘东珠一、珊瑚二。皇贵妃的金约镂金云十二，饰东珠各一，间以珊瑚红片；金里后系金衔绿松石结贯珠下垂三行三，就共珍珠二百有四；中间金衔

---

① 《清宫内务府造办处档案总汇》第16册，乾隆十三年四月初五日《记事录》，第205页。

② 《清宫内务府造办处档案总汇》第36册，乾隆三十八年十二月初三日《记事录》，第645页。

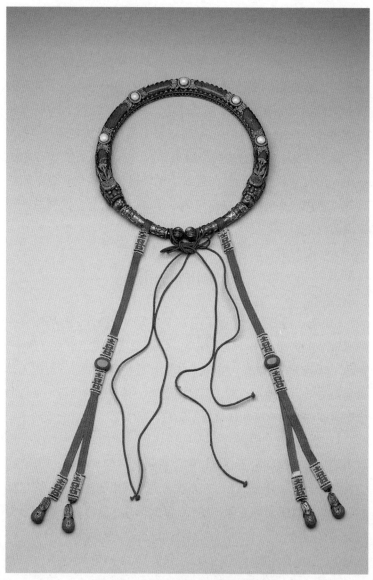

图 4-4　清代金点翠嵌珊瑚米珠领约
资料来源：故杂 006724，台北故宫博物院藏。

青金石结二，每具饰东珠珍珠各六，末缀珊瑚。贵妃、皇太子妃皆同。镇国公的冬吉服冠入八分公顶用红宝石，未入八分公用珊瑚，俱戴双眼孔雀翎。辅国公同。和硕额驸的冬吉服冠顶用珊瑚（图4-5），戴双眼孔雀翎。[①]

赏赐

1. 崇庆皇太后万寿节赏赐珊瑚

崇庆皇太后万寿节，每年照例进皇太后大量的金银珠宝。《乾隆朝内务府银库用项月折档》记载，宫分头等赤金20两；银1万余两；二号银纽200个、三号银纽200个，用银11两。[②] 又大珍珠、小珍珠、大号珊瑚珠、小号珊瑚珠各300串。[③]

库贮的珊瑚是从旧有的物品上拆下的，如"乾隆十年七月初一日司库白世秀将绣球吊挂上拆下珠子重三十一两六钱，绣球吊挂上拆下珠子二千二百十二个重八两二钱，旛上拆下珠子重八十两二钱，旛上拆下珠子重十二两一钱，旛上拆下珠子重二十两二钱，绣球吊挂并旛上拆下珊瑚珠重三十六两一钱持进，交太监胡世杰呈览。奉旨将珊瑚珠穿上一并珠子俱交三和进太后用，如不足再买用"。[④]

乾隆三十一年十二月，内务府交出堪用头号米珠七两九钱、二号米珠七两一钱、三号米珠四十八两一钱二分、无眼色

---

① 允禄等纂《皇朝礼器图式》，第 107、118、156、247、256、266、290、305、331 页。
② 《乾隆朝内务府银库用项月折档》，乾隆十年十月一日至二十九日。
③ 《内务府现行则例》，《广储司》，抄本，台北故宫博物院藏。
④ 《清宫内务府造办处档案总汇》第 13 册，乾隆十年七月初一日《记事录》，第 555 页。

图 4-5 乾隆年间的珊瑚帽顶

资料来源：故杂 0044858，台北故宫博物院藏。

暗不堪穿用三号米珠八十五两、扣珊瑚珠六百三十二两四钱四厘。查前项堪用头号至三号米珠六十三两一钱二分、扣珊瑚珠六百三十二两四钱四厘内，每年恭逢皇太后万寿圣节呈进米珠六百串，用八九两不等，扣珊瑚珠六百串用十五六两不等，自三十二年起至三十九年共用扣珊瑚珠223.9两，仍存扣珊瑚珠408.5两。①

2. 赏给打仗获胜之功臣

雍正七年，宁远大将军岳钟琪奏谢钦赐凉帽一顶、纱袍二件、纱马褂二件、大衫二件、珊瑚带扣一副、火镰包一个。雍正帝朱批："赐来时用微物，皆朕一一指授工匠制造，在外必需之物，卿可件件佩带使用，不必爱惜收藏。所领赐官员，皆将此旨传与伊等，皆吉利之物佩之、带之，使为在朕之左右也。卿等仰仗上天慈悬佑力，功成凯旋时，朕自另赐珍奇之物，令卿传之后世也。"② 按照雍正帝的看法，珊瑚带扣一副、火镰包一个都是出门在外必须佩戴的东西，有吉利和保平安的作用。清代武备用的马鞍、盔甲、橐鞬也往往镶嵌珊瑚，求其战无不胜。

乾隆五十三年，军机处传赏中堂福康安珊瑚朝珠、荷包等，侍卫大臣海兰察珊瑚朝珠一匣。③

3. 赏赐宗教人物

清朝每年都赏给达赖喇嘛和班禅额尔德尼礼物，其中珊瑚工艺品是重要一项。乾隆四十九年七月初一日奉上谕："据章嘉

---

① 《乾隆朝内务府奏销档》第337册，乾隆四十年十月二十日，第58页。
② 《宫中档雍正朝奏折》，雍正七年七月十六日，台北故宫博物院藏，档案号：4020000421。
③ 《清宫内务府造办处档案总汇》第50册，乾隆五十三年三月二十一日《记事录》，第627页。

呼图克图奏称，伊嗊诵雅满达喀佛大咒十万次后，又集普罗苑六十余僧侣，嗊诵消弭恶事之多克锡特咒七日等语。章嘉呼图克图如此虔诚诵经，甚善。今阿桂已抵甘肃，会同福康安领兵包围贼穴石峰堡，贼力已竭，不久即可剪除。着将此寄信章嘉呼图克图，使其愉悦，放心。再，赏呼图克图鲜荔枝二、珊瑚头伽南香念珠一串，着一并送往。其普罗苑诵经僧侣等，着赏银三百两。该赏银寄信农起，就近动拨，送交章嘉呼图克图，〔转〕（酌量）赏赉。"①

乾隆五十七年闰四月二十三日赏垂布藏呼图克图琥珀念珠1串、琥珀背云金杵珊瑚豆各一、松子石结子珍珠珊瑚坠脚各二、红玛瑙石佛头4个、记念7挂、珊瑚豆6颗、珍珠2颗、松石豆7颗、金杵斧珊瑚青金宝石玛瑙玉结子10件；赏章嘉呼图克图琥珀念珠1串、玉杵珍珠背云各一、珍珠2颗、珊瑚佛头4个、绿碧霞记念3挂、红蓝宝石4块。②

乾隆十六年十二月，赏达赖喇嘛东珠朝珠1盘，计108颗，内一颗光亮有丁，珊瑚佛头青金塔加间青金珠6个，珊瑚背云、记念、碧牙西、大小坠角4个。③

清廷不是经常赏赐哲布尊丹巴胡图克图的，只是偶尔赏赐。乾隆二十一年，赏哲布尊丹巴胡图克图妆缎5匹、红缎10匹、蟒缎5匹、黄缎10匹、西洋珐琅瓶1对、套红玻璃瓶1对、呆黄玻璃碗1对、呆黄玻璃碟1对、亮蓝玻璃碗1对、亮蓝玻璃盘1对、碧玉鳌鱼花插1件、白玉鸣凤在竹花插1件、青玉如

① 《乾隆朝满文寄信档译编》第17册，第618页。
② 《乾隆朝满文寄信档译编》第23册，第380—381页。
③ 《清宫内务府造办处档案总汇》第18册，乾隆十六年十二月二十八日《木作》，第308—309页。

意 1 柄、珐琅鼻烟壶 1 个、珊瑚数珠 1 盘、白哈达 1 个、大荷包 1 对、小荷包 4 对、迎手靠背坐褥 1 份。[①]

乾隆三十四年正月十三日，赏正一真人张存义绣法衣 1 件、玉道冠 1 个、珊瑚道冠 1 个；赏法官汪克诚玉道冠 1 个。[②]

佛寺供奉珊瑚

1. 珊瑚树

清宫信奉藏传佛教，于各寺庙中安置珊瑚树。如乾隆十一年十二月初八日司库白世秀来说："太监胡世杰交珊瑚凤金星玻璃盆景一对，随紫木木座楠木匣。传旨将匣门子糊纸得时，送往雍和宫陈设。当月二十三日，将珊瑚凤盆景一对，随匣糊得纸门交柏唐阿、班达送赴雍和宫。"[③] 洪大容的《湛轩燕记》记载："雍和宫有珊瑚两枝高数尺，晶莹扶疏，观者叹其珍异。守者曰：假也！就叩之果木，造而彩之也！以天下之力，极珍玩于此，乃有此假造，可见珊瑚之绝贵也。"[④]

乾隆十四年九月二十六日，司库白世秀、达子来说："太监胡世杰传旨：中正殿都刚内珊瑚树四棵，上染五色哈达二十个。于本月二十九日柏唐阿、四格将五色哈达二十个，持赶中正殿珊

①《清宫内务府造办处档案总汇》第 22 册，乾隆二十一年十二月初九日《木作》，第 277 页。

②《清宫内务府造办处档案总汇》第 33 册，乾隆三十四年正月十三日《杂录档》，第 163 页。

③《清宫内务府造办处档案总汇》第 14 册，乾隆十一年十二月初八日《裱作》，第 59 页。

④ 洪大容:《湛轩燕记·湛轩燕行杂记三》，成均馆大学校大东文化研究院编《燕行录选集》卷上，首尔：成均馆大学校大东文化研究院，1962，第 313—314 页。

图 4-6　青玉活环耳盆红珊瑚盆景

资料来源：北京故宫博物院藏，李期耀摄。

图 4-7 红珊瑚狮子

资料来源：北京故宫博物院藏，李翔耀摄。

瑚树上挂讫。"①此外，银库郎中明山等呈，开据中正殿来文，遵旨成造无量寿佛 1 万尊，用宝石末 200 两，因库贮宝石末不敷应用，动用库贮碎小珊瑚 67 两 1 钱、松石 67 两 9 钱、玛瑙 4 斤 6 两。

乾隆三十四年，慈宁宫改造重檐大殿，安置佛龛等，摆设灵芝 18 瓶值 31.16 两、珊瑚树 2 棵值 3.5 两。②乾隆三十五年，建万佛楼殿宇房座工程通共用 289849 两，其中神台佛座供案珊瑚树工料费 5155.55 两。③

2.《内府泥金写本藏文龙藏经》之金欢门

《内府泥金写本藏文龙藏经》又称藏文《甘珠尔经》。该写本有三种：一为明景泰间写本，一为清康熙八年写本，一为清乾隆三十五年写本。乾隆时的内府泥金写本，以康熙写本誊录而成，全部 108 函。乾隆三十五年，乾隆帝为庆祝崇庆皇太后八旬万寿，特颁御制金书《甘珠尔经》，每函都有经板、包袱、丝带等捆扎保护（图 4-8）。④因为写本《甘珠尔经》用了许多金银珠宝，在此只对内务府造办处的档案进行讨论。

乾隆年间慈宁宫、中正殿念经处西配殿与东配殿各存一部《甘珠尔经》。催长四德等称，慈宁宫佛堂"现供《甘珠尔经》一部，随红漆外经板磁青纸，里经板头本系金台撒欢门上嵌东珠镶嵌。余者 107 本，系金台撒欢门上嵌饭块正珠、松石、青金、珊瑚镶嵌。织金五彩五色经帘"。中正殿西配殿"现供《甘珠尔经》一部，随红漆外经板磁青纸，里经板金台撒欢门上嵌

① 《清宫内务府造办处档案总汇》第 17 册，乾隆十四年九月二十六日《皮作》，第 169 页。

② 《乾隆朝内务府奏销档》第 294 册，乾隆三十四年八月三十日，第 3—21 页。

③ 《乾隆朝内务府奏销档》第 296 册，乾隆三十五年四月初四日，第 282—293 页。

④ 杨玉良：《乾隆内府写本〈甘珠尔经〉》，《紫禁城》1988 年第 4 期。

图 4-8 藏文《甘珠尔经》中的密聚演说无二尊胜缘由本续

资料来源：K3J000111，台北故宫博物院藏。

珠子、红蓝宝石、松石、青金、珊瑚子镶嵌。五色片金经帘"。东配殿"现供《甘珠尔经》一部，随红漆外经板磁青纸，里经板金台撒欢门。织金五彩经帘"。奉旨："新造经一部准照西配殿现供经之尺寸成造。经序日录，写满、汉、蒙古、西番四样字，其经板欢门镶嵌俱照慈宁宫现供之经一样成造。"慈宁宫经上首页系康熙帝清字、西番字序文，要改成满、汉、蒙古、西番四样字。

乾隆三十三年三月十九日，造办处奏，查看得《甘珠尔经》一部计 108 套。随派员详细约估得，经每套高 8.9 寸、宽 23.4 寸，共计 37170 页。每页心净高 6.1 寸、宽 19.6 寸。纸上压羊脑光墨，按造办处做过之例，每见方一尺用墨 1.1 钱、烟子 3.6 钱。番经匠一工，每 2.6 尺用鸡子一个，每 9 尺用羊脑子 1 个。每 40 页裁齐上榨搭色用书匠一工，共用 89809 工，约用工料银 14448.638 两。磁青纸、画泥金八吉祥、经页二面边栏画泥金番草花卉，此三项除空地画金七成共折见方尺 20171.7 尺，每尺照例用金 243 张，共用飞金 4901698 张，仍行取宫殿工程处南来飞金应用。每尺用画匠 3.7 工，共约用画匠 74802 工，并买办广胶等约用工料银 11616.582 两。[①]

经板上做金砑撒欢门 108 分，约用八成金 2970 两，向广储司银库领用。每金活重一两，用砑撒匠 3.51 工，共工 10424.5 工，并买办酸梅等约用工料 1638.5 两。以上通共用 175035.5 工，计 26955.4 两。买办物料用 748.3 两。[②]

---

① 《清宫内务府造办处档案总汇》第 30 册，乾隆三十二年十一月二十一日《造经处》，第 581—591 页。

② 《清宫内务府造办处档案总汇》第 30 册，乾隆三十二年十一月二十一日《造经处》，第 581—591 页。《甘珠尔经》一部，计 35800 余页，现裁得磁青纸经页 2324 页，内压得羊脑经页 180 页，画得边线经页 58 页，画得番草经页 20 页，所用飞金 4901698 张。

胡进杉研究康熙八年《甘珠尔经》写本的图像时述及，《龙藏经》每函上下护经板绘有佛、菩萨尊像，计上护经板 2 尊，下护经板 5 尊，每函 7 尊，全部共 756 尊。[①]

* * *

红珊瑚是珍贵物品，18 世纪通过进贡或贸易，从遥远的地中海运至北京。有趣的是，西藏进贡的珊瑚每两估价大约银 2 两，北京市面销售的珊瑚每两价银 8 两。就进贡和贸易做比较，西藏进贡珊瑚有数千两，而川藏茶叶贸易有一千万余斤。从西藏运往清廷的珊瑚数量低于贸易的数量，说明边疆以进贡之名，行贸易之实。

珊瑚经恰克图和粤海关输入中国，宫廷所需的珊瑚通过买卖人和粤海关监督采购，以樱桃红为上色。北京的廊房二条有特定的玉器铺，经营珠玉、珊瑚等。宫廷喜爱珊瑚成为时尚，百官纷纷仿效。隆福寺开市之日，富贵的官员戴着珊瑚、蓝玉顶者，皆乘锦帐宝车，前来选购宝物。[②]

珍贵的珊瑚属于佛教的七宝，广泛地用在皇帝和皇后的金约、领约、朝珠上，以消灾祈福。北京和热河的寺庙陈设着珊瑚树和以珊瑚点缀的佛像（图 4-9），尤其珊瑚用于制作珍贵的《内府泥金写本藏文龙藏经》之金欢门，这些都说明清代的进贡与贸易将新的物品带到宫廷，并被充分利用。珊瑚象征着富贵，为年画绘制的题材（图 4-10），这将是笔者未来将探讨的话题。

---

① 胡进杉：《法界圣众艺海瑰宝：院藏康熙八年〈内府泥金写本藏文龙藏经〉图像介述》，冯明珠、卢雪燕主编《殊胜因缘：内府泥金写本藏文龙藏经探索》，台北故宫博物院，2015，第 250 页。

② 李基宪：《燕行录·燕行日记》，《燕行录选集》下卷，第 776 页。

图4-9 金嵌珊瑚阿弥陀佛三尊像

清乾隆时期，通高15.5，底宽19.5厘米，原本陈设

图 4-10　珊瑚树金钱

资料来源：杨玉君主编《俄罗斯典藏晚清木板年画》，台中：丰饶文化社，2016，第 43 页。

第五章　清宫的金银器

中国社会向来重视等级差异，金、玉、银、犀常期禁止人民使用。唐代玉及金、银等为品官之饰，庶人只能用铜、铁。宋代品官带鱼以玉、金、银及犀饰之，胥吏、工商、庶人许以铜、铁、角、石、黑玉为带饰。妇女的首饰和衣服取决于其夫或子的官阶，金珠翠玉一直都是命妇的专用品。[①]笔者发现清代宫廷以金成色高低来区分地位，譬如"皇太后、皇后金宝均用三等赤金，皇贵妃金宝用六成金，妃金印用五成金，亲王金宝用五成金，世子金宝用四成金"。[②]至于后妃的仪仗、膳具亦皆等第有差。本章所谓金银器系因清代的金器大多为金银合金，按照含金的比例有各种成色金的区别。

《皇朝礼器图式》卤簿类规定，皇帝的大驾卤簿有拂尘、提炉、香盒、盥盆、唾壶、水瓶、马杌、交椅，合称金八件。皇太后仪驾、后妃仪仗中也有金八件，但皇子、王

---

① 参见瞿同祖《中国法律与中国社会》，第 183—184 页。
② 《大清会典（嘉庆朝）》卷 257，台北：文海出版社，1991，第 6a 页。

公并没有这阵仗。[1] 此外，象征后妃身份的膳具、金册、金宝，在内务府奏销档中有详细记载。[2] 本章以社会流动视角来探讨后妃地位变化对应的物质上的变化，使用器物的金子成色是明显的参照物。贵人晋封嫔、嫔封妃、贵妃、皇贵妃、皇后，其器物使用金的成色逐渐提高，重量随之增加。所以宫廷的妃子如同官僚制度之品级，往上晋升才能获得更多金银器。金银器成色亦对应国势兴衰。盛清制作金银器所用金子成色高，到咸同光朝时国势衰微，后妃之器皿以镀金居多。

清代帝后印玺的制作牵涉部院极多，如内务府造办处、礼部、工部、户部、内阁、翰林院、光禄寺、钦天监等。[3] 有趣的是，各衙门间的砝码不一致，譬如户部和内务府造办处广储司、工部制造库的砝码轻重不一，广储司平比户部库平每百两重1钱，而制造库平则较户部库平每百两轻4两。所以，制造的匠役和官员分用"平余金"的事情相当多。金银器制造过程中易出现官员和工匠挪用或亏短分两。黄金为贵重金属，极易被替换或成色不足。清宫发展出一套鉴识金银成色的办法，有对牌、弹兑、试金石等。

本章最后讨论的议题是，金器从盛世时由许多单位共同制造到咸同光朝外包给北京银楼的变迁。由北京和台北两地的

---

① 允禄等纂《皇朝礼器图式》，第445—602页。《乘舆仪仗做法》详细记载了器物金子的成色、数量、尺寸等。《乘舆仪仗做法》，《清代各部院则例》第37册，香港：蝠池书院出版有限公司，2004。

② 相关研究参见关雪玲《清代后妃的宝印》，《紫禁城》1994年第5期；关雪玲《金宝印》，《紫禁城》2001年第1期；王佩环《清代后妃宫廷生活》，故宫出版社，2014。

③ 郭福祥：《清代帝后印玺的制作》，《紫禁城》1993年第3期。

故宫博物院收藏的首饰和金八件戳记，可见银楼的名称。更有趣的是，晚清银楼兼金融汇兑，资金雄厚，内务府常向银楼借钱。当时的竹枝词有载："帽上玻璃豁远眸，皂靴一样着方头，问君何处当差使？银号还兼首饰楼。"[①] 陈志高的《中国银楼与银器》留意到北京银楼替宫廷成做器物，尤其宝华楼的工艺超群，结交了权贵阔人，甚至宫廷大臣和慈禧。本书也征引各种文献、档案，列出北京银楼的店铺名称、地址、经理、开业时间、款识等。[②]

宫廷和城市银楼相互依存，呈现财势此消彼长的变化。关于制造金器涉及的技术，除了《天工开物》，本章汇整清宫档案、《中国古代金属技术：铜和铁造就的文明》、《中国工艺美术大辞典》及英文文献等资料，[③] 探讨清宫拨蜡铸型、铸造的制作程序。

一　后妃的金银器

后妃的仪仗

乾隆十四年，大学士傅恒奏定皇太后、皇后仪仗改名仪

---

① 李家瑞编《北平风俗类征》，第 236 页。

② 陈志高：《中国银楼与银器》，清华大学出版社，2015，第 17 页。

③ 华觉明：《中国古代金属技术：铜和铁造就的文明》，大象出版社，1999，第 536—550 页；吴山主编《中国工艺美术大辞典》，江苏美术出版社，1989，第 240 页；W. R. Zhou, W. Huang, "Lost-Wax Casting in Ancient China: New Discussion on Old Debates," *JOM* 67(2015), pp. 1629–1636; D. R. Tan, H. P. Lian, "The Ancient Chinese Casting Techniques," *China Foundry* 8(1), 2011, pp. 127–136。

驾，皇贵妃、贵妃仪仗仍名仪仗，妃、嫔仪仗改名彩仗。① 定例内封贵妃给仪仗金黄翟轿 1 乘、金黄缎回柄伞 1 把、拂尘 1 对、金香炉 1 个、金香盒 1 个、金盆 1 面、金唾盂 1 个、金瓶 1 对、金交椅 1 张、金马杌 1 张、金节 1 对、金黄缎宝相花伞 1 对、红缎宝相花伞 1 对、黑缎宝相花伞 1 对、红缎瑞草伞 1 对、黑缎瑞草伞 1 对、红缎雉尾扇 1 对、黑缎雉尾扇 1 对、红缎金凤旗 1 对、黑缎金凤旗 1 对、卧瓜 1 对、立瓜 1 对、吾伏 1 对、金黄八人轿 1 乘、车 1 辆。②

从档案可以看到妃和嫔配置的金银差别。乾隆二十五年，上谕："奉皇太后懿旨，纯贵妃……晋封为皇贵妃以昭令范。所有应行典礼各该衙门照例举行。"封皇贵妃给金册蹲龙钮金宝，仪仗明黄翟轿 1 乘、明黄缎曲柄伞 1 把、拂尘 1 对、金香炉 1 个、金香盒 1 个、金盆 1 面、金唾盂 1 个、金瓶 1 对、金交椅 1 张、金马杌 1 张、金节 1 对等。③ 乾隆三十六年，上谕："奉皇太后懿旨，永贵人汪氏着晋封为嫔。……所有应行典礼各该衙门照例举行。"礼部官员等议得册封嫔应照例给金册，彩仗金黄行人翟舆 1 乘、红缎曲柄伞 1 把、银香炉 1 个、银香盒 1 个、银盆 1 面、银唾盂 1 个、银瓶 1 对、金交椅 1 张、金马杌 1 张、金节 1 对等（表 5–1）。④

① 《清代内阁大库原藏明清档案》，乾隆十四年九月初一日，档案号：101929。

② 《清宫内务府造办处档案总汇》第 24 册，乾隆二十四年十二月初七日《记事录》，第 606 页。

③ 《清宫内务府造办处档案总汇》第 25 册，乾隆二十五年三月二十九日《记事录》，第 408 页。

④ 《清宫内务府造办处档案总汇》第 34 册，乾隆三十六年十月十三日《记事录》，第 322 页。

表 5-1 清代后妃之仪仗

皇太后	皇后	贵妃	妃	嫔
金黄翟轿 1 乘				金黄八人轿 1 乘
金黄缎回柄伞 1 把			金黄缎曲柄伞 1 把	红缎曲柄伞 1 把
拂尘 1 对				
金香炉 1 个			银香炉 1 个	
金香盒 1 个			银香盒 1 个	
金盆 1 面			银盆 1 面	
金唾盂 1 个			银唾盂 1 个	
金瓶 1 对			银瓶 1 对	
金交椅 1 张				
金马杌 1 张				
金节 1 对				

资料来源：《清宫内务府造办处档案总汇》第 24 册，乾隆二十四年十二月初七日《记事录》，第 606 页。

后妃的膳具

内务府奏销档载，崇庆皇太后、乾隆帝、乾隆皇后、嘉庆帝使用的金银器情况如表 5-2 所示。

表 5-2 帝后金银器情况

帝后	成色	金器量（两）	银器量（两）
崇庆皇太后	八成金	3359.4	1953.3
乾隆帝	三等赤金	6948.23	12645.1
乾隆皇后	八成金	2613.9	544.5
嘉庆帝	八成金	882.46	11257.82

资料来源：《清宫内务府奏销档》第 19 册，乾隆三年十一月初七日，第 225 页。

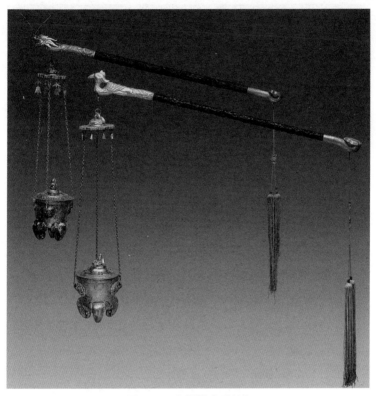

图 5-1　金提炉（香炉）

资料来源：徐启宪主编《宫廷珍宝》，第 11 页。

图 5-2　金盆

资料来源：徐启宪主编《宫廷珍宝》，第 12 页。

《国朝宫史》载："有明之季，脂粉钱岁至四十万两，内用薪炭，巧立名色，糜费更甚。我圣祖仁皇帝鉴往规来，禁浮返朴，垂为诫谕，家法昭然。皇上俭德永图，亲加厘定，上自后妃嫔御，下暨左右洒扫之役，限之以等威，析之以日月。上下称其位，丰约适其宜。谨小慎微，斟酌至善。"[①] 清朝宫廷经费较为节制，约不到晚明的 1/10。据内务府奏销档，康熙四十六年，一年宫分分例等项约计共需 30798.16 两；雍正十三年，一年宫分分例等项约计共需 20292.97 两；乾隆二十年，一年宫分分例等项约计共需 31607.75 两；乾隆五十三年，一年宫分分例等项约计共需 9170.95 两。[②]《国朝宫史》记载，皇太后年例金 20 两、银 2000 两，皇后银 1000 两、皇贵妃银 800 两、贵妃银 600 两、妃银 300 两、嫔银 200 两、贵人银 100 两、常在银 50 两、答应银 30 两。不过，这些宫分没包括节庆赏赐，譬如皇太后万寿圣节宫分金 20 两、银 1 万两，皇后千秋恩赐金 90 两、银 900 两。[③] 康熙时期皇太后诞辰宫分银仅千两，乾隆帝大手笔给到万两，增加了宫廷用度。[④] 另外，这些年例没包括"铺宫"即宫廷陈设和膳具、用具之经费。

---

① 《国朝宫史》，左步青校点，北京古籍出版社，1987，第 389 页。

② 《清宫内务府奏销档》第 154 册，乾隆五十四年正月初三日，第 15—19 页。

③ 《国朝宫史》，第 394—397、427 页。皇太后万寿圣节的宫分金银，参见赖惠敏《崇庆皇太后的万寿盛典》，《近代中国妇女史研究》第 28 期，2016 年。

④ 康熙二十年十月初三日，以皇太后诞辰之礼进贡 1000 两。辽宁社会科学院历史研究所等译编《清代内阁大库散佚满文档案选编》，天津古籍出版社，1991，第 160 页。

乾隆时期的宫廷膳具

乾隆二年，内务府制作皇太后、皇帝、皇后金银器皿。内务府奏销档记载，膳具有金方、金盘、金碟、金碗（图 5-3）、金匙、金三镶牙箸、银折盂、银盖碗、银马杓、金茶桶、银罐、金瓶、刀子等。[①]

乾隆十五年，册立乌拉那拉氏为皇后，其膳具用八成金 2488.4 两，又做其所用大小银盘 9 个、碗 1 个、背壶 3 个，用银 210 两。[②] 清朝只有皇太后和皇后能使用金光耀眼的器皿，妃子不能用。

皇贵妃以下准用银器之壶、盅、铫等，亦有铜、锡等器，以及瓷器碗盘等。至贵人、常在、答应等不能用银器，只能用铜器、锡器、瓷器、漆器等。[③] 举例来说，乾隆十年，宫殿监督领侍苏培盛等传，令嫔分例做 20 两重银莲子壶 1 把，2 两重钟盏 1 个，8 两重卤锅 1 个，1.5 两重匙 1 张，5 钱重牙箸筒 1 分，小刀束 1 分，共银 32 两。[④] 器皿材质和身份地位是相对应的。《红楼梦》第 105 回记载，查抄贾府家产时有番役呈禀有禁用之物：赤金首饰共 123 件，珠宝俱全。珍珠 13 挂、淡金盘 2 件、金碗 2 对、金抢碗 2 个、金匙 40 把、三镶金象牙箸 2 把、镀金执壶 4 把、镀金折盂 3 对。王爷解释：

① 《清宫内务府奏销档》第 19 册，乾隆三年十一月初七日，第 213—224 页。
② 《乾隆朝内务府银库用项月折档》，乾隆十五年十二月初一日起至二十九日。
③ 王佩环：《清代后妃宫廷生活》，第 114—115 页。
④ 《乾隆朝内务府银库用项月折档》，乾隆十年六月一日起至二十九日。

图 5-3　乾隆帝的金碗

资料来源：故杂 001241，台北故宫博物院藏。

"这禁用之物原办进贵妃用的，我们声明，也无碍。"① 但按照清代后宫制度，贵妃不得使用金器，这抄家单显然是小说杜撰的。

嘉道时期的宫廷膳具

嘉庆帝、道光帝向来以节俭著称。嘉庆帝本身使用的金器不多，其后妃的金器可能也就是旧的器皿"修理见新""梅洗见新"，因此再新制的少。譬如嘉庆六年，庄敬和硕公主下嫁，总管内务府大臣奏请以银两取代打造金银器。公主下嫁按例应行打造金器八项计重 296 两，银器 22 项计重 1023 两。经由内务府交出改造，自七成至九成不等金器八项，计重 294.55 两；银器 22 项，计重 1066.1 两。总管内务府大臣奏称："奴才伏查银器二十二项虽不合款式，俱系有用之物，莫若将原物拟留备用外，金器八项合银二千八百八十七两三钱七分，请由广储司银库照数领出发交管理家务官员办理，滋生备用。其原交出金器既按数折给银两，应仍交内库收贮。"② 这份档案说明内务府官员认为与其给公主做无用的金器，不如折给银两生息实在。这份档案还提到当时的金价，九成金器（九成金一成银），市价每两值银 11.7 两；八成金器每两值银 10.4 两；七成金器每两值银 9.1 两。

道光帝亦宣称节俭。他在位时毁了金器，而改做银器、铜器。道光二年，总管内务府大臣奏报，茶膳房备差应用查毁

---

① 曹雪芹、高鹗著，冯其庸等校注《红楼梦校注》，台北：里仁书局，1984，第 1600 页。

② 《清宫内务府奏销档》第 173 册，嘉庆六年九月二十九日，第 255—257 页。

造金器 6 件，计重 29.21 两；成造案例每两伤折 8 厘，共伤折 0.23 两。[①]"伤折"是耗损的意思。内膳房毁造金器 2 件：八成金碗盖 1 个，重 5.51 两；七成金碗盖 1 个，重 5.5 两。清茶房毁造金器 4 件：金碗盖 1 个，重 3.7 两；金碗盖 1 个，重 3.4 两；金碗盖 2 个，重 5.5 两。先成造 262 件银器计重 4968.65 两，又换下旧银器熔化倾净成造银器 199 件，计重 4509.15 两，两者共重 9477.8 两。新造器皿皆以银器为主，或有铜镀金器。

咸丰以后制作的宫廷膳具

晚清时期，皇太后的金质膳具减少许多。咸丰十一年，上谕："朕奉母后皇太后圣母皇太后懿旨谕：此项金银器皿除典礼攸关必应添制外，其余各项并着该管大臣详核办理，日后遇有此等事件，该管大臣等宜各仰体此意，以力崇节俭为要。"[②]造办膳具共嵌珊瑚松石金茶桶 1 个、嵌珊瑚松石金杓 1 件、金碗 2 件、镀金银箍银茶桶 7 件、银碗盖 3 件、银火锅 1 件、银壶 1 件、银大小盘 28 件、银大小碗 6 件。内务府奏销档一份没有日期的档案记载：皇太后应用银火壶 2 把、银水壶 2 把、银柿子壶 10 把、银卤锅 8 个、银执壶 1 把、银驮壶 1 分、银宝瓶 1 个、银盖盘 2 分、银座壶 20 把、锡柿子壶 30 把、锡莲子壶 30 把、锡面汤壶 10 把、锡双陆马壶 10 把、锡卤锅 18 把、锡盆 10 个、锡水缸 2 口等；皇后应用银柿子壶 6 把、银卤锅 6 把、银执壶

---

① 《清宫内务府奏销档》第 194 册，道光二年十二月二十五日，第 269—283 页。

② 《清宫内务府奏销档》第 244 册，咸丰十一年十月二十日，第 452—456 页。

1 把、银盖盘 1 分、银驼壶 1 分、银折盂 1 个、银座壶 12 把、锡柿子壶 16 把、锡莲子壶 20 把、锡面汤壶 10 把、锡双陆马壶 3 把、锡卤锦 6 把、锡盆 4 个、锡水缸 2 口等。[①] 这应该是清末皇太后、皇后所用，以银、锡器居多。

同治九年，总管内务府大臣筹办两年后的皇帝大婚典礼。在制作皇后铺宫应用金银器皿等件时，由内务府交出应制金器 37 件、银器 95 件清单。然银库黄蓝册内所存金器，按照传单核计，堪用者 13 件即以原色分两抵用外，其不敷金器 24 件，核用足金 532.9 两；银器 95 件，除册存现有堪以抵用 5 件外，补打 90 件，共用银 1332 两。乾隆时期皇后的膳具金器多、银器少，而同治帝的皇后金器少。此系因清宫庋藏金子数量减少，且声称崇尚节俭。这份奏折还写道："请镕化库存无用金器数目。"同治帝大婚时的金器有金碗盖金台盘（八成金连镶嵌）1 件，重 42.3 两；金大罐（八成金连镶嵌）1 件，重 936.7 两；金折盂（八成金连镶嵌）1 件，重 307.4 两；金镶松石壶（八成金连镶嵌）2 件，各重 95.3 两，共重 190.6；金杓（八成金连镶嵌）2 件，各重 30.65 两，共重 61.3 两；金爵盘（八成金连镶嵌）1 件，重 39 两；金胎掐丝爵盘（九成金）1 件，重 21 两；金碗盖台盘（七成金连镶嵌）1 件，重 33.2 两；珊瑚顶天圆地方金素（八成金连镶嵌）2 件，各重 90 两，共重 180 两。以上金器 12 件，连镶嵌共重 1811.5 两（表 5-3、图 5-4）。[②]

---

① 《清宫内务府奏销档》第 216 册，无年月，第 361—375 页。
② 《清宫内务府奏销档》第 254 册，同治九年十二月十六日，第 368—374 页。

表5-3　同治帝大婚之金器

传用金器皿数目及现存抵用	件数	抵用	金（两）	金共重（两）
玉杯金台盘（按办过分两盘重）	1		6.9	6.9
金方（按办过分两重）	1		100	100
金碟6件（按办过分两每件重8两），册存现有4件抵用	6	4	8	16
金茶盅盖（按办过分两重3两）	1		3	3
金执壶（按办过分两每重60两）	2		60	120
金盘（按办过分两每重15两），册存现有4件抵用	16	4	15	180
金碗（按办过分两每重10两），册存现有2件抵用	4	2	10	20
金匙（按办过分两每重3两），册存现有1件抵用	2	1	3	3
金云包角桌（按办过分两金云每重42两）	2		42	84
金三镶牙箸（双），册存现有抵用	1	1		
嵌松石金匙，册存现有抵用	1	1		
共金器37件，除册存现有勘用以抵用13件补打24件，共用金532.9两	37	13		532.9

资料来源：《清宫内务府奏销档》第254册，同治九年十二月十六日，第368—374页。

图 5-4　同治帝使用的金碗

资料来源：故杂 001843，台北故宫博物院藏。

二　后妃的金册、金宝

清代皇后居中宫，主内治，铸印所用为纯度最高的赤金。皇贵妃、贵妃及妃依次递减为六成金、五成金。皇后金宝耗用黄金550两，皇贵妃、贵妃及妃的宝印则分别用金400两、300两。盛放宝印的宝盖、宝池也有差别。皇后的宝盖、宝池均金制，皇贵妃、贵妃、妃的只能部分金制或银镀金。[①] 嘉庆朝《大清会典》载："皇后金宝用三等赤金550两，皇贵妃、贵妃金宝用六成金400两，妃金印用五成金300两，亲王、亲王世子金宝用五成金300两。"[②] 内务府奏销档记载了乾隆时期成造令贵妃、庆贵妃金宝、金册等的情况（表5-4），其成色与重量完全与嘉庆朝《大清会典》的规定不同。且令贵妃、庆贵妃两者都被封为贵妃，用六成金，但令贵妃的用金量多于庆贵妃。

表5-4　清宫后妃金册、金宝等的金成色

后妃	金册	金钱	金宝	金印	金夆
令懿皇贵妃	10页、八成色金150两	八成色金1.5两	六成色金连链条316两		
令贵妃	10页、七成色金147两	七成色金1.4两	六成色金连链条317两		
令妃	10页、六成色金145两	七成色金1.4两	四成色金连链条317两		

① 关雪玲：《清代后妃的宝印》，《紫禁城》1994年第5期；关雪玲：《金宝印》，《紫禁城》2001年第1期。

② 《大清会典（嘉庆朝）》卷27，第8a页。

续表

后妃	金册	金钱	金宝	金印	金瓾
令嫔	4页、七成色金56两				七成色金6钱
庆贵妃	10页、六成色金150两	六成色金1.32两	六成色金连链条287.6两		
庆妃	10页、六成色金143两	六成色金2.2两	六成色金连链条250两		
庆嫔	4页、六成色金58两				六成色金6钱

资料来源:《清宫内务府奏销档》第111册,乾隆四十年闰十月十三日,第382—386页。

又嘉庆朝《大清会典》载:皇后金册10页,每页重18两,金钱每个重1两5钱,以八五成金为之;皇贵妃金册10页,每页重15两,金钱每个重1两5钱,以八成金为之;贵妃金册10页,每页重15两,金钱每个重1两5钱,以七成金为之;妃金册10页,每页重14两5钱2分,金钱每个重1两5钱,亦以七成金为之;嫔金册4页,每页重14两6钱2分5厘,金钱每个重1两5钱,以六成金为之。公主金册如之。亲王、亲王世子、亲王福晋金册4页,每页重15两,以六成金为之;郡王、郡王福晋银镀金册4页,每页用银14两,镀用赤金7钱9分。[1] 清宫内务府造办处档案载,乾隆二十六年,皇太后徽号工部应办金册1份,并盛册宝箱,以及镀金什件等项。照例核算需用

---

[1] 《大清会典(嘉庆朝)》卷48,第12b页。

头等赤金 18.81 两、三等赤金 182.77 两、六成色金 231.61 两。[①]

以令懿皇贵妃为例，说明不同身份与赏金成色的差异。令皇贵妃，魏佳氏，内管领魏清泰之女。乾隆十年，魏贵人晋封嫔，仪仗内应成造红缎绣曲柄伞 1 把、红缎绣宝相花伞 1 对、红素纱绣凤凰节 1 对，系制造库行文户部移取物料成造。[②]乾隆十年，工部文开娴贵妃、纯贵妃、愉妃、令嫔添做金册、大六件伞顶头等赤金 164.05 两。[③]三位妃子与一位嫔的金册、大六件伞顶仅用赤金 164.05 两，和皇后的用度差很多。[④]

乾隆二十四年，奉旨："来年为朕五十诞辰，又来年即恭值圣母皇太后七旬万寿。令妃、庆嫔、颖嫔、贵人博尔济锦氏，俱淑慎敬恭，克襄内职，宜加册礼，以宏嘉禧。令妃着晋封贵妃，庆嫔、颖嫔着封为妃，贵人博尔济锦氏着晋封为嫔。"[⑤]礼部文开恭办令贵妃金宝一颗，取六成色淡金 400 两。[⑥]该年十二月初二日，"工部制造库会同造办处成造，查册封贵妃应给金册一分、妃应给金册一分、嫔给金册一分，并盛册宝印之匣袱褥，例系臣部会同造办处成造。其贵妃、妃、嫔仪仗，会同銮仪卫成造"。

---

① 《清宫内务府造办处档案总汇》第 26 册，乾隆二十六年十月十四日《记事录》，第 630 页。

② 《清宫内务府造办处档案总汇》第 13 册，乾隆十年三月十九日《记事录》，第 529 页。

③ 《乾隆朝内务府银库用项月折档》，乾隆十年四月一日起至二十九日。

④ 礼文开奏准恭造皇贵妃金宝一颗、贵妃金宝一颗、令妃金印一颗、舒妃金印一颗，取六成色淡金 800 两。《乾隆朝内务府银库用项月折档》，乾隆十三年十二月一日起至二十九日。

⑤ 《清宫内务府造办处档案总汇》第 24 册，乾隆二十四年十二月初七日《记事录》，第 606 页。

⑥ 《乾隆朝内务府银库用项月折档》，乾隆二十四年十二月一日起至三十日。

所用头等赤金 190.77 两、七成色金 454 两、六五色金 864 两、六成色金 60.4 两。[①]

　　乾隆二十四年，晋册令皇贵妃应给金册、金宝并仪仗等项除金宝由礼部铸造，金册一份，计 10 页，每页用八成色金 15 两，计 150 两；金钱一个，用八成色金 1.5 两。又每金 1 两加耗金 7 厘，用八成色耗金 1.07 两，共用八成色金 152.57 两。再银镀金宝箱、宝池，并各箱架什件及镀金锁匙等项，共用头等赤金 11.33 两。[②]

　　乾隆四十年，令懿皇贵妃去世，其生前的金册等被熔化。总管内务府大臣派兼摄六库事务户部郎中福克进、吏部郎中本忠、福英和员外郎舒德会同该库官员眼同弹兑，俱与原册数目相符。将令懿皇贵妃八成色金册十页重 150 两、八成色金钱一个重 1.5 两、六成色金宝一颗连条总重 216 两，并银熔金宝池、宝箱、锁钥等项，照例供奉体仁阁。其余金册 6 份、金宝 2 颗、金印 2 颗、金钱 4 个、金鐅 2 个，除拆卸条总重 2.6 两外，净七成色金 206 两、六成色金 1352.72 两、四成色金 217.4 两，照例熔化归类。[③] 后妃或亲王等金册、金宝被熔化的情况相当多，譬如乾隆十三年熔化金册 26 份、重 3096 两，金宝 4 颗、重 1289 两，金印 9 颗、重 2237 两，金箱 26 个、重 5364 两，金印色盒 24

① 《清宫内务府造办处档案总汇》第 24 册，乾隆二十四年十二月初七日《记事录》，第 608 页。乾隆二十四年，工部文开恭办令贵妃、庆妃、颖妃、豫嫔金册、仪仗等项取头等赤金 190.77 两。《乾隆朝内务府银库用项月折档》，乾隆二十四年十二月一日起至三十日。

② 《清宫内务府造办处档案总汇》第 29 册，乾隆三十年五月二十日《记事录》，第 452 页。

③ 《清宫内务府奏销档》第 111 册，乾隆四十年闰十月十三日，第 382—386 页。

个、重 1875 两，金钱 13 个、重 20.5 两，金弩子 9 个、重 4.1 两，共重 13885.6 两。[①] 现在留下来的可能只有皇帝和皇后的金宝、金册。

三　制作金册、金宝

根据郭福祥的研究，成造后妃金宝、金册的单位很多，如内务府造办处、礼部、工部、户部、内阁、翰林院、光禄寺、钦天监等。由礼部依据成例，奏报所要制作的宝印，征得皇帝的同意，然后由造办处用纸、木、绢或蜡制成印样，手写宝文，呈请皇帝御览。皇帝钦定后，再由礼部主办者发印样于铸造机关，依照印样铸造或镌刻。宝印铸造一般由造办处完成，包括钮制、整形、磨光、兑验等程序。之后，将铸造好的印体存入广储司银库以待镌字，由钦天监依照黄历选择镌字吉时（图 5-5、图 5-6）。[②]

辨识金子成色

金子是贵重金属，自古以来就有许多辨识金子成色的方法。用试金石辨别金子的成色，宫廷有专有名词，叫"磨验"。如乾隆四十一年，总管内务府奏准："礼部奏准将朝鲜国王旧金印一颗，委员交送，照例办理等因前来。臣等随令该库官员眼同礼部所委郎中施朝干等将送到之金印弹兑重二百五两，磨验系

---

① 《清宫内务府造办处档案总汇》第 16 册，乾隆十三年四月《镀金作》，第 59—62 页。

② 《清宫内务府造办处档案总汇》第 18 册，乾隆十六年十月十一日《记事录》，第 398 页。

图 5-5 荣惠皇贵妃之宝

资料来源：故杂 007864，台北故宫博物院藏。

图 5-6　宝玺蜡样

资料来源:《宫廷与地方:十七至十八世纪的技术交流》，第 207 页。

八成色金。理合奏明，照例交该库镕化归类可也。"[1] 此内容提到要磨验之前有"弹兑"重量的步骤。宋应星的《天工开物》载:"凡金质至重，每铜方寸重 1 两者，银照依其则，寸增重 3 钱。银方寸重 1 两者，金照依其则，寸增重 2 钱。"[2] 这是依照重量来区分金、银、铜。

　　磨验则由专门的金匠执行。《军机处录副奏折》载:"具结金匠张福安，今结得署理陕甘总督林委员解到马莲井、沙洲二金厂，道光二十五年分收获正课金 144 两、撒散金 14.4 两。磨验得系七成金，所结事实。"[3] 张福安究竟是宫廷的金匠还是工部的金匠并不太清楚。根据档案的记载，乾隆年间辨识

① 《清宫内务府奏销档》第 116 册，乾隆四十一年十二月二十七日，第 474 页。
② 宋应星:《天工开物》，据明崇祯十年（1637）初刻本影印，上海古籍出版社，1988，第 964 页。
③ 《军机处录副奏折》，道光二十六年三月，档案号:03-0747-002。

金子的工匠通常出自内务府，嘉道以后则常由工部的工匠来辨识。杨丙雨探讨中国历史上试金石鉴定金银方法发现，将物料放在试金石上磨道，在条痕一端滴上硝酸，片刻后揩去硝酸，纯金颜色不变；含金低者颜色变浅；颜色消失者表示无金的成分。[①] 西方磨验也有类似方法。第一步将待测物品在坚硬、抗酸蚀及轻度上油的试金石上磨道，形成长 2—3 厘米、宽 3—5 毫米均匀分布的刻痕。接下来拿与待测物品成分类似的标准色金（通常为触针），用同样的力气在试金石上磨道，而形成的刻痕大小应尽量近似先前磨待测物产生的刻痕。之后就用适当的酸液（依需求使用硝酸或王水）沾湿试金石表面，此酸液会选择性攻击贱金属（base metal）及银。待金属刻痕与酸液化学反应完全，再使用过滤纸擦拭刻痕。此时就有可能利用肉眼分辨其纯度的差别，因酸液攻击情形与色金纯度相关，被冲洗后刻痕的颜色就能直接对应色金的纯度。愈纯的色金，愈不受酸液影响，低纯度色金则会大量溶解于酸液。[②]

再者，已经做成器物的物品则利用对牌的方法来检验。杨丙雨提到，金对牌也称金针，是一系列已知含金属的小金条。金对牌是用金和银按比例制造的，对牌上注明金和银的不同含量。金对牌就是检验黄金纯度的标准。[③]乾隆三十五年四月，库掌四德、五德呈交朝珠上金累丝背云掐宝盖 4 件，系乾隆十三年至二十二年陆续配做九成金背云掐宝盖 3 件、重 5.8 钱，八

① 杨丙雨：《试金石及其对贵金属的磨试》，《贵金属》1985 年第 2 期。
② Walo Wälchli, "Touching Precious Metals," *Gold Bull*, 14:4 (1981), pp. 154–158.
③ 杨丙雨：《试金石及其对贵金属的磨试》，《贵金属》1985 年第 2 期。

成金背云捎1件、重2.2钱。以库贮对牌考验成色，原领之九成金只足八五色，八成金只足七五色。随询缘由，据该作人员禀称，凡做累丝活计必用焊药成做，重加熔化，金色不免稍低等语。乾隆帝谕旨："累丝活计虽用焊药，金成色如何低了，原监视之人不小心被匠役偷去。嗣后凡做金活计之时，将原领何色金做成活计之后，务用对牌按原领金色查对，相符再行呈进。"此事责罚原监视之员漫不经心，被匠役从中蒙混窃取，以致成色稍低。该监造催长宝广、副催长宪德照数赔补。一个月后，库掌四德、五德将金背云捎3件、宝盖1个熔化，得九成金8钱。① 这个案件说明乾隆帝对成做器物的成色严格把关，一旦不符合规定，即处分管事的催长和副催长，以避免匠役偷斤减两。②

平余金

负责制造的匠役和官员分用金子的事情相当多。譬如乾隆三十年，太常寺查出配位香炉的重量短少65两，工部员外郎德尔格供称："从前由户部领出金子原本比制造库平每两有三分盈

---

① 乾隆十三年发生匠役在金子中偷掺铅土案，总管内务府大臣三和调查雍正十三年制作的金八件，将伞顶龙头等项用库平逐件弹兑，共重1151.74两，较之原领数目少金50.26两。又经造办处熔化时倾销出金釉17.8两，折耗金2.64两。伞顶龙头内倾销出沙土7.4两，以上共短少金78.1两。查从前承办金八件时，该司员等曾缴余金8.20两，准其抵销外，仍短少九成金35.91两、六五色金33.99两。三和查得短少金两系匠役在金子中偷掺铅土，请将该匠役查明交部从重治罪，而承办司员并不细心料理，各该堂官亦未经查出，应将短少金两照数着落该堂司各官按三七分赔，仍交造办处查收。《清宫内务府造办处档案总汇》第33册，乾隆三十五年正月《金玉作》，第384—385页。

② 《清代内阁大库原藏明清档案》，乾隆十三年二月初五日，档案号：025897。

余，匠役们说向来承办金器平出余金，除打造折耗并匠役饮食及太常寺交收使费外，都是本衙门承办官役，大家分用。彼时领金五百余两，所余之金约有十六七两，除了打造折耗并匠役饮食及太常寺交收使费，苏瞻、哈山分了三两多金子给我，说是我应分的平余。苏瞻还说：'这是匠人包造包交的，若是数目不足，被太常寺驳了回来，匠人们还要从新另造。那时我就听着匠役门拿到太常寺交收，太常寺点明件数，并未指驳就给回文。'"

德尔格误信匠役"包造包交"，以致亏短金 65 两。司库博和里供称："从前乾隆十二年本部派我同成宁承办补造炉盖香靠，由内务府领金一百三十余两，用制造库平子平兑多出金四两九钱，除去匠役们分用饭食、太常寺书役使费，剩的金子，我同成宁各分用了一两三钱是实。"[1] 乾隆二年由德尔格负责成造，十二年博和里补造的炉盖均有亏短分两。又太常寺赞礼郎伽蓝保接收亏短分两祭器，并不弹兑分两，遽行接收，显系瞻徇情面，罚俸 9 个月。[2] 金子为贵重金属，为避免匠役成做时短斤少两，乾隆帝特别要求弹兑重量和用试金石磨验成分。

令贵妃的案例

平余金的案件不仅太常寺有发生，乾隆二十九年户部尚书阿里衮查出制造令贵妃仪器案件，銮仪卫官员、匠役分取银两。这个案件引起了乾隆帝的重视，派大学士阿桂调查，除了得知成造此次仪仗的金银短少，还查出过去銮仪卫所造仪器短少。

---

① 《清代内阁大库原藏明清档案》，乾隆三十年二月，档案号：020833。
② 《清代内阁大库原藏明清档案》，乾隆三十年二月，档案号：203380。

事因乾隆二十四年册封令贵妃，二十九年銮仪卫办理令贵妃仪器重贴金叶，该衙门从内务府银库领金891.3两，在工部制造库却只弹兑出金875.3两，计短少金16两。又，制造库贮金两原应存四成色金301.25两，竟然分厘无存。^①制造库匠头佟廷杰供称："二十五年制造金器余剩之金，实系制造库銮仪卫官员易银均分，其补钉金叶系因现在补造令贵妃仪器尚未竣工，暂将所领之金挪移补钉。"据銮仪卫冠军使祖学功供认，乾隆二十五年銮仪卫衙门派伊等会同监造仪器，原有平余金27两，銮仪卫官役分金13.5两，易银108两，官役分用属实。温哲浑、达启善亦俱供认实有分用银两之事。因为旧存的金被分用，以致匠头佟廷杰重贴金叶时，得到祖学功许可挪用新领的金子。

佟廷杰是领催也是匠头，重贴令贵妃仪仗。他供称："本年制造金器所领之金亦有平余二十九两六钱，銮仪卫监造官马寔、刘淳分去十三两。又因外雇匠役需费，用去金六两六钱。余金易换银两系工部监造官四人分用。内因葛忠额曾借伊银十五两，德禄曾托伊代买首饰，该价银十九两零，伊即将此项坐扣。永柱、那尔布俱各收受银十七两五钱。"监造仪器之銮仪卫冠军使马寔供称："伊家人佛保等曾分收过旗头交送银三十两，经伊查出退还，刘淳供认收过旗头银三十两，旋因畏惧退出。"旗头大概也是匠役。旗头张元伟等七人口供："各分用银五两。"^②旗头七人分用银35两，田贵、张彭年、苏兆俊、木逢春亦曾向佟廷

① 《清代内阁大库原藏明清档案》，乾隆二十九年十二月十九日，档案号：079960。

② 《清代内阁大库原藏明清档案》，乾隆二十九年十二月二十二日，档案号：147602。

杰等借银。工部郎中葛忠额供称："并未借过佟廷杰银两。"但质讯伊经手家人杨五，供认伊主曾令他向佟廷杰借银属实。司库德禄供称："虽有令佟廷杰代买首饰之事，价银业已偿还。"笔帖式永柱、库使那尔布俱供并未分受银两。[1]

此案除领催佟廷杰交送刑部严审外，工部司员与銮仪卫官员相互通融，在阿桂查办官员侵用金时，将库贮之金窃出填补，以备盘查。[2]工部咨行内务府估计其应赔之数，除各员家产抵变外，按照市价每金 1 两赔交银 10 两，共计银 1960 两，如数缴存即慎库入于新收项下。至制造库库贮金两实短少四成色金 18.25 两，按市价每金 1 两作银 8 两，计算银 146 两，业经工部等先行赔补清项。此案引发制度上的改革，"嗣后凡有应办仪器一切金银器皿，先行拣派妥员会同监造之员，将所需金两赴内务府弹兑，明确归入制造库库内收贮。其办造之时查明应办金银器皿件数，分两逐件陆续发交分造，早发晚收不得存贮匠作厂内，致生弊窦，并于成造之后将每件成色分两镌入各金银器皿底面，以备稽考，以昭慎重"。[3]

因为佟廷杰的口供提到乾隆二十五年官员分平余银，冠军使祖学功供称平余金 27 两，銮仪卫官役分金 13.5 两。其余的 13.5 两，据李景韶、图克善供称，伊等俱于乾隆二十五年同案会造仪仗金器原有平余金 27 两，伊等銮仪卫会官二员共分金 13

[1] 銮仪卫冠军使马寉、云麾使刘淳，工部郎中葛忠额、笔帖式永柱、司库德禄、库使那尔布被革职，以便彻底究审。《清代内阁大库原藏明清档案》，乾隆二十九年十二月十九日，档案号：079959。
[2] 《清代内阁大库原藏明清档案》，乾隆二十九年十二月二十二日，档案号：147602。
[3] 《清代内阁大库原藏明清档案》，乾隆二十九年十二月，档案号：185501。

属实。[①] 除将审明分受平余金两之李景韶、图克善、王启恕，遵照原奏依律拟以准徒五年。图克善系满洲，照例枷号鞭责。李景韶、王启恕系汉军，俱札发顺天府定驿充徒。并将各案所短金两在李景韶、图克善、王启恕及与伊等同时承办已故各员家属名下照数赔还。[②] 虽然宫廷有准确的检测金子的方法，制造过程的陋规还是让各部院的官员和工匠们上下其手，偷窃金子。

四　北京的银楼

养心殿造办处匠役等所食钱粮例有四等。头等每月给食钱粮 12 两，二等给食钱粮 6 两，三等给食钱粮 5 两，四等给食钱粮 3 两。但有大量活计需外雇工匠成做。乾隆三十八年，总管内务府大臣奏称，衙门所属七司三院各库各作茶膳房，并各等处及太监他坦共 273 处。各处初送到应给腰牌人 11152 名。大臣拟定必须佩带腰牌书吏、苏拉、匠役、厨役等项人役共 3765 名。令臣等分别衙门处所注写花名、年岁，汇总造册二本钤用封印信，一本存留臣衙门；一本咨送景运门，该班护军统领以备查封。内务府所有做活外雇匠役，每日出入禁门各按作厂，除派带匠柏唐阿、领催赴门各递报单查明数目带进外，散工时仍令带出，将报单掣向相应移咨景运门查照办理。[③]

管理工匠进出宫门的是柏唐阿、领催等。中国第一历史档

---

① 《清代内阁大库原藏明清档案》，乾隆三十年三月，档案号：082018。
② 《清代内阁大库原藏明清档案》，乾隆三十年三日，档案号：082018。
③ 《清宫内务府造办处档案总汇》第 36 册，乾隆三十八年《行文》，第 820—821 页。

案馆藏有造办处应领腰牌人名册，其中一份没有写明时间的档案记载：领催13名、匠役242名、效力匠役113名、苏拉17名、占用披甲1名、外占匠役17名、南匠25名、招募匠13名、书役5名、厨役24名、水夫1名。每位人员名字下有旗籍或籍贯、年岁、相貌等信息。[1] 这份档案记录匠役约453名，数量不少，故建立一套匠役管理制度有其必要性。

又《总管内务府现行条例（广储司）》载："宫内遇有大项工程，不得不传用民匠者。臣等拟令承办监督等，多委可靠工头，令该工头等于素日熟悉之民匠内，择其安静本分者传用，并拟于承办监督监修外另委司员于过门日，将民匠等按名发给腰牌，先令该监督、监修等在外搜查，复令派出之司员等在内点验，仍按十名一起，派官一员带领进内。由殷实之家担任夫头，招募的工匠取具甘结，进入宫廷给腰牌以便稽查。"[2] 由"殷实之家"担任夫头招募来的工匠，若有失窃案件，夫头会被连带处分。殷实的夫头也可能是金店或银楼的老板。清代实施铺保制度，凡是用人必须有铺保出具甘结。根据周锦章的研究，从北京的史料看，早在明朝年间的行业碑刻中就有多种商业铺保的说法，如铺保、庙保、中保、具保人等。北京的商号或作坊为了降低经营或生产的成本，大量招收学徒。学徒由可靠的熟人举荐，多数情况下举荐人即是铺保，对学徒的一切行为乃至人身向雇主负责。[3] 在恰克图贸易的晋商，商号所雇用的学

---

① 《清代谱牒档案》第194册，中国第一历史档案馆发行微卷，1984，微卷A字号，案卷册号：人2708／腰508。

② 《总管内务府现行条例（广储司）》，第58—61页。乾隆元年规定："管工官分饬各属，择朴实有身家者点为夫头，各将召募之夫取具甘结存案。其夫役每人各给火烙腰牌一面，稽查出入。"《大清会典事例（光绪朝）》，第881—882页。

③ 周锦章：《论民国时期的北京商业铺保》，《北京社会科学》2011年第3期。

徒亦需店铺作保。①

　　潘荣陛的《帝京岁时纪胜》记载，乾隆年间金银宝饰商号有敦华楼、元吉楼。② 清宫藏有商号制作的首饰，如台北故宫博物院馆藏的首饰有元吉楼商号戳记（图5-7），可能是宫廷向商号采买或者定做的。该院编号"故杂006235"的清银镀金行龙簪（图5-8）的解说词曰："金累丝制成五爪蟠龙，爪下嵌珍珠两颗，龙飞翔于点翠流云纹上，精巧生动，银铤上有戳印'敦华'。"金银为贵重金属，商家必须标明成色、重量，烙上商号戳记代表其质量纯正、信用可靠。③ 鹤侣的《逛护国寺》写道："有个首饰棚子我歇歇再走，铺坐褥掌柜的如同见了财神，他说我要可着院子定打一分天棚架，桡柱□檩俱要镀金，席片子上面点软翠，你快打算通共该用多少纹银，元吉楼明知是打落（奚落），微冷笑。"④ 乾隆年间的元吉楼道光年间仍存在，位于护国寺内。护国寺与隆福寺为北京两处著名东西庙市所在，《都门杂咏》曰："东西两庙最繁华，不数琳琅翡翠家。"⑤

　　另一家护国寺内著名的银楼为宝华楼。光绪三十二年，农工商部奉旨创办京师商务总会，金银号商会董事王福清、李永荃捐经费京足银400两，首饰行商会董事杨茂枝、安厚斋、高□、姚子厚、翟心亭、李子清、郭世五、李玉波、徐程九捐经费京足银100两。安厚斋为宝华楼的董事。⑥

---

① 赖惠敏：《山西常氏在恰克图的茶叶贸易》，《史学集刊》2012年第6期。

② 潘荣陛：《帝京岁时纪胜》，第41—42页。

③ 参见故杂006235、故杂006236，台北故宫博物院藏。

④ 鹤侣：《逛护国寺》，首都图书馆编《清蒙古车王府藏曲本》第3册，第304函。

⑤ 徐永年增辑《都门纪略》下册，第555页。

⑥ 李华：《明清以来北京的工商业行会》，李华编《明清以来北京工商会馆碑刻选编》，第11—14页。

图 5-7　乾隆朝元吉楼制作之金镶玉菊花顶簪

资料来源：故杂 008493，台北故宫博物院藏。

图5-8　敦华楼制作之银镀金行龙簪

资料来源：故杂006235，台北故宫博物院藏。

　　安厚斋（1861—1946），原名安会，字迪生，京兆香河县梁家务乡岭子村人。1876年，他到北京学做金银首饰，后入护国寺西廊宝华楼当伙友。他手艺超群，更兼精明练达，因而在宝华楼的地位日高，并结交了权贵阔人，甚至宫廷大臣和慈禧。1898年，宝华楼大掌柜故去，慈禧做主把宝华楼给了他，从此富比王侯。1904年，安厚斋任京兆候补同知，1910年任国内博览会执行委员，1911年至1912年参加工业考察团赴日本参观，回国后以京师总商会代表身份参加北京政府召开的全国会议。1914年，他任京师总商会会长、顺直省议会议员。卸任总商会会长后，其担任北京金银首饰业同业公会主席20余年。宝华楼长期制造宫廷首饰，在清朝灭亡后仍使用首席皇家制造商的招牌，在北京大肆扩张。1914年的《新北京指南》载，宝华楼在劝业场二层楼北首。再据1920年的《实用北京指南》，宝华楼店铺分布于正阳门外排子胡同、廊房头条胡同、护国寺街路北、大栅栏（图5-9）。①

　　安迪生所制首饰式样新颖、工艺精湛，深得慈禧的喜爱。台北故宫博物院金银器藏品中亦可见到宝华楼的作品（图5-10、图5-11）。安迪生在景泰蓝工艺基础上创造出新烧制法，名为宝华蓝。其制作的各种勋章、奖章及炉、瓶、钟、鼎等精美绝伦，畅销许多国家。1916年，宝华楼送8件制品给农商部鉴定，该部给予褒奖状："查所制宝华蓝各种物品，经本部详细审查其雕工及配色，颇为精致，应按照暂行工艺品奖章给予褒状，以示

---

① 　撷华编辑社:《新北京指南》，第154页；徐珂编《实用北京指南》，第六篇。

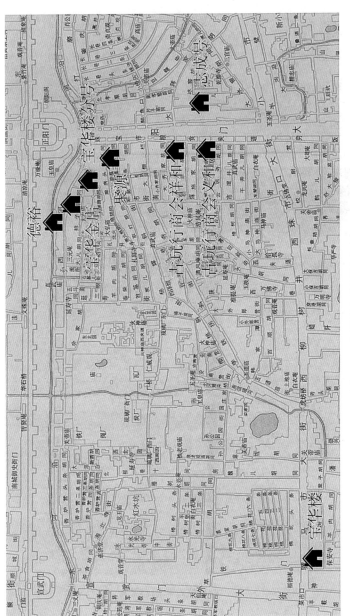

图 5-9　宝华楼在外城的分布

说明：吉林师范大学副教授许富翔绘制。
资料来源：徐苹芳编著《明清北京城图》，上海古籍出版社，2012；清代图书、碑刻。

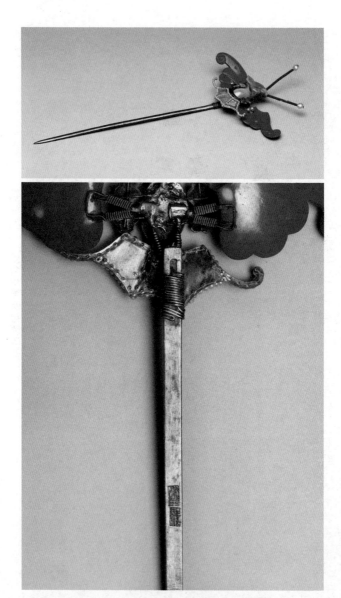

图 5-10　珊瑚翠玉嵌珠蝙蝠簪及局部

资料来源：故杂 008592，台北故宫博物院藏。

图 5-11　笙形坠饰

资料来源：故杂 004153，台北故宫博物院藏。

鼓励。"①

再者，制作内务府首饰的银楼许多由浙江商人开办。北京青云胡同内有西金行会馆，是金业的行业会馆。该馆内原存康熙三十六年《金行公会碑》，证明康熙时期金业已经规模化。更为著名的康熙六年北京正阳门外西河沿成立的正乙公祠为银号会馆，由绍兴旅京商人开办。后来是北京银号和金店业的行业会馆，祠内有康熙五十一年《正乙祠碑》、同治四年《重修正乙祠碑》。②宣统二年的《都门会馆》载正乙公祠"银号公立，在西河沿中间路南"。③其中收录乾隆五十七年兴修、监修各号姓氏，有天吉号冯大亨、周凤岐等。同治四年重修、监修各号姓氏，有元成号徐宝忠、祥和号刘延龄，应与制作宫廷首饰的银号有关。

北京著名的钱庄四大恒始于乾嘉之际，皆浙东商人（宁绍人居多）集股开办。四恒号皆设于东四牌楼附近。恒和号在牌楼北路西，恒兴号在隆福胡同东口，恒利号在路东，恒源号在牌楼东路北。④咸丰三年，清廷要向北京账局借款，福建道监察御史宋延春奏陈："臣访闻得京师行帐局共计百十余家，各商本银约有一千数百万两。兹谨将成本较多各字号另缮清单恭呈御览。现在各商虽有收银，回籍者闻亦不过十之二三，其余大半仍留京城，应请饬交户部一并查明传集劝谕。至该商等向来放银交易盈

---

① 《文牍·批文：批宝华楼安迪生所制宝华蓝准给予褒状由》（第五六二号三月二日），《农商公报》第 2 卷第 9 期，1916 年。

② 李华：《明清以来北京的工商业行会》，李华编《明清以来北京工商会馆碑刻选编》，第 11—14 页。

③ 徐永年增辑《都门纪略》下册，第 374 页。

④ 北京市档案馆编《那桐日记（1890—1925）》（上），新华出版社，2006，第 134 页。

千累万，皆由领本商伙经理，无庸知会铺东。此次筹借要需，该商等既有现银在京，不得以远询铺东为词致滋延宕，而部臣等值此筹饷孔亟之际，谅不致以窒碍难行，借词推诿。"①这份档案附上了202家山西账局名称。但到了同光时期，浙江的银号取而代之。丁宝铨是光绪十四年举人，次年联捷进士，在吏部文选司行走。他的书信提道："弟前在京师十余年，初入都时，京中巨室大家银款均存西号，嗣渐为四恒号所夺。自四恒亏折，一切生意自应复于我晋号。"②京师著名钱庄首推四恒，成本之巨、往来之多向为九城各钱庄之冠，势力超过晋商，但因胡雪岩的阜康银号倒闭受到波及。左都御史延煦奏称："京师自本月初四日后，因阜康银号关闭，人心摇惑，市井哗然。始则东四牌楼'四恒'字号钱铺被人拥挤，幸而各该铺素称殷实，又经顺天府等衙门出示晓谕，始稍平静。"③

有趣的是清光绪年间，恒利号成做的金盆现藏于台北故宫博物院的共有8个（图5-12），解说文字载："盘口，竖边，浅壁，平底。银胎镀金，光素无纹。器底錾刻直向'光绪癸卯年制'二行六字楷款及楷书'恒利银号造京平足纹'。"这8个金盆各重90.2两，镀金7.21两；重90两，镀金7.2两；重90.2两，镀金7.2两；重88.5两，镀金7.8两；重90.7两，镀金7.25两；重92.7两，镀金7.41两；重84.3两，镀金6.74两；重89.2两，镀金7.13两。④《皇朝礼器图式》规定了折盂的尺寸、金的成色，到清末只能用镀金的。

---

① 《宫中朱批奏折·财政类》，咸丰三年六月二十九日，档案号：1386–028。
② 中国人民银行山西省分行、山西财经学院《山西票号史料》编写组编《山西票号史料（增订本）》，山西经济出版社，2002，第396页。
③ 《山西票号史料（增订本）》，第197—198页。
④ 恒利银号成做的金盆，参见故杂001735、故杂001742，台北故宫博物院藏。

图 5-12　恒利银号制作的金盆

资料来源：故杂 001735，台北故宫博物院藏。

　　恒利号不仅帮内务府制作金银器，还大量贷款给内务府。光绪二十年，恰值慈禧 60 岁生日，内务府需款甚多，向银号借贷。该年内务府欠恒利号 254095.84 两，欠泰元号 5405.6 两。光绪二十一年，内务府又向恒利号借 729194.6 两、向泰元号借 97604.04 两。同年内务府归还恒利号 942850.84 两，归还泰元号 102232.62 两。[1] 光绪三十年，内务府原欠恒利号 349121.92 两，归还 75000 两，尚欠 274121.92 两。同年，内务府结欠恒利号 210000 两。三十一年，内务府借恒利号 910715.35 两，归还 880417.98 两，欠 30297.37 两。内务府原欠泰元号 86454.92 两，光绪三十一年提用另存归还泰元号 9600 两；三十年借用欠交内帑代还恒和号 75600 两（表 5-5）。[2]

表 5-5　内务府向恒利号借款情况

年份	借欠银（两）	还银（两）	尚欠银（两）
光绪二十年	885015	630919	254096
光绪二十一年	729194.6	942850.84	
光绪二十二年	112599	848770	
光绪二十三年	1370918	1229516	
光绪二十六年	599121		
光绪二十七年		250000	
光绪三十年			210000
光绪三十一年	910715.35	880417.98	30297.37
光绪三十二年	973417	901709	

[1]　《清宫内务府奏销档》第 284 册，光绪二十一年二月十二日，第 198—222 页。

[2]　滕德永：《清季内务府与北京银号借贷关系浅探》，《北京社会科学》2013 年第 5 期；《清宫内务府奏销档》第 292 册，光绪三十一年十二月二十四日，第 249—251 页。

续表

年份	借欠银（两）	还银（两）	尚欠银（两）
光绪三十四年	1103592	1145107	
宣统元年	1197490	1089057	

资料来源：《清宫内务府奏销档》；滕德永：《清季内务府与北京银号借贷关系浅探》，《北京社会科学》2013 年第 5 期。

内务府向银号借贷不仅日趋频繁，几乎每年都有借贷，而且款项数额居高不下。至光绪二十三年，内务府借款更是达到170 余万两，而该年内务府的总支出为 190 余万两。换言之，近九成的经费来源于借贷。

官员向恒利号借钱的资料也不少，那桐在日记中记载了借钱和利息的情况。光绪二十年："今日代兴隆在恒利钱铺借京松三千金，代祥茂借七千金，余与魏代耕画押作中，一分行息。"[1]"今日托广兴借恒利京松一千两为点景事，交正斋、玉如，交泉涌兴五百两为定银，本日所借恒利已于五月初一交代耕还讫。"[2]此处提到点景，是慈禧效仿乾隆时期崇庆皇太后庆生活动，从西华门至颐和园点设景物，共分 60 段，内城 27 段，自西华门至西直门；外城 33段，自西直门至颐和园东宫门，每段需 4 万两，共需 240 万两。内城点景经费来自中外臣工报效养廉银和俸饷；外城由宗室王公并在京各衙门及地方督抚报效。[3]清末盐商财力衰微，无法承担点景布设工程，而王公官员尽管在咸丰年间实施俸饷减半，仍须由俸廉银

---

[1] 《那桐日记（1890—1925）》（上），第 143—144 页。

[2] 《那桐日记（1890—1925）》（上），第 144 页。

[3] 李鹏年：《一人庆寿　举国遭殃——略述慈禧"六旬庆典"》，《故宫博物院院刊》1984 年第 3 期。根据档案，宗室王公、京内各衙门、各省督抚与将军等文武官员报效庆典需 1214100 余两，报效点景需 1767400 余两，两款共计 2981500 余两。

中按二成五厘扣缴，真是"一人庆寿，举国遭殃"。

1900年，北京失陷，商家受到严重波及。光绪二十七年，德国参赞葛尔士十月初八日照会："接准照称，准顺天府文称，查义和永、德和永商号前借四恒银号共计银三万两，库存券据遗失，应发给谕单，出示晓谕，咨部立案，并请通行照会各等因，并附送抄单一件前来，当将抄单交驻华德国领事官收阅，除饬该领事将此意转示德国商民一体知悉外，相应备文照复贵大臣等查照可也。"①光绪二十八年，"四恒银号及各钱店突尽关闭，因而内外城当铺数百家一时停止过半。百物昂贵，市面萧索，贫民执一纸之票，无处易钱；持一袭之衣，难以易粟"。②然而，民国初年的北京城市指南仍有恒利银楼的资料。1914年的《新北京指南》指恒利金店在东四牌楼头条，1923年的《北京便览》指恒利金店在东四牌楼北大街。③这两处是否为同一家金店并不清楚，可看出恒利金店扩张不如宝华楼来得快。

成做宫廷首饰的还有志成楼、天吉楼、义和楼、聚珍楼、聚源楼、德华楼、德裕楼、鸿兴楼等（图5-13），日后有机会还可继续研究。

＊＊＊

紫禁城宫墙高耸、戒备森严，让人看起来帝王和百姓距离

---

① 《义和永等商号前借四恒银两券据遗失当由领事官转示德国商民知悉由》（光绪二十七年十月十一日），总理各国事务衙门档案，"中央研究院"近代史研究所档案馆藏（下略），档案号：01-14-029-05-008。其中德和永借到恒利号15000两，义和借到恒利号15000两。光绪二十七年十月初九日档案号：01-14-029-05-007。

② 《山西票号史料（增订本）》，第227页。

③ 撷华编辑社：《新北京指南》，第124页。

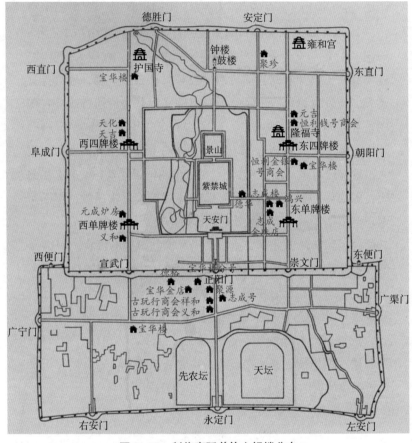

图5-13 制作宫廷首饰之银楼分布

说明：吉林师范大学副教授许富翔绘制。

资料来源：徐苹芳编著《明清北京城图》，上海古籍出版社，2012；清代图书、碑刻。

遥远，但从宫廷的金银器可以发现高墙内外互通的频繁。每逢皇帝祭天、祈谷、常雩时，他的大驾卤簿及后妃的仪仗光彩夺目。卤簿中的金炉飘出阵阵沉香，人们能闻到宫廷奇特的香味。

再者，清宫后妃等级分明，她们得像士人参加科举考试一样力争上游，其头衔上加"贵""皇贵"才能享用金银器，否则只能成天与铜、锡器为伍。咸丰年间光景不再，凡事力崇节俭，后妃也只能用铜镀金、银器等。

从技术层面来说，金属于贵重金属，鉴定成分很要紧。除了依循传统的试金石技术，还有对牌的方法。尽管如此，制作金宝、金册需经过工部制造库、銮仪卫等，各单位砝码不一，所以制造的匠役和官员常分用平余金，形成一种陋规。乾隆三十年查出官员和匠役成做金银器的漏卮。此陋习的存在促使晚清时期在西河沿设立北京首饰行会馆，立首饰行规约以确保金银成色。[①]

乾隆年间大量制作金银器，内务府工匠不敷使用，从宫外雇用工匠。这些工匠把式样带到城市的珠宝店中，仿制宫廷时兴的珠宝。满洲贵族妇女之首饰镶嵌金玉珠翠，极为精巧。乾隆年间出现金银宝饰的敦华楼、元吉楼，道光时期银楼分布在护国寺、东西四牌楼、大栅栏、珠宝市、西河沿、琉璃厂等地，不少银楼开了分店。最重要的是银楼不仅做首饰，还经营钱庄、银号，如恒利号向内务府借贷了大量银两。

民初徐珂编的《实用北京指南》载："器物则金银制造，为护国寺街之宝华楼。嵌银丝铁制造，为草厂头条之奇古堂。古铜仿造，为打磨厂板井胡同之义泰永。景泰蓝，为王府井大街之老天利、灯市口之德昌号、打磨厂之德兴成。珍珠碧犀首饰，为灯市口之德昌号。翡翠雕制，为护国寺街之宝华楼。白

---

① 方裕谨：《宣统二年京师外城巡警总厅抄送各商行规史料》，《历史档案》1995 年第 4 期。

玉雕制，为琉璃厂之德宝斋。镌刻晶石印章，为广安门内教子胡同之裕源厚。套色料器，为廊房三条胡同之德兴涌。"[1] 可见民国时期北京的首饰银楼承继了清朝宫廷的技艺，仍生意兴隆。

---

① 　徐珂编《实用北京指南》，第六编，第 1 页。

第六章　清宫的镀金器

近年来清代如何统治广大疆域的不同族群受到历史学界的重视。热河普陀宗乘之庙复制西藏拉萨布达拉宫的构造，以及热河成为蒙古新的宗教中心就是一个很好的文化统治案例。本章借由乾隆朝宫廷镀金工艺，探讨内务府如何管控技艺、宗教、资源及知识，从而与藏族有密切的文化联结。

建造藏传佛教寺庙需要大量的铜佛像及铜屋瓦，让铜器镀金以使寺庙更显庄严尊贵就变得至关重要。镀金旧称鎏金，大约始于战国时代，是中国两千多年来一直沿用的传统镀金方法，留存至今的鎏金器物以清代最多，如故宫御花园、乾清宫的鎏金铜兽、铜缸，雍和宫的铜佛像等。[①] 对鎏金工艺的研究相当多，如温廷宽、梁旭东、刘万航、吴元康等人的研究。[②] 北京钢铁学院冶金史组吴坤仪撰写的《鎏金》一文提到，从西汉到

---

① 温廷宽:《几种有关金属工艺的传统技术方法》,《文物参考资料》1958 年第 3 期。

② 温廷宽:《几种有关金属工艺的传统技术方法》,《文物参考资料》1958 年第 3 期；梁旭东:《中国传统的鎏金技术》,《材料保护》第 3 卷第 1、2 期，1990 年。类似的研究有刘万航《金银装饰艺术》，台北:"行政院"文化建设委员会，1989，第 26—28 页；吴元康、储荣邦《鎏镀:中国古代发明的一种在材料表面上镀金属的技术》,《涂装与电镀》2011 年第 1 期；吴元康、储荣邦《鎏镀:中国古代发明的一种在材料表面上镀金属的技术（续完）》,《涂装与电镀》2011 年第 3 期。

清代的鎏金器物，测得显著的金、汞镀覆于铜器之上，并探究了鎏金的工序。[①] 本章进一步厘清清宫系统化取得金、汞、铜的方式，以及其如何满足清宫对于制作大量铜镀金器物和建材的需求。

金作为镀金最重要的材料，主要通过"任土作贡"获得，此制度在中国有悠久的历史。汉代土贡从赋税中分离出来，此后各朝皆有土贡制度，至清代土贡制度更加完备。何新华在《清代贡物制度研究》中提到，各行省土贡系向户部、工部交纳贡物。[②] 该书并未讨论贡物缴交内务府的部分，本章利用《内务府银库进项月折档（乾隆朝）》《内务府奏案》探讨雍正元年至乾隆六十年各地贡金，以及金子贮藏的数量。

另外，清宫铜镀金的铜大量从日本进口。清朝开放海禁后，日本红铜输至中国的数量急遽增加。本章统计《内务府广储司银库用项月折档》中每月铜的进出数量，可知宫廷制作铜镀金用铜数量不少。另外，通过文献得知镀金所需的水银为广州输入的商品之一，本章将利用《东印度公司对华贸易编年史（1635—1834）》一书讨论水银进口数量。

历史学者研究中国金属工艺，常引用明代宋应星的《天工开物》，但是清代造办处的材料认知和制作方式都比《天工开物》更详细、复杂，例如宫苑则例记载镀金中水银为金重量之7倍，另外金的纯度、铜板焊接使用的焊药及器物表面抛光液配方等都有明文规定。

清宫档案中常见"红铜鉊钑镀金""红铜台撒镀金""红铜

---

① 吴坤仪:《鎏金》,《中国科技史料》1981 年第 1 期。

② 何新华:《清代贡物制度研究》, 第 23—39 页。

胎钑镀金"字样，这些工艺显然不是用于铸造铜器，而是将铜板（皮）背面敲打成形，做出凸浮雕的效果，是中国西藏和尼泊尔地区特有的工艺。[①]温廷宽曾讨论胎钑技术，称其为"收抛活"，就是在铜板錾好图样，经过烧锻后即开始锤打，锤打铜板即是收抛活最重要的技术。清代在北京建造雨花阁、宗镜大昭之庙，以及热河建造普陀宗乘之庙、须弥福寿之庙，也承袭了胎钑等西藏技术。再者，根据 1950 年代景德全老师傅口述，乾隆时代普遍使用胎钑法制作大型佛像，现存作品有雍和宫的大佛像等。[②]

西藏 16 世纪后制作大型佛像多采用锻打铜板制作，然后拼接组合而成。乾隆九年，尼泊尔工匠进京后将这种工艺带进宫廷。锻打铜模板制作佛像节省铜料，不过锻打难以做出手足立体而生动的效果，所以这些部位单独铸造再与佛像连接。[③]袁凯铮考察了藏族铜匠使用模具锤打成形的工艺，应该是温廷宽一文所说的"收抛活"。清宫档案中记载有收搂匠、胎钑匠，他们进行铜板锤打工作。除了探讨内务府制作镀金铜器工匠的专业分工，内务府的工匠来自哪些地区也值得研究。嵇若昕讨论了清宫里来自江南、粤海关的南匠的薪资、擅长的艺术类型等。[④]本章将讨论来自中国新疆、西藏，以及尼泊尔等地的工

---

① https://en.wikipedia.org/wiki/Repouss%C3%A9_and_chasing，访问日期：2018 年 3 月 5 日。

② 温廷宽：《几种有关金属工艺的传统技术（续）》，《文物参考资料》1958 年第 9 期。

③ 袁凯铮：《西藏传统铜佛像制作工艺的另面观察——基于清宫活计档案记录的讨论》，《西藏研究》2013 年第 1 期。

④ 嵇若昕：《从〈活计档〉看雍乾两朝的内廷器物艺术顾问》，《东吴历史学报》2006 年第 16 期；嵇若昕：《清中后期（1821—1911）内务府造办处南匠及其相关问题》，《故宫学术季刊》第 32 卷第 3 期，2015 年。

匠及其技术、薪资、赏银等。

本章首先探讨镀金材料金和红铜的来源，其次讨论工匠的组织，最后讨论清宫镀金繁复的技术，并探讨寺庙金顶、佛像之实例，强调清宫通过驻京喇嘛获得镀金技术。

一　清宫镀金材料的来源

本节将讨论乾隆年间金子、红铜和水银的来源。金子的部分，康熙年间只有安南进贡。乾隆朝收复新疆后，贡金来源包括新疆、甘肃、云贵的贡金及外国进贡等。又，之前的朝代采用银镀金，清朝则大量用铜镀金。为了让镀金的质量更佳，采用纯度较高的日本洋铜，以下分别讨论镀金的材料。

关于宫廷的金子

根据内务府奏案，康熙六十一年内务府银库所存赤金3041.47两、淡金20161.49两。雍正元年至乾隆九年，安南国进贡金两，再熔化器皿金两，以及苏尔吉等奏请入官金两并熔化首饰等项共得赤金53693.4两、淡金50987.14两；用过赤金43168.26两、淡金41601.42两。乾隆九年存赤金13566.62两、淡金29547.21两。[1] 由此可知，雍正至乾隆初年每年金子的收支平均2000余两。乾隆九年的金子分赤金头等、二等、三等，淡金分九成、八成、七成、六成、五成、四成等（图6–1）。

---

[1] 《内务府奏案》，乾隆九年九月二十六日，中国第一历史档案馆藏（下略），档案号：05-0065-021。

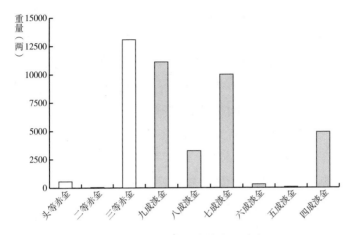

图 6-1　乾隆九年库存赤金、淡金

资料来源:《内务府奏案》，乾隆九年九月二十六日，档案号：05-0065-021。

　　内务府银库贮藏金子数量增加始于乾隆朝，尤其平定准噶尔之后，新疆等地进金成为常例。此外，藩属和外国之贡金数量增加。以下将宫廷金子的来源分为国内和国外两种。

　　第一种是来自国内各地的贡金。

　　数量最多的国内贡金由盐务而来。两淮盐政将盐商的赎罪金、盐引案之罚款缴交金子入内务府。乾隆三十三年，两淮盐政尤拔世交商人洪箴远等赎罪金 2988 两。次年，尤拔世又进造办处所需金叶 10 匣，计 5000 片，重 490 两。[①] 两淮盐引案后，盐政用欠项购买金子缴交内务府。乾隆三十五年十月，"巡视长

————————

① 《军机处档折件》，乾隆三十四年十月，档案号：010831。

芦盐政李质颖应解提引欠项银一百万两内，购办金五千两"。[①]
至乾隆五十一年，两淮盐政进金约 5 万两。[②]

清政府规定，各省金厂所产的金子需缴交户部，户部杂
赋下有金银矿课一项。[③] 实际上，金厂亦以进贡名义送交内务
府。从乾隆二十四年开始，内务府收到云南、贵州、陕甘的金
厂贡金。乾隆二十四年，云南巡抚刘藻送到金厂抽获金 131.4
两、贵州巡抚周人骥解到金 111.36 两。[④] 此后这两省的巡抚每
年大约解送内务府金子 100 余两。[⑤] 乾隆帝也曾命云南巡抚在
当地购买金子，譬如乾隆十八年爱必达钦奉谕旨，购得八成金
子 200 两、七五成金子 200 两、七成金子 600 两，共买获金子
1000 两。云南为产金之地，在当地购买的金子比在京城买便宜
银 2000 余两。[⑥]

甘肃敦煌沙洲南北两山出产金砂。乾隆四十六年，银库郎
中班达尔沙等呈报由内交出陕甘总督勒尔谨恭进金厂抽获正课
金 19 锭，每锭重 10 两；尾金 1 锭，重 2.5 两；撒散金 1 锭，重
5.78 两。[⑦]

平定准噶尔后，新疆也开始贡金。乾隆三十一年，叶尔、

① 《内务府银库进项月折档（乾隆朝）》，乾隆三十五年十月。
② 赖惠敏：《乾隆皇帝的荷包》，第 366—367 页。
③ 《大清会典事例（光绪朝）》，第 871—879 页。
④ 《清宫内务府奏销档》第 55 册，乾隆二十四年十一月十九日，第 391—
392 页。
⑤ 《清宫内务府奏销档》第 95 册，乾隆三十七年三月初二日，第 444 页。
⑥ 《清宫内务府奏销档》第 43 册，乾隆十八年十二月二十日，第 145—
147 页。
⑦ 《内务府银库进项月折档（乾隆朝）》，乾隆四十六年一月。

和阗、沙尔胡尔、喀什噶尔等地贡金 137.5 两。[①] 此后，每年有约略数量的贡金。乾隆朝规定金、银、玉石属于国有，禁止民间私卖。乾隆四十九年至六十年，乌鲁木齐等地拿获私金共 1595.24 两，缴交内务府。[②]

第二种是清代属国或外邦朝觐贡金。

何新华在《清代贡物制度研究》中提到，朝鲜曾贡金 100 两，但朝鲜国王以"黄金非本国所产"为由请求免贡。康熙三十二年，清廷免除朝鲜进贡黄金。[③] 清朝属国中以安南国贡金数量最多。安南国三年一贡、六年遣使来朝一次，如康熙四十二年贡金香炉花瓶 4 副、重 209 两，此为清前期之定例。[④] 安南乾隆八年进金 533 两；十三年进金 418 两；十九年进金 475.5 两；二十五年进金 418 两；二十七年及三十年两贡，共贡金 42 锭、重 418 两，仪物共金 12 锭、重 115 两；三十一年进金 533 两。[⑤]

乾隆五十七年，礼部定例安南国三年一贡、六年遣使，合两贡并进。大学士阿桂奏："安南国王奏请酌定安南国贡期方物，应量从所请，酌定二年一贡、四年遣使来朝一次，至该国方物任土作贡，旧有常经应照例备进，即该国不能备物亦不妨

---

① 《清宫内务府奏销档》第 79 册，乾隆三十一年十月初六日，第 183—214 页。

② 《内务府银库进项月折档（乾隆朝）》，乾隆四十六年一月至六十年十二月。

③ 何新华：《清代贡物制度研究》，第 231 页。

④ 《清代内阁大库原藏明清档案》，康熙四十二年二月十五日，档案号：108162。除了贡金，有银盆 12 口、重 691 两，沉香 960 两，速香 2368 两，犀角 20 座、重 27 斤 8 两，象牙 20 支、重 380 斤。

⑤ 《清宫内务府奏销档》第 79 册，乾隆三十一年十月初六日，第 214—219 页。

稍从节减。"①嘉庆元年，大学士管礼部王杰题报："安南国王阮光缵遣陪臣杜文功等恭赍谢恩方物、庆贺方物，并甲寅、丙辰两次例贡方物前来，理合分析缮写清单，恭呈御览。"此次贡单之谢恩方物有金子10镒、银100镒等。②暹罗亦为三年一贡，贡物以速香、安息香、胡椒、藤黄、象牙、犀角、布匹等为主，金子很少。③如乾隆五十年，暹罗国进金叶表文，计开金叶表文1页、小金圈16个等。④

以上林林总总的贡金都放在内务府的银库。《内务府银库月折档》是内务府堂官每月对金银等物所做的库藏报告，分为旧存、新收、除用、实在四项，被称为四柱清折。乾隆十年奏准："养心殿造办处每月向库支领之物，分别实用、暂用。各库于月终开列给过物数清册送广储司，由司汇齐六库清册，核对该处来文。将某库某物，实用若干，暂用若干，移文该处复核，仍咨复本司。"⑤内务府银库将庋藏各成色的合金转换为纯金，自1740年到1795年共新收373824两，用过428909.7两（图6-2）。

① 《清代内阁大库原藏明清档案》，乾隆五十七年五月，档案号：252628。
② 《清代内阁大库原藏明清档案》，嘉庆元年元月二十四日，档案号：056545。其他物品有象牙2支、犀角4座、土绸600匹、土绢200匹、土布200匹、沉香1000两、速香2000两。谢恩方物：花犀角4座、象牙2支、土绸100匹、土绢100匹。庆贺方物：象牙2支、犀角6座、土绸100匹、土绢100匹、土布100匹。
③ 参见何新华辑《暹罗进献贡物编年表》，何新华：《清代贡物制度研究》，第266—276页。
④ 《清宫内务府造办处档案总汇》第48册，乾隆五十年二月《记事录》，第286—287页。
⑤ 《大清会典事例（光绪朝）》，第851—852页。

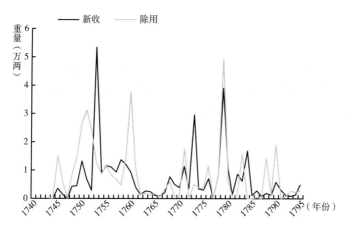

图 6-2　乾隆年间内务府银库新收、除用之纯金

资料来源:《内务府银库进项月折档（乾隆朝）》。

　　如图 6-2 所示，乾隆十八年、乾隆四十四年两年新收和除用的金子特别多。乾隆十八年金子增加，是因为内务府大臣傅恒奏准，将库贮册宝熔化得八六色金 10919 两。乾隆三十八年，总管内务府郎中福克精额等呈称，东陵、西陵换回金器共金 28992.75 两。又，和亲王、定亲王金宝及各色成金共 29303.42 两归内务府。[①] 乾隆四十四年，成造宗镜大昭之庙都罡殿 1 座、五方佛殿 5 座，头停脊料瓦片镀饰，用头等赤金 13300.69 两。因头等赤金不敷，将银库存二等赤金、三等赤金、九成色金、八成色金、七成色金共 13176.55 两，烧炼得头等赤金 11820.86 两。除此之外，总管内务府奏收云南巡抚裴宗锡恭进金厂抽获，又贵州巡抚图思德、四川总督文绶、山东巡抚国泰、广西巡抚姚成烈、直隶布政使黄检、两广总督巴彦三等恭进金子共

————————

① 《内务府银库进项月折档（乾隆朝）》，乾隆十八年七月、乾隆三十八年六月。

4266.94 两。[①]

　　乾隆四十五年，六世班禅到热河参加乾隆帝生日庆典。乾隆帝遂于前一年在热河新建须弥福寿之庙都罡殿，此殿屋顶为铜鱼鳞瓦片，用金叶 15315.35 两，又第二次镀金用金 15315.35 两。该年，在香山成造宗镜大昭之庙，第一次镀鋄用头等赤金 13300.69 两，第二次镀鋄又用了头等赤金 13300.69 两。[②]此两座寺庙共用头等赤金 57232.08 两

　　《清稗类钞》载，我国之在汉时，黄金甚多，赐予臣下，动以斤计。自后或涂佛像，或制首饰，或造金箔，遂有种种之消耗。明洪武乙卯，每赤金 2 两，当银 4 两；乙丑，当银 5 两。万历时涨至 7、8 两，崇祯时涨至 10 两。[③]乾隆元年的《九卿议定物料价值》载，头等赤金每两银 9.15 两，今核定银 10 两；二等赤金每两银 8.85 两，今核定银 9 两。[④]照工部核定的价格头等赤金每两银 10 两、二等赤金每两银 9 两，而圆明园、万寿山、内庭例叶子金每两价银 13 两。[⑤]内务府定的金价较接近市场价格，乾隆帝命云南巡抚在当地买金子的道理也在此。

　　法国传教士利国安说："中国的金子纯度不如巴西的高，不过比较而言价格也低得多，运到欧洲可赚 70% 的利润。"[⑥]中国

①　《内务府银库进项月折档（乾隆朝）》，乾隆四十四年十一月至十二月。
②　《内务府银库进项月折档（乾隆朝）》，乾隆四十四年十一月。造办处文开奏准，成造宗镜大昭之庙都罡殿 1 座、五方佛殿 5 座、头停脊料瓦片等项，办买物料工价，领银 25714.12 两。
③　徐珂编撰《清稗类钞》，第 2315 页。
④　《九卿议定物料价值》卷 1，第 5 页。
⑤　《清代宫苑则例汇编》（5），第 138—139 页。
⑥　杜赫德编《耶稣会士中国书简集：中国回忆录》（2），第 117—118 页。

人很善于辨识是纯的金银，还是混杂了其他金属。他们购物时有时也使用金子，但金子被当成了商品而不是货币。因为金银兑换比率低，许多外国商人到中国采购黄金。《东印度公司对华贸易编年史（1635—1834）》记载，对于金的价格，中国比欧洲的价格低，约在 1700 年时只值欧洲铸造价格的 2/3。金元宝，名义上每个 10 两重，售出基数按九三成色算；金的银两定价则很多在成色以上或以下。如 10 两金，九四成色，按成色兑换等于银 94 两，许多船长或船员在中国采购黄金。[①] 西方商人在 18 世纪的前 3/4 时间里在中国购买黄金仍有利可图，可见清代制作金的成色技术稳定。

　　乾隆时期内务府庋藏的金子多用于成做器物，到嘉庆帝则将各种成色的金子交由两淮盐政、苏州织造等变价。如嘉庆四年，皇帝谕旨："现在广储司银库存贮各色金甚多，除拟留备用头等金三千两、八成金一千两、七成金一千两外，着交两淮盐政征瑞二万两、苏州织造全德一万六千四百六十二两四钱一分，据实变价。"两淮盐政管辖下的盐商财力雄厚，2 万两黄金变价很快售完，但苏州织造全德说该地"铺商等资本微薄，不能预行垫买，约计三年后方可销完"。苏州酌留二、三等金 3386.52 两，其余色金 13075.89 两解交两淮盐政售变，按 1 两金子换银 17 两，应交内务府银 222290.13 两。[②]

　　至同光朝，内务府银库庋藏金子不足，宫廷要求粤海关每年进金。根据粤海关监督的奏折，粤海关于同治七年承准内务

<hr />

①　Hosea Ballou Morse, *The Chronicles of the East India Company Trading to China, 1635-1834*, vol. 30. Oxford: The Clarendon Press, 1926-1929, p. 6.

②　《内务府奏案》，嘉庆四年七月二十三日，档案号：05-0476-044；嘉庆五年闰四月二十二日，档案号：05-0482-011-012。

府札行，每季解交库平足金 1000 两以供应用。光绪十四年，两广总督张之洞与粤海关监督长有的奏折说，光绪元年的金价每两约银 18.5 两，户部驳称京城足金市价每两银 15—16 两，应实开支价银 16 两，不得任意加增。长有光绪十三年到任，实金价每两值银 23.6 两，十四年价银 24.8 两。因"洋人通商以来贩运各项洋货，各商均用足金，较用洋银为便。又洋商赴各省贸易，多买足金出洋，往返图利，以致各省金价一律腾贵"。[①] 粤海关购买黄金以一季度 1000 两来说，一年 4000 两。同治七年到光绪三十四年约 40 年时间，内务府获得金子约 16 万两，尚不及乾隆朝的一半。

以上讨论解释了乾隆朝和清中后期制作镀金器物差异的原因。乾隆朝金子庋藏量多，成做器物至今仍光彩夺目，而清中后期金量变少，镀金器物屡有脱落、黯淡无光。

清宫使用的铜

中国历史上的镀金器物大多以银镀金。银镀金的成本高，康熙时从日本输入洋铜，乾隆时中国在云南发现了大量的红铜，因此清朝铜镀金的器物比明代多。[②] 不过，中国炼铜技术比不上日本，内务府所用的"红铜条"是由日本输入的洋铜。乾隆九年八月《记事录》载，太监胡世杰传旨："邓八格成做之活计甚属粗糙，亦不坚固，交怡亲王海望申饬。概铜不净之

---

① 《宫中朱批奏折·财政类》，光绪十四年十月十九日，档案号：0402-001。
② "中央研究院"汉籍数据库查询明代"铜镀金"仅有《明实录》一则、《七修类稿》一则。http://hanchi.ihp.sinica.edu.tw/ihpc/hanji?@1435988837，访问日期：2015 年 3 月 11 日。

故，嗣后着用净铜。"① 造办处大臣舒文奏称："杵头铜斤俱系杂项铜斤渣釉淘澄，铅性过重，难以镀金。"② 杂色铜若含铅过多，不能镀金。③《当谱集》载："有种小者，其条细小，色红如火，形如炉一样，名洋条，是自高的。又一种海青片，其相有大小如锡盖一样，比上、二等又次。又有一种大的，比洋条壮而长形，色不得如洋条美，其成色次了。"④ 这说明洋铜较为纯净。1725 年，大坂（今大阪）设置铜吹所，即铜提炼厂，将大阪出产的粗铜提炼成棹铜，棹铜每根直径 2 厘米、长 70 厘米、重 300 克，每箱 200 根、重 60 千克，箱子上写"御用棹铜"字样。刘万航也认为镀品胎体最好用纯铜，如改用青铜或黄铜，其含锡或锌量不可超过 20％，因超过此比例，在镀金时不易将所用水银完全除去，会影响镀金色彩的均匀。⑤日本棹铜的纯度较高，所以内务府选择洋铜镀金。

乾隆年间，中国提炼红铜的成色较日本铜低。内阁大学士阿桂、李侍尧奏称，各省鼓铸铜斤俱用紫板，为京局专用蟹壳，并提及板铜成色如蟹壳均在八四、八五成以上。⑥ 运往北京的铜被称为蟹壳铜，造办处档案有时将蟹壳铜称为海

① 《清宫内务府造办处档案总汇》第 12 册，乾隆九年八月《行文》，第 301 页。

② 《清宫内务府造办处档案总汇》第 42 册，乾隆四十四年十月《铸炉处》，第 738—739 页。

③ 路迪民、王大业编著《中国古代冶金与金属文物》，陕西科学技术出版社，1998，第 78 页。

④ 《当谱集》，《中国古代当铺鉴定秘籍》，第 121—122 页。

⑤ 刘万航：《金银装饰艺术》，第 26 页。

⑥ 《清代内阁大库原藏明清档案》，乾隆四十二年七月七日，档案号：058785。另一份档案记载云南宁台铜厂每年办蟹壳铜 200 万斤、紫板铜 90 万斤。该厂铜质较低，煎炼后方成紫板，又将紫板煎成蟹壳方可配搭鼓铸。嘉庆十年七月二十五日，档案号：188806。

壳铜。云南方言将"蟹"发音成"海",海壳铜应该就是蟹壳铜。[①]北京当铺秘籍称:云南出铜矿,有云铜饼,发白色,每个重二斤六两,大者不过三斤。贵州亦出铜矿。四川亦出铜矿,铜饼重三斤半,发红色。川铜、云铜出山时,俱系小铜饼,至汉口改槽。云铜高、川铜低,价亦不同。[②]《当谱集》称之为"铜饼子":"饼子面上要有圪塔,有芝叶花,其塔边花至边打纷红色即是顶高一种。如面上没有圪塔,打开是草黄色,是次的一种。"[③]

广储司瓷库贮藏红铜,乾隆八年至六十年,除了乾隆四十二年缺资料,其余年份红铜的总收入为1263718斤,支出1274725斤。[④]养心殿每年编列《养心殿造办处收贮清册》,分旧存、新进、实用、下存四柱清册,新进红铜、红铜叶自乾隆元年到六十年有24年缺资料,其余年份的红铜总收入为265978斤;实用红铜有20年缺资料,其余年份总支出为233705斤。以上两个单位的红铜总收入为1529696斤,支出为1508430斤。圆明园银库因英法联军烧毁而没有资料存留。目前以广储司瓷库和养心殿造办处的收支绘成图6-3。

---

① 《永宪录》载:"云南矿铜名曰蟹壳铜。"萧奭:《永宪录》,中华书局,1959,第142页。
② 《论皮衣粗细毛法》,《中国古代当铺鉴定秘籍》,第157页。
③ 《当谱集》,《中国古代当铺鉴定秘籍》,第121页。
④ 《内务府广储司瓷库月折档》,中国第一历史档案馆藏。瓷库资料自乾隆八年到六十年。

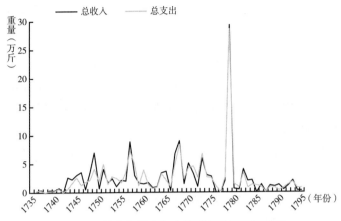

图 6-3　乾隆年间内务府瓷器库贮藏红铜情况

资料来源:《乾隆朝内务府广储司瓷库用项月折档》。

　　乾隆初期和晚期用的红铜数量较少,从乾隆九年开始兴建藏传佛寺,使用红铜镀金的屋瓦,红铜的使用量大为增加。其中以乾隆四十四年为多,该年新建须弥福寿之庙都罡殿,此殿屋顶为铜鱼鳞瓦片,共用红铜 120163 斤。[①] 如前所述,同年在香山建宗镜大昭之庙,亦采铜瓦镀金,其红铜使用应在 10 万斤以上。图 6-3 所示之 1779 年红铜消耗近 30 万斤,应当是制作铜瓦的结果。

　　笔者已发表论文探讨宫廷制作的铜佛像和各种器物。[②]内务府库掌四德奏称:"查得铜佛三尊系黄铜铸造,比较红铜镀出,颜色微淡且有浮光。"皇帝谕旨:"传作镀金佛

① 《军机处档折件》,乾隆四十五年十月十六日,档案号: 028524。

② 赖惠敏、苏德征:《清朝宫廷制作黄铜技术与流传》,《吉林师范大学学报》2015 年第 1 期。

时，着用红铜铸造。"[1] 所以黄铜镀金较少，不在本章讨论范围。

水银

镀金用的金汞剂是金叶放在水银中加热烘烤形成金泥。关于水银的产量，《吴承洛调查矿冶志略》一文载，清代水银矿总产量每年约1000吨，其中400吨出自贵州之白马洞，除应国内要需外，由广州出口者不在少数。后来贵州社会不稳定，矿业一蹶不振。[2] 据丁格兰的观察，将清代最重要之矿约计每年所出汞，以及朱砂所含汞两者之总数列于表6-1。

表6-1　清代贵州、湖南、四川水银的产量

单位：担

矿场	数量
贵州万山场	1440
贵州八寨	300
贵州大硐喇	140
湖南猴子坪	134
贵州婺川印江黄平	100
四川溪口龙门厂朱砂溪	25

注：每担100斤。

资料来源：《吴承洛调查矿冶志略》，刘锦藻：《清朝续文献通考》，第11389页上—11389页下。

---

[1] 《清宫内务府造办处档案总汇》第31册，乾隆三十三年十二月初二日《金玉作》，第490页。

[2] 《吴承洛调查矿冶志略》，刘锦藻：《清朝续文献通考》，台北：台湾商务印书馆，1987，第11389页上—11389页下。

因国内水银产量不敷需求，18 世纪主要通过广州进口水银。《东印度公司对华贸易编年史（1635—1834）》一书记载，广州 1700 年进口水银 64 担，共用银 2864 两，此后逐年增加至数百担。除了东印度公司的船只，丹麦、荷兰、美国的船只也输入水银。但 19 世纪上半叶以美国船只输入水银数量最多，如 1823 年输入水银 8210 担、492600 元，1824 年 6452 担、374216 元，1827 年 8934 担、696852 元，1828 年 6374 担、446180 元，1829 年 5643 担、395010 元，1830 年 5644 担、395080 元，1831 年 10295 担、720650 元，1832 年 10154 担、629548 元。[①]

二 镀金工匠的来源与管理

内务府广储司有六库，其中瓷库铜作专司铸造各样铜锡器皿、拔丝、胎钑、錾花、烧古及乐器等事，设有司匠、领催和各种匠役。另有外雇工匠，以及来自尼泊尔的工匠等，说明宫廷的工艺技术来自各地，展现多元文化的色彩。

内府工匠

铜作设八品司匠 2 员、领催 5 名、化铜匠 5 名、铜匠 7 名、锡匠 25 名、拔丝匠 12 名、拧索匠 6 名、铸铜匠 1 名、拨蜡匠 3 名、上泥匠 1 名、烧古匠 3 名、洗镜匠 3 名、琵琶匠 2 名。[②]

---

① Morse, *The Chronicles of the East India Company Trading to China,* vol. 6, p. 69; vol. 8, pp. 90, 97; vol. 11, p. 124; vol. 12, pp. 129–133; vol. 13, p. 144; vol. 80, p. 84; vol. 82, p. 99; vol. 84, p. 158; vol. 85, p. 181; vol. 86, p. 195; vol. 88, p. 248; vol. 89, p. 271; vol. 91, p. 339.

② 《总管内务府现行条例（广储司）》卷 1，第 22 页。

另外，广储司银库成做金银器皿的工匠有化银匠 14 名、炼金匠 7 名、累丝匠 25 名、錾花匠 22 名。[①] 各项匠役从内务府三旗左右两翼挑选，所食钱粮由各该旗自行关领。[②] 除了每月领取俸饷、粮米，康熙年间工匠有官饭分例，每名日给羊肉 2 两，老米 9 合，豆腐、豆芽菜、青菜各 4 两，面酱 1 两，清酱 5 钱，煤、木柴各 1 斤，黑炭 1 两。[③] 乾隆年间食粮匠折银每日给银 3.75 分。[④] 官员挑取匠役，第一年为学生，不叫他成造活计，第二年为半工，三年者为整工。若三年后仍不能成做活计，即行革退。技艺特等精巧的匠役每月给食二两钱粮，头等精巧的匠役每月给食一两钱粮。[⑤]

从乾隆三十八年镀金作遭窃盗案可了解镀金作的匠役和管理的催长、库长等。事因该年三月十四日夜间，造办处镀金作遗失撒袋上红铜小什件 12 件、黄铜小螺蛳钉子 79 件、经板上重二钱金兽面 1 件。内务府衙门严审该作匠役梁三达子、吕明德等五人，他们说三月十四日晚间库掌五德等，带同匠役将各作房门及院门封锁后方始散出。十五日早，工匠进院内，见镀金作门锁未动，窗户撬开。因失窃物品，惩处镀金作匠役梁三达子、吕明德等，既知有承做未完活计，当留人在内看守，乃怠惰偷安并不值宿。请照仓库旷班例，各鞭六十。镀金作副催长宪德等自当派人看守，乃并不在内值宿，又不妥协收贮，以致遗失，罪实难逭。副催长宪德、金江请照仓库旷班例，各鞭

---

① 《总管内务府现行则例（广储司）》卷 1，第 22 页。

② 《大清会典事例（光绪朝）》，第 1079 页。

③ 吴兆清：《清代造办处的机构和匠役》，《历史档案》1991 年第 4 期。

④ 《清代宫苑则例汇编》（5），第 215 页。

⑤ 《总管内务府现行条例（广储司）》卷 1，第 23 页。

六十。至于库掌五德系专管镀金作之人，乃平素疏于防范。催长邵德及值班之云骑尉福山，均系是日在内值宿之人，并未严加巡查以致官物遗失，请将库掌五德、催长邵德、云骑尉福山均照失察例各罚俸一年。① 由此可知，镀金作组织有库长、催长、副催长、匠役等。

外雇工匠

此外，内务府还有外雇匠役。如乾隆三十八年，内务府所有做活外雇匠役，每日出入禁门各按作厂，除派带匠柏唐阿、领催赴门各递报单查明数目带进，至散工时仍令带出。② 造办处向例外雇匠长工每日给银1.8钱，短工每日给银1.4钱。长短工是以昼长夜短或昼短夜长来区分。③ 成造鼎炉所用匠工除外雇匠工照例给发工价外，每日按工给发饭银3.6分，以为匠役等每日饭食之资。每日所进匠工照数登记，十日一次给发工价。④ 外雇工匠中若有技术超群者，有可能被延揽为内务府工匠。乾隆二年定，其技艺精巧者，当差应照养心殿造办之例，将画样人照二等例每月给食6两钱粮。⑤

宫廷外雇工匠是有组织的，乾隆元年规定："管工官分饬各属，择朴实有身家者，点为夫头。各将招募之夫，取具甘结存

① 《清宫内务府奏销档》第103册，乾隆三十八年十二月二十日，第460—471页。
② 《清宫内务府造办处档案总汇》第36册，乾隆三十八年《行文》，第820—821页。
③ 《总管内务府现行条例（广储司）》卷1，第18页。
④ 《清宫内务府造办处档案总汇》第9册，乾隆四年三月《炉作》，第66—69页。
⑤ 《清宫内务府奏销档》第20册，乾隆三年十一月三十日，第162—166页。

案。其夫役每人各给火烙腰牌一面，稽查出入。"①

尼泊尔工匠

嵇若昕提到乾隆朝内廷匠役甚多，南来工匠如苏州或粤海关与北匠加在一起远超过 100 人。② 然而，镀金匠还有的来自尼泊尔，他们有等第之分。罗文华曾论，乾隆九年，尼泊尔六位工匠成做佛像镶嵌宝石，并将技术传授给宫廷的工匠等。③ 乾隆十年十一月二十六日，七品首领萨木哈来说太监胡世杰传旨："着怡亲王海望议藏里人三等，赏议准奏明再赏。"十二月初一日，内务府大臣海望议得丹丢头等赏银 10 两，嘉那嘎拉二等各赏银 8 两，巴罗兴等三人三等各赏银 7 两，跟役嘛锦四等赏银 5 两，共赏银 44 两，动用造办处钱粮。④ 这些尼泊尔来的工匠和养心殿造办处匠役等所食钱粮有点不同，养心殿头等每月给食钱粮 12 两，二等给食钱粮 6 两，三等给钱粮 5 两，四等给钱粮 3 两。⑤ 不过这些尼泊尔工匠到北京后水土不服，乾隆十一年便回去了，获得乾隆帝赏银，丹丢头等赏银 21 两、嘉那嘎拉二等赏银 18 两、巴罗兴等三人三

① 《大清会典事例（光绪朝）》，第 881—882 页。
② 嵇若昕：《从〈活计档〉看雍乾两朝的内廷器物艺术顾问》，《东吴历史学报》2006 年第 16 期。
③ 罗文华：《龙袍与袈裟：清宫藏传佛教文化考察》下册，第 588—597 页。
④ 《清宫内务府造办处档案总汇》第 13 册，乾隆十年《记事录》，第 575 页。另一份西藏金匠赏银档案为乾隆九年十二月二十六日，七品首领萨木哈来说太监胡世杰传旨：赏做金佛藏里匠役每名 10 两，跟役赏 5 两；雍和宫铸佛匠每名 5 两，俱动用造办处银两。《清宫内务府造办处档案总汇》第 12 册，乾隆九年《记事录》，第 323 页。
⑤ 《清宫内务府奏销档》第 20 册，乾隆三年十一月三十日，第 162—166 页。

等各赏银 17 两、跟役嘛锦赏银 10 两。[1] 乾隆四十六年，仲巴胡土克图说西藏镀金系尼泊尔匠役成造，其镀金系用十足高金镀饰，如不妥，再为再镀，仍用茜草水提炸则金水即能较红，每寸用金 4 厘，镀饰 1 次。[2]

乾隆五十四年，成都将军鄂辉奏称，尼泊尔向来有千百人在西藏佣工买卖，而西藏人也在尼泊尔贩运粮食布匹，西藏与尼泊尔的贸易频繁。[3] 周蔼联在乾隆五十六年到过西藏，其《西藏纪游》描述尼泊尔之人在藏贸易者被称为哔哗子，在藏地置售氆氇、细迭等物，亦能制造金银诸器，不用模范，工巧胜于内地。[4] 尼泊尔人技艺高超，其工艺不但影响了西藏，也影响清宫。

新疆工匠

乾隆二十五年，新疆巴里坤帮办大臣同德等奏报："厄鲁特归附人内，查有特莫尔沁鄂托克铁匠蓝翎策伯克、图卜珠尔，兵丁上行走察海、察罕布林古特、丹巴、额济斯、霍卓依等七人，均来军营请求归附效力行走；又有阿勒塔沁鄂托克金匠尼玛现在巴里坤。臣等请于解送此等匠役，在回地令其乘骑己马，抵达巴里坤再支予驿车前往京城。"[5] 后笔帖式穆成额受命带领

---

① 《清宫内务府造办处档案总汇》第 14 册，乾隆十一年《记事录》，第 365 页。
② 《清宫内务府造办处档案总汇》第 45 册，乾隆四十六年正月《铸炉处》，第 109—113 页。
③ 《宫中档乾隆朝奏折》，乾隆五十四年五月二十六日，档案号：403057224；乾隆五十四年七月十六日，档案号：403057863。
④ 周蔼联：《西藏纪游》，第 4 页。
⑤ 《军机处满文录副奏折》，乾隆二十五年正月初四日，档案号：03-1804-018。

铁匠蓝翎策伯克等男丁及他们的家眷共 16 口至京。

这些匠役到造办处成做活计。该年三月十六日，郎中白世秀、员外郎金辉来说太监胡世杰传旨：新到厄勒忒（厄鲁特）10 人内，阿哈查珂等 9 名交造办处做活计。二十七日，郎中白世秀、员外郎金辉将达子尼马做得铜盘 1 件，阿克查哥做得银钮子 5 个持进，交太监胡世杰呈览。奉旨："伊学者做活计胎钑。"四月初七日，郎中白世秀、员外郎金辉将尼马做得红铜台撒莲花 1 件持进。四月十六日，奉王公大人谕，厄尔特匠役尼马做活甚属巴结，赏给布衣 1 套、银 2 两，其日用茶水之费每月赏给银 9 钱。[①] 铂钑、胎钑、台撒都指西藏工艺，新疆的工匠本来不会这种工艺，到内务府才学到这门技术。关于胎钑工艺，详于后述。

三　清宫镀金的技术和实例

据袁凯铮研究，用失蜡法铸造鎏金佛像，像座整体铸造大约 0.34 米，像座分离、无基座、分部件铸造约 0.65 米。也就是说，中国西藏、尼泊尔用失蜡法单体铸造佛像有尺寸的限制。在制作较大尺寸的铜佛像时，采用分部件铸造组合。而锻打铜板"胎钑"，可制作佛像尺寸为 0.3~30 米。在西藏铜像制作业中，锻打工艺的铜佛像占极高比例，而铸造工艺主要用来制作小尺寸的佛像（图 6-4）。[②] 2013 年，袁凯铮发表从清宫活计

---

① 《清宫内务府造办处档案总汇》第 25 册，乾隆二十五年三月《记事录》，第 634—635 页。

② 袁凯铮：《试论藏传佛教铜佛像外部特征与其制作工艺》，《西北民族大学学报》2009 年第 5 期。

图 6-4 镀金佛像

资料来源：蒙古冬宫博物馆藏。

档看西藏传统铜佛像制作工艺影响宫廷技术的研究成果。他认为，乾隆之前中原地区的铜像多为铸造，锻制的几乎没有，包含模制锤打成形工艺。[①] 乾隆朝造办处档案出现"红铜鋊钑镀金""红铜台撒镀金""红铜胎钑镀金"字样，可见清宫制作佛像承袭了西藏工艺。胎钑工艺技术复杂，以下利用极乐世界金宝顶和镀金佛像说明胎钑程序及镀金过程。

极乐世界金宝顶

乾隆三十三年，为庆祝皇太后八旬万寿圣节，总管内务府大臣三和等奏准，领极乐世界工程物料工价272778.44两。极乐世界面积1246平方米，高26.9米，四隅各有亭，池流环抱，四面跨白石桥，桥外有琉璃坊。[②] 殿上安设红铜镀金大宝顶，高8尺，上径7尺，座径5.5尺。乾隆三十五年，成造极乐世界红铜胎钑镀金宝顶1座（图6-5），需水槽红铜条2279斤、水银53斤等。工程银两项下动用镀金叶，向广储司行取应用，水槽红铜条交广储司转行户部宝泉局领用。[③] 所需材料的计算方式以见方寸为单位，素活是平坦表面的活计，每寸用金4厘；花活是表面有图案的活计，每寸用金5厘。

根据温廷宽的研究，制作胎钑的方法主要是烧锻和锤打的连续与反复。第一是烧锻技术，工匠将红铜条打成铜叶子。工匠取铜板一块，照所需样式、尺寸剪裁好，在铜板上錾出图像后，经炉火烧锻以增加铜的延展性，这个过程称为"熟坯"。

---

① 袁凯铮:《西藏传统铜佛像制作工艺的另面观察——基于清宫活计档案记录的讨论》，《西藏研究》2013年第1期。

② 《国朝宫史续编》，左步青校点，北京古籍出版社，1994，第623—627页。

③ 《清宫内务府奏销档》第86册，乾隆三十四年七月初三日，第39—47页。

图 6-5 极乐世界金宝顶

资料来源：笔者拍摄。

铜板被锤打一次后，需加火烧锻一次以恢复其延展性才能再锤。[1] 袁凯铮引造办处档案说，铜板由工匠锤打成薄片，"将红铜条五百斤化土槽打叶子"，用锻打工艺制作佛像能节省材料。[2] 表 6-2 中的化铜匠和打铜匠应是胎钑的前置作业。

表 6-2 制造极乐世界宝顶所用工匠人数与工资

工匠名称	人数（人）	工资银（钱）
化铜匠	72	1.54
打铜匠	2258	1.54

[1] 温廷宽：《几种有关金属工艺的传统技术（续）》，《文物参考资料》1958年第9期。

[2] 袁凯铮：《西藏传统铜佛像制作工艺的另面观察——基于清宫活计档案记录的讨论》，《西藏研究》2013年第1期。

续表

工匠名称	人数（人）	工资银（钱）
收搂匠	13.5	1.54
胎钑匠	1924.5	1.54
攒焊匠	192	1.54
锉刮匠	136	1.54
磨匠	65	1.54
化金匠	20	1.54
镀金匠	371	1.54
炸黄匠	59	1.54
共用外雇匠 5111 工，共银 787.09 两		
壮夫	78	0.8
共用外雇匠 78 工，共银 6.24 两		

资料来源：《乾隆朝内务府奏销档》第 294 册，乾隆三十四年七月三日，第 240—248 页。

第二为锤打技术。首先是"抛"的方法，将铜板被捶的部分置于方铁砧上，用抛锤在背面锤打，使铜板延展凸起。其次是"借"，铜板某部分需要凸起，如鼻部，用四周的铜压挤推移。再次是"錾"，铜板打好，表面不够齐整，使用錾子进行锤打。衬垫铜型必须用烤软的特种胶以手指紧按，充填在铜型背面。最后根据不同地方的样式和凹凸面，用锤击錾子在铜型表面细致敲打。[①] 袁凯铮提及，应在铜板的背后涂上一层松香和用胶泥填充中空部分，让佛像坚固、不变形，然后再贴上木板并用胶泥固定铜板的边缘。佛像锤打工作完成后，松香、胶

---

① 温廷宽：《几种有关金属工艺的传统技术（续）》，《文物参考资料》1958 年第 9 期。

泥用铲子轻敲即可剥落，松香可以反复熔化使用。[①] 内务府档案提到胎钑灌胶"每折见方 1 尺用胶 100 斤，每次化胶折耗 2 两。对胶每斤用松香 11 两、香油 3 两"。[②] 表 6-2 中的胎钑匠近 2000 人，可见这工作是很吃重的。

金宝顶是两块以上的铜板拼起来的，需要焊接。焊接之前，先将两块铜型衔接边缘用锉刀打磨齐平，使两者接对严密，锉刮匠即进行此工作。然后用铁丝从外面捆牢，再以小勺铲起焊药撒在铜型背里面的接缝处，撒一些焊药即用火在外烤一下，再撒再烤，直到焊药黏满接缝处，再把铜型放在火上加热，让铜锌合金的焊药熔化渗入接放处，将两块铜型焊牢，此为攒焊匠的工作。[③] 由攒焊匠焊接器物的细缝，攒焊是将制成的纹样拼在一起，通过焊接组成完整的工艺过程。利用硼砂液熔化易熔的金属，借以黏在难熔的金属上。《圆明园内工广储司磁器库铜作则例》载："（焊缝）每凑长一尺用白炭一斤、硼砂二分，用银焊药二分。"[④] 内务府用银焊药与现代用锡焊药不同。

根据柳泽光治、定力金藏的研究，打铜匠打了铜器后，表面需要打磨抛光。特别是凹凸处必须抛光，用钢锉锉新，再用粗细砂布打磨，然后用细砂纸磨光，最后用椴木磨炭水抛光。

---

① 袁凯铮：《试析藏族两种传统铸造工艺的存在——由传统铜佛像制作引发的思考》，《中国藏学》2012 年第 3 期。

② 吴山主编《中国工艺美术大辞典》，第 1021 页。

③ 温廷宽：《几种有关金属工艺的传统技术（续）》，《文物参考资料》1958 年第 9 期。温廷宽提到焊药的制作为铜、锌各半，再渗入 25% 的硼砂，即成铜焊药。《清代宫苑则例汇编》载，攒焊每尺用焊药 8 分、硼砂 3 分、铜匠 8 分工。温廷宽的配方是铜 40%、锌 40%、硼砂 20%，而《清代宫苑则例汇编》记载的配方是铜 42%、锌 42%、硼砂 16%。参见《清代宫苑则例汇编》（12），第 262、278—279 页。

④ 《清代宫苑则例汇编》（5），第 447 页。

一般贵重金属镀金品用松脂（图 6-6）为研磨料，再用钢制蓖，发其光泽。[①] 表 6-2 的磨匠即从事打磨抛光工作。

图 6-6　收集松脂

资料来源：笔者拍摄。

　　上述胎钑所需材料松香、香油等在内务府买办物料中也有，参见表 6-3。又，此表中的酸梅、白矾、硇等物料与镀金有关。内务府奏销档记载，镀金每两用水银 7 两、酸梅 4.8 两、白矾 4.8 两、硇 4.8 两、盐 3.2 两、棉花 5 钱、白布 3 寸、黑炭 15 斤、白炭 7.8 两、磨金炭 4 两。[②]

---

① 柳泽光治、定力金藏：《电器镀金工业》，西生译，《河北工商月报》第 1 卷第 9 期，1929 年。

② 《清宫内务府奏销档》第 88 册，乾隆三十五年七月十一日，第 446—457 页。

表 6-3 内务府制作金宝顶买办物料

材料名称	数量	单价	总价
化铜罐	72 个	1 钱 / 个	7.2 两
化金罐	20 个	0.05 钱 / 个	0.1 两
松香	1149 斤	0.25 钱 / 个	28.73 两
香油	383 斤	0.6 分 / 个	22.98 两
硼砂	11 两 5 钱	2.8 钱 / 斤	0.2 两
酸梅	18 斤 3 两	0.6 钱 / 斤	1.09 两
白矾	18 斤 3 两	0.2 钱 / 斤	0.36 两
硇	18 斤 3 两	0.28 钱 / 斤	0.21 两
盐	12 斤	0.12 钱 / 斤	0.145 两
棉花	1 斤 14 两	1.2 钱 / 斤	0.125 两
磨炭	15 斤 2 两	0.5 钱 / 斤	0.756 两

共用买办银 61.9 两，焊药 6.91 两。通共用买办并焊药、工价银 861.98 两

资料来源:《乾隆朝内务府奏销档》第 294 册，乾隆三十四年七月三日，第 240—248 页。

制成的宝顶需镀金，表 6-2 的化金匠、镀金匠、炸黄匠都属于镀金的工匠。每镀金长 4 尺、宽 1 寸用镀金匠 1 工，计 742 工。每炸黄长 2.5 丈、宽 1 寸用炸黄匠 1 工，计 118 工。每炸黄匠 10 工，外加挑水笼火夫夫 12 名，计 142 工。[①] 工匠的工资是按照镀金物品的尺寸，每镀金长 4 尺、宽 1 寸用镀金匠 1 工。虽然内务府的工匠中也有镀金匠，但制作火镀金烧汞的毒性强，制作镀金的工匠主要为 400 余名外雇工匠，而不是使用内务府自身的工匠。

镀金的器物表面适当处理过后即准备鎏金棍。依照镀器物的大小选取适用的铜棍，将其前端打扁，并略翘起像小铲子。此铜棍表面需打磨光滑及清洗干净，用煮热的酸梅汤涂抹其前

① 《清宫内务府奏销档》第 88 册，乾隆三十五年七月十一日，第 446—457 页。

端，并浸入水银内。如此反复涂抹、浸入几次后，铜棍前端黏满水银，就制成作业中的主要工具金棍，可用于后续镀金程序，如搅拌金汞剂、涂抹金泥于器物上等。[①]

接下来将金丝放在干净的耐热不锈钢坩埚中加热至坩埚与金丝同时烧红（700℃—800℃），再稳重又快速地将水银和金叶倒入坩埚，用坚硬的木炭棒搅拌。内务府档案载，每化金三两用化金匠 1 工、倾银罐 1 个。[②] 而搅拌与冷却期间会产生大量的汞化金（Au_2Hg），金汞合金颗粒形成金泥。[③] 刘万航认为黄金与水银重量比大约为 3 : 8，不过内务府材料水银按金重量的 7 倍配比。以内务府配方为例，122℃金汞剂中汞化金占 24.69%，汞占 75.31%。

制备出均匀分布的金汞合金胶体后，即可用金棍将此胶体涂抹到待镀金器物上，让液态汞开始挥发。但汞在常温下挥发较慢，必须进行烘烤才能快速将其去掉。[④] 刘万航提到烘烤器物使用的是木炭，而吴元康提到烘烤可用优质木炭或焦炭；内务府则使用黑炭、白炭和焦煤。

加热过程中金泥镀覆表面所含的水银开始蒸发，等冒白烟时就暂停烘烤，执硬鬃刷在镀品表面拍打使金贴附。从相图可以得知，加热温度愈高，金层中含汞量愈低，镀金层愈趋近于纯金。但如果将器物加热超过 350℃，会使黑色的氧化铜层在金底下形

---

① 温廷宽:《几种有关金属工艺的传统技术方法》,《文物参考资料》1958 年第 3 期；刘万航:《金银装饰艺术》, 第 26—28 页。

② 《清代宫苑则例汇编》（5）, 第 417 页。

③ 吴元康、储荣邦:《鎏镀: 中国古代发明的一种在材料表面上镀金属的技术》,《涂装与电镀》2011 年第 1 期。

④ Kilian Anheuser, "Cold and Hot Mercury Gilding of Metalwork in Antiquity," *The Bulletin of the Metals Museum* 26 (1996), pp. 48–52.

成，氧化层会因为时间和温度的升高而加厚，最后使金汞合金镀覆剥落。[①] 另外工匠还需用棉花按擦其表面，因为金泥加热至较高温度时，部分汞蒸气仍然会凝结在镀品上，需要擦掉。这样边烤边擦，黄金就更加紧贴镀品。等到水银被烘烤气化至尽，黄金镀层就会全部露出。[②] 当金汞合金颜色由灰变成暗黄色，代表此物已经烧得完全并且可以抛光了。由于汞的挥发，镀覆层失去了2/3 的重量，表面外观看起来呈孔状结构，需用玛瑙或钢来抛光，使表面平整及灿烂。传统上，抛光后的表面会用少许含氯化物、硝酸或硫酸的胶来腐蚀改善。[③]

16 世纪，意大利工匠与雕刻家本韦努托·切利尼（Benvenuto Cellini）建议腐蚀液使用稀硝酸；[④] 中国则是用乌梅水、硇水及清水冲洗，清洁镀品。[⑤] "佛像铜胎渗金梅洗见新法"提到，每尺用硇 2 钱、乌梅 2.5 钱，每 3 尺梅洗匠 1 工。[⑥] 乾隆四十六年的造办处档案记载，银镀金壶 2 把加镀金 1 次呈览。奉旨：再加镀金 1 次，用茜草水炸色。又，宗喀巴佛背光加镀金 1 次，亦用茜草水炸色。[⑦] 西藏茜草水提炸，镀金表面较红。

---

① Kilian Anheuser, "The Practice and Characterization of Historic Fire Gilding Techniques," *JOM-Journal of the Minerals Metals & Materials Society* 49 (1997), pp. 58–62.

② 赖惠敏、苏德征：《乾隆朝宫廷镀金的材料与工艺技术》，《故宫学术季刊》第 35 卷第 3 期，2018 年。

③ Martin Chapman, "Techniques of Mercury Gilding in the Eighteenth Century," in D. A. Scott, J. Podany, and B. B. Considine, eds., *Ancient and Historic Metals: Conservation and Scientific Research.* Marina del Rey, CA: Getty Conservation Institute, 1994, pp. 229–238.

④ Benvenuto Cellini, *Dell'Oreficeria*, 1568, Ch. 26.

⑤ 刘万航：《金银装饰艺术》，第 27 页。

⑥ 《清代宫苑则例汇编》（18），第 239—240 页。

⑦ 《清宫内务府造办处档案总汇》第 45 册，乾隆四十六年正月《金玉作》，第 2—3 页；乾隆四十六年正月《铸炉处》，第 109—113 页。

制作镀金佛像

罗文华研究，紫金琍玛从尼泊尔引进后，清宫从乾隆四十六年到六十年按照配方制作了紫金琍玛铜像。清宫制作的紫金琍玛是在西藏传统配方的基础上加以改进后做出来的新合金。[①] 此项研究已相当完备，在此拟讨论铜台撒（胎钑）镀金佛像。

乾隆二十一年正月，郎中白世秀、员外郎金辉来说太监胡世杰交佛像纸样 54 张，传旨："照样做铜台撒镀金佛五十四尊，先画样式呈览。"二十四日，郎中白世秀、员外郎金辉将画得色镀金镶嵌佛像纸样一张持进，交太监胡世杰呈览。奉旨："照样准做。"二十二年正月初七日，造办处奏，为成造红铜台撒镀金佛 54 尊，内单身佛 21 尊、双身佛 21 尊、护法 12 尊，共约用工匠 9342 工，用 1438.67 两，买办物料用 109.14 两，共用 1547.81 两。再需用镀金叶 61.19 两，向广储司领用。[②] 这份档案没有详细的工匠分类，但此 54 尊佛像用了 9342 工，可见台撒（胎钑）技术耗费人力。

乾隆三十一年，清朝在热河建造普陀宗乘之庙，其中四方亭、六方亭、八方亭的顶用的都是鱼鳞铜瓦镀金，又建造都罡殿 1 座，其金顶也是用的铜瓦镀金，此项建筑共用 1936798 两。[③]兴修普陀宗乘之庙的经费超过北京附近的藏传佛寺。此寺规模宏大、金碧辉煌，媲美西藏的布达拉宫，吸引蒙古王公到承德朝圣。周蔼联说，行至德庆距藏尚百余里，遥见布达拉高出云

---

① 罗文华：《龙袍与袈裟：清宫藏传佛教文化考察》下册，第 399—411 页。
② 《清宫内务府造办处档案总汇》第 22 册，乾隆二十一年十二月《镀金作》，第 107—108 页。
③ 赖惠敏：《乾隆皇帝的荷包》，第 381—384 页。

图 6-7　普陀宗乘之庙都罡殿金顶

资料来源：笔者拍摄。

际，金瓦如鱼鳞照耀霞日。[1] 普陀宗乘之庙都罡殿仿造布达拉宫铜瓦镀金屋顶，有令人震撼的视觉效果（图 6-7）。

　　普陀宗乘之庙内供奉铜胎钑镀金的佛像。乾隆四十一年，热河普陀宗乘之庙南楼新造紫檀木塔内，供奉铜胎钑镀金无量寿佛 2160 尊，各通高 3.76 寸、面宽 2.3 寸、进深 1.3 寸（图 6-8）。镀饰领头等赤金 133 两、红铜条 1869 斤 12 两、工料银 4844.11 两。次年，又镀金 2 次，仍需头等镀金叶 133.6 两。[2] 普陀宗乘之庙有许多坛城、大宝塔、供品及西洋器物，世间珍奇宝物聚集一处，

①　周蔼联：《西藏纪游》，第 11、45 页。

②　《乾隆朝内务府银库用项月折档》，乾隆四十一年九月、十二月；《清宫内务府奏销档》第 117 册，乾隆四十二年六月十五日，第 24—25 页。

图 6-8 无量寿佛

资料来源：台北故宫博物院编辑委员会编《皇权与佛法：藏传佛教法器特展图录》，台北故宫博物院，1999，第 93 页。

极为壮观。乾隆五十四年内务府登录寺庙陈设共有 1214 项。[①]

到了乾隆晚期，西藏多层次镀金法及用茜草水炸色宫廷已有经验，宫廷中也大量使用茜草来染色（图 6-9）。《内务府银库用项月折档》记载，乾隆年间武备院每年花 500 两购买茜草，至清末仍有购买。宣统年间武备院奏明："由广储司银库领银四百两，采买得茜草五千斤。截至本年十一月三十日止陆续已用完。"茜草每斤价格银 8 分，买 5000 斤为 400 两。[②]

以上讨论清宫制作极乐世界金宝顶和普陀宗乘之庙内供奉铜胎钑镀金的佛像，尝试还原清宫镀金的工艺技术，这些技术传承了西藏工匠的工艺与经验。

*　*　*

乾隆帝在位的 60 年，共花费 40 余万两黄金、8000 万两白银、150 万多斤铜及无数的珊瑚、珠宝等成做艺术品位非凡的器物。然而，我们阅读《养心殿镀金作则例》《园明园内工广储司磁器库铜作则例》《园明园镀金作则例》等资料，又觉得是碎片化的知识。本章结合则例和活计档、工艺技术人员口述及西方检测技术，发现乾隆帝制作器物有一套完备的规范和制度，因此才能一再大规模地复制器物。目前学界认为清朝是由多元族群与多元文化构成的帝国，从清宫镀金的材料，确实发现清朝

① 中国第一历史档案馆、承德市文物局合编《清宫热河档案》第 6 册，中国档案出版社，2003，第 337—372 页。
② 《军机处档折件》，档案号：184905。茜草染做厚红毡 4996.84 尺、重 1665.61 斤，每斤用茜草 2.5 斤，计用茜草 4164.5 斤；薄红毡 126 块、重 504 斤，每斤用茜草 1.5 斤，计用茜草 756 斤；花毡 2 块、重 26.97 斤，每斤用茜草 3 斤，计用茜草 80.91 斤。

图 6-9　铜镀金嵌料法轮

资料来源：中铜 0021651，台北故宫博物院藏。

多元文化的色彩。清代康雍乾盛世，各地珍品纷至沓来。属国安南从康熙朝开始贡金，至乾隆时边疆的新疆、陕甘、云贵地区及藩属等进贡黄金更多。从雍正元年到乾隆六十年，内务府银库贮藏黄金超过 40 万两，嘉庆以后陆续变卖，导致同治年间反而要粤海关购买解交。另外，康熙时向日本购买红铜最高年份曾达 700 万斤，但因日本铜产量减少，乾隆时期降至每年约 100 万斤。朝廷遂开发滇铜，最高年产量达 1400 万斤。铜矿除了铸币，如陈宏谋所说："每年打造铜器，需铜无算。"[1]乾隆朝宫廷制作大量的铜胎镀金佛像与黄金和铜材料的增加有关。铜镀金消耗水银较多，中国产的水银不足，需通过广州进口，一年达数千担。18 世纪的全球贸易让镀金工艺在乾隆朝达到顶峰。

承担镀金流程的匠役由内务府的三旗人丁承充，被称为"家内匠役"，又被称为"食粮匠"，技艺父子传承。此外，内务府使用大量外雇工匠，他们由有身家的夫头具甘结，夫头来自北京行会组织。镀金匠亦有来自国内新疆和国外尼泊尔的，可说明清宫技术的多元化。工匠执行胎钣和镀金时，有细致的分工，制作过程中以打铜匠和胎钣匠人数最多，代表这些活计比铸造更费人力。

内务府人员多达 3000 人，比事务最繁的户部人数多十倍以上，为清朝规模最大的机构。目前中国第一历史档案馆出版了数量庞大的档案，如《清宫内务府奏销档》《清宫内务府奏案》，提供了了解内务府组织机构的便利。譬如，镀金匠之上设有副催长、催长、库使、云骑尉等。匠役体制之外，有更高层的郎中、员外郎等官员督办工程，遇有镀金成色不符即罚俸。这种

---

[1]　陈宏谋:《申铜禁酌鼓铸疏》，贺长龄辑《皇朝经世文编》卷 53 户政 28，台北：文海出版社，1979，第 9—10 页。

层层管控是工艺技术提升的重要机制。内务府奏销档和奏案应是造办处档案之外，研究宫廷艺术的重要档案。

传统中国铸造铜器历史悠久，但清代另发展出锻造工艺来打造大型铜器，称为胎钑技术。胎钑和镀金后的染色皆与西藏工艺有关，仲巴胡土克图说西藏镀金系尼泊尔匠役成造，其镀金系用十足高金镀饰，如不妥，再为再镀，仍用茜草水提炸则金水即能较红。清宫利用西藏技术制作佛像、法器、供器，广泛影响了清朝的工艺。

第七章 清宫的黄铜

　　中国的道家炼丹术涉及各种冶金技术，冶炼黄铜即是一例。黄铜是一种铜锌合金，经常被用作铸钱的原料。周卫荣提到，嘉靖年间开始用黄铜和锡铸钱，黄铜与锡的比例约为 10:1，铜 71.4%、锌 16%、锡 6.23%、铅 5.3%，因锌含量不足，铅和锡含量过高，钱币的质量很差；天启年间，倭铅用于铸钱，天启通宝的成分是铜七、倭铅三。[1] 马越、李秀辉认为中国古代黄铜冶炼技术的发展分为三个阶段：第一，铜锌共生矿冶炼，此阶段黄铜的出现是偶然的；第二，菱锌矿与纯铜合炼；第三，使用纯铜与单质锌冶炼。明清时期黄铜用于铸钱，同时黄铜制品大量出现，属于第三阶段用单质锌冶炼黄铜。[2]

　　对于古代中国的冶金技术，前人研究多聚焦于货币，对清朝的冶金技术讨论不多。本章使用的《清宫内务府造办处档案总汇》记载了制作各种器物的配方和技术，可以看出中国工艺技术传承的情况。另外，以铜作为材料的器物相当多，铜胎珐琅成分相当复杂，在此先略过。本章以讨论佛像和法器为主，其中包含了章嘉若必多吉和西洋传教士蒋友仁（Michel Benoist）

①　周卫荣:《中国古代钱币合金成分研究》，中华书局，2004，第 455 页。
②　马越、李秀辉:《中国古代黄铜制品与冶炼技术的研究状况分析》，《中国科技史杂志》2010 年第 1 期。

提供的配方。

本章将厘清制作黄铜所需要的"锌"在中国的各种称呼，如倭铅、锌、委元、沃缘、白铅等，西方称为"Tutenague"，日本则称之为亚铅、白鍮。本章除引用档案按照原来名称外，其余皆用"锌"字。总之，清代宫廷制作铜器，铜锌合金配方来自传统工匠，让18世纪中国制的黄铜合金居领先地位。

一　锌的来源与使用

清代锌的产量与输出

明代天启年间制作的铜钱加入了锌，但对它的称呼很不一致，称为倭铅、锌、白铅等。《天工开物》记载："凡倭铅古书本无之，乃近世所立名色。其质用炉甘石熬练而成。繁产山西太行山一带，而荆衡为次之。"[1]"锌"的原料是甘石，因容易挥发，提炼过程中会耗损两成。锌产自山西、湖南、广西、贵州、云南、四川等地。

清朝铸钱需用大量的锌。宝泉局铸造的铜钱中，锌的比例占30%—40%，顺治朝"每文重一钱，以红铜七成，白铅三成"，乾隆朝"以红铜六成，白铅四成"。[2]乾隆二十六年，贵州巡抚周人骥奏称："黔省白铅，原议每年酌拨二百万斤，运赴汉口，售供各省鼓铸之用，自后递加至三百四十万斤。现今汉局铅斤充裕，请将加运之一百四十万斤停止，仍照原议，每年拨运二百万斤。或有不敷，即于新开河道所办乐助、福集二厂运汉铅内分销。"乾隆五十三年，贵州巡抚李庆棻奏："黔省福

---

[1]　潘吉星：《天工开物校注及研究》，巴蜀书社，1989，第364页。

[2]　《大清会典事例（光绪朝）》，第494b—495b页。

集、莲花二厂，岁供京楚两运白铅六百余万斤。每年所产，有一百余万斤缺额。自乾隆四十五年始，俱以旧存余铅凑拨，日形支绌。"[1] 白铅在乾隆初年运汉口 200 多万斤，至乾隆末年运北京与汉口的数量达 600 多万斤，岁供增加了三倍。北京当铺称锌、委元、沃缘为"点红铜用"。[2]

中国 18 世纪大量出口的"Tutenague"（Chinese spelter，中国的粗锌），许多字典都将它翻译为"白铜"。[3] 根据理查德·沃特森（Richard Watson）的研究，印度很早以前就知道从矿石中提炼锌，1647 年印度出口的锌就叫"Tutenague"。[4] 更确切地说，中国 18 世纪出口的"Tutenague"其实不是纯锌，而是铜锌镍的合金。卫三畏的《中国商业指南》一书称"Tutenague"为"山铜"，英文解释"Chinese spelter"是中国铜锌合金，然记载其成分则称"80％的铜和 20％的锡"，可以制造乐器等。[5] 凯斯·平恩（Keith Pinn）认为，"Tutenague"原意是远东输入的锌，这个名词是误用，应用"Paktong"一词，这才是指铜锌镍合金。该书分析了从中国进口的白铜的成分，铜占 40％—55％，镍占 5％—15％，锌占 35％—45％，另有其他少量的铁、铅、砷、钴、银等。欧洲制造"德国银"（German silver）的成分，铜占 55％—65％，镍占 15％—20％，锌占 20％—25％。[6] 沃

---

① 《清实录》第 17 册，第 99 页下；第 25 册，第 691 页上。

② 《当谱》，《中国古代当铺鉴定秘籍》，第 230 页。

③ Morse, *The Chronicles of the East India Company Trading to China*.

④ Richard Watson, *Chemical Essays*. London: printed for J. Johnson, F. and C. Rivington; R. Faulder; J. Walker; J. Scatcherd; J. Nunn; Longman and Rees; Cadell, jun. and Davies; and T. Hurst. 1800. G. Woodfall, 1800, p. 28.

⑤ Williams, *The Chinese Commercial Guide*, pp. 116–117.

⑥ Keith Pinn, *Paktong: the Chinese Alloy in Europe, 1680-1820*. Woodbridge, Suffolk: Antique Collectors' Club, 1999, pp. 182–184.

尔特·伦顿·英格尔斯（Walter Renton Ingalls）提到 1721 年英国有 3 万工人生产黄铜，但开始炼锌的方法来自中国，身兼医生与矿物学家身份的艾萨克·劳森（Isaac Lawson）亦曾到中国学习提炼锌的技术。[①]

中国的"白铜"，也就是"锌"，通过英国东印度公司、荷兰东印度公司输往欧洲，1792 年高达 3 万余担，总价 20 余万两。1817 年，中国白铜出口额仍达 907500 元。[②] 另外，《粤海关志》记载，嘉庆年间白铅（锌）的出口数量最少的年份有 70 万斤，最多的年份有 330 万斤；每百斤白铅征收税银 3 钱，加以耗担归公等款，共收银 5.67 钱，每年收税银四五千两至一万数千两不等。[③] 北京崇文门商税衙门税则记载，白铅（锌）每百斤银 2.4 钱。[④] 嘉庆十二年，皇帝传谕："白铅一项因不能制造弹丸，无关军火支用，向未立出洋明禁，但系鼓铸必须之物，近年各直省钱局铅斤日形短少，自系贩运出洋日多一日之故，不可不定以限制，以防流弊。"[⑤] 于是规定每年白铅限以 70 万斤出洋为率。嘉庆帝显然将出口的"白铜"视为"白铅"，限制在 70 万斤，其实中国出口的是铜锌镍合金"白铜"。

除了输往欧洲，当时中国的锌还出口日本，日本利用锌制成铜锌合金器物后销回中国。乾隆年间日本输往中国的铜

---

① Walter Renton Ingalls, "Production and Properties of Zinc: a Treatise on the Occurrence and Distribution of Zinc Ore," *The Engineering and Mining Journal* (1902), p. 3.

② 马士：《东印度公司对华贸易编年史（1635—1834）》第 1 卷，第 326 页。

③ 梁廷枏：《粤海关志》，台北：文海出版社，1975，第 1255—1256 页。

④ 《崇文门商税衙门现行税则》，第 40 页。

⑤ 梁廷枏：《粤海关志》，第 1254 页。

器，以铜盨、铜锅、铜火钵、铜风炉、铜茶道具、铜药罐居多，称为"真鍮"器物，有别明人所谓的"倭铜"。[①] 而根据山脇悌二郎的研究，日本制作真鍮材料的亚铅（锌）即从中国进口。他提到，日本幕府末年输入了大量的亚铅、明矾，亚铅为制作真鍮的材料。1767 年，银座铸造真鍮钱。真鍮钱的一文中，铜占 68%、亚铅占 24%、白镴（锡和铅的合金）占 8%。当时输入的亚铅价格一斤为 2.56 匁（钱），1772 年输入 35 万斤，翌年减半，1787 年剩 36400 斤。[②] 另外，刘序枫在研究清代乍浦港的中日贸易时也提到亚铅，认为日本制作铜钱的锌来自中国，且铸造铜锌合金铜钱的时间较中国晚。

铜和锌的比例

制作黄铜器物，依照器物大小，铜和锌的比例不同。现代人可以利用精密的科学仪器测量，得知铜与锌的比例会影响物质的伸展、硬度、抗压强度等。虽然清朝的工匠不知科学原理，但他们凭借经验也理解这些合金特性。从造办处档案可知，清廷工匠制作器物的经验可见其科学性。如今屹立于颐和园的铜殿，更加证明当时中国的黄铜制造技术是领先世界各国的。

广储司瓷库翔实记录了乾隆八年至六十年锌的收支，除了缺少乾隆四十二年的数据，其余年份锌的总收入为 1729174

---

① 永積洋子編『唐船輸出入品数量一覧 :1637 ～ 1833 年復元唐船貨物改帳・帰帆荷物買渡帳』、259 頁。

② 山脇悌二郎『長崎の唐人貿易』吉川弘文館、1995、239-240 頁。

斤，支出为 1726022 斤。① 使用较多的年份为乾隆二十一年至二十四年及三十二年至三十四年，每年都超过 10 万斤。瓷库贮藏的锌都来自户部，乾隆十年内务府大臣海望奏户部宝泉局有锌 80 余万斤。②

二　黄铜的合成

溥仪的《我的前半生》记载，建福宫大火后，内务府找北京各金店投标，一个金店以 50 万元的价格买到灰烬处理权，拣出了熔化的金块、金片 1.7 万多两。金店拣完，内务府把余下的灰烬装了许多麻袋，分给了内务府人员。后来有内务府官员告诉溥仪，他叔父施舍雍和宫、柏林寺各两座黄金坛城，直径和高度均有 1 尺上下，就是用麻袋里的灰烬提制出来的。③ 笔者读铸炉处档案才知道清朝淘澄铜土的工夫其来有自。内务府养心殿造办处设有铸炉处，位于雍和宫旁。《雍和宫志略》载，雍和宫东墙外边，东北角上有一条东西向的长巷，名叫"铜厂子"，就是清代炼制这种原料的地方（图 7-1）。④ 铸炉处除铸造器物外，亦承办皇帝交代的"刮金毁铜"工作，就是将旧的器物重新熔化，得到纯金和废铜，废铜经过淘澄再加上锌成为黄铜。

① 《内务府广储司瓷库月折档》。
② 《清宫内务府造办处档案总汇》第 14 册，乾隆十年四月《炮枪处》，第 103—104 页。
③ 爱新觉罗·溥仪:《我的前半生》，香港：文通书店，1964，第 143—144 页。
④ 金梁编纂《雍和宫志略》，第 216—217 页。

图 7-1　铸炉处位置

资料来源:《清代北京地图》，侯仁之主编《北京历史地图集》，北京出版社，1988，第 41—42 页。

废铜的来源

康熙、雍正年间，红铜从日本进口，原料取得不易，产生了由回残铜末熔化为净铜的办法。雍正十二年定:"成造铜器所得回残铜末，每斤镕化得净铜五两，归册入于正项应用。"[①] 雍正帝规定每斤 16 两的废铜提炼出 5 两的净铜，成为定例。从造办处档案中可发现旧的铜器来源有四个。

第一个来源是民间。

清朝以铸铜钱为由，禁止民间广泛使用黄铜。[②] 康熙十二年、十八年曾禁止铸造黄铜器皿。雍正四年，因铜钱贵，又禁

① 《总管内务府现行条例（广储司）》卷 3，第 145 页。
② 《大清会典事例（光绪朝）》规定:"一品官员之家，器皿许用黄铜，其余概行禁止。如有藏匿私用不肯交官者，以违禁论。"《大清会典事例（光绪朝）》，第 346a 页。

止铸造器皿，将民间所用铜器交官给价。雍正六年，宝泉局收黄铜器皿 100 余万斤，经雍正帝上谕"收买黄铜器皿"后，各省通报收购黄铜数量大增。[①] 如雍正七年山西巡抚石麟奏，收买黄铜器皿共 49777 斤，解有司熟铜 22476 斤，每斤用银 1.2 钱，共 2695.58 两；生铜 24247 斤，每斤用银 9.6 分，给 2326.39 两；未解铜 3054 斤。雍正十年，江西巡抚谢旻奏称，自雍正五年奉文收买黄铜器皿起至十年秋季止，收过生熟铜 132859 斤。该年，河南布政使徐聚伦奏，雍正九年收买生铜 1922 斤，用银 184.42 两；熟铜 604 斤，用银 72.4 两。乾隆元年，浙江巡抚嵇曾筠奏，雍正朝 13 年共收生铜 14269 斤，给银 1369.01 两；共收熟铜 11345 斤，给银 1365.54 两。[②] 生铜是指含杂质多的铜，熟铜则指含杂质较少者。各种黄铜器送到内务府后，须重新提炼，再由工匠"认看"。

乾隆晚期，民间的铜进入宫廷与天主教礼仪用品有关。乾隆五十年发生大教案，涉及 14 省，各督抚查拿传教士、信徒。[③] 共查抄铜像十字架 18 件、铜像 1 件、铜钟 4 件、铜座 3 件、铜船式香炉 1 件、小铜牌 250 个、铜带 1 条、念珠 43 串、铜壶 1 把、铜小盘 1 件、铜小钗 1 件等，共秤重 6 斤 8 两，俱销毁。[④] 这些毁铜亦归入内务府。

① 《大清会典事例（光绪朝）》，第 587b 页。
② 《清代内阁大库原藏明清档案》，雍正八年四月初三日，档案号：009367；雍正十年十一月十二日，档案号：010388；雍正十年二月二十四日，档案号：009243；乾隆元年三月十三日，档案号：055025。
③ 吴伯娅：《澳门与乾隆朝大教案》，吴志良等主编《澳门人文社会科学研究文选·历史卷（含法制史）》下卷，社会科学文献出版社，2010，第 1369—1379 页。
④ 《清宫内务府造办处档案总汇》第 48 册，乾隆五十年四月《记事录》，第 314—315 页。

第二个是宫中旧藏铜器。

例如乾隆四年，内务府大臣海望交出：熔化大火盆 1 件、重 660 斤，方火盆 1 件、重 200 斤，中火盆 1 件、重 210 斤。奉旨："着交佛保镕化。"广储司瓷库黄铜器皿等件响铜 50 斤、鼎炉 12 件，奉旨："其铜器交佛保镕化。"户部宝泉局存贮不堪用鼓铸之废铜器皿等件：铜香几 1 面、重 160 斤；小铜盆 5 件、小铜盘 4 件，二共重 12 斤；小铜狮子 1 对、重 25 斤。奉旨："俱交佛保，将狮子一对、镜子三面伺候呈览，其余铜器镕化。"[①]乾隆二十九年，武英殿交来铜瓦 60 块、重 10362 斤；由坛庙等处交来铜锅大小 9 口、铜箱 1 件、铜缸 3 件等，重 8225 斤，合计共重 18587 斤，依照淘澄铜土例烧毁熔化。[②] 这样的档案相当多，为铸炉处刮金毁铜的主要对象。清宫使用的淘澄铜土技术，原理类似于《天工开物》记载的"火法炼铜砂"："凡铜砂……淘洗去土滓，然后入炉煎炼，其熏蒸傍（旁）溢者，为自然铜，亦曰石髓铅。凡铜质有数种。有全体皆铜，不夹铅、银者，洪炉单炼而成。有与铅同体者，其煎炼炉法，傍通高低二孔，铅质先化，从上孔流出，铜质后化，从下孔流出。东夷铜又有托体银矿内者，入炉炼时，银结于面，铜沉于下。"[③] 这说明淘洗及火法炼铜能有效去除铜砂或废铜土内的各种杂质。吴明娣的研究指出，藏地留下来的铜器比不上陶瓷器，金属制品容易因式样陈旧、破损等原因而被熔铸，重新加工。[④] 清朝

① 《清宫内务府造办处档案总汇》第 9 册，乾隆四年十月《行文》，第 70—74 页。

② 《清宫内务府造办处档案总汇》第 28 册，乾隆二十九年年六月《铸炉处》，第 843—844 页。

③ 宋应星：《天工开物》，第 982—983 页。

④ 吴明娣：《汉藏工艺美术交流史》，中国藏学出版社，2007，第 59 页。

亦有类似情况，铸炉处毁铜中可能包含古代青铜器。

第三个是军事火器。

黄一农认为雍正、乾隆时期的火炮制作量很大，但主要是对已经破旧残损的炮进行大规模的更换，这时期的火炮在制造技术、威力等方面都超不过康熙朝的水平。明清之际，中国的火器在世界上数一数二，然而在康熙之后，就没有大规模地制作火器，中国武器越来越落后。[①] 从铸炉处毁铜的档案，可看到乾隆年间毁铜炮铸造其他器物的情形。乾隆十年，海望奉旨交毁铜炮 34 位，共得净铜约重 55740 斤。按三成加锌 16722 斤，足铸活计。[②] 乾隆四十九年在中正殿安设铜烧古大鼎炉，官员"查铸炉处现存淘澄镕化铜八千余斤，又领到毁铜大炮二位，计重三千余斤，二共存铜一万一千余斤"。[③] 约翰·巴罗在《我看乾隆盛世》中记载："汤若望、南怀仁曾费了极大努力教中国人铸造火炮的技术，他们却至今也没有长进。……我注意到，北京一个城门附近丢弃着几尊形状丑陋、比例失调的火炮。他们跟那些广东边境的同类，以及杭州府那几尊 12 磅，各自有木棚遮盖的火炮，就是在这个国家所能见到的所有的大炮了。"[④] 约翰·巴罗之所以看不到中国的火炮，应是乾隆毁铜的结果吧。

第四个是外国进贡的铜器。

乾隆十年，造办处官员呈报库内毁铜物件，有高丽铜蜡台

① 黄一农：《红夷大炮与皇太极创立的八旗汉军》，《历史研究》2004 年第 4 期。
② 《清宫内务府造办处档案总汇》第 14 册，乾隆十年四月《炮枪处》，第 103—104 页。
③ 《清宫内务府造办处档案总汇》第 47 册，乾隆四十九年十一月《铸炉处》，第 477—479 页。
④ 约翰·巴罗：《我看乾隆盛世》，第 216、218 页。

1件、高丽铜盒子1件、高丽铜盖碗1件、高丽铜杓子1件、高丽铜匙子1件、高丽铜火盆1件。这些器物应是朝鲜进贡的。同时毁铜器物中有铜西洋锁2把、铜吊牌西洋玻璃珠吊挂8挂、铜水法1份、黄铜掐子12件、自鸣钟10件等，应该是西洋进贡的物品。清朝称喷泉为水法，像圆明园著名喷泉即被称为大水法。①

乾隆五十年，造办处将自鸣钟钟座刮金毁铜。洋铜钟架6座，重330斤，计5280两（1斤等于16两）。洋铜为红铜镀金，用3000斤的黑铅提炼，共得金17.95两。黄铜呀金钟架15座、铜烧古钟座2座，得铜1845斤。武备院卿舒文称，查得毁铜各式钟架座21件内，洋铜架座8件、重323斤，黄铜呀金架座13件、重715斤以上，二项共重1038斤。奉旨："所有毁铜钟架计得三千余斤，此内有洋铜六百余斤，着对化紫金琍玛铜。"毁铜钟架成做秘密雅曼达噶上乐王等佛3尊，各通高2.56尺；护法佛9尊，各高1.56尺；狮象吼三大士菩萨，各高1.56尺；紫金琍玛铜小法身无量寿佛9尊。②在熔化铜钟架的过程中，5000余两的铜含金量只有17.95两，可见西方来的自鸣钟大部分是镀金。图7-2的铜镀金鸟音笼表即是欧洲钟表制造商输入到中国的一种西洋钟表。

乾隆五十年以后就不再销毁自鸣钟，因为这些钟表交给崇文门关变价可买到十倍的黄铜。如乾隆五十一年应毁变钟表57件，共秤重4604斤，系交崇文门关按十倍红黄铜各半变过

---

① 《清宫内务府造办处档案总汇》第13册，乾隆十年十一月《铸炉处》，第512—514页。

② 《清宫内务府造办处档案总汇》第48册，乾隆五十年二月《铸炉处》，第139—142页。

图 7-2　铜镀金鸟音笼表

资料来源：故宫博物院、故宫鼓浪屿外国文物馆编《海国微澜：故宫鼓浪屿外国文物馆展览图录》，故宫出版社，2017，第 156—157 页。

铜 46040 斤。五十三年再交崇文门关按十倍交铜 30182 斤，存贮造办处库以备办造活计之用。[①]

成做器物之铜与锌的比例

乾隆二十九年，内务府主事金辉、舒善呈，二十八年十月由武英殿、坛庙等处交来铜锅等共重 18587 斤。这些铜锅经铜匠认看，回称："此铜系以黑铅对海壳而成，名为水铜，只可铸此瓦缸锅箱应用。若铸造磨光出细活计，浑气太大，孔窝甚多，实难凿锉嵌补。如用此铜，须得烧毁镕化，追净浑性揭成海壳后，加锌对化成黄铜，方可应用。"铸炉处工匠将含黑铅的铜称为水铜，难以铸造光滑平整的活计，只能做铜缸之类器物。内务府官员招商熔化得每水铜 100 斤揭得净海壳铜 60 斤、黑铅（铅）25 斤，折耗铜 15 斤。铜瓦缸锅等共重 18587 斤，如此办理可得海壳铜 11152 斤、黑铅 4646 斤、折耗铜 2789 斤。[②] 提炼净铜为杵头铜，再加 30% 的锌才能得到黄铜。根据杨煜达的研究，滇东北各厂由于以办京铜为主，主要是煎炼成色高的蟹壳铜。煎炼蟹壳铜是在已炼成紫板铜或黑铜后，再下专门的蟹壳炉煎炼。[③] 旧铜器中锌的含量不高，成做新的器物必须加入锌。

① 《清宫内务府造办处档案总汇》第 50 册，乾隆五十三年三月《记事录》，第 620—625 页。
② 《清宫内务府造办处档案总汇》第 28 册，乾隆二十九年六月《行文》，第 843—844 页。
③ 杨煜达：《清代中期（公元 1726—1855 年）滇东北的铜业开发与环境变迁》，《中国史研究》2004 年第 3 期。

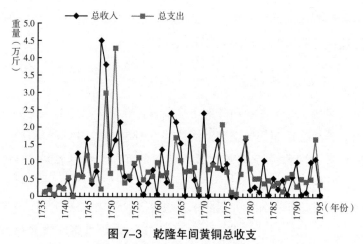

图 7-3　乾隆年间黄铜总收支

资料来源:《乾隆朝内务府广储司瓷库进用项月折档》。

　　民间对黄铜的配方也都有清楚的概念，当时的当铺文献中有丰富的记载。北京当铺鉴定古镜认为黄铜的古镜最不值钱，1 斤才 1.5 钱，因前代无"委元"（锌），黄铜必本朝所制造的假古董。《当谱集》称之为"铜饼子"，饼子面上要有圪塔，有芝叶花，其塔边花至边打纷红色即是顶高一种。如面上没有圪塔，打开是草黄色，是次的一种，并提到"凡此物成器，必加委元，无委元不能成"。[1] 北京的当铺手册亦有"四斤红铜对六斤沃缘，化成为料铜，铸镜子用，每斤二钱五分"，"五斤红铜对五斤沃缘，化成为黄铜，打铜盆等物，每斤三钱五分沃缘"，"七斤红铜对三斤沃缘，化成为响铜，打船锣并响器，每斤五钱六分"，"白铜对红铜，名为水红铜，铸古镜、古炉用"，"白铜对沃缘为青铜，又

---

　　[1]　《当谱集》，《中国古代当铺鉴定秘籍》，第 121 页。

为锅料"的说法。[1] 可见民间工匠很清楚黄铜器物之铜锌的比例，制作镜子用红铜40%与锌60%，做铜盆需要红铜50%和锌50%，做锣响器则用红铜70%和锌30%。这个比例与清宫制作器物的记载相当一致，可见宫廷技术对民间之影响。

乾隆三十一年铸造重华宫铜缸，内务府大臣三和奏称："查向例铸造好器皿活计，系用红铜六成、锌四成对用，今铜缸体势重大，非此花纹小项活计。如各用五成对化，亦可应用。"[2] 乾隆三十六年宁寿宫内安设铜缸28口，系用钟锅毁铜30669斤，领过锌3万斤，按五成对化铸造。[3] 铸造大型的铜水缸用废铜，铜经提炼后加等量的锌，两种元素的比例各半，这样才能牢固。乾隆二十九年，热河珠源寺铸造铜殿一处，也使用生铜和倭铅各半。咸丰三年，礼部尚书奕湘奏称："生铜可以随锤随碎，既系铜铅镕铸，断非锤力所能立破。"可见制作大型的铜缸和铜殿必须铜锌各半，可增加硬度。

三　章嘉若必多吉与清宫佛像技术

《章嘉国师若必多吉传》提到，乾隆十二年，章嘉若必多吉受乾隆帝之命，将宫中所供的历代佛像进行鉴别整

---

① 《论皮衣粗细毛法》，《中国古代当铺鉴定秘籍》，第157页。

② 《清宫内务府造办处档案总汇》第29册，乾隆三十年《铸炉处》，第471—472页。

③ 《乾隆朝内务府奏销档》第300册，乾隆三十六年正月二十三日，第53—58页；第321册，乾隆三十八年八月二十二日，第65—66页。

理，用汉、满、蒙、藏四种文字标出每尊佛像的名号，编纂成《诸佛菩萨圣像赞》，内收佛像 360 幅、像赞 360 节。乾隆帝阅后非常高兴，对他嘉奖殊厚。① 乾隆十四年，造办处收到满文字画佛像折子，上面绘有佛像 360 尊，奉旨立即照此画像铸铜佛模。此折子必是《诸佛菩萨圣像赞》的绘本，为铸铜佛模之用。② 章嘉若必多吉自火牛年（1757）进藏至铁龙年（1760）返回北京，在西藏居住了四年。其间，由噶厦经常供给章嘉师徒薪俸、柴草、额外补贴、瓜果、四季衣物、日用器具、工匠们新制佛像、佛塔、佛经、书籍、供品和用具等。③ 章嘉若必多吉学习了许多西藏佛学知识，"他只要用手触摸一下，就能察知佛像等物品制作的好坏，区别出是用印度的还是用西藏的新旧铜料制作的。"乾隆帝并接受了章嘉若必多吉从西藏带来的佛像、唐卡、香料、氆氇等，其对清宫画佛像、做蜡样、整理佛像系谱有很多贡献。

绘制佛像与做佛模

乾隆帝说："汉人、蒙诸朝以来，至今宫廷内渐次供养之佛像、佛经、佛塔等不可胜数，造像材料和各像面目无法识别，难以整理。请将这些佛像分别开来，用蒙藏两种文字标出名号。"④ 于是，以章嘉若必多吉为首的赤钦活佛等驻京喇嘛和理

① 马连龙：《一代宗师 百世楷模：章嘉若必多吉生平述略》，《西北民族研究》1992 年第 2 期。
② 《诸佛菩萨圣像赞》，中国藏学出版社，2009，"导论"，第 15—16 页。
③ 土观·洛桑却吉尼玛：《章嘉国师若必多吉传》，第 208—209 页。
④ 土观·洛桑却吉尼玛：《章嘉国师若必多吉传》，第 99 页。

藩院的文书誊录人员仔细察别，具详进呈。整理佛像后，编纂成《诸佛菩萨圣像赞》。据罗文华的研究，这书作为宫廷做佛像的样本，进而制作佛模、擦擦佛等。[①] 在造办处档案中可以找到制作佛模的用银。

乾隆十四年七月，员外郎白世秀、司库达子将做得悬胳膊铜佛模子 1 件、实板铜佛模子 1 件，拨得蜡有座子的佛模样子 1 尊。悬胳膊佛模子共 360 尊，估银 6500 余两；实板佛模子共 360 尊，估银 8300 余两。乾隆十五年十一月初三日，员外郎白世秀、司库达子将做得铜阴佛模 3 尊、铜阳台撒佛模 3 尊持进，交太监胡世杰呈览。[②]

乾隆十六年十二月初三日，七品首领萨木哈将做得佛模子铜背板上凿得四样字持进。奉旨："俟得时章嘉呼图克图看次序，将佛排在文字号内。"二十年十一月二十六日，员外郎白世秀将做得铜佛模背上贴天字一号至十号样，并每尊镀金用金 4.85 分的估单一件持进，交首领张玉，太监胡世杰呈览。奉旨准其镀金，俱不必刻字号二字，阴佛模在里面墙上刻天一至天十字样，背板切在背后刻，其余佛模俱按此样刻做。二十二年十一月初十日，白世秀将做得阴阳佛模子 720 尊呈进。[③] 这可能是以《诸佛菩萨圣像赞》360 幅做的铜模。罗文华说慈宁宫咸若馆曾使用铜模做 4 套擦擦佛像，总数达 4320 尊。[④] 做佛模

---

① 《诸佛菩萨圣像赞》，"导论"，第 15—16 页。

② 《清宫内务府造办处档案总汇》第 17 册，乾隆十四年四月《杂活作》，第 135—136 页。

③ 《清宫内务府造办处档案总汇》第 17 册，乾隆十四年四月《杂活作》，第 135—136 页。

④ 《诸佛菩萨圣像赞》，"导论"，第 19 页。

的材料还有铜铁锡佛模。乾隆二十一年铜铁锡佛模9件安在奉三无私呈览，奉旨着交果亲王供奉。[1]

画佛像

前述清宫制作后妃金宝需做木样、蜡样等，做佛像亦需画样、做蜡样。章嘉若必多吉在宫廷负责"认看"佛像与绘制佛像的纸样等工作。乾隆二十一年，奉旨："章嘉胡图克图认看若是中间佛即配左右佛二尊，若是左右佛即配中间佛一尊，傍边佛一尊造法细致里照交出之佛一样，成造三尊配成一堂。着喇嘛画样呈览。"经章嘉若必多吉认看得腾额里佛1尊，系二臂吉祥天母护法左位，并画得中右佛样二张持进。奉旨："照样再拨蜡样呈览。"又奉旨："将左边铜佛挪在左二，其左一空处再造一尊配供。其右二亦照左二骑骡子的佛一样，配造骑兽的佛供上，共五尊成一堂。着章嘉胡图克图认看，先画样呈览。"五月二十九日，员外郎白世秀、金辉将拨得佛蜡样4尊、铜腾额里佛1尊持进。奉旨："照样准做。"闰九月二十三日，郎中白世秀、员外郎金辉将做得铜佛4尊，并旧有腾额里佛1尊持进。奉旨："着镀金。"[2] 这份档案说明章嘉若必多吉认看清宫旧藏腾额里佛1尊，再拨样做4尊，配吉祥天母为一堂佛像。关于清宫佛像的诸神配置，章嘉若必多吉贡献良多。

乾隆三十三年，催长四德、五德来说太监胡世杰交挂像佛1轴。传旨："着嘉胡图克图照挂像佛一样，按现做青金佛样款

---

① 《清宫内务府造办处档案总汇》第21册，乾隆二十一年五月二十六日《记事录》，第792页。

② 《清宫内务府造办处档案总汇》第22册，乾隆二十一年四月初二日《镀金作》，第92页。

大小画样呈览，准时照样成造一尊。"当月十三日，催长四德、五德，笔帖式富呢呀汉将罗布藏隆里画得佛像纸样 1 张呈进，奉旨："着章嘉呼图克图指示拨蜡样呈览。"五月初二日，催长四德等将拨得金镶珊瑚等佛背光蜡样 1 尊。奉旨："佛法身不必用金镶做，按色用珊瑚、青金松石、蜜蜡、砗磲、巴结成造。如实在不能，再交如意馆成造。"五月二十二日，催长四德、五德为成造松石佛上金背光 1 座，约用二等金 20 两；六月十八日，库掌四德将为造金背光地藏王菩萨等佛挑得库贮珊瑚 1 块、蜜蜡 1 块、青金 4 块、砗磲 1 块并佛像画样呈览，随交出松石大小五块重 4.55 两。奉旨："俱准用将交出松石成造地藏王菩萨用。"①

雨花阁坛城

慈宁宫的花园面积约 7000 平方米，西南十多处建筑中，有好几处是独立佛堂，包括咸若馆、宝相楼、吉云楼等。王子林提到雨花阁供奉密宗四部神系，佛堂供奉无量寿佛也具有普遍性和代表性。② 雨花阁竣工后，最重要的是建造坛城。章嘉若必多吉亦参与珐琅坛城制作。乾隆十八年二月初四日，珐琅作传旨："照先做过吉云楼供的掐丝珐琅坛城做四分，其尺寸大小要往藏里去的牌楼一样做。"二月三十日，司库邓八格将做得秘密掐丝坛城木样 1 座，奉旨："坛城木样着章嘉胡图克图细细看。"三月二十六日，司库邓八格将做得秘密坛城准样持进，安

① 《清宫内务府造办处档案总汇》第 31 册，乾隆三十三年三月初八日《金玉作》，第 435—436 页。

② 王子林：《雨花阁：乾隆朝宫廷佛堂建设主导思想论》，《故宫博物院院刊》2005 年第 4 期。

在养心殿呈览。奉旨着交德保专办，先做雅曼达噶、上罗王、秘密掐丝珐琅珐城3份，其余1份酌量地方准时再行成造。八月十二日，员外郎白世秀、达子为造坛城，共用物料和工匠银如表7-1所示。

表7-1　雨花阁坛城买办物料及工匠费用

单位：两

坛城	买办物料	外雇工银	共银
秘密佛掐丝珐琅坛城1座	465.11	3557.17	4022.28
上乐王佛掐丝珐琅坛城1座	546.06	4159.39	4705.45
雅曼达噶佛掐丝珐琅坛城1座	502.28	3706.47	4208.75
共银			12936.48

资料来源：《清宫内务府造办处档案总汇》第19册，乾隆十八年二月初四日《珐琅作》，第505页。

另外，金、铜等物料系向内务府银库、瓷器库等行取，所费如表7-2。这份档案说明章嘉若必多吉指导制作了藏式坛城的木样，由工匠成做掐丝珐琅坛城，并提供镀金的知识，"秋天得暂且不能镀金，若镀金之后，陈搁日期，恐有磨擦金色糙旧俟"。

表7-2　雨花阁坛城所用库贮材料情况

单位：两

材料名	费用
镀金叶	3356.54
活计银	2190
红铜叶	1805
红铜条	60.5
白檀香	93.95
水银	62.78

续表

材料名	费用
黑铅	3.12
红铜末	19.8
象牙	6

资料来源：《清宫内务府造办处档案总汇》第19册，乾隆十八年二月初四日《珐琅作》，第505页。

锻造佛像：雅曼达噶佛像

上述的雅曼达噶或称呀吗哒噶，即大威德怖畏金刚或威罗瓦金刚，是密宗无上部瑜伽主尊，亦为藏传佛教重要的护法神，梵文为"Yamantaka"。清朝在梵宗楼、永安寺善因殿、雍和宫、圆明园清境地和舍卫城普福宫、热河安远庙和普陀宗乘之庙都设有雅曼达噶坛城。雅曼达噶为战神，坛城同时供奉兵器和盔甲。[①]

乾隆初期，驻藏办事大臣索拜的任务之一为搜集西藏的佛像。乾隆十二年，达赖喇嘛亲自磨勘拣选，将释迦牟尼等三世佛与三宝座合为一套，皆印度响铜器物，释迦牟尼佛用的是策济穆响铜，该种响铜系印度响铜最佳者。他另将密集金刚、胜乐金刚、大威德金刚三佛宝座合为一套，此内胜乐金刚佛系印度造，密集金刚、大威德金刚此二佛原来印度处不造，宗喀巴时才造。现获此二佛，皆宗喀巴时期名为刘崇巴之工匠所造，世代由达赖喇嘛等供奉密乘佛像内极具大加持之佛。[②] 次年，

① 王家鹏：《清代皇家雅曼达噶神坛丛考》，《故宫博物院院刊》2006年第4期。

② 赵令志等主编《雍和宫满文档案译编》上卷，第253页。

驻藏办事大臣索拜又奉旨寻得雅曼达噶佛像等并送至北京。乾隆十三年五月，驻藏办事大臣索拜奏："将钦定延请之雅曼达嘎等佛尊、佛之尺寸由藏驮送至西宁。"这次运送需用牛5头，每头租银3.45两，共需17.25两，已由藏库之钱粮动支。[①]

永安寺（图7-4）善因殿新供雅曼达噶佛像以西藏的佛像为模板，逐渐建立佛像的形象、款式，并且由西藏派遣尼泊尔工匠到北京制作佛像。乾隆九年二月初三日奉旨："字寄驻藏办事副都统索拜，交郡王颇罗鼐，于彼处作佛匠役内，拣选擅铸造铜佛工匠三名及打磨、镶嵌珊瑚、绿松石、青金石、玉石等佛甚为精细之尼泊尔工匠等亦拣选三名，各携所用器械，由索拜处酌情优厚给与，选派妥员照管，即速起程，乘驿送京。"颇罗鼐呈称："臣遵照大人所交，由我处铸造铜钟，工匠内拣选良匠尼泊尔查达玛、巴鲁兴、刚噶达。又于打磨、镶嵌珊瑚、绿松石、青金石、玉石等佛之工匠内，拣选良匠尼泊尔雅纳噶喇、达纳迪布、巴鲁。将伊等携至大昭、布达拉等庙，记住有大福之佛等形制。伊等所用工具皆已各自修理完毕，给予伊等每人需骑驮乌拉差马三匹。"[②]

乾隆十四年六月初四日，总管内务府大臣三和呈称："遵旨诚造呀嘎达噶佛一尊，法身高大，系初次诚造，所用物料、工价预难估计。今暂请工料银一千二百两陆续领用，撙节谨慎办造。如不敷用，再行请领，俟告竣之时将实用银两细数造册呈报外，其需用凿錾匠役行文武备院拣选精艺者15名，所需黄

①　赵令志等主编《雍和宫满文档案译编》上卷，第282—283页。
②　赵令志等主编《雍和宫满文档案译编》上卷，第169页。

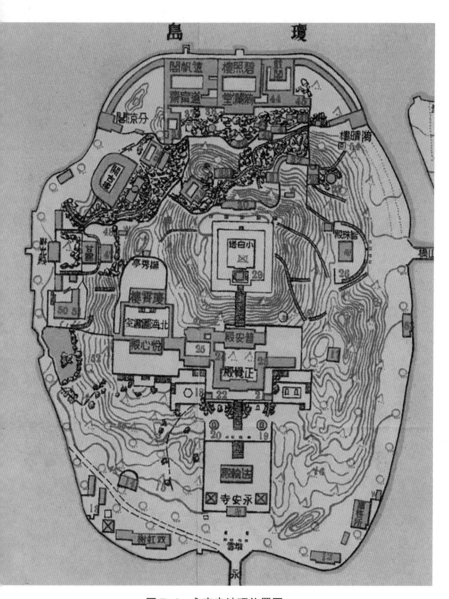

图 7-4 永安寺地理位置图

资料来源：北平市北海公园委员会印制，1935 年 12 月。

蜡、煤炭、木柴向各该处行取应用。"[1] 郎中二达塞等向圆明园库银陆续领银 1200 两造佛像，选得武备院精艺者 15 名。这还不包括善因殿的宝顶、槅扇、供案、佛台等。乾隆十六年，海望等奏，约估永安寺白塔前新建雅曼达噶佛坛所用赤金银两。雅曼达噶佛坛 1 座，上檐铸造铜镀金宝顶瓦片，前檐铸造镀金铜，槅扇 4 扇，券内漆饰，并安设供案佛台等。铸造镀金铜宝顶瓦片，槅扇每平面见方一尺，照例用金 4.5 钱，共约估赤金 311 两，请向广储司支领。应用约估红铜 7496 斤、黄铜 4487 斤，请向铸炉处收贮铜斤内支领。绘画雅曼达噶坛城交中正殿绘画佛像喇嘛等绘画，所供枪戟、腰刀交武备院办造。随墙妆缎、圆子，并皮幡，交广储司衣库成造。虎二只交造办处办造。[2] 雅曼达噶佛坛用了 311 两赤金和 11983 斤铜成做镀金铜宝顶瓦片和槅扇，想必富丽堂皇。太液池北边的极乐世界也是铜瓦镀金宝顶，两者交相辉映。永安寺善因殿新供雅曼达噶佛像开光日期，"由钦天监选择得，本月十五日戊寅宜用辰时，十二日己酉宜用辰时"。[3]

紫金琍玛铜

意大利学者朱佩塞·图齐（Giuseppe Tucci）研究西藏造佛像所使用的铜的成分，一类是自然铜；另一类是红铜加了八种物质，即金、银、铜、白铁、水晶、白铅、黑铅、水银。第二

---

[1] 《清宫内务府奏案》第 61 册，乾隆十四年十二月初七日，第 39—41 页。

[2] 《清宫内务府奏案》第 67 册，乾隆十六年正月初十日，第 16—20 页。

[3] 《清宫内务府奏销档》第 41 册，乾隆十六年十一月初九日，第 348—349 页。

种铜和《八界论》中提到的一些印度造佛所使用的材料一致。[①]
藏文中铜质统称"li ma"，汉译为"琍码"，清宫正式铸造紫金
琍玛与六世班禅进京有关。乾隆帝发现六世班禅的礼品中有 1
件紫金琍玛铜造像，命工匠仿作。清宫制作紫金琍玛的材料有
红铜条、自然铜、金、银、锡、铅、钢、水银、五色玻璃和金
刚钻。[②]

乾隆四十六年正月，舒文至西黄寺询问仲巴呼图克图有关
镀金和烧紫金琍玛的情况。仲巴呼图克图说："藏内并未有带来
镀金能烧紫金喇吗等匠，缘藏内镀金烧紫金喇吗俱系尼泊尔匠
役成造。其镀金系用十足高金镀饰，如不妥再为再镀。仍用茜
草水提炸，则金水即能较红。至烧紫金喇吗系用自来铜、金、
银、铅、钢等八项，加入洋条红铜内合化打造，方能烧得各种
彩色。"[③] 乾隆四十六年四月初七日，库掌同德持来呈稿 1 件，
内开铸炉处为呈明遵旨成造无量寿佛 8 尊请领金、银、自然铜
等项材料，查前遵旨问明遂本仲巴藏内成造紫金琍玛佛像系加
用金、银等八项，随奏明先试造 1 尊呈览，今已造得无量寿佛
1 尊呈览，奉旨添造 8 尊成一堂，查系每红铜 1 斤，加用金 3
钱、银 6 钱、自然铜 3 两、钢 2 钱、锡 2 钱、铅 2 钱、水银 2 钱、
五色玻璃面 5 钱，8 尊共合用金 3 两 6 钱、银 7 两 2 钱、自然
铜 2 斤 4 两、钢 2 两 4 钱、锡 2 两 4 钱、铅 2 两 4 钱、水银 2

---

① 图齐：《西藏人对佛教造像风格的分类》，罗文华译，陈庆英编《国
　外藏学研究译文集》第 12 辑，西藏人民出版社，1995，第 177—
　193 页。

② 罗文华：《龙袍与袈裟：清宫藏传佛教文化考察》下册，第 403—
　411 页。

③ 《清宫内务府造办处档案总汇》第 45 册，乾隆四十六年正月《铸炉处》，
　第 109—113 页。

两 4 钱、五色玻璃面 6 两，理合呈明堂台批准存案，遇有成造紫金琍玛佛像俱照此例办理。①

该年十一月，太监鄂鲁里交铜烧古红威罗瓦金刚 1 尊、铜烧古马头金刚 1 尊。传旨："照红威罗瓦金刚配造紫金琍玛铜吉祥天母一尊，成一堂。先拨蜡样呈览。其马头金刚问章嘉胡土克图拟配供何佛像成堂之处，先画样呈览。准时拨做蜡样，用紫金琍玛铜成做。"十二月初三日，章嘉若必多吉交来画得配供马头金刚六臂勇保护法画样 1 张持进。奉旨："照样准造。"成做之前，乾隆帝交代铸炉处，在原来配方上加暹罗国进贡的土钻 10 两。匠役声明："如加此钻石对化打造时，多有裂纹，必须焊做方能完整。"并将打不住铜板 1 块，一并交太监鄂鲁里呈览。奉旨："现造之佛二尊将现有金刚钻石十两均分对化紫金琍玛铜成造，有裂纹准其焊做。"② 显然金刚钻石并不是很好的材料，容易导致铜片出现裂纹。乾隆四十八年，管理造办处事务舒文将拨得遵旨成造紫金琍玛铜上药王佛 1 尊并没有加金刚钻。③

至乾隆五十五年，乾隆帝又命造办处利用暹罗国进贡的金刚钻 10 两成做器物。造办处官员奏称："看得不是金刚钻，刻做活计难以应用，堪可对化铸造紫金琍玛铜。"铸炉处成做紫金琍玛铜无量寿佛 9 尊，约用红铜 667 斤 2 两、镀金叶 29 两，并对

---

① 《清宫内务府造办处档案总汇》第 45 册，乾隆四十六年正月《铸炉处》，第 109—113 页。

② 《清宫内务府造办处档案总汇》第 45 册，乾隆四十六年十一月《铸炉处》，第 140—142 页。

③ 《清宫内务府造办处档案总汇》第 45 册，乾隆四十七年十一月《铸炉处》，第 713—715 页。

化金刚钻石 16.3 两。[1] 可能金刚钻石的分量少，佛像没有出现裂纹。

铃杆

章嘉若必多吉到西藏时，曾获得达赖喇嘛许多珍贵的法器。他不但有鉴赏能力，且知道制作法器的配方。乾隆四十年，造办处成做弘仁寺跳布扎缨络衣，添做镀金红铜小钟 98 个和铃铛 120 个，照式成造，例用头等金 8.57 钱。[2] 根据罗文华对乾隆三十六年章嘉若必多吉和西洋传教士蒋友仁分别提供的铸铃配方（表 7–3、表 7–4）的研究，清宫铸铜铃的新配方是汉、藏及西洋配方综合的结果，直接改变了清宫这一传统工艺的面貌。[3]

表 7–3　章嘉若必多吉的配方

材料	数量	百分比
洋条红铜	13.87 两	69.35
枕锡	5.95 两	29.75
金	6 分	0.3
银	6 分	0.3
三色宝石	6 分	0.3

资料来源：《清宫内务府造办处档案总汇》第 34 册，乾隆三十六年十二月《铸炉处》，第 527 — 536 页。

---

[1] 《清宫内务府造办处档案总汇》第 52 册，乾隆五十五年正月《铸炉处》，第 232—237 页。

[2] 《乾隆朝内务府奏销档》第 337 册，乾隆四十年十月二十日，第 59 页。

[3] 罗文华：《龙袍与袈裟：清宫藏传佛教文化考察》下册，第 400—401 页。

表 7-4　蒋友仁的配方

	材料	数量	百分比
配方一	红铜	1 斤（16 两）	81—97
	锡	3.2 两	16.39
	暗地磨牛	3.2 钱	1.34
配方二	红铜	1 斤（16 两）	78.74
	锡	4 两	19.68
	暗地磨牛	3.2 钱	1.57

资料来源：《清宫内务府造办处档案总汇》第 34 册，乾隆三十六年十二月《铸炉处》，第 527 — 536 页。

　　蒋友仁说暗地磨牛出在西洋瓮济里亚国，生于金银铜铅各项矿内，唯银矿、铅矿内生产更多。如铸钟材料用红铜 100 斤、锡 20 斤或 25 斤，合暗地磨牛 2 斤熔化，做成钟时声音更为清亮。但暗地磨牛在铃杵的配方中所占比例甚低。章嘉若必多吉配方的锡成分高达 29.75％，而蒋友仁配方的锡最多为 19.68％。乾隆帝认为红铜响铜高锡所铸之铃声音好，再造即照此样所兑之铜铸造。[1]

　　罗文华的看法是，乾隆帝采用蒋友仁加了暗地磨牛的配方制作铃杵。不过，乾隆五十一年，太监常宁传旨："将现交出毁铜自鸣钟拆下钟碗，交舒文照从前造过大号铃杵、中号铃杵各铸造一分。"奉旨："现造铃杵声音平常，交中正殿喇嘛用，再照先造过加金银宝石中号铃杵样成造十分。"[2] 这似乎说明乾隆帝喜爱章嘉若必多吉加金银宝石的配方。铃杵的样式见图 7-5。

　　————————

[1]　《清宫内务府造办处档案总汇》第 34 册，乾隆三十六年十二月《铸炉处》，第 527—536 页。

[2]　《清宫内务府造办处档案总汇》第 48 册，乾隆五十一年二月《铸炉处》，第 143—144 页。

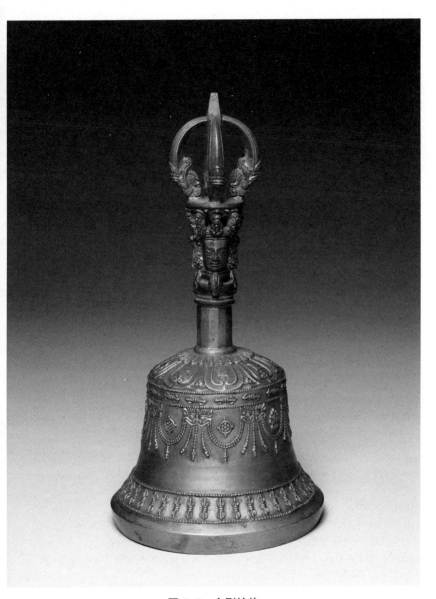

图 7-5　金刚铃杵

资料来源：故杂 000706，台北故宫博物院藏。

四 黄铜技术的流传

乾隆帝命工匠制作佛像，并制定了统一的规格。蒙古王公工布查布将藏文的《造像量度经》翻译成汉文，乾隆七年刊印，汉文题名为《佛说造像量度经解》。[①] 黄春和认为，佛像按照量度规定和既定的图像模式塑造，导致乾隆时期的造像生硬呆板、匠气十足，艺术水平急遽下降，远不如康熙时期。[②] 袁凯铮则认为，佛像形式标准化意味着制作佛像趋于固定的工艺流程，形成稳定的艺术风格。15 世纪以前，尼泊尔的铜像多为实心铸造，尺寸不大。随着西藏铜像需求增加，尼泊尔工匠用失蜡法制作佛像，变成空心铸造，采用拼凑组合方式制作尺寸较大的铜像。16 世纪以后采用锻打工艺制作佛像，将佛像分解成几个部分再拼接组装，以节省材料。[③]

从档案来看，统一佛像规格有利于计算制作费用。乾隆二十六年，造仁寿寺供奉无量寿佛 1 万尊。据内务府银库用项月折档，新修理弘仁寺等处庙宇房间，并新建仁寿寺庙宇房间成塑佛像雕做龛案等项工程办买物料，并给匠夫工价 8433.59两。[④] 乾隆三十四年，中正殿供奉金佛样式成造铜镀金释迦佛 1 尊、文殊菩萨 1 尊、观音菩萨 1 尊，共用铜 761 斤 6 两。这三尊铜佛系按铸造上乐王铜佛之例，每高一尺用工料银 139.6

---

① 《造像量度经》，工布查布译，台北：台湾印经处，1956。
② 黄春和:《元明清北京宫廷的藏传佛教造像艺术风格及特征》,《法音》2001 年第 1 期。
③ 袁凯铮:《西藏东部藏传佛教铜佛像制作工艺研究》，博士学位论文，北京科技大学，2010。
④ 《乾隆朝内务府银库用项月折档》，乾隆二十六年七月。

图 7-6　鎏金铜佛

资料来源：中瓷 004671，台北故宫博物院藏。

两，减三成报销 98.99 两。① 乾隆三十五年，新建万佛楼工程，共需物料工价 264249 两，造大佛 36 尊、无量寿佛 11118 尊，用 140749 两。②

内务府三旗人丁户口册中，记载管领下人丁有许多工匠，即为食口粮人丁，外聘的工匠称为外雇民匠。内务府瓷库铜作专司铸造各样铜锡器皿、拔丝胎钑錾花烧古及乐器等事，设八品司匠 2 员、领催 5 名、化铜匠 5 名、铜匠 7 名、锡匠 25 名、拔丝匠 12 名、拧索匠 6 名、铸铜匠 1 名、拨蜡匠 3 名、上泥匠 1 名、烧古匠 3 名、洗镜匠 3 名、琵琶匠 2 名。③ 内务府所属的工匠除了每月领取俸饷、粮米，另给饭食银，如錾匠、锉匠、磨匠，每工给饭银 3.6 分。④ 内务府成造大型器物时，必须雇用大量工匠。例如乾隆三十八年铸造宁寿宫 24 口铜缸，每铜一百斤用铸匠 13.3 工、凿匠 16.6 工、锉刮匠 26.6 工，接着用磨炭蘸水磨光，再用布片蘸磨炭灰打磨，最后用宝砂打磨光亮。外雇工匠中若有技术超群者，有可能被延揽为内务府工匠。如乾隆十四年内务府造办处档案记载："现今铸炉处烧古人乏，外有烧古民匠龙呈瑞，烧古甚好，请召募应差。再铸炉处从前召募过刻板匠方亦瓒，每月食钱粮银四两，现今患病不能当差，请将方亦瓒所食钱粮革退，赏给龙呈瑞，令伊在铸炉处应差。"⑤

---

① 《乾隆朝内务府奏销档》第 293 册，乾隆三十四年三月四日，第 284—316 页。
② 《乾隆朝内务府奏销档》第 296 册，乾隆三十五年四月四日，第 282—299 页。
③ 《总管内务府现行条例（广储司）》卷 1，第 14 页。
④ 《清宫内务府造办处档案总汇》第 9 册，乾隆四年三月《行文》，第 66—69 页。
⑤ 《清宫内务府造办处档案总汇》第 17 册，乾隆十四年正月《记事录》，第 175 页。

前述殷实之家担任夫头，招募的工匠取具甘结，进入宫廷给腰牌以便稽查。从碑刻资料可知，宫廷这些拥有专业技术的外雇工匠主要来自山西。山西人制作铜器的历史已久，最晚明代即已有之。^①山西潞安人在北京经营铜、铁、锡等行业，并成立有潞郡会馆等组织。孙嘉淦《重修炉神庵老君殿碑记》载："吾山右之贾于京者，多业铜、铁、锡、炭诸货，以其有资于炉也，相沿尸祝炉神。其伏魔殿、佛殿，前后修举于潞商。"民国年间的《潞郡会馆纪念碑文》载："广渠门内东兴隆街，今名土地庙，旧有潞郡会馆炉神庵一座。……向为郡人铜、锡、烟袋三帮经理。"^②清宫铸炉处常有招商熔化水铜，应该就是山西商人。根据宋丽莉、张正明的研究，明初官营冶铁转归民营后，潞安境内冶铁业迅速发展，潞州铁锅出现在张家口马市，大量销往漠北蒙古。清代潞安铁制民生用品依旧名列前茅。^③

清代著名山西铜商范清沂记《重修炉神庙碑》载："都中崇文门东三里许，旧有炉神庙，相传创自张君。……。壬戌春，上党铜行诸君子，瞻栋宇之倾颓，伤圣像之剥落，因大发其乐善之心，各出己囊，相与勉力捐输。"^④该碑刻提到，"山西上党的铜行修缮炉神庙历经十数年，费三千余两"。乾隆九年，鄂尔泰奏称北京内外八旗三营地方有熔铜大局，铜铺共432家，

① 札奇斯钦：《北亚游牧民族与中原农业民族间的和平战争与贸易之关系》，台北：台湾政治大学出版委员会，1973，第519—521页。

② 刘德泉：《潞郡会馆纪念碑文》，1920年拓片，"中央研究院"历史语言研究所傅斯年图书馆藏。

③ 宋丽莉、张正明：《浅谈明清潞商与区域环境的相互影响》，《山西大学学报》2008年第1期。

④ 孙嘉淦：《重修炉神庵老君殿碑记》，清乾隆十一年拓片；范清沂：《重修炉神庙碑记》，清乾隆二十一年拓片，皆由"中央研究院"历史语言研究所傅斯年图书馆藏。

其中只卖铜器不设炉铺户者 68 家，设有炉铺户者 364 家。该处铺户若将康熙、雍正年间铸造的黄钱销毁，打造物件有利可图，故请将设炉铺 364 家迁往官房 26 处，共计 791 间。此官房属内务府所有，凡开设各铺户应交与步军统领衙门、顺天府府尹稽查，每日进铺铜斤若干，并熔化打造出铺铜斤若干数目，令稽查之员逐日查验明确，登记号簿，报明步军统领衙门。倘有私销情弊，交刑部审明，照例治罪。[①] 由鄂尔泰奏折可知，乾隆年间北京铜铺有 400 余家，设有熔炉的铜铺 364 家。

靠近铸炉处的雍和宫是北京藏传佛教的中心，附近有七家佛像店，分别为永丰号、聚兴厚、广聚成、义和永、义和斋、恒丰号、泰兴号，都在雍和宫大街上。永丰号开设于明末清初。据京师市政公所调查，七家佛像店每年售出佛像合计在 12000—13000 元，其中永丰号三四千，聚兴厚约 2000 元，广聚成 1500—1600 元，义和永 1200—1300 元，义和斋约 1300 元，恒丰号约 1400 元，泰兴号约 2000 元。[②] 蒙古王公每年到北京朝觐驻锡外馆，附近有一二百家杂货店，贩售铜盆、铜器皿、铜佛像等。根据王永斌的研究，外馆的双顺铜器铺生产有红铜奶壶、铜盆、铜盘、铜蜡阡、铜香炉、铜供碗、铜供盘等拜佛用品（图 7-7）。[③] 值得一提的是，费迪南德·莱辛提到，雍和宫的游客中有来自尼泊尔、皮肤黝黑、身材矮小的廓尔喀人。[④] 不过这些尼泊尔人是否参与制作铜像，目前尚无资料证实。

---

① 彭泽益编《中国近代手工业史资料》，中华书局，1962，第 422—423 页。
② 中野江漢『北京繁昌記』支那風物研究会、1925、96—101 頁。
③ 王永斌：《北京的关厢乡镇和老字号》，第 66—67 页。
④ Lessing, *Yung Ho Kung*, p. 2.

图7-7　黄铜制造的盒、香炉

资料来源：王家鹏主编《梵华楼》第1卷，紫禁城出版社，2009，第134—135页。

1932年，穆学熙等调查北平铜铁锡金属业之公会，以铜业为大宗，铁次之，锡又次之。清代安定门外的外馆铜店聚集，造铜器及铜质佛像颇为驰名，专销蒙古贵族。又如文具、烟袋等类须由铜业专行制造者，其营销各省，为数亦巨。自内外蒙古隔绝后，内地风尚骤殊，凡旧式金属之精品，类多鄙弃，铜业实首蒙打击。[①] 民国年间北平铜铁锡业四百余家，制造物品者约300家，铜业占3/4。此工商业调查说："从前兴盛时代，此业获利甚丰，今则销路日狭。"[②]

从北京市档案馆所藏的《1950年特种工艺品制造业银兰会员情况了解表》可知，从1930年代至新中国成立初期，雍和

---

① 池泽汇等编纂《北平市工商业概况（一）》，张研、孙燕京主编《民国史料丛刊》第571册，第443—444页。
② 池泽汇等编纂《北平市工商业概况（一）》，张研、孙燕京主编《民国史料丛刊》第571册，第444页。

宫附近的铜铺逐渐形成了从原料、生产、加工到销售的内部分工和规矩。北京有近 100 家铜铺，近 50% 分布在五道营、安内西城根、安内东城根、雍和宫大街、国子监街、国学胡同、官书院胡同、雍和宫内及北新桥附近的小胡同里。以雍和宫为圆心的话，这些街道和胡同就是半径，形成了一个铜器产销的圈子。从分工上看，有的配活，有的轧铜板，有的打铜胎，有的磨光及镟活，有的錾花和雕刻，有的最后进行烧蓝镀银的装饰性工作，制成一件完整的铜器后交给固定的铜铺或中间商人售卖。整个过程分工明确，铜铺各司其职，相互之间基本有师承渊源。①

据俄国使臣阿·马·波兹德涅耶夫的描述，蒙古多伦诺尔是最早制造佛像的，蒙古人觉得极为稀罕。可是北京制作的佛像要比蒙古多无数倍，而且从北京销到蒙古——包括准噶尔和青海——及西藏的佛像也多得多。其实这是因为北京佛像的价钱较为便宜。② 由此也可看出，乾隆时代宫廷的外雇工匠不仅承继了宫廷制作佛像的技术，也将之传播至中国的各个地区。

＊＊＊

中国使用青铜器的历史悠久，青铜器的主要成分为铜和锡。中国 17 世纪发现锌，但对它的称呼很不一致。铜锌合金为黄铜，清廷以铸铜钱为由，禁止黄铜广泛使用，只许一品官员

---

① 周锦章：《清末民初北京铜器作坊的转型与发展》，《北京社会科学》2015年第 6 期。

② 阿·马·波兹德涅耶夫：《蒙古及蒙古人》第 2 卷，第 335 页。

家之器皿用黄铜，其余皆被禁止。铜锌镍的合金在西方则称白铜，18世纪白铜大量销售到欧洲，白铜器物在欧洲成为时尚。嘉庆帝以白铅为铸造铜币的材料为由，限制白铅的出口数量，其实"白铅"是白铜，和铸造铜钱所用的"白铅"（锌）是不同的材料。20世纪西方学者对中国铜的认识仍在青铜的阶段，本章通过分析造办处的史料，说明黄铜才是清代制作铜器的主要材料。

陈宏谋提及："厂铜、洋铜官收居大半，每年打造铜器，需铜无算。"北京的番役查获违禁私卖黄铜等款赏银10两，或缉获喜丧违禁私用黄铜等物赏银3两等。[①]清朝康雍时期屡次禁止铸造黄铜器皿，然清宫黄铜贮存总数仍达百万斤，用于建筑、器皿则不计其数。罗友枝认为，清廷运用萨满教维系满洲族群，藏传佛教拉拢蒙古关系，儒家礼仪统治汉人。[②]从宫廷黄铜器物的制作也可以看到乾隆帝信仰藏传佛教至深，大量制作佛像、铜殿等，消耗的铜达数百万斤。《清宫内务府造办处档案总汇》《乾隆朝内务府奏销档》《中国古代当铺鉴定秘籍》记载制造黄铜器物之红铜与锌的比例相当一致，可以说宫廷与民间技术相互融合、影响。并且，乾隆时宫廷造像规模宏大，聘用外部工匠众多，这些工匠来自山西，由殷实之家担任夫头，招募的工匠取具甘结，进入宫廷给腰牌以便稽查。前文提到，黄春和批评乾隆时期的佛像走向程序化塑造，导致艺术水平急遽下降，也远不如康熙时期的佛像。但从现代化的角度来看，统一产品规格象征着稳定的工艺流程，而且便于计算制作成本。

---

① 《乾隆朝内务府奏销档》第292册，乾隆三十三年八月十五日，第42—47页。

② Rawski, *The Last Emperors*, p. 208.

　　乾隆年间黄铜在中国流通量增加，促使北京成为供应蒙古地区铜佛像、供器的中心。学者过去认为清朝将北京建为藏传佛教信仰的中心，而器物的制造与传播也反映了这样的趋势。

第八章 清宫的锡器

近年来，学界关注 17、18 世纪中外物质文化交流，注意到外国物品通过进贡或贸易等途径源源不断输入清宫。[1] 笔者在清宫档案中发现使用锡的数量超过 300 万斤。这种不起眼、价格便宜的金属为何在清宫被广泛使用？18 世纪中国与各国的交流增多，锡来自欧美，且锡用于制作玻璃镜等的工艺又源于西方技术。清朝需要各种金属材料来建构辉煌的帝国，锡为其中之一。

清代财政在田赋、关税、盐税之外还有土贡，土贡源自古代"任土作贡"的传统，清朝各行省向户部、工部交纳贡物。康熙二十四年，朝廷明订各省送户部物资后，内务府行文需用数目，户部照数交付。每年内务府所列明细见于《内务府题本》。乾隆朝至清末，户部拨给内务府的物品有 55 种，包括绸缎、布匹、颜料、茶叶、纸张、木材、金属等。据笔者研究，内务府庋藏的高锡被称为洋锡，是英国、东南亚及荷兰东印度公司卖到日本的锡，再转运到中国。根据《镜镜詅痴》一书的说法，点锡是大量的锡（96%）和少量的铜掺和后，加热定型的一种混合金属。广东进口的锡称点锡，表示锡的成分高，又

① 任万平等主编《宫廷与异域：17、18 世纪的中外物质文化交流》。

称高锡。[①] 18 世纪兴起的全球贸易影响了传统的土贡制度，是一有趣的变化。何新华在《清代贡物制度研究》中提到贡锡的省份有江苏、安徽、福建、山西、广东等，以广东贡锡数量最多。[②] 他没有注意到广东的贡锡是来自国外。清朝行省贡物和历代不同的是，"岁需上供，悉归经费采办"。[③] 贡锡的经费来源也值得探讨。

乾隆年间实行广州通商，广州和福建进贡的锡由英国东印度公司输入。马士记载了 1751—1833 年锡从印尼邦加、印度马德拉斯及英国等地输入的情况，数量相当多并有长期的数据。[④] 本章第一个重点拟讨论行省贡锡及行省进口锡的数量。

各行省采办锡主要用于鼓铸钱币。《大清会典事例》载，乾隆六年京局改铸青钱，每 100 斤用红铜 50 斤、白铅 41 斤 8 两、黑铅 6 斤 8 两、点铜锡 2 斤。[⑤] 实际上，各省进贡到户部的锡不仅用来铸造钱币，有部分拨给内务府成做器物。铜锡铅属瓷库物品，《内务府瓷库月折档》所见的时间是乾隆八年至嘉庆二十年。另外，《内务府题本》则是记载户部拨给内务府的物品数量，从嘉庆二十一年至光绪十八年。两类档案一起统计，可知清宫内务府锡新收和除用的数量。

有关锡器的研究，维微的《说锡器》一文讨论了锡的辨识、用途。他将锡器分类为礼器、饮具、食具、水具、盛具、灯烛

---

①　郑复光著，李磊笺注《〈镜镜詅痴〉笺注》，上海古籍出版社，2014，第44 页。

②　何新华：《清代贡物制度研究》，第 23—39 页。

③　《清朝文献通考》，台北：台湾商务印书馆，1987，第 5212 页下。

④　Morse, *The Chronicles of the East India Company Trading to China*.

⑤　《大清会典事例（嘉庆朝）》卷 174《户部四七·钱法二·办铅锡》，第 1—2 页。

具、烟具、熏具、文具、溺具等，其中饮具、灯烛具最为常见，而饮具里面又以锡壶为多。[1] 宫廷帝王后妃使用宴饮食具皆为金银器皿，自与民间不同。然锡的价格便宜、展性佳，易于敲打成锡箔或锡片，宫廷使用大量的锡片来营建宫殿、碑亭等防水的屋顶，与江浙地区制作锡箔冥纸的用途不同。此外，乾隆十三年制作的金属祭器中，出现牛羊猪祭品所用的锡奠池，并用锡制作防潮器皿，譬如茶罐、大衣柜、冰桶等器物。皇帝巡幸时携带轻便锡用品，如水缸、溺器等。又如乾隆年间千叟宴制作了大量的锡火锅，用于赐宴满、汉文武老臣。宫廷制作特殊用途的锡器，与民间日用有所区别。

　　本章除了阐释《天工开物》载"用锡末者为小焊，用响铜末者为大焊"的技术，[2] 将用较多篇幅讨论玻璃镜和玻璃画（即在锡玻璃镜上作画）。关于清宫造办处制作玻璃的研究已有许多成果，[3] 本章拟讨论康熙时期荷兰和俄国进贡的玻璃镜，以及乾隆时期从粤海关采办的玻璃镜。这些玻璃镜大部分为威尼斯、法国等地制作的大片平板锡汞剂玻璃镜，享有盛名。清宫也有制作玻璃镜的工匠，采用近似 17 世纪西方的制镜技术，档案记载为摆锡匠，但数量不多。玻璃画的技术主要传自西洋传教士郎世宁（Giuseppe Castiglione）、王致诚（Jean Denis Attiret）、艾启蒙（Jgnatius Sickeltart）。他们在玻璃镜上画树木、水果、

①　维微:《说锡器（上）》,《收藏家》2005 年第 5 期。

②　宋应星:《天工开物》, 第 907 页。

③　杨伯达:《清代玻璃配方化学成分的研究》,《故宫博物院院刊》1990 年第 2 期; 杨伯达:《十八世纪中西文化交流对清代美术的影响》,《故宫博物院院刊》1998 年第 4 期; 曹南屏:《玻璃与清末民初的日常生活》,《中央研究院近代史研究所集刊》第 76 期, 2012 年。

飞鸟等动物的油画。[1] 这方面已有杨伯达、尤景林[2]、肖浪的研究。本章拟利用清宫内务府造办处档案更全面地讨论玻璃画的工艺。

本章首先探讨锡的产量、用途和使用技术三个层面，其中锡矿方面主要利用《清代内阁大库原藏明清档案》《宫中朱批奏折·财政类》，讨论各行省土贡锡的数量并从价格比较其质量。其次分析清宫锡匠及锡器制作技术，以及西洋传教士和藏传佛教的影响。

一 行省贡锡与国内外的锡市场

贡锡的省份有江苏、安徽、福建、山西、广东等，但这是否一成不变？根据《清代内阁大库原藏明清档案》，顺治九年贡锡的省份为江西、河南、山东、福建、江南、山西等。[3] 此为延续明代土贡制度，当时局势未定，土贡制度还未改变。本节讨论乾隆年间锡的数量与来源。对于这些省份，锡非当地特产，广东所产的锡不敷进贡，皆仰赖洋船输入的锡。此外，江苏有部分锡来自日本，形成国际锡贸易市场。云南产锡却非贡锡省份，主要供给四川、湖北、湖南鼓铸钱币之用，另形成国内锡贸易市场。

---

① 杜赫德编《耶稣会上中国书简集：中国回忆录》（4），第300页。
② 尤景林：《洋风镜子画：清代玻璃油画〈香山九老图〉〈湖边风景中的牧羊女〉赏谈》，《上海工艺美术》2010年第4期。
③ 《清代内阁大库原藏明清档案》，顺治九年十月初四日，档案号：161156。各省贡锡数量：江西2018斤、河南311斤、山东292斤、福建1591斤、江南10540斤、山西1356斤。

广东与福建的锡来源

《广东新语》称连州是著名铅锡产地，长乐、兴宁、河源、永安也有出产。[①] 乾隆五年，广东省"开三四处锡山，令办铜各商自备工资分任开采。照例二八收课，即得锡百斤，二十斤交官起解，八十斤归商作本，开采锡矿属于杂赋，即铜铁锡铅矿税之一"。[②] 广东开采锡矿实际上抽收课锡仅1万多斤，需仰赖洋船输入的锡。

采买洋锡始于乾隆十年，广东巡抚题准采买洋锡解京供铸，广东应解宝源局70571斤，每百斤13.5两。[③] 此后解办户部的点锡逐年增加。乾隆十七年，广东巡抚苏昌题，应解办点锡211713斤，除了抽收课锡12842斤，不敷锡198870斤。若等抽收课锡数量足够再解交户部，势必耽误鼓铸，故请不敷锡斤循例采买起解。剩下应解办锡，每百斤价13.5两，共需26847.53两，其费用系支田房税羡银。[④] 乾隆二十四年，广东巡抚李侍尧奏，应解办点锡211713斤，除了抽收课锡1000斤，又收买商人余锡2248斤，每斤价0.135两，共303.5两。尚应解办锡208463斤，每斤价0.135两，共需28142.62两。李侍尧奏折还说洋锡又必等洋船到广州才能买足。[⑤]

由广东运锡到北京基本上是用两艘船，路程遥远，途经省

①　屈大均:《广东新语》，中华书局，1985，第410页。

②　《清朝文献通考》，第4999—5001页。

③　《大清会典事例（嘉庆朝）》卷174《户部四十七·杂赋二·办铅锡等》，第2页。

④　起解所需水脚并请照例在田房税羡项内动支，该水脚每斤1.87分，共3959两。《清代内阁大库原藏明清档案》，乾隆十七年十二月十二日，档案号：091959。

⑤　《清代内阁大库原藏明清档案》，乾隆二十五年五月初二日，档案号：076474。

份的官员需奏报船只通过的时间和离境时间。在广州起程，经南海、三水、清远、英德、曲江、始兴、保昌等县，全数运至江西大庾出省。广东省城至保昌县度岭水陆程途共 1290 里，"系滩河逆水并山岭崎岖，按例应行五十一日"。[①] 大庾距广东保昌计程 120 里，均属山路，"必需夫脚陆续运到方可用船装载。其自新建县地方以下即系鄱湖大江，非大庾所载滩河之船可往。无别项事故逗遛。安徽省经东流县、怀宁县、贵池县、铜陵县、芜湖县、当涂县，至江苏省上元县"。[②] 江苏上元县经仪征县、高邮州、宝应县、山阳县、清河县、桃源县、宿迁县、邳州至沛县。[③] 入山东省之峄县、德州卫，至直隶之景州讫。[④] 运锡路线除广东保昌至大庾岭是山路外，其余路段是水路——北江、东江、赣江、长江、大运河等。

《东印度公司对华贸易编年史（1635—1834）》记载了欧美船只输入锡的情况，包括英国、荷兰、瑞典、法国、丹麦和美国的船只。锡的产地有英国康沃尔郡（Cornwall）和德文郡（Devon）、印度马德拉斯、印尼邦加、马六甲等地。至于数量和售价，早期的资料不太完整，譬如 1751 年每担 14 两；1778年为 23777 担，但没单价；1789 年从英国输入锡 55 吨。[⑤] 表 8-1

---

① 因官员奏折详略不一，仅选取详细的奏折以了解运锡过程，故无法按照时间排列。《宫中朱批奏折·财政类》，乾隆四十五年四月二十八日，档案号：1310-015。

② 《宫中朱批奏折·财政类》，乾隆二十二年六月初六日，档案号：1250-004。

③ 《宫中朱批奏折·财政类》，乾隆十四年十月初一日，档案号：1241-023。

④ 《宫中朱批奏折·财政类》，乾隆二十四年七月初四日，档案号：1256-031。

⑤ Morse, *The Chronicles of the East India Company Trading to China*, vol. 28, p. 291; vol. 33, p. 31; vol. 44, p. 173.

是按照锡输入的吨数或售价，从 1750 年到 1833 年分开加总整理而成，故数量和售价两者并没有关系。

表 8-1　由欧美各国输入锡的数量与售价

国名	数量（吨）	售价（千两）
荷兰	33462.25	
英国	11289.32	7512.94
瑞典	23.28	5.82
法国	200.22	319
美国		462.75
丹麦	105.72	
其他	18	61.11

资料来源：Morse, *The Chronicles of the East India Company Trading to China*; Liu, *The Dutch East India Company's Tea Trade with China*, pp. 178-201。

由表 8-1 可知，从荷兰输入的锡数量最多，英国次之。荷兰输入的锡来自巴达维亚。锡原来是压舱用的，后来发现中国人祭祀焚烧锡箔冥纸用量多，于是荷兰东印度公司输往中国的锡大为增加，18 世纪中叶后的输入量较 17 世纪增加了 15倍。[1] 1790 年以后有输入锡的单价、数量和总价，每年总价在二三十万两。1817 年以后以西班牙的"银元"计价，1 银元换算 0.72 两。表 8-1 荷兰部分为整理荷兰东印度公司记载各年锡输入金额而成。

---

[1]　Jacobs, *Merchant in Asia*, pp. 227-228. 刘勇书附录 2 有荷兰 1758—1793年运到中国的锡的数量，参见 Liu, *The Dutch East India Company's Tea Trade with China*, pp. 178-203。

江苏的锡来源

江苏的锡应随着铜商从日本贸易而来，日本输入中国的洋铜数量非常多，锡的数量却很少。18世纪，日本的锡主要来自荷兰东印度公司，[①] 可能是长崎的华商将该地进口的锡转卖到中国。

江苏因洋锡输入数量不多，另至湖北汉口采买锡。乾隆五十一年，江苏委员候补知县张五典赴湖北汉口采买宝苏局乾隆五十二年鼓铸白铅442368斤、点锡18432斤，五十一年六月初八日自汉口领运铅锡起程，闰七月初六日运抵苏州。[②]

由贡锡的研究可知，被摊派贡锡的省份不一定产锡，因土贡关系到其他省份采购，形成国内的锡贸易网络。笔者研究过乾隆年间日本铜和锡输入中国的情况，以及对江南市民生活的影响。苏州在乾隆年间"西城业铜者不下数千家，精粗巨细，日用之物无不具"，[③] 其中以王东文铜锡最有名。《江南省苏州府街道开店总目》第十店有精造铜锡器皿的大盛号。[④] 顾禄的《清嘉录》记载："年夜祀先分岁，筵中皆用冰盆，或八，或十二，或十六，中央则置以铜锡之锅，杂投食物于中，炉而烹之，谓

---

① 島田竜登「18世紀におけるオランダ東インド会社の錫貿易に関する数量的考察」『西南学院大学経済学論集』第44巻第2-3号、2010年、199-223頁。

② 《宫中朱批奏折·财政类》，乾隆五十一年闰七月初九日，档案号：1324-030。

③ 乾隆《苏州府志》卷12，第17页，转引自段本洛、张圻福《苏州手工业史》，江苏古籍出版社，1986，第104、143页。

④ 范金民主编《江南社会经济研究（明清卷）》，中国农业出版社，2006，第1047页。

之暖锅。"[1] 苏州整个隆冬都用铜锅、铜炉，喝酒用锡壶、锡葫芦酒壶等。

云南个旧产的锡与国内锡市场

《清代的矿业》一书讨论了雍正年间云南个旧已有商人领"锡票"到汉口贩售锡，各省鼓铸铜钱，如山西、湖南、四川、江苏等省至汉口采买，形成国内锡市场。云南个旧为锡的重要产地，所产锡称板锡。[2] 雍正二年高其倬奏称，个旧锡厂课锡税外，各商贩锡出滇 90 斤为 1 块，24 块为 1 合，每合例缴银 4.5 两，年收 2700—3000 两。商贩领"锡票"卖锡，每张领锡 2160 斤，缴银 4.5 两。雍正十三年，户部尚书张廷玉等题，该年给过各商锡票领 708 合，贩售锡 1529280 斤。锡矿所产的锡按"二八抽收"，政府铸造钱币用锡抽 20%，商人贩卖 80%，推算该年产锡约在 1835136 斤。当年云南金、银、铜、锡各厂课税 86787 两。

相较之下，江苏进口的日本锡价格在每百斤在 14 两以上，广东采办洋锡每百斤 13.5 两，云南锡变价每百斤只 4.04 两，价格悬殊。进口洋锡的质量较佳，所以户部要求广东千里迢迢运送洋锡。潘玮琳认为，江浙制作锡箔以南洋锡最好，云南锡最多。从海外输入锡料，并非国产锡资源不足，而是洋锡成色佳，易于成箔，国产

---

① 顾禄：《清嘉录》，上海古籍出版社，1986，第 180 页。
② 中国人民大学清史研究所、档案系中国政治制度史教研室合编《清代的矿业》下册，中华书局，1983，第 601—624 页；杨娟：《近代云南个旧锡矿开发研究：基于国际经济一体化视域》，华中科技大学出版社，2017，第 40 页。杨娟解释个旧所产之锡熔炼后压成大块，通常被称为大锡、板锡。除了云南、四川、贵州三省铸钱使用个旧板锡，其他省份所铸青钱用锡全部为点锡或进口的南洋洋锡。

锡用旧法提炼，杂质未清。[①]本节讨论户部向广东、江苏等地征锡，此非当地特产而是通过和荷兰、英国、日本等贸易而来。云南产锡却不是土贡的行省，云南锡的质量不如进口的，仅为各省铸币所用，而不是供给户部。向来内务府用的器物中不乏进口的，如自鸣钟、玻璃、洋铜。下节讨论户部拨给内务府的锡亦为进口的商品。

二 内务府庋藏的锡与制作锡器

据《内务府瓷库月折档》，乾隆八年至嘉庆二十年，内务府进锡和用锡数量在 260 万斤以上。又，《内务府题本》载，嘉庆二十年至光绪十八年，每年户部拨给内务府的高锡约 1 万斤。锡的价格便宜、质量轻、延展性佳，内务府用大量的锡作为宫殿、碑亭等的防水建材。皇室所用的器物虽大多是金银做成，但部分特殊物品还是用锡，譬如防潮用的茶罐、防虫的衣柜、防漏用的祭器及旅行用的水缸、溺器等。

内务府庋藏的锡

清代户部和内务府财政互相融通，除了银两，还有铜锡铅、布匹、颜料等，这些档案见于《内务府题本》。据《内务府瓷库月折档》《内务府题本》，乾隆八年至光绪十八年，高锡新收 2702616.5 斤，除用 2798293.8 斤。[②] 六锡的资料仅见于《内务府瓷库月折档》，乾隆八年至嘉庆二十年新收 413254 斤，除用

---

① 潘玮琳:《锡箔的社会文化史——以民国时期的江浙地区为中心》，博士学位论文，复旦大学，2010，第 75 页。

② 图 8-1 系逐月统计《内务府瓷库月折档》庋藏锡的新收、除用数据。另外嘉庆二十年以后则系统计《内务府题本》每年锡的新收和除用数据。

547677 斤。各年用度情形参见图 8-1、图 8-2。高锡和六锡除用
的数量多于新收，不足的数量系向市面买办。①

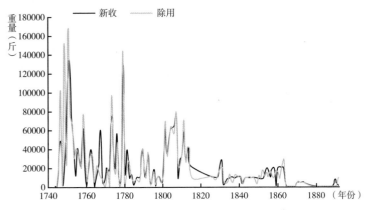

图 8-1　1743—1892 年高锡新收与除用情况

资料来源:《内务府瓷库月折档》《内务府题本》。

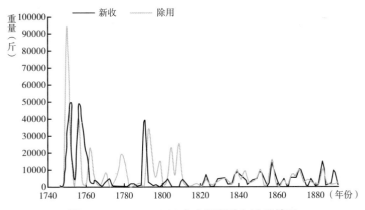

图 8-2　1743—1892 年六锡新收与除用情况

资料来源:《内务府瓷库月折档》。

---

① 雍正二年二月奉旨:"嗣后内用零星物件,何必向部领取,着买办,应用
所需钱粮数目入于月折具奏。"广储司六库职掌,参见《总管内务府现行
则例(广储司)》卷 1,第 41 页。

锡料的成分和纯度不同，表面显现的结晶花纹也不同，锡匠往往以此判断锡的优劣与价值。维微的《说锡器》一文对锡的纯度和纹样有清楚的阐释。上品高锡纯度高，表面光亮，弯曲时会发出断裂声响，故称其为"镜面光"或"响锡"。次上品者表面有乌斑花纹，名为"乌斑花"。再次一等表面花纹为竹叶状或芭蕉状，也属上品大锡，但价格远低于"镜面光"。[①]内务府使用的高锡为进口的洋锡，纯度较高。

《清代匠作则例》载："化对六锡用高锡六成、铅四成，每斤用木柴一斤，耗锡三钱。"[②]六锡就是60%的锡和40%的铅合金。《当谱集》载，用锡铸器起码得用六成的锡，如果锡的成色过低，就不能铸器。[③]六锡不能铸造器物，通常用来做建筑防水用的锡片，图8-2显示锡的用量在1745年较多，此因乾隆初期大规模兴修宫殿、寺庙等建筑物需用到锡片。1765—1780年为清宫用锡次高峰，主要是因为修建热河的藏传佛寺。[④]

宫殿的防水材料

雍正七年建造完成的景陵圣德神宫碑亭，根据徐广源的研究，此碑亭全工告竣用银241655.64两。1952年7月14日发生火灾，在碑亭废墟上发现许多锡熔化的碎片。原来建碑亭时，为了防止屋顶渗水，在琉璃瓦下的苦背上铺了一层铅锡合金的金属片，片与片之间都焊接着，形成一个整体，老

---

① 维微：《说锡器（下）》，《收藏家》2005年8期。
② 王世襄主编《清代匠作则例》第2册，大象出版社，2000，第1192页。
③ 《当谱集》，《中国古代当铺鉴定秘籍》，第120页。
④ 赖惠敏：《乾隆皇帝的荷包》，第269—291、373—392页。

百姓称为"锡拉背"。在这次大火中，锡拉背被烧化了，凝固后变成金属锭。[①] 碑亭的防水措施主要是锡片铺设于苫背上方。

乾隆初期修建的许多宫殿用到了锡片。例如乾隆六年，在明代乾西四所、五所的原址上盖建福宫及花园，占地达 2 万平方米。为此将原来的四所、五所挪移。海望、三和奏，盖造四所、五所地方新建工程，领办绫绢、纸张、铜锡物料等，并给发各作匠夫工价等项共 123480.4 两，再堆山拉运石料，并出运渣土等项，暂请领 16000 两，总共 139480.4 两。[②] 乾隆九年修缮雍和宫也用了许多锡片。《清代匠作则例》席箔（图 8-3）即为锡片的俗称。席箔长 9 尺 5 寸、宽 4 尺 5 寸，制作时化锡片每 10 斤，用榜纸 1 张、白棉线 2 分、松香 4 钱。[③] 锡片铺在榜纸上，用松香将它熔解。梁思成的《清工部〈工程做法则例〉图解》记载了对头停望板缝的处理方式：每 24 尺用二号高丽纸一张，调油打满方 6 尺用二号高丽纸一张，每张纸用桐油 3 两。[④] 工部以高丽纸和桐油处理防水，其防水的效果不及宫廷以榜纸和锡箔，锡质料轻，又不易氧化生锈，是很好的屋顶防水材料。

宋代《营造法式·瓦作》载，"凡瓦下补衬，柴栈为上，版

---

① 徐广源：《溯影追踪：皇陵旧照里的清史》，人民文学出版社，2014，第154—155 页。

② 《清宫内务府奏销档》第 26 册，乾隆六年十二月二十六日，第 225—228 页。

③ 王世襄主编《清代匠作则例》第 1 册，第 1192 页。

④ 梁思成：《清工部〈工程做法则例〉图解》，清华大学出版社，2006，第37 页。

图 8-3　风俗画中的席箔

资料来源：王次澄等编著《大英图书馆特藏中国清代外销画精华》第 7 卷，广东人民出版社，2011，第 162 页。

栈次之"，亦有用竹笆、苇箔等。^① 宋代的屋瓦下铺衬柴、版、竹、苇等物料。祁英涛则认为明代出现了护板灰以防止望板糟杇，在望板上先刷冷底子油一道，然后再铺二毡三油防水层。但油毡二三十年就会老化。清代宫廷在重要建筑的天沟、望板上铺钉价值昂贵的锡版，俗称"锡背"，厚 0.2—0.4 厘米，面积大时各块之间焊接严密。^② 可见清朝建立巍峨宫殿，在防水材料上有了新的发展（图 8-4）。

---

①　李诫：《〈营造法式〉译解》，王海燕注译，华中科技大学出版社，2011，第 189—191 页。

②　祁英涛：《中国古代建筑的保护与维修》，文物出版社，1986，第 19—21 页。

图 8-4 故宫修复宫殿屋顶用的锡箔（长春宫锡背）
资料来源：北京故宫博物院周荣教授提供。

宫廷使用的锡器和锡衬垫

北京的锡器极为普遍，如美国人塞缪尔·维克多·康斯坦特（Samuel Victor Constant）讲述了清末民初北京卖锡器的小贩："原先摆在五金店中的铜壶曾备受人们欢迎，而现在使用锡壶则成为一种普遍现象。"[①] 美国人路易斯·克莱恩（Louise Crane）则记载："烛台、火盆和酒器一定要用锡镴做的，贫苦人家则可以用锡。中国锡镴古董早被收藏家收存，可是新的也有意思，特别是加了可观的锑

①　王次澄等编著《大英图书馆特藏中国清代外销画精华》第 2 卷，第 56 页。

成分之后，产品会更平滑，银色更光亮。"[1] 锡器是一般民众常用的器皿，清宫制作的锡器究竟有何特色，清宫如何运用锡衬垫改善木箱的性能？以下对清宫锡器和锡衬垫的用途进行讨论。

第一，祭器。

乾隆十三年内务府制作了很多的坛庙金属祭器，其中包括锡器。《皇朝礼器图式》规定："钦定祭器：天坛正位俎以木为之，鬃以漆，青色。……锡里外。各铜环四，八足，有趺，纵六寸有奇，横三尺二寸。通高二尺六寸有奇。"[2] 其他地坛、太庙、东西陵等使用的俎也都是鬃漆锡里。锡的延展性好，打成锡箔后铺在漆器里，防止牲礼的血水流出来，如锡里牲匣、锡里漂牲桶。

叶高树研究了《钦定满洲祭神祭天典礼》中的祭器。他认为传统祭祀必备的物件，理当宫廷、王府乃至民间皆同，唯《钦定满洲祭神祭天典礼》均按内务府当时实行的规制，纺织品率以绸、缎，金属制品动辄银、铜，极其讲究，呈现统治阶层与一般民众的不同。[3] 不过，坤宁宫每天朝夕各用二猪祭祀，用两个镶锡里肉槽放置祭猪。[4] 锡器价格便宜，因此宫廷使用的锡器来自北京的店铺。梵华楼藏的锡香炉，炉外底錾印德顺义造和烟袋斜街路北字样（图8-5）。[5]

---

① 王次澄等编著《大英图书馆特藏中国清代外销画精华》第8卷，第181页。

② 允禄等纂《皇朝礼器图式》，第9页。

③ 叶高树：《乾隆皇帝与满洲传统的重建——以萨满祭祀仪式为例》，《台湾政治大学历史学报》第48期，2017年。

④ 《乾隆朝内务府奏销档》第201册，乾隆四年，第467—507页。

⑤ 王家鹏主编《梵华楼》第1卷，第136页。

图 8-5　锡香炉

资料来源：王家鹏主编《梵华楼》第 1 卷，第 136 页。

第二，防潮用品。

锡在常温下性质稳定，长期在潮湿空气中表面会生成一种极薄的氧化膜而阻止进一步氧化。[①] 而且，锡成型性绝佳，很适合用于收纳需防潮的食物。例如，乾隆十二年七月十八日，司库白世秀、催总达子来说太监胡世杰传旨："着安宁图拉将桂花阴干，

①　维微:《说锡器（上）》,《收藏家》2005 年 5 期。

或用磁瓶，或用锡瓶盛装送些来。"① 根据万秀锋等人的研究，同等环境下茶叶选用一般的包装，保质期一年半左右，若气候过于潮湿或干燥，则时间更短；而锡茶叶罐具有凉性、易散热、密封性强的特点，可延长茶叶的保质期，保持其特有的香气。宫廷专门置办的包装罐并非宫内制造，而是在宫外定制，如茶桶底部曾见镌楷书"苏万茂"三字，应是名匣之一。②

清朝皇帝的龙袍或貂皮袄等十分珍贵，用樟木锡里木箱贮存能防虫蛀。同治十年制作了木箱 14 个，共用高锡 5483 斤，市价每斤 0.3 两，共用 1644.9 两。相关档案提到户部宝泉局拨给的高锡不敷使用，另从市面上采购。③

第三，锡里冰桶。

邱仲麟曾讨论清代北京中上等人家夏天用冰块来降低室内温度，皇家则配备有锡里冰桶（图 8-6），引金寄水记载："王府从五月初一起，开始运进天然冰块，每房都备有硬木制作的冰桶，内衬锡里，融化的冰水通过底下的小孔流出。每天由太监往各房送冰，以供瓜果等食品保鲜。冰桶盖上有四个辘轳钱形的排气孔，排出冷气并可调节气温。"④

同治三年制作了 10 个冰桶，储秀工膳房 1 个、茶房 1 个、乾清宫基化门 8 个，使用了大量高锡。制作大冰桶用高锡 267.1 斤，

---

① 《清宫内务府造办处档案总汇》第 15 册，乾隆十二年七月十八日《记事录》，第 80 页。

② 万秀锋等：《清代贡茶研究》，故宫出版社，2014，第 202—204 页。

③ 《内务府呈稿》，同治九年十二月二十九日，中国第一历史档案馆藏（下略），档案号：05-08-002-000697-0049。

④ 邱仲麟：《天然冰与明清北京的社会生活》，《中央研究院近代史研究所集刊》第 50 期，2005 年。

图 8-6　锡里冰桶

资料来源：北京故宫博物院藏。

旧有锡里大冰桶收回旧锡 95 斤，添用高锡 172.1 斤。[1] 制作大冰桶用锡片，其他做水桶、三牲匣也都是用锡片衬里，防止渗水。

第四，旅行用品。

巫仁恕研究发现明代旅游风气兴盛，文士发展出一套"游具"，其中提盒、提炉、备具匣和酒尊四样最为重要。[2] 清代发展以锡为主的游具，锡质地轻，适合制作旅行的用品。乾隆帝常巡幸热河、江南等，常见携带锡器。譬如乾隆三十六年皇帝巡幸山东，备带物品有锡柿子壶 12 把、锡小柿子壶 6 把、锡座壶 10 把、锡双陆马壶 6 把、锡盆 10 个、锡水缸 1 口。[3] 锡较铜、铁为轻，携带锡水缸较为省力。《清宫生活图典》载，帝后用的便

图 8-7　清宫便盆

资料来源：万依等主编《清宫生活图典》，第 116 页。

盆多属银或锡，木架坐凳便盆，中间椭圆形有盖银盒，盒盖为活屉版，用以间隔污物（图 8-7）。① 此外，清宫锡制的卫生用品也很常见，譬如锡肥皂盒、锡涎盆（痰盂），取其质料轻。

　　第五，餐具。

　　虽然清代流行冬天用铜火锅煮食，不过锡的价格每斤 0.2— 0.3 两，比铜的 0.5 两便宜，故宫女或太监使用的碗、盘、碟、酒壶、火锅等以锡制作。雍正初年内务府官员盘查瓷库库贮器物，有大量的高锡、六锡餐具，连鸟雀的食罐也是锡做的。②

　　康乾时期举行过四次千叟宴，以锡做火锅。乾隆四十九年，卷帙浩繁的《四库全书》编纂告竣，已过七旬的乾隆帝又

---

　　① 万依等主编《清宫生活图典》，第 116 页。

　　② 《清宫内务府奏销档》第 2 册，雍正六年八月二十四日，第 147—155 页。

添五世元孙。乾隆帝喜上加喜，发布谕旨，定于乾隆五十年正月在乾清宫举行千叟宴盛典，有三千满汉文武老臣参加。乾隆四十九年十月，内务府官员等奏报，千叟宴添做锡火锅、铜盘等项，雇觅民匠领工价大制钱 25 万文。乾隆四十九年十一月官员又奏，成造千叟宴应用锡火锅、铜盘等项，雇觅民匠领工价大制钱 146165 文。[①] 锡火锅熠熠生辉，有如银器，用于宴会既体面，又实惠。

总之，清宫制作的锡器超出民众使用的锡制茶壶、酒壶、火盆等范围，是皇家器具之绝佳材质。譬如各坛庙祭祀之髹漆锡里牲礼匣，[②] 珍藏茗茶的锡罐，珍藏丝绸和毛皮服饰的锡里衣柜，锡里冰桶，巡幸用的轻巧器皿，千叟宴的锡火锅等。锡虽为不起眼的金属，却在宫廷中被广泛使用。

锡器表面处理——以镟床制程和锡胎贴金为例

历史档案记载了镟床工艺在清宫和民间的使用，其在金属器、瓷器、象牙器和玉器的制作上不可或缺。[③] 周培春的风俗画提到镟床工艺在锡器上的使用，以获得光亮、圆润的锡制烛台、香炉和茶壶。[④] 图 8-8 描绘锡器锻造后的半成品在木制镟

① 《内务府银库用项月折档》，乾隆四十九年十月一日起至二十九日，乾隆四十九年十一月一日起至三十日，乾隆五十年正月一日起至三十日。

② 《清宫内务府造办处档案总汇》第 28 册，乾隆二十八年十二月二十四日《记事录》，第 39 页。

③ 施静菲：《象牙球所见之工艺技术交流：广东、清宫与神圣罗马帝国》，《故宫学术季刊》第 25 卷第 2 期，2007 年。

④ Irina Fedorovna Popova intro., trans., and comm., *Pictures of Folk Life (Fengsuhua) in Qing Beijing.* St. Petersburg: Slaviya, 2009, p. 91.

图 8-8　镟锡器的镟床

资料来源：*Pictures of Folk Life (Fengsuhua) in Qing Beijing*, p. 91。

床上研磨，而工人可以借由踏板控制木转轴。乾隆四年，"催总老格柏唐阿、福保来说，为镟作新挑学手镟匠二名，回明监察御史沈崙、郎中苏和讷、员外郎满毗李英，添做镟床二张"。[①]

除此之外，内务府造办处档案还记载了清宫管理西洋铜铁制镟床事宜："将镟床上铜铁活计，并木箱俱各收拾光亮，新得时在水法殿摆。"[②] 中国境内主要是用铜、银、锡、木头做成镟子。

① 《清宫内务府造办处档案总汇》第 8 册，乾隆四年十一月二十七日《记事录》，第 787 页。
② 《清宫内务府造办处档案总汇》第 23 册，乾隆二十三年六月《如意馆》，第 458 页。

锡器由于熔点低，不能使用鎏金，而应用贴金工艺装饰。周培春的风俗画提到"用铁锤砸之，每两金能打方圆三百六十步大，名飞金也"，强调金箔极薄，容易贴合在基材表面。[1]乾隆三十年，太监胡世杰交锡胎贴金红釉里大碗、小托碗、托盘等。[2]

三 清宫锡合金应用和外来技术

在研究锡工艺品档案的过程中，笔者发现清代宫廷冶金工艺比以往认知的"以青铜、金银器物为主"更加多样化。例如，乾隆时期锡玻璃镜的使用很普遍，并由传教士、宫廷画师王致诚、艾启蒙等人发展出锡玻璃画。此外，章嘉若必多吉向清宫提供了铃杵的配方与技术，说明清朝冶金工艺得益于多元文化交流。此节将讨论锡在清朝冶金工艺上的创新，以及在文化交流过程中所扮演的角色。

锡汞剂玻璃镜与玻璃镜绘画

拉万蒂（Leonardo Fioravanti）1567 年在威尼斯发表的《镜子的科学普及知识》（Dello specchio di scientia universale）为第一篇详细介绍锡汞剂层制造方式的文献。威尼斯当时制作锡汞剂镜子首先是准备好一片平整的玻璃，通常这种玻璃先用圆柱滚压过，以当时的技术而言很难制作长度超过 1 米的平板玻

---

[1] *Pictures of Folk Life (Fengsuhua) in Qing Beijing*, p. 80.
[2] 《清宫内务府造办处档案总汇》第 29 册，乾隆三十年正月《行文》，第492—493 页。

璃。① 然后让玻璃滑过被汞淹没的锡箔，此步骤需要大量的汞。②
最后再加以低温烘烤，或是室温平放一个月让汞自然散逸，锡汞
剂附着于玻璃板上。③ 威尼斯的锡汞镜工业在 16 世纪主导了全欧
洲市场，但在17世纪中叶后锡汞剂玻璃镜的制造中心转移至法国。

1696 年，养心殿造办处设立玻璃厂，德国传教士纪礼安
（Kilian Stumpf）负责设计和施工，并引进欧洲钠钙玻璃配方，以大
量生产玻璃。同时引进威尼斯和法国的锡汞剂玻璃镜技术，④ 即将
锡汞剂涂覆于玻璃平板上，这是当时世界上最好的制镜技术。⑤

从周培春的风俗画可知，中国的制镜工艺可以分为三个步
骤。第一步，放置平板玻璃于木板上；第二步，铺上锡箔纸，并
依序再铺汞、白纸和另一层平板玻璃；第三步，摆锡匠施重量于
平板玻璃，另一人拉出白纸（图 8-9）。⑥ 这个做法与欧洲文艺

---

① Per Hadsund, "The Tin-Mercury Mirror: its Manufacturing Technique and Deterioration Processes," *Studies in Conservation* 38 (1993), pp. 3–16; Hannelore Römich, "Historic Glass and Its Interaction with the Environment," in *The Conservation of Glass and Ceramics,* edited by Norman Tennent, London: James & James, 1999, pp. 5–14.

② Liz Karen Herrera, et al., "Studies of Deterioration of the Tin-Mercury Alloy within Ancient Spanish Mirrors," *Journal of Cultural Heritage* 9 (December 2008), pp. e41–e46.

③ Franke Peter and Dieter Neuschütz, eds., *Binary Systems, Part 5: Binary Systems Supplement 1.* Berlin, Heidelberg: Springer, 2007, pp. 1–4.

④ Per Hadsund, "The Tin-Mercury Mirror: its Manufacturing Technique and Deterioration Processes," *Studies in Conservation* 28(1993), pp. 3–16; Hannelore Römich, "Historic Glass and its Interaction with the Environment," *The Covervation of Glass and Ceramics*, pp. 5–14.

⑤ Heber D. Curtis, "Methods of Silvering Mirrors," *Publications of the Astronomical Society of the Pacific* 23 (1911), pp. 13–32. 由于水银镜子的制造费时费工，且不太光亮，在 1843 年德国化学家李比希（Justus Freiherr von Liebig）制成镀银镜子后被淘汰。

⑥ Dmitry Ivanovich Mayatsky, et al., *Qingmuo Huajia Zhou Peichun Beijing Fengsu Hua,* http://ci.spbu.ru/archive/Book/Beijing-albom/index.html#2, 访问日期：2018 年 8 月 14 日。

图 8-9　工匠制作玻璃镜

资料来源：*Pictures of Folk Life (Fengsuhua) in Qing Beijing*, p. 58。

复兴后的制镜技术有些相似，皆以材料自身重量来完成锡汞剂和玻璃平板的贴合。《镜镜詅痴》的作者郑复光"目击且手验"工匠制作玻璃镜，并记之为"衬箔法"。（1）将玻璃斜放于木桌上的大盘内，调整角度使玻璃靠怀一边稍低，以便水银聚而不散。（2）斜放一极平石板于盘内，板上糊纸一二层，再将石板垫起，使在盘中恰合地平。（3）放锡箔于石板上，取少许汞擦在锡箔上，以保持箔表面光明。（4）多加水银于箔上，让水银平均堆起不致流走。（5）依序盖上纸和玻璃平板。（6）左手按玻璃平板上，右手则将纸抽走。（7）将石板取走，锡箔因和水银反应粘在玻璃上，多余水银则流至靠怀一边。① 此"衬箔法"关键在玻璃最后斜放让水银顺畅流下，与周培春记载的制镜法有些不同。

宫廷虽有做玻璃镜的工匠，然清宫大片玻璃和玻璃镜的来源主要为朝贡和内务府采办。第一，朝贡。《海国四说》载，康熙九年、十七年，西洋国王（荷兰）阿丰肃遣陪臣奉表入贡方物有大玻璃镜等物。②《朔方备乘》载："（康熙十五年）张玉书《外国纪》曰，俄罗斯来贡玻璃镜。"③ 第二，内务府采办。玻璃为易碎物品，商民陆路贸易只能携带小的玻璃镜，故主要还是通过粤海关采购玻璃镜，如 1771 年进口玻璃 736 块；④ 1792 年英国散商船 20 艘输入玻璃 563 块。⑤ 内务府造办处档案亦提到玻璃进口，如乾隆四十九年，粤海关监督李质颖送到大玻璃二块，各长 7.17 尺、宽 6.03 尺。按照粤海关采买大块玻璃核准之例，共应值 622.29 两。⑥ 王致诚的书信说："人们从欧洲带来了大批巨大而又漂亮的玻璃镜面，广州的中国官吏们也向商船大量采购，然后再奉献给皇帝。"⑦ 郑复光说西洋输入的玻璃被称为"红毛玻璃"，坚厚少疵，可做屏风大镜。⑧ 他见过屏风镜，

① 郑复光著，李磊笺注《〈镜镜詅痴〉笺注》，第 161—162 页。
② 梁廷枏：《海国四说》，中华书局，1993，第 206—208 页。
③ 何秋涛：《朔方备乘》，台北：文海出版社，1964，第 600 页。
④ 马士：《东印度公司对华贸易编年史（1635—1834）》第 1 卷，第 519 页；第 5 卷，第 579 页。
⑤ 马士：《东印度公司对华贸易编年史（1635—1834）》第 2 卷，第 518—519 页。
⑥ 《清宫内务府造办处档案总汇》第 47 册，乾隆四十九年四月《记事录》，第 654—666 页。
⑦ 伯德莱：《清宫洋画家》，耿昇译，山东画报出版社，2002，第 36 页。
⑧ 郑复光著，李磊笺注《〈镜镜詅痴〉笺注》，第 49 页。

"高三尺、厚半寸者，此甚难得"。18 世纪清宫大玻璃屏风镜很常见，而民间至 19 世纪仍属稀罕之物，可见屏风镜普及于清宫，比民间早半个世纪以上。

内务府奏销档记载，清查银库康熙五十六年至雍正三年玻璃镜的存量及玻璃制品的数量，其中并没有提到玻璃画。[①]乾隆时期首先在宫廷绘制玻璃画的传教士为郎世宁。杨伯达的《郎世宁在清内廷的创作活动及其艺术成就》提及："乾隆二年六月二十七日做得圆明园九州清晏围屏，其围屏背面着新来三名画画人画，其玻璃上亦画画，俟郎世宁到时再画。乾隆七年九月二十五日传旨：三卷房床罩内玻璃镜三面有走锡处挖去，命郎世宁、王致诚画花卉油画。"[②]

所谓走锡就是锡层脱落，主要有两个原因。其一为锡在低温环境中发生变态反应（原子排列方式改变），使锡膨胀，出现麻点进而破碎至粉末。[③]另一原因则是锡玻璃镜年代久远导致自然氧化，如西方学者用扫描式显微镜在锡镜表面测得大量的二氧化锡。[④]

王致诚写下了将走锡受损玻璃镜以玻璃背画法（reverse painting on glass）修复美化的方式："这些镜面中有一大批在运输中受损，于镜面的某一点上有涂锡层的剥落。由于在这里，匠人们不会重新为它们搪锡，所以皇帝希望艺术家们能找

① 《清宫内务府奏销档》第 1 册，雍正三年十二月初十日，第 495—503 页。
② 杨伯达：《郎世宁在清内廷的创作活动及其艺术成就》，《故宫博物院院刊》1988 年第 2 期。
③ 维微：《说锡器（上）》，《收藏家》2005 年第 5 期。
④ Liz Karen Herrera, et al., "Studies of Deterioration of the Tin-Mercury Alloy within Ancient Spanish Mirrors," *Journal of Cultural Heritage* 9 (December 2008), pp. e41-e46.

到一种手段，以便不至于失去如此珍贵的物品，我绘制了一幅示意图，明确地标出了其外部轮廓，这幅草图被贴在水晶玻璃的背面，那些堆砌以铅笔色或颜料色的笔画之笔触，很明显地留在了搪锡之上。我然后再干净利落地仅清除那些应作画的地方之涂锡，其余的锡仍保留在原位上。这种绘画特别漂亮，因为从稍远的地方看，人们可能会认为人物像、动物画、风景画或其他任何图案都并非像是绘制的，而是反射在镜面玻璃上的⋯⋯"①

这段话说明王致诚修补锡剥落区域的方式并非再搪锡，而是将残余的锡挖干净，另在玻璃镜绘图画使之产生"背画"效果，即远看图画像反射在玻璃镜上。

耶稣会士艾启蒙乾隆十年六月在造办处画画行走。② 十二年，噶尔丹策楞进贡马，皇帝命郎世宁、王致诚、艾启蒙各画一匹。③ 乾隆三十六年，孝圣皇太后八旬万寿，艾启蒙在宫廷绘画居首席地位。七月初六日，太监胡世杰传旨："着艾启蒙等恭画皇太后圣容一幅。"④ 该年，乾隆帝"赐三班九老，宴游香山。命于次日赴乾清门内，令画工艾启蒙绘图"。⑤ 尤景林分析了一幅《香山九老图》镜子画挂屏（图 8-10）。他说："人物画风格和构图，有着仇英之风。"⑥ 艾启蒙的《香山九老图》

---

① 伯德莱:《清宫洋画家》，第 36、38 页。

② 《清宫内务府造办处档案总汇》第 13 册，乾隆十年六月初二日《记事录》，第 552 页。

③ 《清宫内务府造办处档案总汇》第 13 册，乾隆十二年十一月十三日《如意馆》，第 552 页。

④ 《清宫内务府造办处档案总汇》第 34 册，乾隆三十六年七月二十二日《如意馆》，第 500 页。

⑤ 《清实录》第 19 册，第 1062 页下—1063 页上。

⑥ 尤景林:《洋风镜子画：清代玻璃油画〈香山九老图〉〈湖边风景中的牧羊女〉赏谈》，《上海工艺美术》2010 年第 4 期。

图 8-10 《香山九老图》镜子画挂屏之一

资料来源：尤景林《洋风镜子画：清代玻璃油画〈香山九老图〉〈湖边风景中的牧羊女〉赏谈》，《上海工艺美术》2010 年第 4 期。

也成为广东外销玻璃油画的体裁之一。

《国朝院画录》载:"(艾启蒙)工翎毛。石渠著录十骏犬图一册、百鹿一卷、宝吉骝一轴、白鹰一轴、风猩一轴、山猫一轴、白鹰二轴、考牧图一卷。"[1] 艾启蒙也绘制大挂镜。乾隆三十三年元月十二日,"催长四德、五德来说:太监胡世杰交紫檀木边玻璃挂镜一面,上面系画玻璃俱有走锡处出外箱内。传旨着另换好玻璃,上面画玻璃,着艾启蒙起稿呈览"。官员将挑得库贮有锡玻璃长 2 尺、宽 1.55 尺一块和长 1.6 尺、宽 1 尺一块进呈。[2]

玻璃画被广泛用在建筑上,以乾隆帝寝宫淳化轩最著名。乾隆三十四年淳化轩成做镶墙玻璃镜,窗户用 3 尺至 7 尺玻璃,大小 34 块,有亮玻璃、锡玻璃、玻璃画等。[3] 淳化轩使用大片平板玻璃、锡玻璃作为装饰,乃是乾隆帝夸示多元文化交流的结果之一。

另外,淳化轩还有玻璃的挂屏镜。乾隆三十五年十一月二十八日,库掌四德、五德来说,太监胡世杰传旨:"淳化轩西暖阁南北方窗两边做玻璃挂屏镜二对。"十二月初二日,库掌四德、五德为做淳化轩挂镜二对,挑得库贮有锡玻璃 4 块持进。[4] 不幸的是,淳化轩在第二次鸦片战争时被焚毁,这些玻璃镜也消失无踪。

---

① 胡敬:《国朝院画录》,台北:明文书局,1985,第 473—474 页;《清宫内务府造办处档案总汇》第 33 册,乾隆三十五年四月十二日《如意馆》,第 589 页。

② 《清宫内务府造办处档案总汇》第 31 册,乾隆三十三年元月十二日《金玉作》,第 431 页。

③ 朱杰:《长春园淳化轩与故宫乐寿堂考辨》,《故宫博物院院刊》1999 年第 2 期。

④ 《清宫内务府造办处档案总汇》第 33 册,乾隆三十五年十一月二十八日《记事录》,第 492 页。

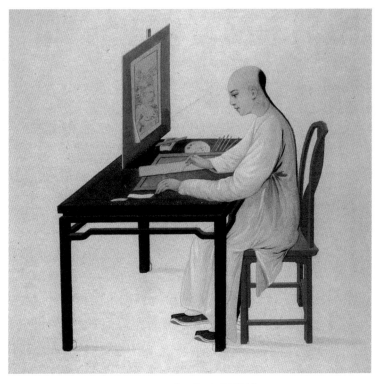

图 8-11 《一位玻璃画匠》

资料来源：Patrick Connor, *Paintings of the China Trade: the Sze Yuan Tang Collection of Historic Paintings.* Hong Kong: Hong Kong Maritime Museum, 2013, p. 118。

　　耶稣会士郎世宁、王致诚、艾启蒙等宫廷画家绘制的清宫题材，与同时期广州外销锡玻璃镜画的风格有异曲同工之妙。英国伦敦维多利亚与阿尔伯特博物馆（Victoria and Albert Museum）藏有一幅乾隆五十五年绘、名叫《一位玻璃画匠》（*A Glass Painter*）的水彩画（图 8-11）。此画展示了一名广东玻璃画匠正在使用玻璃背画技术复制一幅以欧洲铜版雕刻绘制的西洋女子像，说明乾隆中期广州外销玻璃画已形成市场。

今北京故宫博物院存有玻璃画 103 片，每片高 31 厘米、宽 23.5 厘米、厚 0.3 厘米，规格统一，题材有人物画、动物画、植物画、风景画等。[①] 这些玻璃画是否为传教士绘制，将来有机会看到作品再予以讨论。

响铜——铜锡合金用于制作钟和焊料

乾隆帝笃信藏传佛教，祭器中的响铜含有锡的成分。《天工开物·五金篇》称："凡铜供世用，出山与出炉只有赤铜……广锡掺和为响铜。"[②]《当谱集》载："红铜加高锡者即是响锡铜。"又载："高锡各处俱有，惟湖广的锡能配响铜，其别处配不成。如铸做的响铜，惟京师不能做假。如锣者三斤以下者能做，而音不和。如声小者能做而音拙，大者做成而音全废。如戏锣可以。总之各处水土之使然也。"[③] 这则资料提到只有湖广的高锡才能制作响铜，验证了前述广东进口的洋锡和以汉口为锡贸易中心的研究。

翟理斯（Herbert Allen Giles）在他的中英词典中翻译响铜为"发出声音的黄铜"，并进一步定义为："最为适合制作锣的材料。配方为铜和锌及重量 5% 的锡，或是八成的铜和二成的锡。"[④] 基于后者的定义，此小节讨论的响铜为一种锡重量大于 20% 的锡青铜。

乾隆三十六年，乾隆帝命章嘉若必多吉写下铸造响铃的配方，其中锡的含量将近 30%，另添加 0.3% 的金、银、三色宝石

---

① 朱庆征：《故宫藏建筑装修用玻璃画》，《故宫博物院院刊》2001 年第 4 期。

② 宋应星：《天工开物》，第 982 页。

③ 《当谱集》，《中国古代当铺鉴定秘籍》，第 125 页。

④ Herbert A. Giles, *A Chinese-English Dictionary*, 2nd edition. Shanghai: Kelly & Walsh, 1912, pp. 1519–1520.

等。清宫内务府造办处档案还记载，此配方制造出来的响铃声音质量更好。[①] 华觉明也说高锡青铜相对于低锡青铜合金，铸钟音质更加浑厚饱满。[②] 因此，使用纯度较高的原料比较容易铸造出质量良好的响铃。《当谱集》记载乾隆时期湖广一带出产的锡质量最好，弯折时由于塑性变形往往会发出断裂般声响。人们因其扭曲有声，通常名之曰"响锡"。[③] 由记载的塑性断裂现象可推知湖广的高锡应是杂质含量最少。

另外，宋应星的《天工开物》描述，将"响铜"合金（锡青铜）做成粉末可焊铜器："凡红铜，升黄而后熔化造器，用砒升者为白铜器，工费倍难，侈者事之。凡黄铜，原从炉甘石升者，不退火性受锤。从倭铅升者，出炉退火性，以受冷锤。凡响铜入锡参和。成乐器者，必圆成无焊。其余方圆用器，走焊、炙火粘合，用锡末者为小焊，用响铜末者为大焊……若焊银器，则用红铜末。"[④]

锡用于焊接，有小焊、大焊的区别。小焊即是用低熔点铅锡合金作为焊料，又称软钎焊（soldering）、锡焊、镴焊；大焊则是用铜锌合金或银铜锌合金为焊料，又称硬钎焊（brazing）、铜焊、银焊。[⑤] 纯锡的熔点仅232℃，纯铜的熔点则是1085℃，加锡20%的铜的熔点则为880℃（约800℃开始熔化）。因此，以响铜或红铜来当焊料，会因为所需加热温度的提高而提升工作温度，增加工艺的难度，优点是焊接处常温或高温的机械性

① 《清宫内务府造办处档案总汇》第34册，乾隆三十六年九月《铸炉处》，第527—536页。
② 华觉明：《中国古代金属技术：铜和铁造就的文明》，第278页。
③ 《当谱集》，《中国古代当铺鉴定秘籍》，第122页。
④ 宋应星：《天工开物》，第906—907页。
⑤ 华觉明：《中国古代金属技术：铜和铁造就的文明》，第220页。

能会比用纯锡焊料好很多。[1]

乾隆帝对焊接品质要求甚高，我们往往能在宫廷档案中发现因成品不良、不坚固而退回再焊的例子。例如乾隆三十五年太监英廉呈报，三件胎钑做凤凰形状的酒器花纹不真、焊口不齐、镀金色微淡，乾隆帝遂罚工价不准开销。[2] 乾隆五十一年，有小焊强度不足，改用大焊的记载。

笔帖式和宁来报："备用耳顺风二件亦因年久破坏不堪应用，相应咨行造办处照旧式样另行成做耳顺风二件……原耳顺风本系黄铜胎锡小焊，因不坚固，今改做耳顺风照原样要做红铜胎大焊。"乾隆帝回答："准照样另行成做新耳顺风二件，其旧耳顺风毁铜。"[3] 所谓耳顺风为西洋人所制，查慎行的《陪猎笔记》载："以铜为之，管长丈余，如千里镜之式，空其中，口大而末小。向空中传语，去山头五六里声相闻也。"[4] 人隔着河川山头，声音如在对面，耳顺风大概像扩音器。《圆明园锡作则例》也有记载滴焊旧锡每缝长 1 丈，用焊锡 1 两、松香 2 钱、黑炭 8 钱；滴焊旧锡每缝长 35 尺，用锡匠 1 工。[5] 另外，民间也喜好以铜锡合金大焊来修补金属器，如清朝晚期《北京民间风俗百图》记载，工匠焊水烟袋："其人用小炉、风箱、铜锡焊

---

[1] Daniel Schnee and Harald Krappitz, *Soldering and Brazing, Ullmann's Encyclopedia of Industrial Chemistry*. Wiley-VCH, Weinheim, 2013, pp. 1–11.

[2] 《清宫内务府奏销档》第 89 册，乾隆三十五年十一月初一日，第 351—352 页；第 89 册，乾隆三十五年十一月三十日，第 582—585 页。

[3] 《清宫内务府造办处档案总汇》第 49 册，乾隆五十一年十月二十五日《记事录》，第 257 页。

[4] 查慎行：《陪猎笔记》，据清刻本影印，毕奥南整理《清代蒙古游记选辑三十四种》下册，东方出版社，2015，第 258 页。

[5] 《清代宫苑则例汇编》（14），第 370 页。

药，如有损坏物件，令其收拾，则能复旧如新之技。"[①] 说明中国直到晚清都喜爱使用铜锡焊药修补破损金属器之技术。

图8-12　铜锡焊接水烟袋

资料来源：*Pictures of Folk Life (Fengsuhua) in Qing Beijing*, p. 72。

---

① 佚名绘《北京民间风俗百图（珍藏版）》，王克友等译，北京图书馆出版社，2003，第23页。

* * *

清代财政被认为是轻徭薄赋的税制，但在正规的赋税之外还有土贡。本章以锡为例讨论被编派土贡的省份多半不产锡，而是通过国内外贸易取得。以广东为例，产锡数量不及土贡的10%，多数仰赖外商输入的洋锡。锡在西方出口商品中不太重要，但在中国的价格高于欧洲，仍有利可图。1790年后广州每年进口的锡价值二三十万两，至19世纪中叶锡进口值则超过100万海关两。江苏则是采买日本的锡，有专门负责的行铺来经营，以避免官员浮销经费。乾隆帝常夸耀中国地大物博、自给自足，不需要西方的淫巧奇器，事实上，本章讨论锡的进口数量可了解中国并非完全自足。

乾隆八年至光绪十八年，内务府用锡数量在300万斤以上。清代社会阶层分明，皇家使用大量的金银器，自然有别于民间使用锡制的食具、供器等。然而，清宫清楚锡的特点——价格便宜、质量轻、延展性佳，以锡片制作防水材料、防潮的锡茶罐、防蛀虫的衣箱、保冷的冰桶、旅行用品等，并让传教士郎世宁、王致诚、艾启蒙等宫廷画家绘制玻璃镜画。这些宫廷绘画的题材甚至影响了广州的外销画，至今欧美博物馆藏的玻璃画仍可看到清代宫廷生活的场景。

技术方面，过去讨论明清科技都利用《天工开物》一书，现今出版了大量清宫档案，如《清宫内务府造办处档案总汇》《清代宫苑则例汇编》《清宫内务府奏销档》，使研究者对明清的技术有了新的了解。造办处成做凤凰折盂和耳顺风的案例，可见清宫的技术利用现代科技来检测还是很精准的。再者，康熙时期输入的耳顺风到了乾隆时已能仿制，说明清廷能选择合适的金属材料，并充分发挥其功能。北京冶金工艺在多民族文化交流，以及 18 世纪早期全球化进程之下，其创新性、设计性及工艺水平都有所发展。

第九章　清宫的金属祭器

中国社会向来重视阶级贵贱等差，瞿同祖的《中国法律与中国社会》一书就指出丧葬的用器和仪式无一不显示阶级的差异。祭器以多为贵，按官员品级有尊、簋、簠、甒、筐、铜、俎、笾、豆等，都是用以区别贵贱的重要标志。[①]清初承袭明制，坛庙陈设祭品，器用瓷。雍正帝时按照古代经典，范铜为器，颁之阙里，俾为世守。乾隆十三年，皇帝又大费周章命官员绘制《皇朝礼器图式》，并大量制作祭器，目的何在？

陈芳妹提到宋徽宗建明堂，大量铸作仿古铜礼器。仿古铜器仿佛成为三代理想政治秩序的象征。[②]她还分析了各种祭器的形制、纹饰风格等，认为朱熹的"释奠仪式"在元、明、清成功地通过地方官员在州县学及孔庙系统中，将三代意象建置在帝国的中心和边陲。笔者在档案中发现了乾隆初年地方督抚奏报制作祭器的费用。后来乾隆帝颁发《皇朝礼器图式》于各省，重新定义礼器制度。

关于清代祭器研究，刘潞最早提到礼器图谱完成于乾隆二十四年，由庄亲工允禄领衔绘制。乾隆三十一年，武英殿修

---

① 瞿同祖：《中国法律与中国社会》，第 256 页。
② 陈芳妹：《青铜器与宋代文化史》，台北：台湾大学出版中心，2016，第 22—23 页。

书处刻版印刷《皇朝礼器图式》，三十八年收入《四库全书》史部。[①] 然而，乾隆帝在制作儒家文化祭器的同时，也设计了一套新的满洲祭典的礼器。陈捷先指出，满洲在接触汉文化后，不可避免地会产生汉化现象，唯满洲人无论是在借取明朝典章制度时，还是受到汉人家族伦理的影响时，常是有条件的、有限度的，不一定是全盘接受的，而且经过理性的思考，首重本身利益，尤其是他们注意保持自己的民族文化。[②] 乾隆帝有感于满洲传统祭祀因时空环境变迁发生了变化，遂编定满洲祀典之书。

叶高树认为传统祭祀必备的物件，理当自宫廷、王府乃至民间皆同，但清代按内务府规制，纺织品率以绸、缎，金属制品动辄银、铜，极其讲究，呈现统治阶层与一般民众的差异。[③]《钦定满洲祭神祭天典礼》一书中的祭神祭天器用数目、形式图与《皇朝礼器图式》不同。有趣的是，该书也是庄亲王允禄领衔纂写，于乾隆十二年以满文编定刊行，用以宣扬满洲传统。[④] 同时，该书与《皇朝礼器图式》并列，彰显了清朝统治的多元文化。罗友枝提到清代每位新皇帝都必须在国祭场所增设自己父皇的牌位，作为孝道的表现。[⑤] 笔者发现清初期大量使用的金银祭器，并不是用豆、登、簠、簋等，而是日常膳具碗盘、茶壶等。康熙时盛京三陵的祭器来自宫廷的金银器，雍正帝更把康熙帝的膳具

① 刘潞：《一部规范清代社会成员行为的图谱——有关〈皇朝礼器图式〉的几个问题》，《故宫博物院院刊》2004年第4期。

② 陈捷先：《从清初中央建置看满洲汉化》，氏著《清史论集》，台北：东大图书公司，1997，第119—135页。

③ 叶高树：《乾隆皇帝与满洲传统的重建——以萨满祭祀仪式为例》，《台湾政治大学历史学报》第48期，2017年。

④ 叶高树译注《满文〈钦定满洲祭神祭天典礼〉译注》，台北：秀威资讯科技股份有限公司，2018，第338—473页。

⑤ 罗友枝：《清代宫廷社会史》，第258页。

搬到景陵当祭器用。乾隆帝重新按照受祭者的身份贵贱等差制作祭器，并将景陵、泰陵的大量金银器熔化，换成镀金器、铜器、瓷器等，以节省材料费用。

本章第一节讨论坛庙的金属祭器及其制作过程，包括绘纸样、做合牌样、蜡样，以及成做的铸炉处官员的专业和监督。通过分析《皇朝礼器图式》的内容，来探讨金属祭器使用在哪些坛庙。第二节讨论《皇朝礼器图式》的绘制及坛庙陈设，着重于清宫祭祀场域——太庙、奉先殿使用的铜器，彰显其受儒家思想影响。第三节探讨以《钦定满洲祭神祭天典礼》为蓝本的祭器及其所代表的乾隆帝贯彻满洲本位的政策。近年来，清史学界对清朝统治的定位是汉化还是满洲本位有许多争议，本章则从皇帝的供桌阐释满汉文化的融合与差异。

一　制作坛庙的金属祭器

《皇朝礼器图式》第一部分为祭器部，计2卷，祭者有11坛2殿9庙，即天坛、祈谷坛、地坛、社稷坛、朝日坛、夕月坛、先农坛、先蚕坛、天神坛、地祇坛、太岁坛，奉先殿、传心殿，太庙、文庙、帝王庙、先医庙、都城隍庙、内城隍庙、永佑庙、天下第一泉龙王庙、昭灵沛泽龙王庙；所用祭器分璧、琮、圭、爵、登、簠、簋、筶、豆、筐、俎、尊、盏、铏等14类。本节主要研究乾隆帝制作《皇朝礼器图式》和祭器的原因、祭器的种类及其制作过程等。

乾隆朝制作金属祭器

乾隆初年，各省官员奏销地方钱粮中提及制作祭器，其经费题报中央核准。譬如，乾隆十年陕西巡抚陈宏谋题陕省置备设祭坛、祭器原估计 1820.2 两，应核减 20.94 两，共 1799.08两。[①] 当地方奏销祭器经费时，乾隆帝也要表现自己的关心，就像宋代皇帝主导祭器的制作。再者，历朝把祭天地当作重大的祭祀仪式，清朝祭祖也属国家重要祀典，太庙、奉先殿打造一致的祭器，以符合礼仪。

　　制作铜祭器的起源需从雍正帝谈起。雍正二年，曲阜文庙不戒于火，雍正帝特发帑金，命大臣等督工修建，"凡殿庑制度规模，以至祭器仪物，皆令绘图呈览。朕亲为指授，遴选良工庀材兴造"。[②] 雍正九年，内务府大臣允禄制作金属祭器送到曲阜孔庙。[③] 乾隆十三年，衍圣公孔昭焕称尚少献爵 6 件，皇帝谕令"相应照贮库备用式样造给"。[④] 照理说允禄曾经制作文庙祭器，乾隆朝只要按照原来纹样复制就可以了，但乾隆十三年皇帝谕令官员重新绘制，他在内务府来文中有很长的议论。雍正帝"范铜为器"只是大致上的改革，乾隆朝则按古礼制作不同材质的祭器。譬如笾以竹丝编造，四周髹漆；铏器用铜制，加以镀金。又，《皇朝礼器图式》征引《周礼·太宰》："享先王用玉爵。"[⑤] 宗庙应用玉爵而不是金爵。《皇朝礼器图式》御制序中道："夫笾、豆、簠、簋，所以事神明也。前代以碗盘充数，朕则依古改之。"[⑥] 乾隆

①　《清代内阁大库原藏明清档案》，乾隆十年十月初五日，档案号：066605。
②　中国第一历史档案馆编《雍正朝起居注册》第 4 册，中华书局，1993，第 3355 页。
③　《清宫内务府奏销档》第 36 册，乾隆十三年元月二十六日，第 312—314 页。
④　《清宫内务府奏销档》第 36 册，乾隆十三年元月二十六日，第 312—314 页。
⑤　允禄等纂《皇朝礼器图式》，第 41 页。
⑥　允禄等纂《皇朝礼器图式》，序，第 1 页。

帝按照臣工的讨论再制祭器，添增牺尊、象尊、山尊、鼠头尊、壶尊、著尊等，纹饰上更加繁复。乾隆十三年二月，礼部行文内务府："各坛庙祭器悉仿古制一体更正。本部行文内务府，将从前世宗宪皇帝颁发曲阜一切祭器进呈图样借给本部查办。"① 礼部向内务府借雍正朝制作祭器的图样，再绘制纹饰。

做祭器必须先画样，有纸样、合牌样、蜡样等。乾隆年间制作祭器的部门有铸炉处做铜器、景德镇制作瓷器、苏州织造局做编竹丝漆器。

张丽认为内务府的活计中，"命活"是皇帝御旨，一般要先画纸样（图 9-1），有的还要做成立体的蜡样或木样呈给皇帝审查。皇帝对命活的要求很严格，对呈上来的画样或木样经常会提出修改意见，然后再画再审，直至皇帝说"准作"，方可开做。② 制作祭器即是命活之一，每个环节乾隆帝都亲自管控。户部尚书傅恒、刑部尚书汪由敦交 12 件祭器图后，乾隆帝命内务府画匠沈源、金昆先画准样，再交造办处烫合牌样呈览。③ 合牌样也称烫胎合牌样、烫样等。烫样是用草纸、秫秸、油蜡、木料等材料加工制作的模型，它按照实物等比例缩小。

蜡样照例也要奏呈皇帝，遵旨修改。"于六月初十日司库白

① 《内务府来文》，中国第一历史档案馆藏（下略），档案号：05-13-002-000004-0070，乾隆十三年二月十五日。

② 张丽：《清宫铜器制造考——以雍、乾二朝为例》，《故宫博物院院刊》2013 年第 5 期。

③ 黄希明、田贵生：《谈谈"样式雷"烫样》，《故宫博物院院刊》1984 年第 4 期；张淑娴：《装修图样——清代宫廷建筑内檐装修设计媒介》，《江南大学学报》2014 年第 3 期。

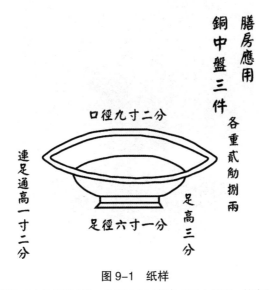

图9-1　纸样

资料来源：《内务府来文》，光绪三十三年九月二十五日，档案号：05-08-030-000490-0029。

世秀将庄亲王拨来铜爵蜡样一件持进，交太监胡世杰呈览。奉旨：此铜爵大了，照玉爵大小另做样呈览。"① 这份档案提供了重要信息，即按照玉爵的大小制作（图9-2）铜爵（图9-3），而瓷爵系按照铜爵的花纹做。香港中文大学文物馆藏铜铏（图9-4）、铜簋（图9-5）、铜簠（图9-6）、铜豆（图9-7）的祭器，底款为"大清乾隆年制"，或许是这次制作的祭器。

汪由敦奏称："添疏幂使得须用古铜色。"奉旨："准用古铜色做疏幂。"② 档案中的"古铜色"乃是用"烧古"手法后器物

① 《清宫内务府造办处档案总汇》第16册，乾隆十三年三月二十六日《如意馆》，第243页。
② 《清宫内务府造办处档案总汇》第16册，乾隆十三年三月二十六日《如意馆》，第244页。

图 9-2 玉爵盘

资料来源：故玉 003773，台北故宫博物院藏。

图 9-3 铜爵

说明：香港中文大学文物馆藏。

资料来源：郭家彦《皇朝礼器》，香港中文大学文物馆，2019，第 192 页。

图 9-4　铜铏

资料来源：郭家彦《皇朝礼器》，第 193—194 页。

图 9-5　铜簠

资料来源：郭家彦《皇朝礼器》，第 193—194 页。

图 9-6　铜簋

资料来源：郭家彦《皇朝礼器》，第 194 页。

图 9-7　铜豆

资料来源：郭家彦《皇朝礼器》，第 194 页。

呈现古铜器的颜色，以均匀腐蚀、炭火烧烤方法制造出先秦古器物所独具的色调韵味，又称为"接色"。[①]

坛庙祭器的制作与数量

乾隆十三年，允禄负责制造祭器，承办单位是雍和宫办造铜器处。允禄奏称："从前臣遵旨办造文庙祭器，前后一百九十件，臣即与该库成造在案。今养心殿奉旨交臣办造各坛庙铜祭器，登、铏、簠、簋、豆、尊等器共二千一百六十八件，为数甚多。……至办造祭器所用铜斤，据佛保禀称伊处俱系杂铜，但此项祭器非寻常器皿可比，如用杂铜烧古，不能出色，而沙眼甚多难以成造。臣仍请照前例领用库贮铜斤，其所需工价约估银二万五千六百五十余两，向广储司领用。统俟工竣之日，臣另委员详加查核，另行奏闻。"[②]

内务府奏销档有完整的成造祭器需用工价数目清单（表9-1），以数量来说豆的数量达810件，其次是爵558件，铏196件，簠和簋都是183件。尊类有6种款式，数量220件。牺尊的图案复杂，画花纹及雕刊梨木板模子一份需要160工，比其他器型费工夫。铏、簠、簋也是图案繁复，需用50—60工。象尊和壶尊所用的雕工较少些。以上通共用166575工，每工银0.154两，共25652.55两。[③]这是预估费用，实际上在乾隆十四年允禄奏称办造各坛庙祭器2194件，原估工价25650两，实用工料物

---

① 吴山主编《中国工艺美术大辞典》，第217—273页。

② 《清宫内务府奏销档》第37册，乾隆十三年五月十二日，第307—321页。

③ 《清宫内务府奏销档》第37册，乾隆十三年五月十二日，第307—321页。

价 16863.16 两，剩余银 8786.87 两，用铜 27601 斤，又铜铡镀金用金 2.6 两。[①] 清宫制作铜祭器分工相当细，每项技术都很专业，制造出许多高水平的工艺品。清宫往后制作的铜器物都比照一套标准制作程序，也影响了北京铜器制作的技术和流传。鼠头尊、壶尊、著尊的式样较简单，成做的程序也较简略（表 9-2）。

表 9-1　乾隆十三年成造祭器需用工价数目清单

单位：件，工

	爵	登	铡	簠	簋	豆	牺尊	象尊	山尊
件数	558	18	196	183	183	810	38	38	23
粗细泥模子	1.5	2.5	3	3	3	2.5	4	3	3
上泥出蜡烧窑	1.5		3	3	3	2.5	3	3	3
拨蜡对花纹	1.5	2.5	3	3.5	3.5	2.5	5	3	4
铸火	0.5	0.5	0.5	1	1	1	1	1	
粗锉	2	3	3	6	6	3	5	8	16
凿錾花纹	16	40	35	36	33	32	40	15	50
去里合口		6	7	8	9		12	10	10
细刮锉花纹	4	12	12	26	24	22	28	18	20
雕刊年号	2	2	2	2	2	2	4	4	4
烧古色	12	19	22	24	24	22	24	24	24
每件共工	41	90	90.5	112.5	108.5	85.5	126	89	134
画花纹雕刊梨木板模子一分	25	40	55	60	50	40	160	35	40
共工	22903	1660	17793	20647.5	19505.5	69295	4848	3407	1170

资料来源：《清宫内务府奏销档》第 37 册，乾隆十三年五月十二日，第307—321 页。

[①] 《内务府来文》，乾隆十四年四月初四日，档案号：05-0099-017。

表 9-2　成做鼠头尊、壶尊、著尊的数目与工价

单位：件，工

	鼠头尊	壶尊	著尊
件数	45	38	38
模工	2	2	2
铸火	1	1	1
去披缝凿罩口粗锉	2	2	2
镟工	8	8	8
细刮锉花纹	5	3	3
雕刊年号	2	2	2
烧古色	6	6	6
每件共工	26	24.5	24
共工	1170	931	912

资料来源：《清宫内务府奏销档》第 37 册，乾隆十三年五月十二日，第 307—321 页。

　　内务府大臣允禄等议牺尊、象尊、著尊、壶尊、山尊的意义："牺取性顺而兴稼穑，贵其本也。象感雷而文生，以明乎夏德，万物之所由化也。物遇秋而止，著尊无足有止之象。冬时人功已成，可劳享之，壶者收藏聚蓄之义。山尊画为山形，以山而兴利，祫祭合食于祖庙，亦以仁而致养，故用山尊。臣等酌议太庙之祭，春宜用牺尊（图 9-8），夏宜用象尊（图 9-9），秋宜用著尊（图 9-10），冬宜用壶尊（图 9-11）。岁暮大祫则宜山尊，皆范铜为之，而以金为饰。"[①] 乾隆帝采纳了该意见，

---

① 《内务府来文》，乾隆十三年，档案号：05-13-002-000004-0120。

牺尊

廟後殿

太廟前殿

奉先殿用。大

图 9-8　牺尊

资料来源:《大清会典图（嘉庆朝）》卷 25，第 11 页。

象尊

廟後殿

太廟前殿

奉先殿用。太

图 9-9　象尊

资料来源:《大清会典图（嘉庆朝）》卷 25，第 12a 页。

著尊廟後殿　太廟前殿　奉先殿用，太

图 9-10　著尊

资料来源:《大清会典图（嘉庆朝）》卷 25，第 13 页。

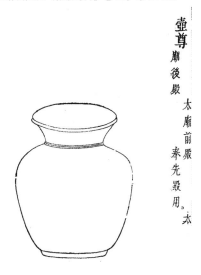

壺尊廟後殿　太廟前殿　奉先殿用，太

图 9-11　壶尊

资料来源:《大清会典图（嘉庆朝）》卷 25，第 14 页。

制作四季用的各种尊。最重要的是将尊放在太庙、奉先殿等皇家祀典中，象征着朝廷延续宋元明的汉人传统。如《皇朝礼器图式》载，太庙正殿山尊，范铜为之，高9寸7分，口径5寸2分，项围9寸9分，腹围1尺6寸5分，底径3寸7分，足径5寸3分，四面有棱，中为山形，旁为雷纹，腹及跗皆为云纹。盖高2寸4分，径5寸6分，亦有棱如器之饰，顶高8分。[①]

佛保提到铸造祭器必须使用纯铜（档案上称"铜斤"）而不是回收的杂铜，此因杂铜孔隙大难以成造。允禄向瓷库领用了库贮铜2万多斤及20多万斤煤炭等物。有关办买材料的费用，另载于内务府奏案，参见表9-3。

表9-3 成做祭器办买物料及领库贮物料情况

办买材料	数量	单价（两）	总价（两）	领取库贮	
化铜罐	2250 个	0.065	146.25	金叶	2.6 两
松香	800 斤	0.032	25.6	红铜	11000 斤
黄土	165 车	0.08	13.2	黄铜	16601.81 斤
秫秸	5700 个	0.017	96.9	黑炭	31000 斤
土坯	11650 块	每百块 0.08	9.32	石煤	170548 斤
铁钉	336 斤	0.04	13.44	红罗炭	21400 斤
木箱	120 个		162	黄蜡	2000 斤
共银			466.71	香油	500 斤
				苎麻	371 斤
				铁丝	67.8 斤

资料来源:《清宫内务府奏案》第59册，乾隆十三年五月十二日，第45—47页。

---

① 允禄等纂《皇朝礼器图式》，第48页。

以上祭器唯有铏镀金，是按照《皇朝礼器图式》的规定："聂崇义《三礼图》：'铏，天子以黄金饰。'乾隆十三年，钦定祭器：太庙正殿铏，范铜为之……"[①] 按照银器镀金定例，花活每见方 1 寸用金 6 厘，素活每见方 1 寸用金 4 厘。[②] 这回制作196 个铏器只用了 2.6 两金叶，肯定不及定例标准，镀金太薄，容易剥落。

　　乾隆十三年，礼部尚书管太常寺海望奏报领取各坛庙新造祭器，并将旧存祭器交内务府收贮。[③] 实际上，这批新祭器并未分给所有的坛庙。《皇朝礼器图式》载："乾隆十三年，钦定祭器：天下第一泉龙王庙笾，范铜为之。"[④] 至乾隆十七年，总管内务府大臣奏称，玉泉山天下第一泉，笾豆祭器俱改造铜器烧古刻款。其黑龙潭祭器，亦照天下第一泉龙王庙改造铜器，未得之前暂用瓷器。再者，皇帝认为："爵、登、簠、簋、豆、尊等，具有旧样，即照旧式办理，无庸绘图。"[⑤] 至十月内务府为两祠庙制造爵、簠、簋、豆、尊、笾共 56 件，所用工价办买物料 478.02 两，用过库贮黄铜 668 斤。[⑥]

　　由以上讨论可知，乾隆帝声称雍正帝给曲阜孔庙祭器始"范铜为器"，然而乾隆十三年制作祭器的器形和使用祭器的坛庙数量都远超雍正时期。最重要的是，连太庙都使用儒家系

---

①　允禄等纂《皇朝礼器图式》，第 42 页。

②　《清宫内务府奏销档》第 91 册，乾隆三十六年五月初八日，第 163—168 页。

③　《清代内阁大库原藏明清档案》，乾隆十三年十二月十七日，档案号：025853。

④　允禄等纂《皇朝礼器图式》，第 53 页。

⑤　《清宫内务府奏销档》第 42 册，乾隆十七年二月二十一日、三月初十日，第 175—178、237 页。

⑥　《清宫内务府奏案》第 75 册，乾隆十七年十月初二日，第 5—9 页。

统的铜祭器。此时距离清朝入关已一百多年，满汉畛域逐渐
消弭。

二　绘制《皇朝礼器图式》与坛庙祭器陈设

乾隆帝召集大学士、礼部官员共同讨论制定坛庙礼器的款
式、材质，并由铸炉处工匠铸造两千余件坛庙祭器。在这之后，
乾隆帝才开始启动《皇朝礼器图式》的绘制。先做祭器，再绘
制礼器图，做祭器使用的纸样或许为绘图的蓝图。

绘制《皇朝礼器图式》

乾隆十六年，皇帝为了编《皇朝礼器图式》，在武英殿成
立礼器馆。乾隆二十三年，礼器馆办理事务郎中明善等奏："乾
隆十六年二月起至二十三年九月，绘画各园给发工价办买颜料、
饭食，以及办事人员公费饭食，陆续领用过银六千三百两。"[1]
乾隆二十五年，允禄奏称："查得从前绘画祭器、仪器、乐器、
冠服、卤簿、武备图样六项，已经画得设色图样各一分。遵旨
交于南薰殿墨栏图样二分，交于武英殿一分。"[2] 因绘制未完成，
武英殿修书处办理事务郎中六十九等陆续呈报，给翰林等备办
饭食、办买物料，并给匠役等工价，乾隆二十五年七月领 1000
两、三十年十一月领 1000 两、十二月领 2000 两、三十一年五
月领 1000 两、七月领 2000 两，共 7000 两。连同上述的 6300 两，

---

[1] 《乾隆朝内务府银库用项月折档》，乾隆二十三年十二月一日起至三十日。
[2] 《清宫内务府奏销档》第 60 册，乾隆二十五年十一月十日，第 22—30 页。

共 13300 两。① 造办处档案记载："照武英殿雇画士之例，每日每人工银一钱九分五厘、饭银六分。"一般内务府外雇工匠每天工资 1.5 钱，画士工资达 2.55 钱，算是相当高的薪资。② 就祭器的部分，乾隆二十九年十一月二十四日掌稿笔帖式常安持来武英殿汉字文一件，内开"武英殿礼器馆为咨送争照得本馆遵旨增改礼器图书册，其祭器一门书板业已刻竣，图册俱经添绘，并缮就说文"。③ 三十一年，武英殿图式书册告竣，绘图人员获得乾隆帝加恩议叙。

乾隆二十九年，武英殿《皇朝礼器图式》书版刻竣。乾隆三十五年，两江总督高晋、直隶总督杨廷璋、四川总督阿尔泰、袭封衍圣公孔昭焕纷纷上奏"恩赏《皇朝礼器图》全部谢恩"事。④ 江宁织造寅着奉旨："交出《皇朝礼器图》二部八套，令江宁织造寅着带往于栖霞行宫、江宁行宫安设。本日交与寅着领去讫。"⑤《皇朝礼器图式》作为各省坛庙制作祭器的模板，不仅收入《四库全书》，还公之于世。陈芳妹研究台南孔庙的祭器，提及："蒋元枢对乾

① 《乾隆朝内务府银库用项月折档》，乾隆二十五年七月一日起至二十九日，乾隆三十年十一月一日起至三十日，乾隆三十年十二月一日起至二十九日，乾隆三十一年五月一日起至三十日，乾隆三十一年七月一日起至二十九日。

② 《总管内务府现行条例（广储司）》卷 1，第 18 页。

③ 《清宫内务府造办处档案总汇》第 29 册，乾隆二十九年十一月二十四日《记事录》，第 54 页。

④ 以上参见《宫中朱批奏折·财政类》，乾隆三十五年五月十六日，档案号：04-01-12-0136-101；乾隆三十五年四月十七日，档案号：04-01-12-0136-117；乾隆三十五年闰五月初六日，档案号：04-01-12-0137-008；乾隆三十五年，档案号：04-01-12-0137-089。

⑤ 《清宫内务府造办处档案总汇》第 34 册，乾隆三十五年四月初七日《杂录档》，第 100 页。

隆朝廷从乾隆十三年以来的文庙礼器，用铜器的强调，是否有管道一一知悉，我们也无法确知，但他为台湾进口文庙礼器强调其'用铜'，与乾隆朝廷对文庙礼器的强调相一致，是可以肯定的。"[①] 蒋元枢乾隆四十一年至四十三年担任台湾知府，乾隆帝颁赐《皇朝礼器图式》之后，或许他由《皇朝礼器图式》颁布得知乾隆帝钦定文庙正位铜爵，范铜为之。

坛庙的祭器陈设

清朝太庙、奉先殿等陈设铜祭器，参见光绪朝《大清会典图》之图示。[②] 清代宗庙按制主要有太庙和奉先殿，其次则为寿皇殿。清代太庙共有三殿，由南而北前后排列。前殿为享殿，是大享时祭祀中殿神主，岁暮大袷时合祭后殿、中殿神主，举行仪式的地方。殿内设金漆宝座，每代座数与寝殿每室神牌数一致。座上设有泥金方托座，托座上方有孔，为祭祀时安放神牌所用。每代帝后同案，祭祀时案上设簠、簋、笾、豆用来盛放黍稷、稻粱、形盐、枣栗、鹿脯等各种食品；每位神主登、铏各一，盛放太羹与和羹；每位神主金匕一、金箸一、玉爵三（图9-12）。案前设俎一，用太牢，牛羊豕各一。[③] 以稻谷、羹、饼饵、肉醢等为祭品，与汉人传统祭祀活动类似。

---

① 陈芳妹：《蒋元枢与台湾府学的进口礼乐器》，《故宫学术季刊》第30卷第3期，2013年。

② 《大清会典图（光绪朝）》，第1139页。

③ 姜舜源：《清代的宗庙制度》，《故宫博物院院刊》1987年3期，第15页。

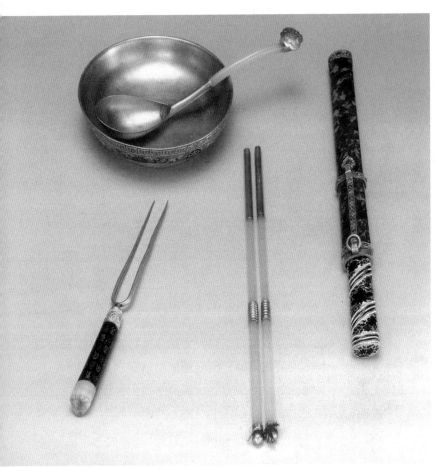

图 9-12　坛庙的祭器陈设

资料来源：万依等主编《清宫生活图典》，第 179 页。

祭祀太庙是国祭，皇帝、王公、文武百官参加，执事有礼部、太常寺、光禄寺等衙门的官员。祭祀奉先殿则只有皇帝，行家人礼，不陪祭，执事基本由内务府官员充任，因此祭祀奉先殿是皇帝的家祭。奉先殿陈设有铜爵、铜铏、铜簠、铜簋、铜豆等，祭品的种类和数量与太庙差不多。[①]《皇朝礼器图式》载："乾隆十三年，钦定祭器：太庙正殿铏，范铜为之，两耳及缘饰以金。"[②]"奉先殿用金爵，通高三寸五分，深一寸四分。柱高一寸一分，为芝形。腹为星纹。三足相距各一寸，高一寸六分。"[③]而月坛内原有金爵三件，皇帝朱批："不必用，亦用月白瓷的。"[④]这说明太庙、奉先殿属于皇家体系的庙宇，用纯金或镀金，而月坛仅用白瓷。

祭祀使用贵重金属有阶级之分，譬如皇帝亲祭使用金祭器，遣官祭祀则不用金器。《大清会典》载，朝廷祭祀分为大祀、中祀、群祀。圜丘、方泽、祈谷、雩祭、太庙、社稷为大祀；日、月、历代帝王、先师孔子、先农、先蚕、天神、地祇、太岁为中祀；先医、龙王等庙，贤良、昭忠等祠为群祀。大祀多由皇帝亲祭；中祀一部分由皇帝亲祭，大部分遣官致祭；群祀全是遣官致祭。太庙由皇帝亲祭，因而成做金祭器。每神案一，各设金壶一、金盉一，陈于金器案；每神座一，各设金盆一，陈于暖阁内。[⑤]太庙前殿、中殿、后殿、东庑、西庑，供奉物件不同，但正殿、后殿陈设之铏两耳及边缘要镀金。

------

① 《大清会典图（光绪朝）》，第 1189 页。
② 允禄等纂《皇朝礼器图式》，第 42 页。
③ 允禄等纂《皇朝礼器图式》，第 53 页。
④ 《清宫内务府造办处档案总汇》第 16 册，乾隆十三年三月二十六日《如意馆》，第 241 页。
⑤ 《大清会典（嘉庆朝）》卷 57，第 13a 页。

　　祭器陈设可知放置金属祭器的坛庙包括太庙（前殿、正殿、后殿）、奉先殿、文庙正位、崇圣祠正位、传心殿正位、历代帝王庙正位、先医庙正位、关帝庙前殿、都城隍庙、内城隍庙、永佑庙、天下第一泉龙王庙、昭灵沛泽龙王庙、黑龙潭玉泉山昆明湖三龙神祠、大成殿、文昌庙、先师庙等。其中太庙和奉先殿陈设铜祭器最多，尤其奉先殿有48个金爵。清朝祭祀祖先多用金属器皿，改用儒家体制的祭器仍保留旧有习俗。

表9-4　清代用于各坛庙的祭器

单位：个

坛庙	铜爵	玉爵	金爵	登	铏	簠	簋	豆	笾	牺尊	象尊	著尊	壶尊	山尊	尊	铜尊
太庙（前殿、正殿）	√	45		15	15	2	2	12	12	15	15	15	15	15		
太庙（后殿）		6		2	2	2	2	12	12	2	2	2	2	2		
奉先殿			48	16	16	2	2	12	12	16	16	16	16			
文庙正位	3			1	2	2	2	10	10						1	
崇圣祠正位	3				2	2	2	8	8						1	
传心殿正位	3			1				2	2						3	
历代帝王庙正位	3			1	2	2	2	10	10						7	√
先医庙正位	3					2	2	10	10						1	√
关帝庙前殿	3			1	2	2	2	10	10						1	√
都城隍庙	3					2	2	10	10						1	√
内城隍庙	3					2	2	10	10						1	
永佑庙	3					2	2	10	10						1	
天下第一泉龙王庙	3					2	2	10	10						1	

续表

坛庙	铜爵	玉爵	金爵	登	铡	簠	簋	豆	笾	牺尊	象尊	著尊	壶尊	山尊	尊	铜尊
昭灵沛泽龙王庙	3					2	2	10	10						1	
黑龙潭玉泉山昆明湖三龙神祠	√					√	√	√								√
大成殿	√			√	√	√	√	√								
文昌庙	√				√	√	√	√								√
先师庙	V				√	√	√	√								√

资料来源：允禄等纂《皇朝礼器图式》，第19—24页。

　　总之，乾隆帝制作坛庙祭器的意义可归纳为以下几点。第一，罗友枝认为清代皇帝采用汉人的敬祖传统，并使之发扬光大。祖先崇拜基本上承袭明朝制度，位于午门外的太庙主要祭祀清太祖和他的皇后，更早时期祖先的牌位则放在后殿。汉代开始儒家学说与阴阳五行学说融合，"正统"指合法的朝代继承脉络。"正统"用"政治血统"代替"家族血统"，正统理念的合法性可在不同血统间传递，从一个统治家族转移到另一统治家族。祭祀对象包括历代统治者，扩大了其统治的合法性基础。[1]在此脉络下，清朝祭祖并非家族的私人活动，而是承袭政治血统命脉，太庙、奉先殿使用国家祀典的祭器和祭品，合乎汉朝以后的礼仪传统。况且，清朝将过去祭天的活动扩大到敬祖。顺治帝1646年将努尔哈赤的牌位放在天坛，1657年将皇

---

[1]　罗友枝:《清代宫廷社会史》，第257—259页。

太极的牌位放在天坛，之后的清代皇帝也都依例办理。[①] 这就更容易理解乾隆帝为何制作形制一致的祭器了。

第二，清朝"崇儒重道"具体表现在祭孔的庙宇增加了，并提高了祭孔的规格，以获得广大汉人士大夫的认同与支持。譬如将文庙、崇圣祠、大成殿、先师庙、传心殿、帝王庙纳入国家祀典，用铜爵等祭器代表承继宋明以来的道统。

第三，将民间祭礼纳入国家祭礼。罗友枝特别举例黑龙潭。[②] 乾隆帝常亲自到黑龙潭祈雨，如乾隆七年三月"上诣黑龙潭祈雨，祭昭灵沛泽龙王之神"。[③] 韩书瑞（Susan Naquin）认为礼部祭祀龙王庙是因为北京附近水运系统严格管理和建造郊区园林，黑龙潭 1738 年被纳入祭祀，玉泉山 1751 年被纳入祭祀，同时这两处也是祈雨的重要场所。[④] 先医庙、太岁坛、文昌庙、关帝庙、都城隍庙、内城隍庙、永佑庙、天下第一泉龙王庙、昭灵沛泽龙王庙也都使用铜爵等祭器，其目的是统一国家祀典中祭器的款式。

雍正四年建造内城隍庙，雍正九年建造永佑庙，都是为了祭祀城隍。雍正十年总管内务府奏："每年祭西安门内新建成永佑庙一事，均照每年秋季紫禁城内城隍庙之例，供献笾、豆，赞礼郎读文致祭一次。万寿圣节依礼供献酒、水果，赞礼郎读文致祭一次。"[⑤] 这份档案提及雍正时祭城隍庙用笾、豆祭器，于每年皇帝生日及秋季与都城隍庙同日致祭，祭品同。雍正帝

---

① 罗友枝：《清代宫廷社会史》，第 258 页。

② 罗友枝：《清代宫廷社会史》，第 275 页。

③ 《清实录》第 11 册，第 53 页下。

④ 韩书瑞：《北京：寺庙与城市生活（1400—1900）》，新北：稻香出版社，2014，第 42 页。有关北京文昌庙、关帝庙的研究，参见该书第 41 页。

⑤ 《清宫内务府奏销档》第 6 册，雍正十年七月二十五日，第 45—47 页。

笃信道教，两座庙宇还办理万寿平安道场。至乾隆九年，内城隍庙、永佑庙于八月十三日皇帝生日办道场一日，每日用 15.7 两。乾隆帝又改二处办圣诞各九日，原每日用银各 15.7 两，改为各 8 两。① 这两座城隍庙办皇帝生日活动一直持续到清末。

皇帝、皇后去世后升祔入太庙、奉先殿和寿皇殿里供奉，其神龛宝座供奉金质祭器。以孝贤皇后为例，乾隆十五年升祔太庙，二月工部文开，恭造孝贤皇后升祔太庙供用金盆、金壶等项取头等赤金 3.22 两。四月，内务府大臣海望等奏准，遵旨恭修太庙供奉神龛并孝贤皇后神龛，取头等赤金 1083.88 两。五月，工部文开，孝贤皇后神牌升祔奉先殿恭造金匙箸并镀金黄铜五供等项，取头等赤金 14.52 两。② 乾隆十五年掌仪司郎中查拉等文开，奏准寿皇殿供奉圣容做金匙箸 11 份，用三等赤金 77 两。③ 以上共用赤金 1178.62 两。

康熙朝《御制清文鉴》记载祭器的种类不多，如香碟（hiyan fila④）、香炉（hiyan dabukū）。⑤ 乾隆三十八年纂修的《御制增订清文鉴》则增加了簠（fisitun）、簋（handutun）、登（samaran）、铏（tomoron）、豆（moositun）等。⑥ 器物的用途亦按照《皇朝礼器图式》的图说，说明了清朝统治者的汉化倾向。

① 《清宫内务府奏销档》第 30 册，乾隆九年四月初二、初三日，第 408、431 页。

② 《乾隆朝内务府银库用项月折档》，乾隆十五年二月一日起至三十日，乾隆十五年四月一日起至廿九日，乾隆十五年五月一日起至三十日。

③ 《乾隆朝内务府银库用项月折档》，乾隆十五年六月一日起至二十九日。

④ 满文发音，下同。

⑤ 阿尔泰语研究所编《御制清文鉴》，大邱：晓星女子大学出版部，1978，第 87—88 页。

⑥ 《御制增订清文鉴》第 232 册，台北：台湾商务印书馆，1983，第 194 页。

三 满洲本位的金属祭器

《钦定满洲祭神祭天典礼》于乾隆十二年以满文编写而成，四十二年专为收入《四库全书》而改译为汉文。乾隆帝编此书目的在宣扬满洲传统，特别是宣扬满洲仪式及其淳朴的特点。[①]《钦定满洲祭神祭天典礼》第6册为祭器图说，譬如坤宁宫祭器有银匙、银箸、银盘、银托碟、银杯、银碟、银碗、铜勺、茶桶等。[②]这些用词来自康熙《御制清文鉴》，如匙（saifi）、箸（sabka）、盘（alikū）、托碟（taili）、杯（coman）、碟（fila）、碗（moro）、马勺（maša）、茶桶（dongmo）。[③]清初陵寝以金祭器多，是因膳食的使用者去世后，其生前的膳具直接被搬到陵寝当祭器用。《钦定满洲祭神祭天典礼》的特点是祭器以银、铜器居多。乾隆帝标榜满洲"淳朴"风气，遂改革祖先使用的祭器。除了帝后仍使用金器，其他贵妃以下至嬷嬷改为镀金、铜器、瓷器等符合生前身份的祭器。本节最后还将讨论满洲习俗的祭器是为了供奉东北的苏子、奶油、山葡萄等特产。乾隆帝以祭祀来展现满洲本位和风俗。

从膳具到祭器

清初把膳具作为祭器来源有许多证据。第一份档案系康熙五十七年内务府奏为修复昭陵祭祀器皿折。据昭陵掌关防官董

①　叶高树译注《满文〈钦定满洲祭神祭天典礼〉译注》，第15—16页。
②　叶高树译注《满文〈钦定满洲祭神祭天典礼〉译注》，第459—465页。
③　《御制清文鉴》，第399—400页。

奎邦等呈文称："我陵之饭房所用中等金碗二只、中等碟四个、大银盆一个、大碗一只、大盘一个、三等碟二个、中等碟九个、马勺一只，茶房规定放置绿松石珊瑚金茶桶一个，设案房所用中等银碗一只、大木方盘一个、盘子二十七个、中等碟十五个，此等器皿俱因年久，破烂不堪。相应将现存于我陵不用之纯金碗底一只、定放绿松石珊瑚碗底二只、小碗二只、银钱碟十九个、小撇碗五只、马勺二只、大瓶一只，请将此一并交该处，已毁者照原样增补复修，用后所余金银仍贮之，器皿内复有破烂不堪者，再增补修复可也等情。"① 这份档案中提到的银盆、茶桶、碗、盘、碟、马勺等，与乾隆二年制作膳具相当一致。皇帝、皇后膳具：金方、金盘、金碟、金碗、金匙、金三镶牙箸、银折盂（盆）、银盖碗、银马勺、金茶桶、银罐、金瓶、刀子等。②

　　第二份档案是康熙帝于六十一年十一月十三日去世，雍正帝命人在四月、八月将祭器带去景陵，有些是残缺不全或有脚无盖的金器，似乎不是新做的。乾隆二年，总管内务府大臣奏称："圣祖仁皇帝、孝恭仁皇后茶膳房等处分例金银器皿内，除送往景陵祭祀留用外，由景陵发回金瓶、执壶等项金银器皿及茶膳房交库无用金银器皿，俱径奏准镕化归库在案，其茶膳房等处应留备用者收贮备用。"③ 可见景陵的祭器来自康熙帝、孝恭仁皇后生前所用金银器皿。这批祭器有些

---

① 中国第一历史档案馆编《康熙朝满文朱批奏折全译》，中国社会科学出版社，1996，第 1277 页。
② 《清宫内务府奏销档》第 19 册，乾隆二年十一月初七日，第 213—224 页。
③ 《清宫内务府奏销档》第 19 册，乾隆二年十一月十三日，第 268 页。

残缺或不太光亮，或许是明代帝王留下来的。[①] 送往景陵的
金器重量达 7734.85 两，有些膳具不适合当祭器，譬如大小盘
子和供桌尺寸不合，雍正元年十月便有一批祭器被送回北京，
其中金器有 2108.7 两，连带将顺治帝孝陵不用的祭器也一并
送回。

　　第三份档案为乾隆元年，皇帝又发现景陵有些祭器用不
上。总理事务和硕庄亲王等会奏，查得雍正元年自京带来金
银器皿内留下圣祖仁皇帝周年祭祀时增用之金瓮 3 个、盘 2
个、有节壶 2 个、小撇碗 10 个、口收拢底深小碗 20 个、酒
盅托碟 10 套、茶碗托碟 1 个、勺 1 个、平常小碟 10 个、小
撇碗 2 个、珊瑚金杓 2 个、嵌珍珠珊瑚金茶桶 1 个，共 75 件，
重 2071.3 两，其中 130 两盘子 1 个、126 两盘子 1 个，除节
壶 2 个留下，于每月初一、十五日祭祀和大祭使用外，其余
金器 71 件，重 1613.3 两。再，银镀金碗盖 2 个、平常小碟
盖 10 个，重 81.7 两。前项器皿俱无用处，送回京城交内务
府总管。[②] 这份档案说明雍正帝收回不适合的祭器，又做一
批新的，祭器使用金茶桶、金勺、碗盘，类似《钦定满洲祭
神祭天典礼》的祭器。

　　总之，雍正帝和乾隆帝收回孝陵、景陵金质祭器共金
4027.5 两（表 9-5）。

---

① 关于明代皇室的膳食膳具，参见邱仲麟《皇帝的餐桌：明代的宫膳制度
　及其相关问题》，《台大历史学报》第 34 期，2004 年。
② 《清宫内务府奏销档》第 14 册，乾隆元年七月初三日，第 343—353 页。
　此份档案系满文档案，承蒙王健美女士协助翻译，特此致谢！

表 9-5　收回孝陵、景陵祭祀用器皿数量

类型	金器（两）	数量（件）	镶嵌金器（两）	数量（件）	银镀金器（两）	数量（件）	银器（两）	数量（件）
景陵的祭器								
雍正二年送往	7734.85	390	306.1	7	367.9	74	831.7	58
留用	5626.15	258	269.5	5	234.4	35		
收回不用	2128.7	132	36.6	2	133.5	39	831.7	58
乾隆元年不用	1613.3	71			81.7	10		
孝陵的祭器								
不用*	15.5	1					291.4	27
不用*	270	6			4.5	1	154	9

＊档案未记载具体时间。

资料来源：中国第一历史档案馆译编《雍正朝满文朱批奏折全译》，黄山书社，1998，第410—411页。

　　泰陵位于易县，是雍正帝的陵墓，建于雍正七年。雍正帝去世后，乾隆帝依样将雍正帝生前用的金银器当祭器，可惜祭器数量不清楚。乾隆四年五月，总管内务府大臣奏请，将内务府总管盛安送到泰陵祭祀用金银器皿交广储司熔化。又按往例该份档案有雍正帝和妃子的祭器数量，但没有写明重量。总管内务府大臣奏，据泰陵内务府总管盛安咨称，查祭祀泰陵、妃衙门，乾隆元年十月员外郎马尔泰等陆续送到金银器等，照例留下初一、十五日祭和四季大祭时在陵寝祭奠茶饭、饽饽桌上用。这份档案记载了泰陵帝后使用的金银器数量。就金器来说，康熙帝的景陵祭器件数比雍正帝的泰陵多，银镀金和银器则泰陵多于景陵（表9-6）。乾隆四年如

往例将金银祭器收回京城，共收回泰陵金 2349.6 两、皇太子（永琏，赠谥端慧皇太子）陵金 1689 两。内务府总管盛安携回泰陵不用银器 31 件，重 373.35 两，银五供 3 份，重 1622.8 两，镀金铜器 2 件，镶金云图桌 2 张，常宴桌 1 张。此内金镜碗 8 个、钟 4 件，共重 160.4 两，熔化改造。泰陵供瓜所用中 40 两大金盘 1 个，妃园寝所用 99.4 两金凤凰折盂 1 个，重 21 两，金马勺 1 个（表 9-7）。

表 9-6 泰陵使用的金银器数量

单位：件

	金器	银镀金	银器	其他
雍正帝的祭器	308	86	180	金镶象牙箸 6 双、金叉 2 件、金云圆桌 2 张、酒桌 2 张、班桌 1 张、茶桌 1 张
妃子的祭器	224	43	78	金镶象牙箸 6 双、金叉 2 件、金云酒桌 2 张、茶桌 1 张

资料来源：《清宫内务府奏销档》第 20 册，乾隆四年五月十一日，第 365—367 页。

表 9-7 乾隆四年收回京城的金银数量和重量

单位：件，两

	金器数量	金器重量	镀金器数量	镀金器重量	银器数量	银器重量
雍正帝	24	2349.6	41	395	31	1998.15
皇太子	60	1689	40	391.65	31	1998.15

资料来源：《清宫内务府奏销档》第 20 册，乾隆四年五月十一日，第 365—367 页。

乾隆三十七年自东西陵及盛京三陵收回大量金银器，其中金器的数量远远超过康熙六十一年内务府银库金子的藏量，要说满洲旧俗淳朴，这种藏富于陵寝的风俗让人觉得矛盾。[1] 总管内务府大臣奏，东西陵祭器内金器 1501 件改换镀银金，银器 1845 件改换铜器。换回之金银器皿，经大臣等磨验确实另行奏明熔化贮库。其换回的金器、银器，并素无用项之金器 40 件、镀金银器 7 件、银器 288 件、铜器 905 件。[2] 这份奏折详列金子的成色，二等金、三等金和九成金的比例高，占 66.35%。换言之，东西陵的祭器有 2/3 的金子是九成金以上，而八成以下至五成以上的色金约占 1/3，是因墓主有妃子、乾隆帝生母崇庆皇太后之故。

不过，祭器通常有镶嵌和铜梁箍环等配饰，又金子熔化会有折耗。按照造办处的定例，金每两伤折 2.6 毫，银每两伤折 3.4 毫，因此，三十八年熔化后的重量有所变化（表 9–8）。

表 9–8　东陵金祭器成色与重量

	乾隆三十七年金器重量			乾隆三十八年熔化后的重量
成色	数量（件）	重量（两）	折足金	重量（两）
二等金	1	73.7	0.97	60.24
三等金	818	15542.07	0.95	13568.67
九成金	285	5227.47	0.9	3698.86
八成金	155	3314.31	0.8	3664.61
七成金	170	3079.2	0.7	4466.74
六成金	106	1707.35	0.6	2756.93

① 赖惠敏、苏德征：《乾隆朝宫廷镀金的材料与工艺技术》，《故宫学术季刊》第 35 卷第 3 期，2018 年。康熙六十一年内务府银库存赤金 3041.47 两、淡金 20161.49 两。
② 《清宫内务府奏销档》第 98 册，乾隆三十七年十一月初三日，第 399—403 页。

乾隆三十七年金器重量				乾隆三十八年熔化后的重量
成色	数量（件）	重量（两）	折足金	重量（两）
五成金	6	48.65	0.5	1081.37
共计	1541	28992.75		29303.42
镀金银器	7	34.1		
银器	2133	31955.84		29991.67
铜器	905	1751 斤 2 两		

资料来源：《清宫内务府奏销档》第98册，乾隆三十七年十一月初三日，第399—403页。

　　总管内务府大臣奏，东西陵换回金器换算成纯金，共25396.8两。皇帝遂派内务府郎中福克精额、员外郎双福办理熔化贮库。据该员等禀称，将金器内按等按成每样检出数件，共29件，除嵌石、铜梁箍环等项重25.57两外，实重1420.06两，下火试熔共化成金31条，重1412.6两，较原重伤折7.46两，其成色亦微有降低。总管内务府大臣等详细查核，此项金器均系已成器皿，与净金不同，"其成造时底足边沿均须焊药粘连，一经下火，成色分两不无低减；且盛贮各样器品年久，下火后亦于分两微有伤折。查造办处定例，金器下火刮磨，每两例应折耗八厘，今按其所化分两核计，每两折耗五厘二五，系其余未经镕化金器，尚有一千五百余件，重二万七千余两，将来次第镕化，均不免稍有耗折，统俟镕化完竣，臣等将逐次折耗数目，另行确查具奏"。[①] 此金器用焊药粘连，代表铸造时非一体成形，开模后还要组装。

---

① 《清宫内务府奏销档》第100册，乾隆三十八年二月初五日，第236—242页。

又，礼部奏准将和亲王（弘昼）金宝一颗重 206.4 两，定亲王（永璜）金宝一颗重 237 两，请交总管内务府照例办理，并交熔化金银器皿官员一并熔化贮库。所有应行熔化金器内，昭西陵金里木碗一个重 5.1 两，业经奏明，仍照常供奉，毋庸熔化。并金器上镶嵌珠石、铜环、箍梁、牙箸重 120.09 两。所有金银器实重 29310.96 两，折耗金 7.54 两；银器 30001.99 两，折耗银 10.32 两。金每两伤折 2.6 毫，银每两伤折 3.4 毫，并将化得金银分两、成色详细磨验弹兑，俱与该员等所报无异。[①] 最后化得足金共 24533.89 两。

盛京三陵是永陵、福陵、昭陵。这三陵及贵妃园寝金器 137 件，共重 2295.62 两，另有金镶箸 21 双。[②] 在乾隆三十七年改为银镀金或铜器，才用银 2295.62 两，以及镀金的头等赤金 48 两，雇觅民匠用大制钱 138307 文。[③]

按照等级制造祭器

瞿同祖认为祭器、祭品皆以多为贵，清朝制度却是以金的成色高低来区分等级，须符合生前的身份。譬如"皇太后、皇后金宝均用三等赤金，皇贵妃金宝用六成金，妃金印用五成金，亲王金宝用五成金，世子金宝用四成金"。[④] 在祭器方面，乾隆

---

① 《清宫内务府奏销档》第 101 册，乾隆三十八年四月二十七日，第 352—359 页。至铜器 1751 斤，亦应熔化，但查铸炉处那时需用铜斤，与其糜费工值倾熔贮库，莫若即将此项铜器并拆下铜环、箍梁，均交该处，遇有成做活计之时，随时熔化铸造，更为简便。
② 《清宫内务府奏销档》第 98 册，乾隆三十七年十月二十四日，第 210—211 页。
③ 《乾隆朝内务府银库用项月折档》，乾隆三十八年二月一日起至三十日。
④ 《大清会典事例（嘉庆朝）》卷 257，第 6a 页。

三十三年，银库郎中七十一等呈开，成造祭祀惇怡皇贵妃所用六成色淡金祭器 1 份，用六成色淡金 231.6 两、银 907 两；祭器合对六成色淡金，用银 5.83 两。[①] 这份档案更说明皇贵妃用六成金，与往生后的祭器成色一致。这制度到乾隆三十六年就变了，原来使用色金的改为银镀金，使用银的改用铜、瓷不等。

乾隆三十六年换造东西陵祭器，改换镀金银器 1409 件，应改换铜器 1900 件，定安亲王等的园寝添造铜器 374 件。[②] 总管内务府奏准，换造东西陵祭器大小碗 243 个、碗座 23 件、盘 793 件、耳碗 3 件、碟 91 件、大小方 26 件、茶桶 8 件、节壶 13 把、凤奠池 5 件、素奠池 8 件、勺 23 件、匙 42 件、牙箸 40 双、碗里 1 件、爵 69 件、钟碟 6 份、桌子包角叶 9 份，银镀金用金 614.29 两、银 22457.5 两，按例每两折耗厘，折耗银 179.66 两，共用银 22637.16 两。[③] 从这份档案可观察到除了"爵"与儒家系列的祭器有关，其他都按照《钦定满洲祭神祭天典礼》使用器皿，可见乾隆帝严守满洲本位的政策。再者，乾隆年间金和银的兑换比例约 1∶11，因此获得足金 24533.89 两，制作新祭器才用银 22637.16 两，省了十余倍的材料费。

盛京三陵的金器、金镶箸等被替换成银镀金，按照贵妃、妃、王、贝勒、公主不同等级使用器皿（表 9-9）。原来盛京三

---

① 《乾隆朝内务府银库用项月折档》，乾隆三十三年十一月一日起至三十日。惇怡皇贵妃，瓜尔佳氏，事圣祖为和妃，世宗尊为皇考贵妃，高宗尊为皇祖温惠皇贵太妃。乾隆三十三年薨，年八十六，谥曰惇怡皇贵妃，葬景陵侧皇贵妃园寝。赵尔巽等：《清史稿》，第 8912 页。

② 《清宫内务府奏销档》第 91 册，乾隆三十六年五月初八日，第 163—168 页。

③ 《乾隆朝内务府银库用项月折档》，乾隆三十六年五月一日起至二十九日。

陵金器重 2304.54 两，银器重 1136.45 两，换成镀金、铜器、瓷器，只需用金 48 两、银 2229.91 两、铜约 69 斤，在材料上节省很多。

表 9-9　盛京三陵各等级人员之祭器

	原来园寝之金银器	数量	重量	改制后
永陵、福陵、昭陵及贵妃园寝	金器	137 件	2295.62 两	改为银镀金，共用银 2229.91 两
	金镶箸	21 双		改为镀金，用头等镀金 48 两
寿康太妃、苏妃园寝	金器	3 件	4.9 两	
	金镶箸	5 双		改为铜器
	银器	7 件	197.31 两	
王贝勒坟	银器	10 件	73 两	改为铜器
	银镶箸	2 双		
妈妈坟	银器	8 件	85.8 两	改为铜器
公主坟	金器	3 件	7.2 两	
	金镶箸	1 双		改为瓷器
	金束小刀	1 把		
	银器	59 件	780.34 两	

资料来源:《清宫内务府奏销档》第 98 册，乾隆三十七年十月二十四日，第 210—211 页。

　　乾隆帝制定了皇帝陵寝的祭器数量和规格。当他去世后，嘉庆帝减少了乾隆帝裕陵金银器的数量。嘉庆四年，银库郎中三义助等呈开:"据工部咨取恭造高宗纯皇帝神牌升祔三坛神位前应添祭器，又据派出成造祭器官员等咨取恭造裕陵添设祭器等，照例动用头等赤金七成色金加银合兑，用头等赤金六百二十两。"① 乾隆帝升祔祭器和裕陵祭器总共才 620 两，与其生前所用六千多两的赤金不可同日而语。

嘉庆帝以节俭著称，孝淑皇后的祭器仅用金 249.88 两。嘉庆八年，暂署坐办堂郎中事务六库郎中伊昌阿等呈开，办理孝淑皇后陵寝供奉镀金银祭器 115 件、银祭器 12 件，连折耗用银 2197.04 两。② 又，金银祭器镶嵌用碎小珊瑚 5 两。③ 另供奉八成色金祭器 2 件，连折耗用八成色金 130.13 两。又镀饰银祭器 115 件，用九成色金 119.75 两。④ 乾隆帝的婉贵妃去世时，只能用银祭器。嘉庆十二年，郎中长申呈开成造婉贵太妃园寝应用银祭器 78 件，用银 996.91 两。⑤

光绪二十七年，八国联军侵华，盛京三陵和东西陵的金银祭器被抢，遂改用木器，非木质所能制造者酌改锡质，以便能在中元大祭时使用。制作祭器的经费原应由广恩库存款拨给，此项存款原属无多，迨被洋兵移取已属荡然，故由直隶附近州县拨银 2500 两成做祭器。⑥

① 《嘉庆朝内务府银库用项月折档》，中国第一历史档案馆藏，嘉庆四年七月初一日起至三十日。

② 《嘉庆朝内务府银库用项月折档》，嘉庆八年十一月初一日起至三十日。

③ 《嘉庆朝内务府银库用项月折档》，嘉庆八年十一月初一日起至三十日。

④ 《嘉庆朝内务府银库用项月折档》，嘉庆八年十一月，第 132 页。孝淑睿皇后，喜塔腊氏，副都统、内务府总管和尔经额女。仁宗为皇子，乾隆三十九年，高宗册后为嫡福晋。四十七年八月甲戌，宣宗生。仁宗受禅，册为皇后。嘉庆二年二月戊寅崩，谥曰孝淑皇后，葬太平峪。赵尔巽等：《清史稿》，第 8920 页。

⑤ 《嘉庆朝内务府银库用项月折档》，嘉庆十二年十一月初一日起至三十日。婉贵太妃，陈氏，事高宗潜邸，乾隆间自贵人累晋婉妃，嘉庆间尊为婉贵太妃，寿康宫位居首。赵尔巽等：《清史稿》，第 8919 页。

⑥ 《军机处档折件》，光绪二十七年七月三十日，档案号：143290。

满洲旧俗的祭品

乾隆帝曾因怡亲王弘晓不佩小刀，而引清太宗之圣训曰："今宗室之子弟，食肉不能自割，行走不佩箭袋，有失满洲旧俗。"[①] 为了维持满洲旧俗，陵寝的祭器中有铜束刀子。此外，宫廷饮食习惯也影响祭器的茶桶款式。清宫里的早点还保留东北人的习惯，喝奶子要兑茶，叫奶茶，皇帝进膳饮奶茶。[②] 康熙年间定，太皇太后、皇太后用乳牛各 24 头，皇帝、皇后共用乳牛 100 头，皇贵妃用乳牛 7 头，贵妃用乳牛 6 头，妃用乳牛 5 头，嫔用乳牛 4 头，贵人用乳牛 2 头。每头乳牛取乳 2 斤，交送尚茶房。[③] 清宫用牛奶制作奶油、奶饼，因此祭器中有装奶油的大瓶。光绪三十二年，署四品官夏景文呈请："本年三月十三日清明节永陵大祭，装奶油大瓶等物，缮单领发价银前来。"[④] 同治三年，永陵大祭，祭品清单内开麦子 8 斤石、苏子 4 斤石、蜂蜜 320 斤、奶油 120 斤、抹锅奶油 3 斤、饽饽房用奶油 24 斤、炒细鳞鱼奶油 14 斤、白糖 64 斤、山葡萄 16 升、枸杞 16 升、饭房用奶油 14 斤、芝麻 21 升等。[⑤] 祭用取乳奶牛，并羯羊奶油、奶饼及羊毛各差。光绪三十年冬至，关外三陵大祭，应用乳牛 100 头、牛犊 100 头，备齐挤奶应用，俟祭毕后

---

① 《清实录》第 11 册，第 595 页上。

② 赖惠敏：《苏州的东洋货与市民生活（1736—1795）》，《中央研究院近代史研究所集刊》第 63 期，2009 年。

③ 《大清会典事例（光绪朝）》卷 1209，第 15 页。

④ 杨丰陌等主编《盛京皇宫和关外三陵档案》，辽宁民族出版社，2003，第 290 页。

⑤ 杨丰陌等主编《盛京皇宫和关外三陵档案》，第 243 页。

赶回养息牧群。[1]

再者，清宫流行饮茶，特别在万寿节、元旦、冬至三大节日举行筵宴时，有皇帝赐奶茶的礼仪。在各类祭祀活动中，也会有进献奶茶之举。依《光禄寺则例》，按逝者身份用银奶桶、铜奶桶等。[2]乾隆八年档册内载，由盛京礼部来咨内开原奏添设供茶应需茶桶、茶碗等项器皿，交盛京工部照依福、昭二陵供茶器皿等项式样成造一份送至应用。[3]

四　成做金属祭器的技术

金属有坚固耐用、表面易改质及可回收等优点，这些让金属制造与工艺设计在《皇朝礼器图式》中有重要地位。金属制造工艺概括而言，就是将原物料依照设计，通过各类成形方法制成工件的过程。通常经过精炼、合金配料或提炼废金属所得的金属毛坯，可应不同的金属工件需求进行铸造或锻造成形。金属铸造为将金属再度升温至液态，并浇灌至中空腔内让金属冷却凝固而成形出所需三维结构的制程。例如失蜡铸造是利用蜡可塑性极高的特性，做成高精度的蜡模，并在蜡模上多涂几层泥浆，加热将蜡熔失以留下坚固的外范，再将液态金属倒入蜡熔失后形成的中空腔内。失蜡铸造的蜡模，其形状皆应等同于最后的成形金属件，外范在金属铸成后会被毁去。

乾隆时期，铜作仍以失蜡法为制作艺术铸件的主要方

---

① 杨丰陌等主编《盛京皇宫和关外三陵档案》，第310—312页。

② 万秀锋等：《清代贡茶研究》，第187页。

③ 杨丰陌等主编《盛京皇宫和关外三陵档案》，第285—286页。

式。为了大量制造金属器，所使用的蜡样制作方式属于"剥蜡法"。[1] 本节以《清代匠作则例》讨论祭器成做方式及所使用的工匠数量（表9-10）。其中，从"画花纹式样"至"铸火"属于失蜡法的范畴；"粗锉"至"雕刊年号"则属于"物理性表面修饰"；"烧宣铜秋葵古色"为化学性表面处理，属于当时具重要性的"烧古"制程。乾隆十四年，允禄奏称办造各坛庙祭器2194件，原估工价25650两，实用工料物价16863.16两，剩余8789.39两，用铜27601斤。[2] 每件祭器用铜约12.58斤，应为铸造后除去辅助浇道，以及精雕细琢产生的约为铜器物本身两倍重量的铜废料之后的用铜量。

表9-10　清代各种祭器的工匠配置

单位：工

活计	匠役	爵	凳	铜	簠	簋	豆
画花纹式样1件	铜匠	5	5	5	5	5	5
雕梨木花纹板模子1副	雕銮匠	20	35	50	55	45	35
外做粗细泥模子制版	铜匠	1.5	2.5	3	3	3	2.5
拨蜡对花纹	拨蜡匠	1.5	2.5	3	3	3	2.5
上泥四次出蜡烧窑	铜匠	1.5	2.5	3	3	3	2.5
铸火	铸铜匠	0.5	0.5	0.5	1	1	1
粗锉	锉铜匠	2	3	3	6	6	3
凿錾花纹	凿花匠	16	40	35	36	33	22
细锉花纹	凿花匠	4	13	12	26	24	22
镟里合口	铜匠		6	7	8	9	

---

① 华觉明：《中国古代金属技术：铜和铁造就的文明》，第536—550页。
② 《内务府来文》，乾隆十四年四月初四日，档案号：05-0099-017。

续表

活计	匠役	爵	凳	铏	簠	簋	豆
雕刊年号	镟铜匠	2	2	2	2	2	2
烧宣铜秋葵古色	烧古铜匠	12	19	22	24	24	22

资料来源：王世襄主编《清代匠作则例》第 1 册，第 1187—1191 页。

失蜡法成做祭器

失蜡法在现代工业被称为熔模铸造，属于精密铸造工艺中最早发展出来的制程，可追溯到六千年前的印度河流域文明。华觉明认为熔模铸造在中国发展数千年，已衍生出数种不同的称呼，最常见的有"失蜡""出蜡""拨蜡""剥蜡"等。其中，"失""出"是指铸型制成后化去蜡模以得到可供浇铸的型腔；"拨""剥"则是指蜡模的制作方法，单件器物采用拨蜡法，大批量的采用剥蜡法。[1]

《皇朝礼器图式》已将祭器样式、材料、装饰等做详细的规范，供铜匠"画花纹式样"。乾隆帝屡次在工匠进行铸造前严格检验木样，[2] 其要求之细腻可以由"雕梨木花纹板模子"步骤的高工本反映出来。"外做粗细泥模子制版"和"拨蜡对花纹"虽然看似耗工较少，却是失蜡熔模铸造能否成功的关键步骤，因为蜡样形状的精确度会影响最后铜铸坯的成形。清朝失蜡法制蜡样由少量到大量已发展出"拨蜡""捏蜡""剥蜡""批量制

---

[1]　华觉明：《中国古代金属技术：铜和铁造就的文明》，第 536—537 页。

[2]　张丽：《清宫铜器制造考——以雍、乾二朝为例》，《故宫博物院院刊》2013 年第 5 期。

蜡"四种方法。[①] 拨蜡与捏蜡相似，先将蜡料擀成蜡片，然后贴附在芯上。由于蜡料低温即可软化，在体温下稍加应力便可变形，可以用手"捏"成形和修整，细部纹路则用习称"砑子"的紫檀木或红木工具"拨"塑造。"剥蜡"出现在清朝中期之后，是著名的苏州仿古铜器工艺，将熔蜡放在上述刻好的木板上，复制木板上的纹路，稍微冷却后将蜡从木板上剥下，贴在泥芯上，故又称"贴蜡"。"批量制蜡"则是直接做出一个永久可大量复制的蜡样，原理与现代包覆铸造工艺一致。

梨木花纹板是苏州仿古铜器剥蜡法的拓片（俗称"苏州片"）。[②] 一般而言被擀为蜡片的蜡料可直接在此"梨木花纹板"上压制成型，但清宫可能在制作蜡模内泥芯时，同时在泥芯表面拓上纹样，是为"外做粗细泥模子制版"。此处"粗细泥模子"应该是木质纹版翻制铜质纹版用的。蜡模内泥芯乃做蜡样的前置作业，包含制作芯骨（俗称"立胎丝"）、捏泥丝等工艺，作用主要是支撑蜡样的整体结构，补偿金属铸液凝固过程产生的体积收缩，并在铸造时提供还原空气以防止金属液氧化。

在造办处档案中，熔模（失蜡）铸造被称为"拨蜡"，包含制作祭器的"剥蜡法"，也用于制作宝玺。由于蜡料易受本身温度、外界温度与湿度的影响，实验说明在"拨蜡对花纹"这个步骤，最适合蜡料的温度为 40℃，室内温度需为 18℃—26℃，相对湿度则应保持在 40%—70%，且擀蜡、剥蜡、切蜡

---

① 华觉明:《中国古代金属技术：铜和铁造就的文明》，第 536—537 页；W. R. Zhou, W. Huang, "Lost-Wax Casting in Ancient China: New Discussion on Old Debates," *JOM* 67(2015), pp. 1629–1636。

② 华觉明等编著《金属采冶和加工技艺》，大象出版社，2008，第 116—118 页；王汉卿:《论"苏州片"失蜡铸造工艺的特色及其价值》，《东南文化》2016 年第 5 期。

和贴蜡（于泥芯上）要在 2 分钟之内完成，因此"拨蜡匠"必须有丰富的实践经验和熟练的贴蜡技术。[①]

从表 9–10 可看出，錾花匠的配置人数非常多，这是因为乾隆帝高度重视祭器表面的纹路。其中，"錾錾"工具大多尖锐，利于在硬质表面刻出纹路，而"锉刀"表面较为粗糙，有细部研磨功能。当完成祭器外部纹样后，铜匠即将器物内部用镟床修饰，是为表 9–10 的"镟里合口"。镟床是由踏板控制木转轴的机械装置，工匠能将金属胎靠在轮上以增加器物的精度及表面光洁度，形成表面平滑且具有弧度的典雅祭器，或是对表面雕刻纹饰复杂的铜器进行部分磨平处理。

祭器烧古

铸炉处铸造器物，除了使用净铜，亦利用熔化旧铜器来做新的器物。废铜料成做器物孔隙大、表面不够平滑，必须经过烧古的工夫。造办处大臣舒文奏："杵头铜斤俱系杂项铜斤，渣釉淘澄，铅性过重，难以镀金，拟请烧古。"[②]乾隆帝也认为烧古可对新铜器做特殊的表面处理，可以达到"仿古"的效果，使铜器看起来厚重、朴实，进而增加其价值。明代高濂的《遵生八笺》提到仿古器物烧古的处理，譬如将硇砂、胆矾、寒水石、硼砂、金丝矾磨成细末，以盐水蘸刷三两次，过一二日洗去，干又洗之。然后是掘一个地坑，以炭火烧红，将酽醋泼坑中，放铜器入内，加土覆实。窖藏三日后生各色古斑，用蜡

---

① 王汉卿：《论"苏州片"失蜡铸造工艺的特色及其价值》，《东南文化》2016 年第 5 期。

② 《清宫内务府造办处档案总汇》第 42 册，乾隆四十四年十月《铸炉处》，第 738—739 页。

擦之。①

清宫烧古技术有烧堂梨古色、烧青碌古色、烧柳青古色、烧宣铜秋葵古色等。《清代匠作则例》记载每见方一尺，用材料和工匠如表9-11。

表9-11　烧古色材料与人员配置

材料	烧堂梨古色	烧青碌古色	烧柳青古色	烧宣铜秋葵古色
石卤	1.5 钱	1 钱	1 钱	3.5 两
盐卤	1.5 钱	1 钱	1 钱	
西碌	1 钱	1 钱	1 钱	2 钱
蜡	白蜡 1 钱	黄蜡 5 钱	白蜡 1 钱	
胆矾	1.5 钱	1.5 钱	1.5 钱	
磨炭	5 钱	5 钱	5 钱	2 两
磨石	2 两	2 两	2 两	4 两
黑炭	2 斤	2 斤	2 斤	2 斤
烧古匠	2 工	2 工	2 工	2 工

资料来源：王世襄主编《清代匠作则例》第2册，第589页。

铸炉处官员呈报，烧古须用到西碌、胆矾、硇砂等药品。西碌是碳酸铜，或称铜绿、锡绿、西绿。胆矾中氧化铜约占31.87%，三氧化硫占32.06%，水占36.07%，亦即"含水硫酸铜"。盐卤（又称卤盐）则是海水制盐后残留于盐池内的母液蒸发冷却后析出的氯化镁结晶形成的卤块。硇砂是氯化铵的天然物，为火山喷发时升华的凝结物，白色结晶状，底层为致密

---

① 高濂：《遵生八笺（重订全本）》，王大淳校点，巴蜀书社，1992，第520—521页。

纤维状，上层呈乳状突起。^① 表 9–11 烧宣铜秋葵古色每见方一尺用到了石卤（硇砂）3.5 两、西磠 2 钱、磨炭 2 两、磨石 4 两、黑炭 2 斤等物料。可见烧古制程为了配置涂覆于表面的化学液，以及用黄土发酵法徐徐煨烧铜器重复数次，耗费黑炭甚多。总之，这"烧宣铜秋葵古色"的步骤既需要仿造古铜器多年腐蚀的颜色，又要保留凿花匠刻的精细花纹，故用工量大，近似于"细锉花纹"之步骤。

梅洗见新处理

抛光后的光亮金属工件在大气中容易氧化、硫化及被腐蚀。为了保持外观的质感，需要对金属的化学表面进行清洁与脱氧化皮。除了搭配基本的研磨抛光，还须梅洗炸色，即用泡过梅子的水来浸煮银器，使其发亮。这是由于梅子水的酸性能去掉其略为粗糙的表面。

梅炸金银器皿的工艺与配方在康熙年间已有记载。康熙三十四年六月，梅炸金银器皿用卤 4 斤、矾 4 斤、火硝 19 斤。^②上述配方记载之"矾"与烧古处理用矾皆有清洗表面杂质的功能，而火硝的学名为硝酸钾，有焰火、黑色火药、酸洗等化学用途。金胎或银胎所用的配方不同：炸做金爵匙箸共 22.9 两，每两炸用白炭 2 斤，乌梅 7 两，黑矾 5 分，白矾、盐碱、火硝各 7 分，每 15 两用西纸 1 张；银器则是每百两烧梅用白炭 4.8

---

① 关于硇砂，参见李约瑟《中国科学技术史》第 5 卷，香港：中华书局，1978，第 410—415 页；赵匡华、周嘉华《中国科学技术史：化学卷》，科学出版社，1998。

② 《清代内阁大库散佚档案选编》上册，第 224 页。

斤、乌梅 1 斤。[①] 另外，嘉庆十二年九月，为进行十一月的婉太贵妃金棺奉移纯惠皇贵妃园寝祭祀之事，用银器 78 件，计重 989 两，所需用梅洗物料白炭 1800 斤、乌梅 14 斤。[②]

宣统元年，炸洗银器的配方出现了一些变化。永陵掌关防官奏，应领五味子等物价银 1.56 两，盐 100 斤，白丽布 5 庹（一庹为 5 尺），银匠 10 名。[③] 使用五味子应是因为其中的木脂酸能清洁金属表面之故。[④]

焊接工艺

制造金属祭器也需要焊接技术，例如将凸于器壁的器耳焊上主胎，以及祭器用久了局部脱落需要修补等。例如，为了构件焊接牢固，在构件上做"仔口"，在拐角处安"拉扯"。它们都隐藏在构件的背面，在正面是看不到的。[⑤]《天工开物》载："用锡末者为小焊，用响铜末者为大焊（碎铜为末，用饭黏和打，入水洗去饭，铜末具存，不然则撒散）。若焊银器，则用红铜末。"[⑥] 此处记载的"小焊"即软钎焊，最被广泛使用的焊料合金为铅 37%、锡 63%。此焊料熔点低（183℃）、易于操作，而锡比例比铅高也是考虑到强度因素。"大焊"则为硬钎焊，焊料为响铜（铜 80%、锡 20%）合金。《清代匠作则例》

① 《内务府来文》，道光二年十二月二十九日，档案号：05-08-002-000252-0043。
② 《养心殿造办处各作成做活计清档》，嘉庆十二年九月二十三日，中国第一历史档案馆藏（下略），档案号：1，第 495 页。
③ 杨丰陌等主编《盛京皇宫和关外三陵档案》，第 293 页。
④ 谢文聪等：《轻松认识中药》，台中：中国医药大学，2008，第 213—214、249—250 页。
⑤ 王世襄编著《清代匠作则例汇编（佛作、门神作）》，第 232—233 页。
⑥ 宋应星：《天工开物》，第 906—907 页。

载，化兑响铜用红铜八成、高锡二成。^①而基于现代对硬钎焊、软钎焊的分法，"焊银器则用红铜末"也属于硬钎焊工艺。

银铜合金是明清时期硬钎焊工艺常用的焊料配方。康熙朝宫廷有关银铜合金焊料焊接的档案相当多，如康熙十七年銮仪卫奏准咨开，制作红铜大凤凰4只、小凤凰6只，应配焊药银3.53两。^②康熙二十年十月初八日，焊接三鸟枪之铜甲叶、束子等项，带去银四六（音译）药1钱，此项投入银6分，^③银占60%，铜占40%。《镜镜詅痴》载钟表焊："钟表焊药，以银焊为良方。用菜花铜六分、纹银四分，则老嫩恰好。"该书还提及一种含铜、锌、银、锡等近似于黄铜的四元合金配方："铜大焊方，菜花铜一斤（顶高之铜）、白铅半斤、纹银一钱八分，合化铸后人点锡（四钱八分），速搅匀即得。"可见硬钎焊料大多以铜为基，且比镴（铅锡合金，最常见即为铅37%、锡63%）焊牢固得多。^④乾隆三十六年七月一日起至三十日，总管内务府奏准换造陵铜祭器2274件，焊做用四六银焊药58.08两，用银34.85两。^⑤《内务府匠作则例》载，银焊药银占六成，跟康熙朝宫廷用度相关记载同。就现代焊接工艺而言，应记为"四六银焊料"，而前述康熙时期焊接三鸟枪之铜甲叶及乾隆时期用换造陵铜祭器的银铜合金焊料铜占四成，《镜镜詅痴》指出的银铜合金焊料却是铜占六成的银铜合金。两种配方之差异应为焊料流动性、接合机械性能、材料成本等多因素考量下的结果。

---

①　王世襄主编《清代匠作则例》第1册，第819页。

②　《清代内阁大库散佚档案选编》上册，第139页。

③　《清代内阁大库散佚档案选编》上册，第161页。

④　郑复光著，李磊笺注《〈镜镜詅痴〉笺注》，第44页。

⑤　《乾隆朝内务府银库用项月折档》，乾隆三十六年七月一日起至三十日。

乾隆十七年，郎中三达色等文开焊炸金银祭器，其中提到焊接与镀金两项工艺，用的材料见表9–12。其中的硼砂和松香都是钎焊工艺的常见焊药（又称助焊剂），其作用为与焊料内的氧化物等杂质起反应，能进一步去除焊料杂质，增加焊料的润湿度，并在高温下提供还原空气，避免焊料氧化。《本草纲目》曰硼砂出南海，其状甚光莹，亦有极大块者，诸方稀用，可焊金银。[1] 而《圆明园锡作则例》载，滴焊旧锡每缝长一丈用焊锡1两、松香2钱、黑炭8钱；攒焊每尺用焊药8分、硼砂3分。[2] 值得注意的是，硼砂（及西域一带使用的胡桐泪）因为活性和熔点较高，仅适用于硬钎焊，而松香适用于软钎焊、汞剂黏焊等。

除了硼砂与松香等主要焊药，工匠会用弱酸（例如硇砂）或弱碱（例如卤盐、盐胆等卤水物质）去除焊接处的氧化膜，即表9–12中的硇、火硝、黑矾等。这些弱酸、弱碱物质的重要性不低于硼砂或松香，中国历代医药书籍有所记载。例如《本草纲目》记载卤盐、硇砂柔金银（即将金银提纯去杂质）可做焊药；[3] 孙思邈的《千金翼方》认为硇砂味咸，苦，辛，温，有毒，柔金银，可为焊药，出西戎；[4] 以及《证类本草》记载硇砂可为焊药等。[5]

---

① 李时珍：《本草纲目》，人民卫生出版社，1975，第659页。

② 《热河镀银镀金现行则例》，《清代宫苑则例汇编》（18），第370、375页。

③ 李时珍：《本草纲目》，第638、655页。

④ 孙思邈：《千金翼方》第2卷，台北：中国医药研究所，1974，第18b页。

⑤ 《证类本草》曰硇砂可为焊药，今人作焊药乃用硼砂，硼砂出于南海。唐慎微著，曹孝忠校，寇宗奭衍义《证类本草》，《景印文渊阁四库全书》，台北：台湾商务印书馆，1983。

表 9-12　焊接、镀金所用材料

材料	数量	单价（两／斤）	总价（两）
硼砂	2 斤 7 两	0.2	0.49
松香	24 斤	0.03	0.72
碙	11 斤 5 两	0.04	0.45
火硝	11 斤 5 两	0.03	0.34
水银	7 斤 2 两	0.8	5.72
黑矾	5 斤 12 两	0.01	0.057

资料来源:《乾隆朝内务府银库用项月折档》，乾隆十七年十二月一日起至三十日。

* * *

清朝多元统治政策包容了汉地的儒家文化、蒙藏的佛教文化，以及保存了满洲文化，在乾隆时期达到顶峰。从本章对金属祭器的讨论可知，乾隆帝绘制《皇朝礼器图式》及刊印《钦定满洲祭神祭天典礼》，并耗费内帑制作大量金属祭器，说明清朝统治政策的多元化。一方面依循儒家精神建立尊卑的政治秩序，另一方面又以满洲的旧俗制定礼器等。

雍正帝曾命允禄制作曲阜孔府的金属祭器，到乾隆帝时更扩至各坛庙，他严格审查木样、蜡样等制作程序，最后在器物上都刻"大清乾隆年制"。乾隆帝并规定按照玉爵的图样制作金属祭器，金属祭器图样给唐英制作瓷祭器。此外，乾隆初年，各省督抚奏报制作祭器费用，此祭器形制应沿袭宋代朱熹之礼器系统。乾隆时《皇朝礼器图式》武英殿刻本颁行各省，成为地方制作祭器的模板，从而实践儒家的政治秩序。陈宏谋曾批评："厂铜、洋铜官收居大半，每年打造铜器，需铜无算。"在他当陕西巡抚时，瓷铏、笾、豆、簠、簋、爵不过几分钱，而铜祭器材料和工匠银起码得十余两。[1] 全国各地纷纷改制铜祭器，确实"需铜无算"。此事亦反映康雍乾盛世物资丰厚与明太祖俭朴时代有很大差别。

传统以祭器多寡来分辨官员品级，尊、簠、簋等祭器是用来区别贵贱的重要标识。《皇朝礼器图式》规定用不同材质来界定贵贱，特别是太庙和奉先殿的金爵、铜爵，以及象征四季运行的牺尊、象尊、著尊、壶尊都使用铜质祭器。孝贤皇后升祔太庙时金质祭器有一千多两，而亲王、大臣配享太庙仅以瓷器作祭器。乾隆帝所谓的复古改制，本质上仍是维持满洲喜好金属材料的传统。

从知识传承来看，乾隆帝托古改作祭器，在《钦定满洲祭神祭天典礼》中可以找到痕迹。他一方面将康熙朝《御制清文鉴》之《器用类》转变成祭器，另一方面巩固满洲人将往生者的器皿作为祭器之传统。乾隆帝的主要贡献在于命人编纂了《钦定满洲祭神祭天典礼》，内容包括器物的功用、尺寸及图式，让人一目了然。他既承继了满洲旧俗，又建立了祭神的知识体系。

乾隆帝以制作《钦定满洲祭神祭天典礼》来阐释满洲淳朴的传统，也成为他回收盛京三陵和东西陵金银祭器的利器。本

---

[1] 《清代内阁大库原藏明清档案》，乾隆十年十月初五日，档案号：066605。根据陈宏谋题报，瓷铏每件银8、9分至1.2分；笾豆每件银7厘至4、5分；簠簋每件银1.2~9.5分；爵每件银0.3~4.5分；锡每斤银1.05钱至1.5、1.6钱；筐每件8钱至2分。瓷祭器价格差异是因为陕西省内交通状况不同，以各地商贾售价来估算。

章论证清初开始陵寝使用黄金、白银各三万多两，一点也不淳朴俭约，然而乾隆帝巧妙地运用还淳返朴的名义，大量收回金银祭器。除了身故的皇帝，其他后妃、王侯等，按照等级使用银镀金、铜、瓷不同材质的祭器，方符合"淳朴"的本意。此外，《钦定满洲祭神祭天典礼》规定了祭器使用的杯盘、碗碟、勺壶等物。笔者认为乾隆帝以儒家为缘饰，在本质上还是沿袭满洲习俗。譬如祭品为满洲特产的苏子、蜂蜜、奶油、山葡萄等，都是为了维护满洲习俗。

在技术层面，乾隆帝对祭器的外观有严格要求，考验宫廷工匠的金属技艺。祭器工匠都要先画纸样，有的还要做立体的合牌样、蜡样或木样呈给皇帝审查。我们可见祭器制作频繁使用能成复杂立体形状工件的失蜡法，配备了大量雕凿匠与錾花匠，且开发了各种烧古配方。银镀金容易生黑锈，必须擦磨表面，宫廷用词为"梅洗见新"。焊接技术方面，除承袭前朝《天工开物》所载软硬钎焊技术、广泛使用"四六银焊料"外，精准掌握了硼砂、松香、盐卤等焊药配方，并尝试使用能使焊口表面更为光洁的汞剂黏焊。宫廷技术为各地制作铜器皿的匠师所仿效，器物的制作程序渐趋标准化、规格化。

第十章　清宫的西藏工艺和仪轨

清前期的准噶尔战争历经康雍乾三朝，花费巨大。陈锋认为康熙末年迄雍正初年平准战争的费用约在 5000 万两，与雍正中后期平准战争的费用约略相当。赖福顺估计乾隆朝平准战争拨款 3500 万两，报销数额 2311 万两。但陈锋认为赖福顺仅利用台北的档案，若结合北京中国第一历史档案馆的资料来看，军事费用应该更多。[①] 清征准噶尔经历几十年（1688—1755），清廷曾利用西藏大威德金刚信仰，所谓"建一庙胜用十万兵"。[②] 近年来中国第一历史档案馆开放了大量相关档案，已有学者关注到这方面。如刘立勇提及乾隆帝以文殊菩萨转世自居，文殊菩萨为自性轮身，其愤怒与教令轮身为大威德金刚，乾隆帝在梵宗楼等处放置了御用兵器，象征无上的摧伏之力。[③] 乾隆帝授命章嘉若必多吉整理宫廷

---

① 参见陈锋《清代军费研究》，武汉大学出版社，1992，第 254、262 页；赖福顺《乾隆重要战争之军需研究》，台北故宫博物院，1984，第 429 页。康熙五十四年至雍正元年，内库拨给官兵之钱粮、各省陆续解送之钱粮，加上各官捐纳之银，共计用了数千万两。参见《雍正朝满文朱批奏折全译》，雍正元年二月初七日，第 28—29 页。

② 马连龙：《一代宗师　百世楷模：章嘉若必多吉生平述略》，《西北民族研究》1992 年第 2 期。

③ 刘立勇：《故宫藏乾隆帝御用兵械》，朱诚如、徐凯主编《明清论丛》第 18 辑，故宫出版社，2018，第 527—542 页。

佛像系谱，成造大威德金刚佛像，以及传授西藏的仪轨等知识，此为本章重点。

康熙五十九年，清军入藏驱逐准噶尔军队，任命藏官康济鼐、阿尔布巴、隆布鼐等为噶伦，组建西藏地方政府，结束厄鲁特蒙古和硕部在西藏的统治。罗卜藏丹津与青海和硕特蒙古各部首领参加驱逐准噶尔的战役，清政府给罗卜藏丹津加俸银、绸缎，统领青海右翼。[①] 罗卜藏丹津自认为西藏乱事平复后应由他统治西藏，清朝却削弱他在青海的统治地位。雍正元年六月，罗卜藏丹津叛乱，西宁附近许多藏传佛教寺院参加了叛乱。塔尔寺大喇嘛察罕诺门汗率先屈从罗卜藏丹津。清廷派年羹尧平乱，以章嘉若必多吉所在的郭隆寺（佑宁寺）的战役最为激烈。[②] 岳钟琪统兵进剿，抵郭隆寺，寺外山谷间伏贼千余人，皆逃入洞内。"（清兵）施放枪炮，复聚薪纵火，贼俱熏死。计前后杀伤贼众，共六千余名，随毁郭隆寺，并究张家胡土克图之胡必尔汗消息。"[③] 雍正二年二月，"众番亦自知不能抗拒，始将小喇嘛送出。年羹尧于雍正二年九月二十日遣官将章嘉若必多吉送其入京"。[④] 雍正二年十一月二十三日，郎中保德奉怡亲王谕："番经厂收拾房子，并嵩祝寺买房子等项俱用造办处银两。"[⑤] 雍正

---

① 《清实录》第 7 册，第 110 页。

② 土观·洛桑却吉尼玛：《章嘉国师若必多吉传》，第 21 页。郭隆寺 1723 年在罗卜藏丹津之乱中被清军焚毁，1729 年修复，1731 年雍正帝赐寺额"广惠寺"。

③ 《清实录》第 7 册，第 261 页上。

④ 中国第一历史档案馆编《雍正朝汉文朱批奏折汇编》第 31 册，江苏古籍出版社，1989—1991，第 788 页。

⑤ 《清宫内务府造办处档案总汇》第 1 册，雍正二年十一月二十三日《记事录》，第 356 页。

图 10–1　三世章嘉呼图克图像

　　资料来源：故宫博物院主编《清宫藏传佛教文物》，紫禁城出版社、两木出版社，1992，第64页。

十二年，"复准章嘉胡图克图之胡毕尔汗来历甚明，于经典性宗皆能通晓，不昧前因。实为喇嘛内特出之人，应照前身册封国师之号"。[①] 为行文方便，下文统一称其为章嘉国师。

章嘉国师曾于雍正十年至十三年到西藏。《章嘉国师若必多吉传》提到"他只要用手触摸一下，就能查知佛像等物品制作的好坏，区别出是用印度的还是用西藏的新旧铜料制作的……"乾隆十二年，章嘉国师受乾隆帝之命，将宫中所供历代佛像进行鉴别整理，用汉、满、蒙、藏四种文字标出每尊佛像的名号，编纂成《诸佛菩萨圣像赞》，内收佛像 360 幅、像赞 360 节。乾隆帝阅后非常高兴，对他嘉奖殊厚。[②] 乾隆二十二年至二十五年，章嘉国师在西藏居住四年，噶厦经常供给章嘉师徒日常器具，"工匠们新制佛像、佛塔、佛经、书籍、供品和用具等"。回北京后，章嘉国师呈给乾隆帝从西藏带回的佛像、唐卡（卷轴画）、香料等，[③] 添增宫廷佛像收藏，并促使乾隆帝仿制各种佛像。

章嘉国师指导成做很多佛像，本章拟讨论成做的雅曼达噶。它是密宗无上部瑜伽主尊，亦为藏传佛教重要的护法神。金梁提到这位神祇，梵密（天竺的密宗）则称单身的叫"雍嘛达噶"，或"闫曼德迦"（Gshin rje g shed），又叫"玛哈噶

---

①　《大清会典则例（乾隆朝）》卷 142《理藩院》，第 65—66 页。

②　马连龙:《一代宗师　百世楷模：章嘉若必多吉生平述略》，《西北民族研究》1992 年第 2 期。

③　土观·洛桑却吉尼玛:《章嘉国师若必多吉传》，第 211 页。

剌"，即"大黑天""马头观音"。[①] 费迪南德·莱辛讨论具德怖畏金刚时说其是文殊菩萨的恐怖化身，与明妃二俱姿态，其化的形象是大威德金刚；又说吉祥天女为大黑天神的明妃。[②] 他与金梁一样将大威德金刚和大黑天混淆了，档案中记载大威德金刚和吉祥天女配为一堂。[③] 王家鹏认为金梁说大威德金刚就是大黑天是错误的。他指出清宫在梵宗楼、永安寺善因殿、雍和宫等七处设有雅曼达嘎坛城。雅曼达嘎为战神，坛城同时供奉兵器和盔甲。王家鹏分析乾隆帝特别崇拜大威德金刚，由此种神坛的模式可见藏传佛教对清宫文化确有影响。[④]

明代宫廷藏有大威德金刚的佛像与画像，然因明末清初的战乱，此佛像制造技术失传。[⑤] 乾隆帝即位后，从西藏迎回大尊的大威德金刚像，并聘请尼泊尔工匠来北京指导成做佛像技

---

① 金梁编纂《雍和宫志略》，第224、234页。雅曼达嘎为音译，档案中有各种不同名称，如呀吗达嘎、呀们达嘎、呀曼达嘎、呀曼达嘎、雅嘛达嘎、雅木德克、雅穆达嘎、雅码达嘎、雍嘛达嘎、闫曼德迦、阎曼德迩、大威德金刚、威罗金刚等，本章统一以大威德金刚为名。

② 费迪南德·D.莱辛：《雍和宫：北京藏传佛教寺院文化探究》，向红笳译，中国藏学出版社，2008，第21、91—92页。

③ 乾隆十二年，太监刮世杰传旨："着照现造制秘密佛尺寸成造呀吗达嘎佛一尊、上罗王佛一尊，得时连秘密佛成一堂。"《清宫内务府造办处档案总汇》第15册，乾隆十二年九月二十三日《镀金作》，第48页。

④ 王家鹏：《清代皇家雅曼达嘎神坛丛考》，《故宫博物院院刊》2006年第4期；王家鹏：《嘛哈噶喇神与皇家信仰》，《紫禁城》1996年第1期。

⑤ 有关明代宫廷成做大威德金刚，参见金维诺主编《中国藏传佛教雕塑全集》第3卷《金铜佛·下》，北京美术摄影出版社，2002，第142页；谭德睿《大威德金刚鎏金铜坛城——复杂、精致、华丽的小型佛教群雕——〈中国古代艺术铸造系列图说〉之六十二》，《特种铸造及有色合金》2012年第2期。

术。① 笔者从档案中发现西藏成做佛像以锻造为主，和内地泥胎或铸造的方式不同，其详细制作程序弥足珍贵。本章以成做大威德金刚为例，讨论西藏技术工艺对清宫的影响。中国第一历史档案馆、故宫博物院出版的《清宫内务府奏案》《清宫内务府奏销文件》，记录了成做佛像的工匠、材料、经费等。中国第一历史档案馆、香港中文大学文物馆合编的《清宫内务府造办处档案总汇》记载了大威德金刚坛城的陈设，如兽皮、武器等，以彰显他的战神地位。《雍和宫满文档案译编》记载了章嘉国师指导念威罗瓦坛城经的仪轨及供品。此外，在朱赛佩·图齐对供品象征五欲的讨论，以及罗伯特·比尔（Robert Beer）翔实分析的基础上，② 本章试图说明章嘉国师如何引进西藏的仪轨以建立宫廷的藏传佛教仪式。

一　章嘉国师建立的大威德金刚系谱

乾隆帝不断地修建众多不可思议的佛殿和身语意三所依（经、像、塔）。"这些寺院中都建立了僧伽，他们有的学习显密经论，有的学习密集、胜乐、大威德、时轮、无量寿、善明大日如来、药师、上座部等各种仪轨，有的念诵经部论典，有的做护法神的酬报法事。"总而言之，凡是西藏有的，宫廷无

---

① 相关研究有嵇若昕《从〈活计档〉看雍乾两朝的内廷器物艺术顾问》，《东吴历史学报》2006年第16期；罗文华《龙袍与袈裟：清宫藏传佛教文化考察》下册，第425页。

② 图齐、海西希：《西藏与蒙古宗教》，耿昇译，天津古籍出版社，1989；罗伯特·比尔：《藏传佛教象征符号与器物图解》，向红笳译，台北：时报文化，2007。

所不有，而这些其实都是章嘉国师鼎力相助的结果。[①] 清代宫廷庋藏了众多中国西藏及印度、尼泊尔的佛像，章嘉国师编纂的《诸佛菩萨圣像赞》建立了这些佛像的系谱。其中，五尊威罗瓦金刚为有着不同颜色和造型的大威德金刚，共同点是水牛形象。

《诸佛菩萨圣像赞》

乾隆十年，皇帝命庄亲王允禄整理、制作宗教图像和器物的图录。于是，以章嘉国师为首并赤钦活佛等驻京喇嘛和理藩院的文书誊录人员，仔细察别、整理佛像之后，编纂成《诸佛菩萨圣像赞》。清宫内务府造办处档案有章嘉国师为《诸佛菩萨圣像赞》撰写的赞词和排序。乾隆十四年造办处收到满文字画佛像折子，上面绘有佛像三百六十尊，并奉旨照此画像铸铜佛模，此折子必是《诸佛菩萨圣像赞》的绘本，为铸铜佛模之用。[②]

乾隆十四年七月，员外郎白世秀、司库达子进呈悬胳膊铜佛模子 1 件、实板铜佛模子 1 件，拨得蜡有座子的佛模样子 1 尊。悬胳膊佛模子共 360 尊，估银 6500 余两；实板佛模子共 360 尊，估银 8300 余两。奉旨："准照悬胳膊佛模子一样做，其印佛六面像真处照实板佛一样做，其座子照拨得蜡样须弥座一样做，其模子束腰上刻乾隆年敬造。系何佛名寺？刻何佛名？其边线空处添花纹先拨样呈览。"乾隆十五年十一月初三日，员外郎白世秀把已完成的铜阴佛模 3 尊、铜阳台撒（台撒有写作铅钑、胎钑，详见后述）佛模 3 尊持进。奉

---

① 土观·洛桑却吉尼玛:《章嘉国师若必多吉传》，第 163 页。

② 《诸佛菩萨圣像赞》，"导论"，第 15—16 页。

旨：“阴阳佛模子俱做得甚好，照样准做。铜阳台撒佛模做得时镀金。”十二月十一日，员外郎白世秀将已完成之阴阳佛模子上呈。奉旨：“阴佛模子上不必刻佛名，束腰上不必刻‘乾隆年敬造’。背后做四样字印子编千字文字号，其阴阳模子并印子要一个号数。再阳模子蜡样不准外雇，喇嘛拨蜡样，赏给饭食。”

乾隆十六年，七品首领萨木哈在佛模子铜背板上凿上四样字后进呈。奉旨：“俟得时章嘉国师看次序，将佛排在文字号内。”二十年十一月二十六日，员外郎白世秀将成做之铜佛模背上贴天字一号至十号样，并每尊镀金用金 4.85 分的估单一件持进。奉旨：“准其镀金，俱不必刻字号二字，阴佛模着在里面墙上刻天一至天十字样，背板切在背后刻，其余佛模俱按此样刻做。”造办处官员于二十二年将成做之阴阳佛模子720 尊呈进。[①] 这可能是以《诸佛菩萨圣像赞》360 幅佛像图做的铜模。这套铜模子做了 8 年，阴佛模可能是用来成做擦擦佛的。

大威德金刚系谱

大威德金刚在印度有很长的历史。索南才让在《西藏密教史》一书中解释，阎摩德迦又叫金刚大威德或能怖金刚。有说金刚是智慧，大威德是方便。又说空性及大悲无别的菩提心是金刚大威德，一般为水牛形象，从南印度往北传，七世纪时传到西藏。阎摩德迦教法分红、黑两大类，又各自分好几个支

[①]　以上乾隆十四年至二十二年引文皆来自同一件档案。《清宫内务府造办处档案总汇》第 17 册，乾隆十四年四月《杂活作》，第 135—136 页。

派。① 章嘉国师编纂的《诸佛菩萨圣像赞》有大秘密佛黄字 34 尊，其中威罗瓦金刚 5 尊。黄字十四威罗瓦金刚赞曰："多足多臂多首，幻象庄严知否。妙哉果是金刚，万古名传不朽。"黑敌威罗瓦金刚赞曰："瞻黑敌威罗瓦，般般佛宝手把。金刚不坏身躯，好使众生心写。"六面威罗瓦金刚赞曰："六面六臂六足，威罗瓦金刚体。般般佛宝加持，好把群魔净洗。"红威罗瓦金刚赞曰："红威罗瓦金刚，庄严度世皮囊。卧牛足踏当场，妙哉欢喜吉祥。"一勇威罗瓦金刚赞曰："金刚身天龙首，一勇威垂悠久。如来宝常在手，除魔怪功不朽。"② 六面威罗瓦金刚六臂持武器，红威罗瓦金刚为双身佛，一勇威罗瓦金刚手持如来宝。《诸佛菩萨圣像赞》秋字一六臂勇保护法赞曰："化成狰狞法像，制伏脚底一象。护持道法威名，万劫巍巍荡荡。"秋字二牛首勇保护法赞曰："佛法全恁护法，牛首猛若金刚。极乐场中安享，沙门勇保无疆。"③ 此说明金刚大威德的特征之一为水牛形象。

《七世达赖喇嘛传》常提到达赖喇嘛修大威德金刚法门。譬如康熙五十五年清朝官员察格玛前来问安，请求加持，并问达赖喇嘛现习何经、修何本尊。喇嘛回说："为宏扬佛陀第二教法和一切众生之安乐，尽力修习文珠〔殊〕菩萨名号赞、无缘大悲、十地以及大威德等。"康熙六十年，达赖喇嘛闭关一个半月，念诵、修行并烧施独雄本尊大威德金刚。④ 章嘉国师去西藏时也习得大威德金刚法。"在班禅活

---

① 索南才让：《西藏密教史》，中国社会科学出版社，1998，第 65—88 页。
② 《诸佛菩萨圣像赞》，第 44—48 页。
③ 《诸佛菩萨圣像赞》，第 299—300 页。
④ 章嘉·若贝多杰：《七世达赖喇嘛传》，浦文成译，中国藏学出版社，2006，第 28、59 页。

图 10-2　大威德金刚

资料来源：王家鹏主编《藏传佛教造像》，香港：商务印书馆，2003，第 523 页。

佛身前次第听受了十三尊大威德灌顶法、大威德二次第教
导、铁堡伏魔法指导及所有经教传承、幻变轮注释三界尊胜和
一百五十二颂教言、师宝（指宗喀巴）传授给多丹坚贝嘉措的
上师瑜伽、独雄大威德刚柔双修法、依止黄色大威德的长寿
仪轨"。[1]

西藏密教尊密集金刚、大威德金刚、上乐金刚。宫廷称大
威德金刚经为威罗瓦金刚经。如乾隆四十五年，中正殿念经处
文开奏准，办买须弥福寿之庙喇嘛等请领秘密全经、上乐王佛
经、威罗瓦金刚经等经 122 部，又无量寿佛经、药师经、金光
明经等经 198 部，并夹板、包袱等项，共领银 291.52 两。[2] 乾
隆四十八年，中正殿念经处文开办买清净化城喇嘛等，应用威
罗瓦金刚经等经 41 部，领银 144.4 两。[3]

成堂

据说吉祥天女骑的是骡子，所以又被称为骡子天王，亦是
战神。清宫常将骡子天王和大威德金刚配成一堂。吉祥天女为
大威德金刚的明妃，[4] 也是章嘉国师的护法神。《章嘉国师若必
多吉传》有几则故事，其一：

> 章嘉国师患病，出现凶兆时，梦见自己坐在一座城
> 堡顶上，颇罗鼐担任将军，带领许多西藏军队围住城堡，
> 火箭像雨点般地射来，守城堡的人们抵挡不住，只见从

---

① 土观·洛桑却吉尼玛：《章嘉国师若必多吉传》，第 195 页。
② 《乾隆朝内务府银库用项月折档》，乾隆四十五年十二月一日至二十九日。
③ 《乾隆朝内务府银库用项月折档》，乾隆四十八年十二月一日至二十九日。
④ 王子林：《三世章嘉与他的护法神》，《紫禁城》2003 年第 2 期。

城堡下面突然出现一个可怕的女人，跃骡挥刀，如鹤入雀群，将颇罗鼐的军队驱逐到远方。与此同时，章嘉国师的一个善于圆梦并有灵验的侍从，也在梦中梦见一个自称是达赖喇嘛从西藏派来的女人，身着青衣，骑着骡子，鞍前悬着一个血淋淋的首级，似乎是颇罗鼐的头，说是来拜见章嘉国师。不久，从西藏传来了颇罗鼐去世的消息。章嘉国师等人做梦的时间与颇罗鼐去世的时间正好相同，这无疑是吉祥天女除掉了达赖喇嘛师徒仇敌的明证。①

其二，乾隆二十九年：

一天晚上，章嘉国师梦见一个十分可怕的黑色女人骑着一头骡子，举着伞盖来到章嘉国师跟前，有些不高兴地对章嘉国师埋怨道："你长期居住汉地，忘却了故乡的寺院。"章嘉国师驳斥道："我住在汉地，使大皇帝诚心皈依佛法，这不仅有益于故乡的寺院，而且有益于卫、藏、安多三个地区的佛教大德，我并非乐不思藏，难道你不知道吗？"那人从骡子上跳下来，倒身下拜。章嘉国师对我说，这是佑宁寺的护法神吉祥天女变幻的。②

清宫档案中有将大威德金刚与吉祥天女配成一堂的记载。

① 土观·洛桑却吉尼玛：《章嘉国师若必多吉传》，第103页。
② 土观·洛桑却吉尼玛：《章嘉国师若必多吉传》，第218页。根据图齐的说法，卫地和藏地的山谷女王喀若变成了吉祥天女神。图齐、海西希：《西藏与蒙古宗教》，第209页。

图 10-3 吉祥天母像

资料来源：雍和宫编委会编《雍和宫唐喀瑰宝》，中国民族摄影艺术出版社，1988，第 121 页。

图 10-4　木虎

资料来源：笔者拍摄于承德安远庙。

图 10-5　木熊

资料来源：笔者拍摄于承德安远庙。

如乾隆十四年，司库白世秀来报太监胡世杰交白檀香屏峰龛一座，中供秘密佛1尊、左供骡子天王1尊、左供上药王佛1尊、右供雅曼达噶佛1尊。"传旨：将骡子天王换巴达马座，仍要水照样配吗哈嘎拉佛一尊，要与上药王佛座一样配座。其骡子天王见肉泥金。"① 巴达马为平列的莲瓣纹组成，乃由建筑纹饰仰俯莲演变而来。② 乾隆四十年，"秘密佛一轴、呀吗达嘎一轴、上乐王佛一轴、地狱王一轴、吉祥天母一轴，以上计一堂"。③ 乾隆四十一年，"呀吗达嘎二轴、上乐王佛二轴、地狱主二轴、吉祥天母二轴，共计二堂"。④

金刚殿的陈设

1. 兽皮、木雕

大威德金刚为战神，因此雅曼达噶坛内部陈设许多猛兽皮簬、木雕。王家鹏提到雅曼达噶坛供奉的规矩为：主供大威德金刚；除供桌、供器外，特别要挂供兽皮簬12首，狼皮、狐狸皮、豹皮、虎皮、猞猁狲皮、貂皮各2首，或供虎、熊皮，或在墙上画假皮旖；大威德金刚前供木雕的虎、熊、豹、狼；供盛放皇帝衣服、饰物、盔甲的箱子；立兵器架摆放刀枪弓箭；供皇帝的马鞍等。⑤

---

① 《清宫内务府造办处档案总汇》第16册，乾隆十四年二月二十三日《镀金作》，第711—712页。
② 王世襄编著《清代匠作则例汇编（佛作、门神作）》，第232—233页。
③ 《清宫内务府造办处档案总汇》第38册，乾隆四十年五月初八日《行文》，第645页。
④ 《清宫内务府造办处档案总汇》第39册，乾隆四十一年十一月十四日《灯裁作》，第365页。
⑤ 王家鹏：《清代皇家雅曼达噶神坛丛考》，《故宫博物院院刊》2006年第4期。

金刚乘佛教中，老虎是众多神灵的坐骑，尤其是怒相神或好战神，骑在暴怒的老虎身上，象征着大成就或神灵的无畏及凌驾在他人之上的意志。[①] 乾隆十年，员外郎和尔经额呈报，将所画之清净地雅曼达噶坛皮张供献样二张，交太监张玉、胡世杰呈览。奉旨："照有刷样准做。"乾隆帝又交代："雍和宫清净地俱准照此样成造。"[②] 乾隆二十五年，太监胡世杰传旨："呀吗达嘎坛内配做虎二对、熊二对，先呈样。"太监胡世杰又传旨："先传做之虎二对、熊二对着各做一对，再添做狼一对、豹一对。"吉林将军送来 8 张熊皮，备用熊皮 2 张。[③]

永安寺雅曼达噶殿内供老虎木雕，雍和宫雅曼达噶殿则放置熊、虎的木雕等。阿嘉呼图克图呈文内开："（雍和宫）护法殿陈设熊皮二张、虎皮四张。此毛皮既易生虫，已于乾隆二十二年七月行文养心殿造办处修补。"[④] 乾隆二十四年，太监胡世杰传旨："永安寺呀吗达嘎殿内现供小老虎四个着取来，交如意馆，着王致诚开减眼目，其小虎口大，亦着收什，再照样放大成做虎二件，其头要与供桌一般高。"[⑤]

2. 武器

达赖喇嘛传记中提到在大护法殿奉献盔甲等供品。[⑥] 刘

①　罗伯特·比尔：《藏传佛教象征符号与器物图解》，第 91 页。

②　《清宫内务府造办处档案总汇》第 14 册，乾隆十年四月十八日《皮作》，第 61、62 页。

③　《清宫内务府造办处档案总汇》第 25 册，乾隆二十五年三月《皮裁作》，第 329 页。

④　赵令志等主编《雍和宫满文档案译编》上卷，第 484 页。

⑤　《清宫内务府造办处档案总汇》第 24 册，乾隆二十四年十月二十九日《油木作》，第 183 页。王致诚是西洋画家，擅长画人像和动物。

⑥　章嘉·若贝多杰：《七世达赖喇嘛传》，第 82 页。

立勇认为乾隆帝在梵宗楼等处放置御用兵器，象征无上的摧伏之力。[①] 雍和宫的护法殿亦供奉武器，如"钑一把（随四样字皮阡子一个）、木架子一个、双眼鸟枪一杆（随四样字皮阡子一个）、大小皮荷包四个、火镰一把、白骨药筒子一个、枪子母子石一块、木架子一个、鸟枪一杆（随四样字皮阡子一个）、大荷包一个、大药葫芦一个、小药葫芦一个、火镰一把、钱粮口袋一个、枪子母子石一块、木架子一个"。[②]《七世达赖喇嘛传》载，西藏做完法事，供施食品，投掷镇魔武器等，征兆良好。[③]

二　清宫大威德金刚的来源与匠役

造办处的铸炉处厂址原在圆明园西南部的山高水长，乾隆帝因造佛像将它迁移到雍和宫旁。乾隆九年，太监胡世杰传旨："山高水长佛保铸炉处业已铸造二三年，现今铸造活计稍减。雍和宫铸造佛像已经派出佛保铸造，尚未成做。即将雍和宫东边现有房间收拾数间，俟将方壶胜境安设之铜人铸成安设后，其余铸造未完之活计，并匠役一并移往彼处铸造。"[④] 员外郎佛保负责铸炉处各种铜活，但锻造大威德金刚需以西藏的佛像为范本，故乾隆帝派人到西藏迎回佛像，再加以仿制。

---

① 刘立勇:《故宫藏乾隆帝御用兵械》，朱诚如、徐凯主编《明清论丛》第18辑，第527—542页。
② 赵令志等主编《雍和宫满文档案译编》上卷，第298页。
③ 章嘉·若贝多杰:《七世达赖喇嘛传》，第33页。
④ 《清宫内务府造办处档案总汇》第12册，乾隆九年六月《记事录》，第293页。

大威德的形象有三面六臂六足，有九面三眼三十四臂十六足，有双身、独勇、五尊、十三尊等分别。因传承不同，本尊头、手及眷属数目亦不同，派别很多。其修法并一切经续在 11 世纪时已由印度传入西藏，大威德修法的传承分为红续法、黑续法两部。[①] 乾隆十一年，尚书班第、那延泰奉谕："朕欲自西藏延请有大加持之密集金刚、胜乐金刚、大威德金刚，此三佛合为一套，此三佛唐卡，西藏地供奉有旧唐卡具有大加持者一套……着尔部咨驻藏办事大臣傅清，明白告知达赖喇嘛、颇罗鼐，选福慧者，将此等佛尊延请送来。"[②] 宫廷虽藏有大威德金刚等唐卡，乾隆帝还是希望驻藏大臣送大一些的佛像到北京。七世达赖亲自拣选，"将密集金刚、胜乐金刚、大威德金刚三佛宝座合为一套，此内胜乐金刚佛系印度造，密集金刚、大威德金刚此二佛原来印度处不造，宗喀巴时才造。现获此二佛，皆宗喀巴时期名为刘崇巴之工匠所造，世代由达赖喇嘛等供奉密乘佛像内极具大加持之佛。将八大菩萨、宝座并为一套，皆系甚旧之印度响铜器物"。[③] 密集金刚、大威德金刚是宗喀巴时期工匠刘崇巴制造的，为西藏的古佛像。七世达赖喇嘛把布达拉宫珍藏的佛像献给乾隆帝。

乾隆十三年，驻藏办事大臣索拜奉谕："抵藏后，给达赖喇嘛、郡王珠密那木札勒转降谕旨，着将大威德金刚、胜乐金刚、密集金刚此三佛，拣选造型高大、有大加持者带来之外，亦拣选西藏有之佛尊而京城没有之时轮金刚、金刚手、玛哈噶

---

①　参见索南才让《西藏密教史》，第 65 页；钦则旺布《卫藏道场胜迹志》，刘立千译注，民族出版社，2002，第 74—75 页，注 89。

②　赵令志等主编《雍和宫满文档案译编》上卷，第 252—253 页。

③　赵令志等主编《雍和宫满文档案译编》上卷，第 253 页。

拉、嘎巴拉佛、毕达扎玛拉瓦齐尔巴尼佛、妙金刚佛带来。"
索拜抵藏后，达赖喇嘛等告称："因东方文殊师利大皇帝为弘
扬黄教，仁爱众生，降旨延请吾土伯特地方有福慧之佛，我等
将尽力寻找供献。"达赖喇嘛、郡王珠密那木札勒将谕旨内交
代之延请雅曼达噶等佛悉数寻得，送给索拜。雅曼达噶也就是
大威德金刚，造型高大。佛像由藏驮送至西宁，需用牛5头，
每头租银3.45两，共需17.25两，由藏库之钱粮动支。①

接着讨论工匠问题。乾隆时期尼泊尔工匠到北京，学者
已有研究。② 在此利用雍和宫档案进一步说明西藏工匠进京的
路费与赏银，以及后来再度引进西藏喇嘛教授技艺的情况。乾
隆九年，乾隆帝谕令郡王颇罗鼐，于彼处作佛匠役内，拣选
工匠来京。颇罗鼐呈称："工匠内拣选良匠尼泊尔查达玛、巴
鲁兴、刚噶达。又于打磨、镶嵌珊瑚、绿松石、青金石、玉
石等佛之工匠内，拣选良匠尼泊尔雅纳噶喇、达纳迪布、巴
鲁。"由西藏至打箭炉，匠役人等骑驮需用马18匹。工匠乘骑
乌拉差马送抵打箭炉，雇用乌拉差马所用银165.6两。工匠送
京三个月食用行粮之羊、米、面、茶、酥油等物，折银54.6
两，又赏工匠各40两，所需240两，通共460.2两。③ 查达玛、
巴鲁兴、刚噶达被带到大昭、布达拉等庙，记住有大幅之佛等
形制，让他们到北京后顺利制作佛像。

从西藏派来的工匠三人到北京后教授锻打佛像技术，几年
后造办处已培养出相关匠役。举例来说，乾隆十八年传旨："照
先做过吉云楼供的掐丝珐琅坛城做四分，其尺寸大小要往藏里

---

① 赵令志等主编《雍和宫满文档案译编》上卷，第282页。
② 罗文华：《龙袍与袈裟：清宫藏传佛教文化考察》下册，第558—598页。
③ 赵令志等主编《雍和宫满文档案译编》上卷，第169—170页。

去的牌楼一样做。……于三月二十六日司库邓八格将做好的秘密坛城准样持进，安在养心殿呈览。于四月初四日将坛城样持出。奉旨：着交德保专办先做呀吗哒噶、上罗王秘密掐丝珐琅坛城三分，其余一分酌量地方准时再行成造。"四月十一日，"承恩公德保为办造坛城活计紧要、钱粮重大，邓八格一人难以办造，总管达子素谙铜活，相应着令监办，德保不时稽查"。①邓八格是著名的珐琅匠，在雍正年间做过许多珐琅活计。总管达子"素谙铜活"，说明他成做铜活很拿手。通武为錾凿匠，乾隆帝欣赏他的手艺，谕令："凡交通武成做活计，如匠役不会做的，着通武自己做。如匠役会做的，着通武指教匠役做。"②通武指导其他匠役做铜活，说明他为匠役头目。乾隆二十三年，郎中白世秀、员外郎金辉来报，太监胡世杰传旨："着通武将现做之呀吗达嘎佛做完，即做嘎布拉数珠。"③乾隆三十二年，乾隆帝又令通武将佛像并莲座背光有不周正处俱收拾周正。④通武会做雅曼达噶佛和佛像背光，显然技艺超群。不过到乾隆三十三年总管内务府大臣高恒弹劾通武成做玉瓮办买锭锥一项，于买办物料竟敢存意贪鄙浮开物价，被处斩监候。⑤通武被抄家，查得其家产数千两。他由匠役头目升至郎中，凭借精湛工

---

① 《清宫内务府造办处档案总汇》第 19 册，乾隆十八年二月初四日《珐琅作》，第 505 页。

② 《清宫内务府造办处档案总汇》第 22 册，乾隆二十一年五月十七日《刀儿作》，第 81 页。

③ 《清宫内务府造办处档案总汇》第 23 册，乾隆二十三年二月十六日《记事录》，第 572 页。

④ 《清宫内务府造办处档案总汇》第 30 册，乾隆三十二年三月十八日《记事录》，第 781 页。

⑤ 《清宫内务府奏销档》第 84 册，乾隆三十三年四月二十三日，第 329—338 页。

艺获得皇帝赏识。①

此外，乾隆年间曾多次从西藏请来技艺精良的喇嘛。乾隆九年，郡王颇罗鼐呈称：

> 钦奉上谕议奏，圣主既特于京中建庙，集合喇嘛，照西藏例教授技艺、弘扬黄教，请选送哲蚌寺果莽喇仓擅讲擦尼特之喇嘛一名、翁则二名、助教喇嘛四名；教授温都孙之道笃温都孙大喇嘛一名、翁则二名、格斯贵二名、朝巴本巴二名；教授额木齐扎克布礼大喇嘛一名，声明、诗学、兰扎体、瓦都体、楷体、草体等教义喇嘛五名，教授历算学喇嘛二名。将此咨文驻藏副都统索拜及郡王颇罗鼐，将圣主弘扬佛教、悯爱众生之至仁至意，明白告知达赖喇嘛，务照数选取技艺精良、熟通净道之喇嘛，由索拜充足办给送京。②

这次派遣喇嘛 18 名，连僧徒通共 74 人。每人骑乘乌拉马 1 匹，租用驮牛 70 头，花费 1324.8 两，途中三个月食用羊、米、炒面、茶叶、酥油等行粮物品折银 664.3 两。至北京后赏莫楚科呼图克图等四位大喇嘛每人 80 两、助教拉姆扎木巴达西喇布坦等 18 名喇嘛每人 50 两，以上共需 3209.3 两。③

乾隆十一年奉谕："章嘉呼图克图奏称西藏济隆呼图克图系大喇嘛，学艺精良。将此咨文达赖喇嘛，将济隆呼图克图送来，

---

① 《清宫内务府奏销档》第 107 册，乾隆三十九年十二月十四日，第 374—380 页。

② 赵令志等主编《雍和宫满文档案译编》上卷，第 174 页。

③ 赵令志等主编《雍和宫满文档案译编》上卷，第 175 页。

着主持雍和宫，总管教习学经喇嘛。"济隆呼图克图乃西藏地方除达赖喇嘛、班禅额尔德尼之外最大的喇嘛。将济隆呼图克图送至京城，其跟随徒弟 20 名、跟役 20 名，其所用经、衣物等物品及跟随徒弟、跟役之物品所驮牛需 80 头，充足备办方可。[1]乾隆十三年驻藏办事将军索拜遵谕旨：

> 赏济隆呼图克图衣物、马鞍等项整装银一百五十两外，照从西宁路将喇嘛送往京城例，给济隆呼图克图骑乘马二匹、随行弟子二十名、跟役二十名，共四十人每人骑乘马一匹，一匹马计价银八两，共需银三百三十六两；驮牛八十只，每只牛计价银三两，共需银两百四十两。济隆呼图克图及其弟子、跟役四十一人三个月食用行粮之羊只、米、炒面、茶叶、酥油、盐等物折银两百六十九两四钱一分五厘包括在内，通共需要九百九十五两四钱一分五厘，……达赖喇嘛、郡王珠密那木札勒又资助一百六十匹马、一百只牛……[2]

实际上，济隆呼图克图"从色拉、哲蚌、甘丹三大寺喇嘛内选三十名熟谙经文者，又包括随行弟子十九名、跟役七名在内，共携来五十六人。牛驮二百只，所驮皆经书佛像、贡献皇上之礼物及吾诸喇嘛衣物、所需药品等什物"。佛保奏报："济隆呼图克图多携之十六名喇嘛，租用骑乘骡子、盘费及一百二十只牛驮，抵补拨给六十只骡子，仔细扣算共多出银七百余两。"[3]

---

① 赵令志等主编《雍和宫满文档案译编》上卷，第 258、259 页。

② 赵令志等主编《雍和宫满文档案译编》上卷，第 281 页。

③ 赵令志等主编《雍和宫满文档案译编》上卷，第 288 页。

因为济隆呼图克图系乾隆帝谕旨召来之大喇嘛，不知内地规定，所以仍补足银两。

乾隆九年兴建雍和宫廷请西藏喇嘛和匠役百余人，对于藏传佛教教义、技艺移植到北京有重大贡献。

康雍乾三代长期与准噶尔交战，乾隆帝遂大力推广大威德金刚信仰，将其从西藏千里迢迢迎到北京后，又不断地复制。永安寺善因殿为第一处供奉雅曼达噶佛像的场所。乾隆十四年，总管内务府大臣三和呈称："遵旨诚造呀嘎达噶佛一尊，法身高大，系初次诚造，所用物料工价预难估计。今暂请工料银一千二百两陆续领用，撙节谨慎办造。"① 郎中二达塞等向圆明园库银陆续领银 1200 两，造佛像选的是武备院精艺者 15 名，这些造佛像者或许曾跟随尼泊尔工匠学艺。

乾隆十六年，海望等奏报永安寺白塔前新建雅曼达噶佛坛所用赤金、银两。雅曼达噶佛坛一座，上檐铸造铜镀金宝顶瓦片，前檐铸造镀金铜，槅扇四扇，券内漆饰。除了雅曼达噶佛，另造八大菩萨 8 尊、罗汉 18 尊、天王 4 尊，以及供台、佛台被光、佛座、莲座、供案、五供、八宝等项工程。所需木、石、砖灰、绳钉、铁、杂料，给发各作匠夫工价通共29813.09 两。铸造镀金铜宝顶瓦片，槅扇每平面见方一尺，照例用金 4.5 钱，共约估赤金 311 两，由广储司支出；应用约估红铜 7496 斤、黄铜 4487 斤，由铸炉处收贮铜斤内支用；再券内绘画雅曼达噶坛城，交中正殿绘画佛像喇嘛等绘画；所供枪戟、腰刀交武备院办造；随墙妆缎、圆子，并皮幨，交广储司衣库成造；虎二只交造办处办造。② 建造永安寺雅曼达

---

① 《清宫内务府奏案》第 61 册，乾隆十四年十二月初七日，第 39—40 页。

② 《清宫内务府奏案》第 67 册，乾隆十六年正月初十日，第 16—20 页。

噶佛坛镀金铜宝顶瓦片用了赤金 311 两、铜 11983 斤，花费 29813.09 两。

乾隆十六年十一月，永安寺善因殿新供雅曼达噶佛像开光日期，"令钦天监选择得，本月十五日戊寅宜用辰时，二十二日己酉宜用辰时"，[①] 最后皇帝决定在十五日开光。同年，工部右侍郎、总管内务府大臣三和等文开，永安寺所供佛 30 尊装藏取六成色淡金 8 分（重 0.08 两）、银 8 分、小珍珠 4 分。[②]

乾隆帝喜欢复制佛像供奉在不同场所。在永安寺的悦心殿亦供奉雅曼达噶、铜鉔钑宗喀巴像。乾隆二十一年，太监胡世杰传旨："金塔内宗喀巴一样成造铜台撒宗喀巴一尊，俱照永安寺、悦心殿现供呀吗达嘎高矮一样成造。应镀金之处镀金，应泥金之处泥金，应烧古之处烧古。得时在悦心殿西稍间安供。于本月初八日郎中白世秀、员外郎金辉将画得三尺七寸五分高释迦文佛纸样一张、宗喀巴佛纸样一张持进，交首领张玉、太监胡世杰呈览。"[③] 此证明原本永安寺的雅曼达噶尺寸为 3.75 尺。

乾隆二十八年，郎中白世秀来报太监如意传旨，如是室现供威罗瓦金刚 1 尊，照样铸造 1 尊，先拨蜡样呈览。四月十二日，郎中白世秀将拨得铜威罗瓦金刚蜡样 1 尊持进，交太监如意呈览。奉旨：照样准造。六月十四日，郎中白世秀将铜金刚

---

①　《清宫内务府奏销档》第 41 册，乾隆十六年十一月初九日，第 348—349 页。

②　《乾隆朝内务府银库用项月折档》，乾隆十六年五月一日至二十九日。

③　《清宫内务府造办处档案总汇》第 22 册，乾隆二十一年十一月初三日《镀金作》，第 105 页。

1 尊持进，交太监如意呈进讫。^① 这个案例说明铸炉处制作大威德金刚的经验丰富，三个月内就可以制作 1 尊。至乾隆三十七年普陀宗乘之庙成做大威德金刚，已有完整的材料和工匠清单，说明技术愈臻成熟。

三　制作普陀宗乘之庙的大威德金刚

清宫成做大威德金刚时，必须参照"藏里"款式，而且做木样需章嘉国师仔细认看。笔者未能寻得西藏成做佛像的档案，姑且用宫廷档案来讨论。乾隆十八年，太监胡世杰传旨："照先做过吉云楼供的掐丝珐琅坛城做四分，其尺寸大小，要往藏里去的牌楼一样做。"司库邓八格已做得秘密掐丝坛城木样一座，交太监胡世杰呈览。奉旨："坛城木样着章嘉胡图克图细细看。"八月十二日，员外郎白世秀、达子为造雅曼达噶佛掐丝珐琅坛城 1 座，约用买办物料银 502.28 两外，雇匠工饭 3706.47 两，共 4208.76 两。^②

普陀宗乘是布达拉的汉译，其意为观音菩萨显现说法的道场。普陀宗乘之庙由 40 座佛殿、僧舍组成，占地 22 万平方米，是外八庙中规模最大的一座。乾隆三十七年，成做骡子天王 1

---

① 《清宫内务府造办处档案总汇》第 28 册，乾隆二十八年三月《铸炉处》，第 523 页。乾隆四十三年三月十日，造办处文开奏准成造上乐王佛 1 尊、雅曼达噶佛 1 尊，领八成色金 2387 两。《乾隆朝内务府银库用项月折档》，乾隆四十三年三月一日至三十日。

② 《清宫内务府造办处档案总汇》第 19 册，乾隆十八年二月初四日《珐琅作》，第 505 页。

尊、雅曼达噶 1 尊，用金叶 104.14 两、红铜条 2057 斤，工价物料 2248.4 两（表 10-1、表 10-2）。[1]

表 10-1　制作骡子天王 1 尊、雅曼达噶 1 尊的材料及价格

	骡子天王	雅曼达噶
尺寸	5.66 尺	4.76 尺
花活折见方寸	7652.2 × 5 厘 = 银 38.26 两	4900.57 × 5 厘 = 银 24.53 两
素活折见方寸	4763.2 × 4 厘 = 银 19.05 两	3956.8 × 4 厘 = 银 15.83 两
红铜	1196.75 斤	727.94 斤
化铜罐	33 个 × 1 钱 = 银 3.3 两	20 个 × 1 钱 = 银 2 两
黄土	60 筐 × 1 分 = 银 6 钱	42 筐 × 1 分 = 银 4.2 钱
黄蜡	199 斤	140.75 斤
松香	174.69 斤 × 3 分 = 银 5.24 两	133.06 斤 × 3 分 = 银 3.49 两
土粉	115 斤 × 5 厘 = 银 0.58 两	90.88 斤 × 5 厘 = 银 0.45 两
广胶	2.9 两 × 每斤 2.2 钱 = 银 3.9 分	2.7 两 × 每斤 2.2 钱 = 银 3.7 分
渣煤	3030 斤	1840 斤
黑炭	5854 斤	3556 斤
白炭	3438 斤	2421 斤
铁油丝	34.88 斤	27.44 斤
硼砂	1.02 斤 × 2.8 钱 = 银 3.48 钱	1.69 斤 × 2.8 钱 = 银 4.7 钱
磨石	27.5 斤 × 6 厘 = 银 1.65 钱	21.19 斤 × 6 厘 = 银 1.315 钱
磨炭	6.88 斤 × 5 分 = 银 3.43 钱	5.25 斤 × 5 分 = 银 2.62 钱
灯油	88.44 × 5 分 = 银 4.42 两	64.88 × 5 分 = 银 3.24 两
白矾	28.63 斤 × 2.3 分 = 银 6.58 钱	20.13 斤 × 2.3 分 = 银 4.6 钱
黑矾	28.63 斤 × 2.3 分 = 银 6.58 钱	20.13 斤 × 2.3 分 = 银 4.6 钱

[1] 《清宫热河档案》第 2 册，第 520 页。

续表

	骡子天王	雅曼达噶
库贮头等镀金叶	57.31 两	40.36 两
红飞金	286 张 × 每丁张 7.8 两 = 银 2.23 两	743 张 × 每千张 7.8 两 = 银 5.8 两
水银	21.49 斤 × 6 钱 = 银 12.09 两	15.13 斤 × 6 钱 = 银 9.08 两
银朱	2.64 两	1.9 两
棉子	4 分	1.1 分
盐	28.63 斤 × 1.2 分 = 银 3.43 钱	20.13 斤 × 2.3 分 = 银 4.6 钱
碱	28.63 斤 × 1.2 分 = 银 3.43 钱	20.13 斤 × 2.3 分 = 银 4.6 钱
酸梅	114.63 斤 × 6.6 分 = 银 7.57 两	80.69 斤 × 6.6 分 = 银 5.33 两
办买物料共银	40.13 两	40.13 两

注：传统中国重量单位 1 斤等于 16 两，本章皆改为十进制，如黄蜡 140 斤 12 两等于 140.75 斤。

资料来源:《清宫内务府奏案》第 196 册，乾隆三十七年十月十五日，第 406—410、413—417 页。

表 10–2　制作骡子天王 1 尊、雅曼达噶 1 尊的匠役和工价

工匠及对应步骤	骡子天王	雅曼达噶
画匠（1）	2 工	1.5 工
拨蜡匠（2）	278.5 工	197 工
大器匠（3）	502 工	496 工
鉊铍匠（4）	2766.5 工	2461.5 工
锉刮匠（5）	605.5 工	597.5 工
合对匠（6）	482.5 工	477.5 工
收搂匠（7）	461.5 工	378 工
凿花匠（8）	533.5 工	377 工

续表

工匠及对应步骤	骡子天王	雅曼达噶
攒焊匠（9）	226.5 工	364 工
磨匠（10）	220.5 工	169.5 工
洋金匠（11）	2.5 工	7 工
镀金匠（12）	344 工	242 工
共	6425.5 工 ×0.154 两 =989.53 两	5768.5 工 ×0.154 两 =888.35 两
化铜工	7.6 两	4.63 两
打铜工	58.12 两	35.35 两
焊药	20.92 两	28.36 两
工价买办物料焊药	1116.36 两	989.61 两

资料来源:《清宫内务府奏案》第 196 册，乾隆三十七年十月十五日，第 410—412、417—419 页。

　　王世襄在探讨梵华楼珐琅塔时，解释各工匠的职责为大器匠裁切制胎用的铜板、铜叶，锉刮匠锉刮平整铜板、铜叶，合对匠将铜板、铜叶合对成器，收搂（镀镂）匠镀镂巴达马纹饰，凿花匠凿錾月牙、日月、塔顶花纹，攒焊匠将各个构件攒焊到一起，磨匠过火后打磨抛光，镀金匠将金镀在外露的铜的表面。王世襄认为每一工种并非都有专职的工匠，大器匠可能兼司锉刮、合对及攒焊，镀镂匠可能兼司凿錾及盘花。[①] 以上这些说明能增进对制作骡子天王 1 尊、雅曼达噶 1 尊各工序的理解。此工序中鋄钑匠最为重要、人数最多，且表 10-2 中牵涉工艺设计二维图式"画匠"与三维塑形试制"拨蜡匠"，均是制作佛像技术中不可或缺的工序。

① 　王世襄编著《清代匠作则例汇编（佛作、门神作）》，第 232—233 页。

　　张丽在清宫铜器制造的研究中指出，纸样、蜡样皆会呈给皇帝审查，皇帝对呈上来的画样或木样经常提出修改意见，然后再画再审，直至皇帝说"准作"，方可施工。[①] 而在"拨蜡"的工序中，会用到表 10-1 的制作材料，如黄土可制成土版，以在拨蜡时对花纹制成蜡样；黄蜡为制蜡样呈览时的主要用料。

　　在纸样、蜡样审查通过后，即从表 10-2 中步骤（3）至步骤（12）进行大型佛像的成造。其中可分为"铅钑——大器匠至铅钑匠""机械性表面处理与焊接——锉刮匠至攒焊匠""镀金与辅助手续——磨匠至镀金匠"等三大步骤。

铅钑——大器匠至铅钑匠

　　根据温廷宽的研究，制作铅钑的方法主要是连续、反复的烧锻和锤打过程。烧锻技术，工匠将红铜条打成铜叶子，照所需样式、尺寸剪裁好，在铜板上錾出图像后，经炉火烧锻以增加铜的延展性，铜板被锤打一次后，需再加火烧锻以恢复其延展性才能再锤。[②] 红铜放炉火中用渣煤、黑炭、白炭烧锻，打造铜器皿需用黑炭 5.5 斤、渣煤 2.75 斤。[③] 袁凯铮引造办处档案，说铜板由工匠锤打成薄片，用锻打工艺制作佛像可节省材料。[④] 表 10-2 中的化铜工和打铜工还算不上"工匠"，应是

---

①　张丽：《清宫铜器制造考——以雍、乾二朝为例》，《故宫博物院院刊》2013 年第 5 期。

②　温廷宽：《几种有关金属工艺的传统技术方法》，《文物参考资料》1958 年第 3 期。

③　《内务府来文》，档案号：05-08-012-000185-0026，嘉庆十五年十月二十七日。

④　袁凯铮：《西藏传统铜佛像制作工艺的另面观察——基于清宫活计档案记录的讨论》，《西藏研究》2013 年第 1 期。

粗活。

锤打技术首先是"抛"的方法，将铜板被锤的部分置于方铁砧上，用抛锤在背面锤打，使铜板延展凸起。其次是"借"，铜板某部分需要凸起，如鼻部，用四周的铜压挤推移，这方法被称为借。再来是"錾"，铜板打好，表面不够齐整，使用錾子进行锤打。衬垫铜型用烤软的特种胶以手指紧按，填充在铜型背面。然后根据不同地方样式和凹凸面，用锤击錾子在铜型表面细致敲打。[①] 袁凯铮提及应在铜板的背后涂上一层松香、胶泥填充中空部分，让佛像坚固、不变形，然后再贴上木板并用胶泥固定铜板的边缘。佛像锤打工作完成后，松香、胶泥用铲子轻敲即可剥落，松香可以反复熔化使用。[②] 华觉明认为板材下垫特制胶，使用松香、白土子、植物油以 4∶9∶1 的比例配制。[③] 表 10-1 中有松香、土粉、广胶，应该是胶的材料。《中国工艺美术大辞典》阐释胎钣灌胶，"每折见方 1 尺用胶 100 斤，每次化胶折耗 2 两。对胶每斤用松香 11 两、香油 3 两"。[④] 表 10-2 中鉆钣匠二千多名，可见这工作是很吃重的。

选择锻造佛像的理由，除了造型复杂不易铸造，还有铸造佛像用的铜料较多。例如乾隆三十四年，总管内务府大臣三和、英廉奏，极乐世界殿内山上应供释迦佛 1 尊，高 3.2 尺，阿蓝迦舍 2 尊，高 3.1 尺，八大菩萨 8 尊，各通高 3.96 尺，俱用铜铸造供奉。估计按成造铜佛之例共用工料银 1561.51 两，约用红铜条

---

① 温廷宽：《几种有关金属工艺的传统技术方法》，《文物参考资料》1958 年第 3 期。

② 袁凯铮：《试析藏族两种传统铸造工艺的存在——由传统铜佛像制作引发的思考》，《中国藏学》2012 年第 3 期。

③ 华觉明：《中国古代金属技术：铜和铁造就的文明》，第 458 页。

④ 吴山主编《中国工艺美术大辞典》，第 1021 页。

15200斤、渣煤10886斤、黑炭1498斤、黄蜡367斤、铁丝82斤、西纸779张。制造释迦佛每造1尺约用铜375斤，造阿蓝迦舍每造1尺约用铜322斤，造菩萨每造1尺约用铜349斤。[①] 相对来说，锻造则较省铜料。表10–1骡子天王高5.66尺，用铜1196.75斤，每尺约211.44斤；雅曼达噶高4.76尺，用铜727.94斤，每尺约152.82斤，几乎省一半的铜料。此外，制造小佛像利用铸造法进行批量生产可以提高生产效率，对于单一生产的大佛像则无此需求，这也充分地解释了为何表10–2并无铸造技术。

　　表10–1罗列的制作材料对应"鋄钑—大器匠至鋄钑匠"的有四。第一，红铜，为制作大佛像用铜胎，化铜再铸之铜锭受大器匠裁切与鋄钑匠锻打。第二，化铜罐，为将铜料熔化用坩埚，可能由石英与高强度的陶土烧制而成，形成铸锭后由大器匠裁切。第三，渣煤、黑炭、白炭，为化铜、烧锻鋄钑制程中对材料加热所需主要燃料。第四，松香、土粉、广胶、灯油，为鋄钑锻打用特制胶模具原料。

机械性表面处理与焊接——锉刮匠至攒焊匠

　　器件各部分锤打后必须锉边、找齐。表10–2中的锉刮匠、合对匠、收搂（镂镂）匠进行组合和整边工作。在各部件焊接组合前，则进行凿錾细部花纹的凿花工作。凿錾工具大多尖锐，利于在硬质表面刻出纹路，而锉刀表面较为粗糙，具细部研磨功能。锉刀打磨齐平，使接对严密，之后方可攒焊。表10–3为明清软钎焊、硬钎焊技术比较。

---

① 《清宫内务府奏销档》第85册，乾隆三十四年三月初六日，第424页。

表 10-3　明清软钎焊、硬钎焊技术比较

工艺技术	硬钎焊	软钎焊
操作温度	高于 450℃	180℃—450℃
《天工开物》《物理小识》	大焊、红铜焊银器	小焊
常见受焊工件	铜器、青铜器、黄铜器、金银器、饰品，也可焊两端不同成分的金属或非金属	铜器、青铜器、黄铜器，也可焊两端不同成分的金属或非金属
常见焊料	纯铜，或锡青铜（响铜）、黄铜（铜锌）、金银、银铜等合金	最常用的是铅锡合金，或铅银、锡银等合金，或是纯锡、纯铅
常见焊药（助焊剂）	硼砂、胡桐泪	松香、硇砂（氯化铵）
优点	焊接强度高；适合焊接贵重金属器	施作容易；用途广
缺点	施作较难；不能焊接低熔点工件；焊口粗糙	不耐热；铅对人体有害；焊接强度低

资料来源：宋应星《天工开物译注》，第 907 页；郑复光著、李磊笺注《〈镜镜詅痴〉笺注》，第 44 页；华觉明《中国古代金属技术：铜和铁造就的文明》，第 42 页；王世襄主编《清代匠作则例》第 1 册，第 819 页；童宇撰文，谭盼盼、纪捐检测报告《中国古代黄金工艺》，香港中文大学文物馆，2017，第 45—62 页；S. Kalpakjian and S. R. Schmid, *Manufacturing Engineering and Technology*. London: Pearson, 2014, pp. 934–960；马跃洲、华自圭《中国古焊药研究》，《西安交通大学学报》1989 年第 4 期；何堂坤、靳枫毅《中国古代焊接技术初步研究》，《华夏考古》2000 年第 1 期。

由于软钎焊（小焊）的接合强度不足以抵抗大佛像各部位接合处的负荷，故可见表 10-1 记载大量硼砂的使用，其为硬钎焊技术中必需之焊药，作用为与焊料内的氧化物等杂质起反应，能进一步去除焊料杂质，增加焊料的润湿性，并

在高温时提供还原空气，从而避免焊料氧化。[1] 华觉明认为焊药（焊料）以铜和锌各半配制，再加上 25% 的硼砂。[2] 制作雅曼达噶像就直接写焊药银，没有配方，很有可能是使用了当时常见的硬钎焊焊料配方"四六银焊药"，为银和铜的混合。

银铜合金是明清时期硬钎焊工艺的新焊料配方，银焊料最早出现于明代方以智的《物理小识》。该书记载："巧焊金玉用银末，如玉柄铁刀之类。"[3] 这里提到焊金玉用银末，而康熙时期焊接西洋仪器多用四六银焊料，即银占六成、铜占四成。如康熙二十年焊接三鸟枪之铜甲叶、束子等项，带去银四六药 1 钱，此项投入银 6 分。[4] 康熙二十五年，营造司来文，焊接南怀仁监造之瀛台水法（喷泉），带去银药 3 两，此项投入银 1.8 两。[5] 康熙五十一年，养心殿造办焊接乐钟 2 座、时钟 1 座、文钟 1 座、小时钟 1 座，送去银四六焊药 9 两，此项投入银 5.4 两。[6] 这些焊料清楚标示了银铜比例，应是宫廷西洋传教士传授的配方。

清代徐朝俊的《高厚蒙求》载："钟表焊药，以银焊为良方。用菜花铜六分、纹银四分，则老嫩恰好。铜焊药匠近于铜铺中有合就者。"用菜花铜六成、纹银四成的说法也被郑复光

---

① 赖惠敏、苏德征：《清朝宫廷用锡的来源与工艺技术》，《新史学》2019 年第 3 期。

② 华觉明：《中国古代金属技术：铜和铁造就的文明》，第 458 页。

③ 方以智：《物理小识》，《景印文渊阁四库全书》子部第 867 册，第 891 页。

④ 《清代内阁大库散佚档案选编》，康熙二十年十月初九日，第 161 页。

⑤ 《清代内阁大库散佚档案选编》，康熙二十五年五月二十七日，第 199 页。

⑥ 《清代内阁大库散佚档案选编》，康熙五十一年十月十五日，第 267 页。

的《镜镜詅痴》引述。[①] 另外郑复光又提及一种含铜、锌、银、锡等近似于黄铜的四元合金配方:"铜大焊方,菜花铜一斤(顶高之铜),白铅半斤,纹银一钱八分,合化铸后人点锡(四钱八分),速搅匀即得。"[②] 可见硬钎焊料大多以铜为基,且比镴(铅锡合金,最常见即为铅37%、锡63%)焊牢固得多。乾隆三十六年,总管内务府奏准换造陵铜祭器2274件,焊做用四六银焊药58.08两,用银34.85两。[③] 内务府匠作则例载,银焊药银占六成,跟康熙朝宫廷用度相关记载相同。然而古代并没有通用的焊药与焊料定义,以现代焊接工艺而言,应记为"四六银焊料"。

前述讨论的康熙时期焊接三鸟枪之铜甲叶及乾隆时期换造陵铜祭器的银铜合金焊料占铜四成,但《镜镜詅痴》指出的银铜合金焊料用到占铜六成的银铜合金,两种配方之性质差异主要在于银铜合金硬钎焊之工作温度、焊料流动性、接合机械性能及材料成本等方面。[④] 概括而言,铜占四成的银铜合金其焊料流动性好,所需焊接工作温度较低;而铜占六成的银铜合金焊料延展性较佳,也较省焊料成本。

表10-1罗列的制作材料对应"机械性表面处理与焊接——锉刮匠至攒焊匠"步骤,其用途如下。第一,铁油丝,

① 徐朝俊:《高厚蒙求》第3册《自鸣钟表图说》,清嘉庆十四年(1809)刊本云间徐氏藏版,第21页,"中央研究院"历史语言研究所傅斯年图书馆藏;郑复光著,李磊笺注《〈镜镜詅痴〉笺注》,第159页。

② 郑复光著,李磊笺注《〈镜镜詅痴〉笺注》,第44页。

③ 《乾隆朝内务府银库用项月折档》,乾隆三十六年七月一日起至三十日。

④ Li Lin, Wei Can and Shen Ping, "Electrochemically Driven Rapid Wetting of 3YSZ by 60Cu‐40Ag and Its Robust Joining to 304 Stainless Steel," *Journal of the European Ceramic Society*, vol. 40, no. 12 (2020), pp. 4281–4289.

在进行攒焊前，先用铁油丝物理固定合对。第二，红铜、焊药银，配成银铜合金是为攒焊之焊料，焊药银的用量列于表10-2中。第三，渣煤、黑炭、白炭，攒焊制程中对材料加热所需的主要燃料。第四，硼砂，对金属氧化物有强烈的还原作用，与白矾和黑矾均为攒焊用助焊剂的重要成分。第五，白矾、黑矾，白矾是明矾的别称，黑矾学名为硫酸亚铁，两者的主要功用为去除杂质氧化层和清洁金属表面，攒焊与主要助焊剂硼砂混合，能减缓焊料与受焊工件的氧化。第六，盐、碱，攒焊用助焊剂配方也常为盐、碱、矾与硼砂等药品的混合。

镀金与辅助手续——磨匠至镀金匠

佛像的修形和着色，主要在于梅洗和镀金。梅洗金银器皿的工艺与配方已于康熙年间有所记载。康熙三十四年六月，梅洗金银器皿用卤4斤、矾4斤、火硝19斤。[①] 上述配方记载之"矾"与烧古处理用矾皆有清洗表面杂质的功能，而火硝的学名为硝酸钾，有制造焰火、黑色火药与进行酸洗等用途。

《清代匠作则例汇编》记载梅洗工匠计算的方法是以须梅洗见新的表面面积来计算，用酸梅煎水，洗刷鎏金佛像的工料例。梅汤酸性强，易于洗净佛像上多年香烟熏染的油垢，重现金身。[②] 以梅洗工艺应用在鎏金佛像之案例来说，法身高2寸至9寸，周身满折见方尺，每尺用碱2钱、乌梅2.5钱，每3尺梅洗匠1工。如16臂至24臂，每尺用碱5钱、乌梅6钱，

① 《清代内阁大库散佚档案选编》，康熙三十四年六月，第224页。
② 王世襄编著《清代匠作则例汇编（佛作、门神作）》，第21页。

每 1.5 尺梅洗匠 1 工。如高 1 尺至 1.9 尺，每尺用碱 2 钱、乌梅 2.5 钱，每 5 尺梅洗匠 1 工。[①] 借由计算"工量"，也就是估计一个人一天可以洗多少铜器表面，有助于工程人力资源之管理。

清洁表面后，着色即镀金。先将已制备均匀分布的金汞合金胶体，用金棍涂抹到待镀铜器上以使液态汞开始挥发，即为表 10-2 之洋金步骤。但在常温下水银挥发较慢，必须进行烘烤加热去汞，为表 10-2 中的镀金。[②] 加热过程中，金泥镀覆表面所含的水银开始蒸发，等冒白烟就暂停烘烤。另外工匠还需用棉花按擦其表面，因为金泥加热至较高温度时，部分汞蒸气仍然会凝结在镀品上，需要擦掉。这样边烤边擦，黄金就更加紧贴镀品。等到水银被烘烤气化至尽，黄金镀层就会全部露出。按工匠则例，花活折见方寸，每寸用金 5 厘；素活折见方寸，每寸用金 4 厘。如乾隆三十四年，造办处成做佛 1 尊、菩萨 2 尊、背光、下座，并伞，共花活折见方寸 2152.3 寸，每寸用金 5 厘，计金叶 10.76 两；素活折见方寸 2359.8 寸，每寸用金 4 厘，计金叶 9.44 两，二共用金叶 20.2 两。镀金所需材料则与表 10-1 类似。[③]

镀金所形成的金色镀覆坚固、耐用，但技术门槛高且费工。扬金和贴金则利用现有金箔用胶贴覆，做法较为简便，也可与镀金技术搭配进行后续增补、修饰。扬金即是以金箔装饰

---

① 王世襄编著《清代匠作则例汇编（佛作、门神作）》，第 175—176 页。
② Kilian Anheuser, "Cold and Hot Mercury Gilding of Metalwork in Antiquity," *The Bulletin of the Metals Museum* 26 (1996), pp. 48–52.
③ 《清宫内务府奏销档》第 85 册，乾隆三十四年三月初四日，第 392—393 页。

神佛等供像。清李斗的《扬州画舫录》记载:"糙漆扬金,增以潮脑、红金、黄金,属之彩漆匠。"① 扬金配方为每金1块,用广胶3钱,扬金匠半工。(碾金用)佛像扫金使漆上红泥金,每寸金漆2.7分、红标朱8厘、红泥金1厘。每100寸丝绵1两、广胶3分,每50寸扫金匠1工。② 装金是在佛像表面做朱漆地,然后筛扫或戳扫金箔。上金后不再罩漆,北京话又称"明金",即《髹饰录》所谓"金髹"的做法。③ 而传统的贴金法乃用生漆调以配油(熬炼过的熟桐油),再渗入少量银朱,制作为金地漆。把金地漆抹在器物表面,在快干的时候用竹夹覆上金箔,以软毛笔在金箔衬纸纸背上轻刷,然后以丝绵球轻揉,金箔就会贴在器物表面。再用清豆浆薄刷一遍,干了以后涂上一层金漆(生漆调以配油而成)来保护贴金层。④

乾隆二十四年抄本《当谱集》记载了各含金量金铜合金的分辨方法:"七成金、八成黄、九成红、十成紫。黄中白,五六成。白中青,三四成。三成金,内黄也。洋色金,红而潮。烧皮金,麸金。"⑤ 按照《当谱集》分辨八成黄、九成红的方法,红金成色高于黄金,红金的价格也较高(表10-4)。

① 李斗:《扬州画舫录》,汪北平、涂雨公校点,中华书局,1960,第96页。
② 王世襄编著《清代匠作则例汇编(佛作、门神作)》,第116页。
③ 有关技法,参阅王世襄编著《髹饰录解说(增订版)》,文物出版社,1999,第76—79页。
④ 陈佩芬编著《中国青铜器辞典》第6册,上海辞书出版社,2013,第1553页。
⑤ 《当谱集》,《中国古代当铺鉴定秘籍》,第59—60页。

表 10-4　清代各色金（金铜合金）价格比较

种类	价格		种类	尺寸	价格
红金	每块银 5.848 两		红金		每块银 7.1 两
红泥金	每两银 7.086 两		金		每块银 6.1 两
泥金	每两银 6.88 两	扬金	鱼子金	每两合见方 3.3 寸 金 2 块 50 帖	每块银 1.2 两
			红泥金	每两合见方 3.3 寸 金 2 块 50 帖	银 17.75 两
			泥金	每两合见方 3.3 寸 金 2 块 50 帖	银 15.25 两

注：左侧第一列合并单元格为"部例"。

资料来源：王世襄编著《清代匠作则例汇编（装修作、漆作、泥金作、油作）》，第 180—181 页。

四　大威德金刚殿的仪轨

章嘉国师多次到西藏向达赖喇嘛学习佛教仪轨。《七世达赖喇嘛传》常描述其在护法殿向吉祥大威德金刚献内库五色题词哈达、弯刀和装满珍宝谷物的镶银头盖骨，[①] 或达赖喇嘛命做会供，最后祷告（大护法）天女，奉上各种珍宝、武器、谷类、茶叶、绸缎等物。[②] 章嘉国师依此在北京藏传佛寺举办各种仪轨，增强藏传佛教在宫廷的影响力。

参与仪轨人员的菜蔬银

章嘉国师为雍和宫扎萨克大喇嘛，掌管京师各藏传佛寺事

---

① 章嘉·若贝多杰:《七世达赖喇嘛传》，第 332 页。
② 章嘉·若贝多杰:《七世达赖喇嘛传》，第 331 页。

务，制定寺庙的香供、道场、唪①经等规范。② 在此举例中正殿宝华楼和雍和宫诵威罗瓦经时道场人员菜蔬银及准备的各种供品。

中正殿宝华楼系皇帝亲临的道场，参与人员有唪经喇嘛、做巴苓喇嘛、画匠喇嘛、做道场之笔帖式，共计 1203 人。自乾隆三十三年后参与人员每人应给菜蔬银 8.6 分，合计应领 103.76 两，交付广储司出具领。"领取后，交彼处诵经达喇嘛、德木齐等，每人照数分给。米、茶叶等物缮汉字开列于后，交付该处，按人数照数拨给。再，此三日念经喇嘛应领米、酱、醋、盐、茶叶、柴薪等，行文喇嘛印务处，派彼处念经达喇嘛、德木齐等，前往该库，照数领取分给。"③ 一直到乾隆六十年，与会人员的菜蔬银总额都维持在 103.76 两（表 10–5）。

表 10–5 　中正殿宝华楼喇嘛等人员菜蔬银

日期	人员	人数（人）	天数（天）	每日应得银两
十一月二十六日至十二月初五日	做巴苓喇嘛	20	10	8.6 分
十二月初七日至初九日	讽经喇嘛	303	3	8.6 分
十二月初七日至初九日	拨蜡匠喇嘛	11	3	8.6 分
十二月初七日至初八日	画匠喇嘛	10	2	8.6 分
十二月初七日	笔帖式	10	1	8.6 分
十二月初八日、初九日	笔帖式	40	2	8.6 分

资料来源：赵令志等主编《雍和宫满文档案译编》下卷，第 1393—1396 页。

---

① 宫廷正式用法是"唪"字，但宫廷官员或译者有时用"讽"字。
② 赵令志等主编《雍和宫满文档案译编》上卷，第 215—216 页。
③ 赵令志等主编《雍和宫满文档案译编》下卷，第 1226 页。

雍和宫节庆佛事活动主要包括迎新年法会、祈愿法会、跳步扎、佛吉祥日法会、大威德金刚坛城法会、关公磨刀日法会及火供仪式、天降节、燃灯节、腊八舍粥等。[①] 内课系雍和宫内之成规诵经，由四扎仓喇嘛分诵，主要为每日早课和农历初一、十五、初十及月末最后两日的诵经法会。初一、十五日的诵经法会主要念诵大威德金刚经、勇保护法经、地狱主经等。[②]

乾隆十二年十一月，遵旨咨询章嘉国师佛教仪轨之事，告称："西藏之礼，每年自正月初四始，念发愿文经，十四日朵玛咒赞礼，十五日弥勒绕转，藏人称此依如格勒为默朗莫，称朵玛咒为朵玛。此会乃西藏最大道场，于此请所学精湛之喇嘛等考试讲解，获大愿法会格西称号。吾此处雍和宫、广慈寺、北黄寺每等皆亦可照此诵发愿文经、朵玛咒赞礼、弥勒绕转。"[③] 雍和宫每年初都按照章嘉国师的指点举办法会活动。

从乾隆二十六年开始，雍和宫固定于"每月初八、十四、十五、二十九此四日温都孙喇嘛内于护法殿每日各十名喇嘛诵护法经，每月初八日让额木齐扎仓之五十喇嘛于该扎仓诵一日经"。故此，乾隆二十六年十月四次诵护法经，于额木齐扎仓一日诵经时供献巴苓、五供等物品，按例折算用银3.97两；从十月初一至二十九日每日，于都罢供献二巴苓，折算用银1.54两；办给此五次诵经90喇嘛饭一次、茶两次，需用3.5两，以

①　赵令志等主编《雍和宫满文档案译编》上卷，"前言"，第6页。
②　赵令志等主编《雍和宫满文档案译编》上卷，第5—6页。
③　赵令志等主编《雍和宫满文档案译编》上卷，第266页。

上共用 9.01 两。^① 乾隆四十七年四月增加十三日为皇帝诞辰哱经的活动，"该年采办雍和宫诸佛前所点香烛等物件，十三日为皇上万寿诞辰讽经，念护法经"。初八日举办大道场，用161.81 两。再，自十五日始学艺讲经 15 日，用 278.99 两。以上共用 440.8 两。银两改折钱文，按银 1 两折钱 1600 文计，共应领取小制钱 705280 文。^②

另外，章嘉国师规定特定月份有大规模的诵经活动。按章嘉国师所定，雍和宫每年从十月十七日学艺一月，从二十三日开始诵秘密坛城经 7 日，二十八、二十九两日诵护法大晏供养经。因此于乾隆二十六年十月讲经一月时，每日供奉巴苓、五供。7 日诵秘密坛城经、两日诵护法大晏供养经时，将所用巴苓、五供、各式样颜色药等物品区分折算，用 71.85 两。诵经之 484 名学艺喇嘛依例给饭 1 次、茶 2 次，用 538.76 两。以上共用 610.61 两。喇嘛每日饭 1 次、茶 2 次。每名饭 1 次，肉 6 两，每 4 人米 1 升；每名茶 1 次，用茶叶 1 钱、奶油 1 钱、奶子 1.9两。共用肉 5229.75 斤，每斤银 4 分，用 209.19 两；米 348.65斗，每斗银 2.65 钱，用 92.39 两；奶子 3312 斤，每斤银 4 分，用 132.49 两；奶油 174.33 斤，每斤银 8 分，用 13.95 两；茶叶174.33 斤，每斤银 2 钱，用 34.87 两；盐 83.68 斤，每斤银 1.2分，用 1 两；炭篓子 2075 个，每个银 1.3 分，用 26.98 两；人夫 558 名，每名银 5 分，用 27.9 两。以上共用 538.76 两。^③ 丹津班珠尔的《多仁班智达传：噶锡世家纪实》一书提到，在火鸡年摄政第穆诺们汗示寂，多仁班智达家举行追荐事宜，拉萨

① 赵令志等主编《雍和宫满文档案译编》上卷，第 488—489 页。
② 赵令志等主编《雍和宫满文档案译编》下卷，第 988—989 页。
③ 赵令志等主编《雍和宫满文档案译编》上卷，第 490—491 页。

会供法会布施午茶一顿，不分殿内、殿外僧侣，按人均给银 7.5
分。追荐捐献和镶嵌在灵塔上的宝石、金银、绸缎、粮食、酥
油、茶叶、烟草等共折银 1000 两。[①] 章嘉国师制定西藏的诵经
活动，亦使清皇室养成西藏贵族的消费习惯，给寺庙喇嘛布施
大量茶叶、酥油等。

　　乾隆二十九年，章嘉国师再定，每年二月十一日起学艺 30
日，十五日念巴迪礼大祀经 1 日，自二十一日起念威罗瓦坛城
经 7 日，至三月十一日结束念护法大晏供养经 2 日。故于此 30
日讲经，每日供奉巴苓、五供，念威罗瓦坛城经 7 日，末日堆
画坛城，念巴迪礼大祀经 1 日，念护法大晏供养经 2 日，应用
巴苓、五供各样药材等物，学艺 484 名喇嘛每日所食之茶饭，
共用 631.08 两。[②] 同年，章嘉国师再定，每年三月二十一日起
学艺 20 日，四月初一日念钵盂供养经 1 日，至四月初十日结束
念护法大晏供养经 2 日。故于乾隆二十九年三月讲经 20 日，每
日供献巴苓、五供，念钵盂供养经 1 日，念护法大晏供养经 2
日，应用巴苓、五供各样药材等物，学艺 484 名喇嘛内，除念
护法经喇嘛外，办理其余喇嘛之 20 日茶饭，共用 380.56 两。[③]

　　根据章嘉国师拟定的规章，乾隆中期之后雍和宫每年

---

①　丹津班珠尔：《多仁班智达传：噶锡世家纪实》，汤池安译，中国藏学出
　　版社，1995，第 133 页。

②　赵令志等主编《雍和宫满文档案译编》上卷，第 526 页。

③　赵令志等主编《雍和宫满文档案译编》上卷，第 575 页。乾隆三十六年，
　　章嘉国师再定，每年九月十六日起学艺 15 日，自二十三日至二十九日
　　念上药王坛城经 7 日毕，念护法大晏供养经 1 日，共用 326.77 两。参见
　　赵令志等主编《雍和宫满文档案译编》上卷，第 692 页。乾隆三十七年，
　　章嘉国师再定，每年十一月二十六日起学艺讲经 15 日。于乾隆三十七年
　　十一月讲经 15 日，共用 273.2 两。参见赵令志等主编《雍和宫满文档案
　　译编》上卷，第 743—744 页。

二、三、九、十、十一月等都有念护法经的活动，嘉庆朝还在进行。①

嗪经所用的供品

章嘉国师长期修习吉祥金刚大威德修行法。他曾向土观·阿旺却吉嘉措听受了 13 尊吉祥大威德金刚四部灌顶的预备事项和三种传承汇合的陀罗尼咒，以及修习的次第。灌顶仪式最后举行会供曼荼罗，"指修行佛法者观想凭借神力加持五欲及饮食品成为无漏智慧甘露，以供奉上师、三宝及自身蕴、处、支分三座坛场，积聚殊胜资料的仪轨"。仪式上的供品很多，堆得很高，供品中出现了水果，形状像诃子（俗名藏青果），气味芳香浓烈，略带酸味。② 根据图齐的研究，宗教活动是由诵经和仪轨程序组成的。有些仪轨为自己或其他人或得善行或实际利益，如长寿或幸运，他们叫做敬事或福寿法事。在西藏奉献多玛供即用酥油和的青稞面。盛放供品的容器使用金、银、铜、木、陶土和黄铜器皿。与多玛供同时供奉的食品有奶、青稞、奶酪（三白）或糖、糖蜜、蜜（三甜）和糌粑。供品中有茶、米酒、奶及各种种子。图齐提到象征五种感官的宗教仪式，一般使用的物品为镜子（视觉）、小钹（声觉）、盛有香料的海螺（嗅觉）、盛有各种食物的容器（味觉）、丝绸（触觉）。③ 罗伯特·比尔解释，镜子代表视觉和眼睛，在佛教中，镜子是空和净识的完美象征；把水洒在镜子上，映出佛像或唐卡的影像，洗涤过圣像的水

---

① 赖惠敏:《乾隆皇帝的荷包》，第 423—424 页。
② 土观·洛桑却吉尼玛:《章嘉国师若必多吉传》，第 44 页。
③ 图齐、海西希:《西藏与蒙古宗教》，第 155、158 页。

被视为灌顶水。①

　　五觉就是眼、耳、鼻、舌、身五个身体器官对外界的感知，即视觉、听觉、嗅觉、味觉、触觉。供品中有代表视觉的五宝或七宝，以金、银、珊瑚和珍珠构成前四宝，琉璃、绿松石或宝石排列第五位。七宝的排列顺序为金、银、珊瑚、珍珠、琉璃、钻石、宝石。作为供品，珠宝颜色从顶部到底部渐深。② 玛瑙、琥珀可能取代钻石、宝石之类。鲜果作为味觉的供品。藏香是以松柏叶末为主要成分，加入中草药、藏红花、檀香、乳香、芦荟、麝香和其他香料。③ 彩色的丝带代表触觉，丝绸供物可以是白、黄、红、绿、蓝五彩，称为五色缎。④

　　从乾隆十六年起，中正殿念经处奉谕："自十二月初七日至初九日止，讽救度佛母、雅曼达噶城等经三日，于内府暂供救度佛母佛，着将此作为成例。每年召集喇嘛讽经，聚三百名喇嘛，于宝华殿以敏珠尔呼图克图为首，率一百名喇嘛讽救度佛母经。西配殿以果莽呼图克图为首，率一百名喇嘛讽雅曼达噶城经。东配殿以阿旺楚勒提穆为首，率一百名喇嘛讽查甘西库尔泰城经。各自念满三日后赏之日，搭御用黄幄之处，皆遵旨备办。给皇上献沐浴，绕三份食子，拿出巴苓，呈到皇帝御座前。"⑤ 皇帝亲自莅临宝华殿的法会，所以特别慎重。

------

① 罗伯特·比尔:《藏传佛教象征符号与器物图解》，第38—39页。
② 罗伯特·比尔:《藏传佛教象征符号与器物图解》，第225页。
③ 罗伯特·比尔:《藏传佛教象征符号与器物图解》，第53页。
④ 罗伯特·比尔:《藏传佛教象征符号与器物图解》，第66页。
⑤ 赵令志等主编《雍和宫满文档案译编》下卷，第1086页。

又为增加此道场的威力，每年自十二月初七日始至初九日，令雍和宫 1 名大喇嘛为首，聚 400 名喇嘛，讽诵一次《甘珠尔经》。诵经所需供物，交管理雍和宫事务处办理。诵经 3 日供佛物项应垫毡子事宜，仍照前例交该处预备。执事王、大臣、官员皆着蟒袍补褂，所供救度佛母佛仍由内请出供奉。[1] 唯做此道场所需物品甚为繁杂，将应需之物缮写汉文，交各该处，务必选派贤良首领、执事人等，率工匠，自十二月初四日始至中正殿，好生备齐。在此举乾隆五十七年念威罗瓦坛城经准备供品为例来说明（表 10-6）。

表 10-6　乾隆五十七年念威罗瓦坛城经、画坛城、装宝瓶供品

供品	数量	费用	供品	数量	费用
念威罗瓦坛城经 7 日					
香花五供	700 份	20.11 两	紫檀	7 两	0.35 两
丁香	7 两	1.48 两	白芸香	7 两	0.15 两
黑芸香	7 两	0.22 两	红黄藏香	10 支	0.58 两
五寸巴苓	70 个	0.36 两	黑手帕	5 个	0.5 两
画坛城					
银朱	1 斤	0.93 两	靛花	3.5 两	0.013 两
白粉	8 两	0.009 两	石黄	7.25 两	0.11 两
黄丹	11 两	0.09 两	铜绿	7.5 两	0.084 两
黑烟子	1 两	1.004 两	大白手帕	1 个	0.35 两

---

[1]　赵令志等主编《雍和宫满文档案译编》下卷，第 1086 页。

续表

供品	数量	费用	供品	数量	费用
装宝瓶					
金	2分		银	2分	
常用八样宝石末	1.6钱	1.6钱	荞麦	2两	0.01两
米	2两	0.005两	青稞	2两	0.02两
豆	2两	0.005两	白芝麻	2两	0.01两
苦参	2两	0.01两	藤里干	2两	无价
白葛蒲	2两	0.02两	海皮硝	2两	0.06两
仙人掌	2两	0.6两	白檀	2两	0.12两
黑檀	2两	0.1两	肉豆蔻	2两	0.33两
藏红花	2两	1.5两	冰片	2两	4两

资料来源：赵令志等主编《雍和宫满文档案译编》下卷，第1276—1277页。

念威罗瓦坛城经的供品很值得注意，雍和宫档案所说的"五供"，"每一分用米四钟、藏红花二分、花一枝、香一枝、奶油二两、三寸巴令一个"。[1] 这是指供威罗瓦坛城经，若哞时轮王佛经的五供又不同。[2]《燕京岁时记》载："所谓藏香，乃西藏所制。其味浓厚，得沉檀芸降之全。每届岁除，府第朱门，

---

[1] 赵令志等主编《雍和宫满文档案译编》上卷，第526页。

[2] 哞时轮王佛经摆五供需用奶油77.44斤，和油214.5斤，馒首、时果各1299个，小灯草花1300枝，白老米仓石6石，高香1600支，棉油0.5斤，茜红素蜡1对（重8两）。参见赵令志等主编《雍和宫满文档案译编》上卷，第526页。

焚之彻夜，檐牙屋角，触鼻芬芳，贞香中之富贵者也。"① 此藏
香为藏地所制。

表 10-6 中的装宝瓶有金、银，常用宝石粉末应该是珊瑚、
珍珠、琉璃、钻石、宝石等制作而成，还有五谷米、青稞、荞
麦、豆、芝麻等象征谷物大丰收，"而丰收是生长在须弥山北
俱芦洲的长生无壳谷穗的标识。据说，富饶大地上尚未收获的
庄稼会在收割的那天自动再生。谷穗干净、完美、美丽、香甜、
令人愉悦、易于收割"。② 苦参、藤里干、白葛蒲、海皮硝、
仙人掌应属药物，值得注意的是豆蔻、冰片、檀木属于暹罗
贡物。如《明清史料庚编》载，暹罗贡物照例拟收 26 件：龙
涎香 1 斤、上沉香 2 斤、幼镤石（钻石）1 斤、犀角 3 对、象
牙 300 斤、荳蔻 300 斤、腊黄 300 斤、降真香 300 斤、大枫子
300 斤、乌木 300 斤、苏木 3000 斤、荜拨 100 斤、桂皮 100 斤、
树胶香 100 斤、儿茶皮 100 斤、樟脑 100 斤、上檀香 100 斤、
硫黄 100 斤、翠鸟皮 600 张、孔雀尾 10 屏、阔红布 10 匹、大
荷兰毡 2 领、上冰片 1 斤、中冰片 2 斤、冰片油 20 瓢、蔷薇
露 60 罐。③ 暹罗进贡象牙、香料、木材数百千斤，而冰片只
有几斤，因此，表 10-6 冰片每两价格为银 2 两，可想见其珍
贵程度。印度藏红花和檀香木也用于各种宗教仪式。④ 藏香以
松柏叶末为主要成分，加入中草药、藏红花、檀香、乳香、芦
荟、麝香和其他香料。

---

① 富察敦崇：《燕京岁时记》，北京古籍出版社，1981，第 97 页。
② 罗伯特·比尔：《藏传佛教象征符号与器物图解》，第 241 页。
③ "中央研究院"历史语言研究所编《明清史料庚编》第 6 册，"中央研究
院"历史语言研究所，1999，第 503 页。
④ 罗伯特·比尔：《藏传佛教象征符号与器物图解》，第 45 页。

图 10-6　珐琅巴苓

资料来源：王家鹏主编《梵华楼》第 1 卷，第 82 页。

所用供品满语叫"巴苓"，蒙语叫"白楞"，梵文为"balin"，藏文为"朵玛"（gtor-ma），即大块茯苓的模型。鲜果模型是用面捏成各种鲜果的形状，喇嘛称面鲜为"面供"。[①]有特别做巴苓的喇嘛，称巴苓喇嘛。在古印度献祭仪式中通常使用食物做供品，如水果、谷物、米饼或饴糖。西藏的朵玛有"摒弃""切开""分撒"之意。朵玛有三种形状：供奉朵玛用于怀柔、增长及除障的世俗仪式；锥形食用会供朵玛，精神祝福仪式举行后可以切开，分撒给参加仪式的人食用；最大宗的神灵朵玛需要单独捏制，代表坛城的象征形式或符合某位独特神灵的口味。有些朵玛体积小又简单，只是一个基本的锥形体或三角形金字塔；有些朵玛却极其复杂，尺寸高达一人。白色圆锥形朵玛属于供奉给白度母和观音菩萨这类善相的怀柔朵玛。供奉给转轮王或金刚瑜伽母这类的半怒相本尊神的则十分复杂，通常为红色心形朵玛。供奉给大黑天神或金刚橛神这类怒相的朵玛通常是红色的，顶部有雕制三角形的火焰。糌粑面团中加入各种原料，即青稞粉、酥油和水糅在一起，内含酪、乳、酥油、糖蜜、饴糖、蜂蜜和二十五宝瓶药。[②]

"噶尔满达"陈设物品为的是放乌卜藏仪式。乾隆三十七年，皇帝问章嘉国师贡香在庄浪的用途，章嘉国师回答系和乌卜藏用，旋做数珠，研为细末做烓香，做药味。[③]乌卜藏香用黄速香面 3 斤，茵陈 2 钱，青木香 9.13 斤，五样干树枝 1 钱（桃、桦、桑、槐、楮），沉香、白檀香、紫降香、白芸香、柏木香、荆芥各 2 两，飞金 2 张，丁香 2 钱，三样茶叶各 1 钱（武

---

① 金梁编纂《雍和宫志略》，第 54—55 页。

② 罗伯特·比尔：《藏传佛教象征符号与器物图解》，第 248—249 页。

③ 《清宫内务府奏案》第 193 册，乾隆三十七年四月十四日，第 285 页。

彝茶、六安茶、黄茶），饽饽果子各半盘（七星饼、红枣、核桃），宝石末1钱，五谷面3合（红谷、白谷、麦子、糜子、黍子），甜香、异香、福寿香、兰花香各2.8两，共13.78斤，除去渣末共得12斤。[①] 关于乌卜藏仪式，《雍和宫满文档案译编》中有许多资料。王帅认为雍和宫火供仪轨分两部分，一是"增长火供"，增长戒、定、慧三学；二是"熄灭火供"，消除贪、嗔、痴三毒。整个仪轨严格按照藏传佛教定制进行，是雍和宫大威德金刚信仰的核心，也是雍和宫一年一度举办的最重要的法会之一（表10-7）。[②]

表10-7　乾隆三十七年念完威罗瓦坛城经做噶尔满达用品

	数量	费用		数量	费用
奶油	50斤×0.08	4两	五色杭绸	5尺×0.04	0.2两
五寸巴苓	5个×1.25斤×0.018	0.023两	小白手帕	10条×0.07	0.7两
米	5仓升×0.012	0.066两	粳米	1斤	0.04两
青稞	1斤	0.16两	荞麦	1斤	0.08两
大麦	1斤	0.16两	白芥子	1斤	0.16两
黑芝麻	1斤	0.16两	古色草	50枝×0.012	0.6两
白豆蔻	1斤	0.8两	槟榔	50个	0.031两
玉谷草	50枝	无价	孩儿茶	5两×0.031	0.16两

① 《清宫内务府奏案》第193册，乾隆三十七年四月十四日，第291—294页。

② 王帅：《雍和宫大威德金刚坛城法会宗教艺术初探》，《法音》2022年第1期。

续表

	数量	费用		数量	费用
栀子花	5 两	无价	酸奶子	1 斤	0.025 两
香化五供	5 份 × 0.029	0.14 两	共银		39.8 两

资料来源：赵令志等主编《雍和宫满文档案译编》下卷，第 1277 页。

白芥子可榨得食用油和点灯用的油，在古印度被视为具有神奇力量之物，有助于抵御一切障碍和逆转不祥的命运。[1] 莱辛解释白芥子有驱魔的作用。图齐认为沙粒和白芥子种子为举行净礼的必备用物，仪式过程中把这些东西烧掉并化在"空"中。[2] 宫廷用玉谷草和古色草，可能是为了取代沙粒，作为仪式上的燃料。八瑞物包括宝镜、黄丹、酸奶、长寿茅草、木瓜、右旋白螺、朱砂、芥子。它们代表敬献给佛陀的一组具象供物，象征着佛陀的八正道。[3]

西藏、蒙古地区平日常饮用酥油茶，以酥油、奶、茶同时奉献是很常见的。图齐解释密教仪式中必须有敬神供品。在小银盘中放有一只杯子，杯中盛供品，供品中有茶、米酒、奶及各种种子。旁边是一个盛有各种供品的被称为供瓶的细颈瓶，供品中掺有米酒、茶叶或奶。[4] 酸奶纯净洁白的特点象征着经陈滋养和断灭一切恶业，作为八瑞物之一，象征妙生女敬献给

---

[1]　罗伯特·比尔：《藏传佛教象征符号与器物图解》，第 45 页。
[2]　费迪南德·D. 莱辛：《雍和宫：北京藏传佛教寺院文化探究》，第 184 页；图齐、海西希：《西藏与蒙古宗教》，第 246 页。
[3]　罗伯特·比尔：《藏传佛教象征符号与器物图解》，第 35 页。
[4]　图齐、海西希：《西藏与蒙古宗教》，第 1573 页。

佛陀的 49 口乳糜。在佛陀的蓝色僧钵里常画有白色酸奶。酸奶
和牛尿、牛粪一起煮沸晾凉后晒干，加入藏红花制成小丸子，
经加持成甘露降魔丸。[①]

　　吉祥草的作用是用它在供物上滴洒，为供物加持，同时诵
经三遍或七遍。仪式结束时，供碗中的水一并倒入容器，然后
把水、鲜花和食品供物一起抛撒，供过往的动物或饥肠辘辘的
精灵食用。[②]

　　在满洲人的祭祖活动中，以满洲特产的苏子、蜂蜜、奶油、
山葡萄等为供品，与藏传佛教仪式的祭品青稞、荞麦、豆蔻、
冰片、檀木等完全不同。[③] 此应是章嘉国师自西藏引入的仪轨
影响了宫廷。

＊＊＊

　　本章着重分析西藏工艺和仪轨传播到北京的过程，章嘉
国师贡献卓著，譬如从西藏引进大威德金刚和工匠，以及指导
喇嘛建立完备的仪轨，使雍和宫等处的打鬼活动成为当时北京
百姓的共同记忆。赵骏烈的《燕城灯市竹枝词》载："旃檀寺
里看喇嘛，背负长竿手放杈。不念弥陀称打鬼，齐声占得好

---

①　罗伯特·比尔:《藏传佛教象征符号与器物图解》，第 40—41 页。传统
　　上，用来配置甘露降魔丸的象征性配料源自植物，包括榄仁树、丁香木、
　　小豆蔻、肉豆蔻、藏红花和檀香木。参见罗伯特·比尔《藏传佛教象征
　　符号与器物图解》，第 257 页。
②　罗伯特·比尔:《藏传佛教象征符号与器物图解》，第 83 页。
③　赖惠敏:《清乾隆皇帝制作金属祭器的意义》，《故宫学术季刊》第 37 卷
　　第 3 期，2020 年。

年华。"①

王家鹏考证皇家建置雅曼达噶神坛的七个时间：圆明园清净地建于乾隆十年，雍和宫雅曼达噶建于乾隆十四年前后，永安寺善因殿建于乾隆十六年，圆明园舍卫城普福宫建于乾隆二十四年，安远庙建于乾隆三十年，普陀宗乘之庙建于乾隆三十二年，梵宗楼建于乾隆三十三年。② 宫廷有一半以上的雅曼达噶神坛建于清朝平定准噶尔战争期间，可见乾隆帝希望借助大威德金刚的神力打败准噶尔。准噶尔部汗王达瓦齐与阿睦尔撒纳不和，章嘉国师、噶勒丹锡博图、济隆活佛等遵照皇帝谕令："三位上师举行了吉祥大威德金刚威猛烧施法事。……不久，达瓦齐被擒获，阿睦尔撒纳势穷远遁，准噶尔和回回两部的地方都归于大皇帝的统治之下。"③ 皇帝奖赏章嘉国师、噶尔升西勒图呼图克图、吉隆呼图克图三人每人 1000 两，啧经喇嘛等 2000 两，共 5000 两。④ 乾隆二十一年，军机处传旨赏章嘉国师 500 两。⑤ 可见乾隆帝相信做大威德金刚威猛烧施法事有效。

乾隆四十九年上谕："据章嘉国师奏称，伊啧诵雅满达喀佛大咒十万次后，又集普罗苑六十余僧侣，啧诵消弭恶事之多克锡特咒七日。章嘉国师如此虔诚诵经，甚善。今阿桂已抵甘肃，会同福康安领兵包围贼穴石峰堡，贼力已竭，不久即可剪除。皇帝赏呼图克图鲜荔枝二、珊瑚头伽南香念珠一串。其普罗苑诵经

① 雷梦水等编《中华竹枝词》(1)，北京古籍出版社，1996，第 71 页。
② 王家鹏：《清代皇家雅曼达噶神坛丛考》，《故宫博物院院刊》2006 年第 4 期。
③ 土观·洛桑却吉尼玛：《章嘉国师若必多吉传》，第 167 页。
④ 《乾隆朝内务府银库用项月折档》，乾隆二十年十月一日至二十九日。
⑤ 《乾隆朝内务府银库用项月折档》，乾隆二十一年闰九月一日至二十九日。

僧侣等，着赏银三百两。"① 清朝武力上略胜一筹，精神层面则有章嘉国师施法，相得益彰。但在文人看来有不同解读，王鸿绪的《燕京杂咏》写道："悯忠古刹读唐碑，将士征辽实可悲。纵有番僧施梵咒，沙场那得髑髅知。"②

此外，本章分析了清宫造办处制造骡子天王与雅曼达噶的材料与匠役工价等重要档案，可知从对所收集铜物料进行化铜起，至完成金碧辉煌的神像止，需经过工件形状设计、铞錽（烧锻与锤打）、机械性表面处理、焊接及镀金等繁复的程序，为产品添加了远比原物料本身高出许多的价值，也成功地将庄严的二维图示转化成栩栩如生的三维造像。每项金属技术的成熟，绝非数十年可成。而章嘉国师与清宫造办处能整合前朝累积的工艺经验、外雇工匠的专长、尼泊尔等具特色的冶金技术，实使清廷制造佛像的工艺技术取得了长足进步。

西藏的"五供"通过章嘉国师移植到清宫，供品内容也愈加丰盛、繁复。雍和宫乌卜藏的仪式在于增长戒、定、慧三学，消除贪、嗔、痴三毒，整个仪轨按照藏传佛教信仰来制定。章嘉国师以大威德金刚为护法神，提升心灵层次。过去学者讨论章嘉国师多半引用《章嘉国师若必多吉传》，分析他认看古佛像产地和制作的好坏，本章利用清宫档案，论证他全面建立了佛像系谱、陈设、仪轨等。

---

① 《乾隆朝满文寄信档译编》第 17 册，第 618 页。
② 雷梦水等编《中华竹枝词》（1），第 25 页。

结　语

通过朝贡、进贡、贸易等途径，大量的物品进入清宫。本书仅分析毛皮、纺织品、珊瑚、金属器等物品，就可知其数量庞大。这都得感谢清宫档案的出版，让我得以爬梳其中细节。清宫庋藏的舶来品亦通行于北京城区，18世纪北京的崇文门关已大量出现洋货的税目。宫廷的品味影响了北京民众。乾隆二年，御史周人际奏称："京师辇毂之下，人民辐辏，商贾云集，俗尚豪华，不独八旗然也，今街市齐民悉着貂衣缎，旗兵其谁甘俭朴乎？京师商民半系外至，外至者悉着貂衣缎，处京师者，又谁甘俭朴乎？"[①]然而，商民或旗兵崇尚奢华是仿效宫廷。流行风气的至上而下，一改明代士大夫主导的时尚。学者如柯律格（Craig Clunas）、卜正民（Timothy Brook）、巫仁恕等讨论晚明消费文化，认为晚明是由士大夫引导时尚。[②]然而清代士大夫在创造时尚方面所扮演的角色已大不如前，取而代之的是宫廷领导流行，尤以18世纪的乾隆朝为然。

究竟应该用什么角度来看待18世纪的洋货？近年来学者提出"现代性"的解释，一反过去现代化理论强调中国西化的模

① 《内阁大库原藏明清档案》，乾隆二年闰九月，档案号：025051。
② 巫仁恕：《明清消费文化研究的新取径与新问题》，《新史学》第17卷第4期，2006年。

式，而是阐释中国接受外来文化有一个扩散的历程。郑扬文教授认为洋货在单一阶层的流行并不等于消费文化的确立，必须等到由部分人口扩散到其他阶层，从城市扩至非城市地区，其扩散与否必须与中国人既存的衣食住行习惯相合，才能跨过阶级和城乡的樊篱。[1] 本书探讨的清宫宝藏之洋货亦是有层次地往外扩展，首先是带动京城时尚，再由北京往外扩展到其他地区。最显著的是蒙古王公每年到北京朝觐，驻锡外馆附近有一二百家杂货店，贩售铜盆、铜器皿、铜佛像等。至今参观蒙古国的博物馆都可以看到当时的各种铜器皿。

与此同时，宫廷以洋货为材料，融入宫廷文化特质，再经设计、创新式样，洋货的用途已超出西方人的想象。韩格理认为中国人所接受的进口物品经常与当地的模仿品相竞争，后者在竞争中很快就占领了相当份额的市场。[2] 譬如中国进口洋铜为铸币用，但宫廷制造的佛像、祭器等也使用洋铜。宫廷的式样被称为"内造样""宫样"，内务府工匠做的样必须经皇帝审核通过才能成做器物。宫廷精心制作的物品成为北京消费大众仿效的对象。文人的竹枝词提到穿戴的洋货，如"纱袍颜色米汤娇，褂面洋毡胜紫貂。班指要人知翡翠，轻寒犹把扇频摇"。[3] 洋毡、翡翠都是极为珍贵的洋货。又如"满身翡翠与金

---

[1]　郑扬文：《清代洋货的流通与形式洋拼嵌（mosaic）的出现》，温桢文、詹宜娜译，巫仁恕等主编《从城市看中国的现代性》，第37—52页。

[2]　Gary G. Hamilton：《中国人对外国商品的消费：一个比较的观点》，张维安译，《中国社会与经济》，第191—225页。

[3]　得硕亭：《草珠一串》，杨米人等：《清代北京竹枝词（十三种）》，第54页。

珠，婢子扶来意态殊。不过婚丧皆马褂，手中亦有鼻烟壶"。[1]
但是洋货不是质量保证，从俄罗斯输入的洋布，"绵袍洋布制荆
妻，颜色鲜明价又低。可惜一冬穿未罢，浑身如蒜伴茄泥"。[2]

乾隆时期宫廷对各种日用物资的需求大增，宫廷买办负责
向北京铺户采购物资。衣食之外，宫廷向北京银楼订制珠宝首
饰。潘荣陛记载乾隆年间北京的敦华、元吉银楼制作金银宝饰，
从现今台北故宫博物院珍藏的首饰仍可看到银楼戳记。再如晚
清的恒利银楼不仅成做宫廷器物，还兼营金融业，大量贷款给
内务府。旗人仿效内廷时尚的习惯，使宝华楼从护国寺扩张到
正阳门外的排子胡同、廊房头条、大栅栏等。

乾隆帝大量刊刻《皇朝礼器图式》，颁布于各省，连台南
孔庙现在仍保存着乾隆年间的祭器。夏仁虎在《旧京琐记》中
说："京师工艺之巧盖萃南北之精英而成之，历代帝都，四方
筐篚之贡梯航并至，有所取法。又召集各省巧技匠师为之师
资，故由内府传及民间，成风尚矣。"[3] 当时竹枝词载："尖靴武
备院称魁，帽样须圆要软胎。不为生云兼壮首，只求人似日边
来。"[4] 武备院尖靴样为外省纷纷仿效，传到江南苏松地区必须
数年时间，而京师往往又变了样。[5] 清代北京为毛皮手工业中
心，外任的官员离京时必备的物件包括京帽、袍褂、京靴等。

---

① 得硕亭:《草珠一串》，杨米人等:《清代北京竹枝词（十三种）》，第
52页。

② 杨静亭:《都门杂咏》，杨米人等:《清代北京竹枝词（十三种）》，第
79页。

③ 夏仁虎:《旧京琐记》，第101页。

④ 得硕亭:《草珠一串》，杨米人等:《清代北京竹枝词（十三种）》，第
53页。

⑤ 李家瑞编《北平风俗类征·服饰》，第237页。

延昌的《事宜须知》载："应用衣服备送礼物，有万不可少者，必须在京购买开列细单于后：京帽、本色貂褂一件，白凤毛褂一件，京靴各双。以上盖自用，应有之物，非谓炫羡，章服若缺，路近亦可随时置办，不必多带。至于送礼之物另有一单：帽缨、皮帽沿、皮袖头、京靴。"[1] 京帽、本色貂褂、京靴是官员服饰的必要配备，并非可炫耀的奢侈品。而帽缨、皮帽沿、皮袖头、京靴可作为礼品赠送，算是北京特产。此亦说明北京穿戴时尚扩展至全国各地。

　　辛亥革命后，宫廷的技艺是否仍在延续？从《经济部档·商业司》档案仍可见以"恒祥镀金作""云升首饰作""振兴首饰作"为名称的作坊。[2]《北平市工商业概况》第一编特品描述了北平特产与宫廷极为密切的关系。如"景泰蓝系清乾隆中叶致力仿制景泰蓝从而兴起。历嘉道而至咸丰，市肆之间，始有珐琅专业。所出精品，都人士咸相矜尚。及光绪庚子年后，海禁大开，各国人士见其精美，亦争来订购。沿至民国并在平市设立公司收运，此业遂见发达。美国之圣路易万国博览会，景泰蓝与赛，得一等奖"。[3] 又如首饰业"在前清时代，养心殿设有造办处，专为内庭供奉。其时各地制造首饰之名工，罔不招致其中。又前外打磨厂内戥子市，向为首饰楼聚集之所，承造满籍贵族妇女之扁方垫子（满人梳两把头，其顶梁之横簪

---

[1]　延昌:《事宜须知》卷1，清光绪十三年（1887）桂林杨鸿文堂刊本，第11—12页。

[2]　《经济部档》，民国三十七年九月，"中央研究院"近代史研究所档案馆藏，档案号：18-23-01-01-24-020。

[3]　池泽汇等编纂《北平市工商业概况（一）》，张研、孙燕京主编《民国史料丛刊》第571册，第15页。

名为扁方，其底部曰垫子）镶嵌金玉珠翠、备极精巧"。[①] 此提到内务府造办处网罗各地制造首饰之名匠，甚至在打磨厂等处聚集首饰楼。其他笔墨、锦匣、灯画、皮革等也和宫廷制造作坊有渊源。服饰方面，辛亥革命后，官员不再以毛皮服饰区分阶级等第，制作男性衣领、袍褂等服饰减少，但女性依旧穿着大衣、斗篷、女袍。又有以貂皮和狐皮制作领袖、围巾、帽子等。各种居家的皮褥、皮毯仍有其市场。民国时期，每年秋后即为批货之期。若外销则上海、南京、汉口、山东、河南、江西、湖南、广东等处客商每逢入秋即来北平采购，其中以上海为最多。[②] 至于对外贸易，皆由天津各洋行之出口商到北平收购，洋行多为犹太人所设，如新华洋行、好士洋行、远东洋行等。[③]

南京人在北京执工商业者曰"缎庄"，凡靴帽之才皆聚于此。又有织工，昔内府设绮华馆，聚南方工人教织于中，江宁织造选送以为教习。又织绒毡者亦南京人，能以金线夹绒织之，璀璨耀目。[④] 由此看来内务府的工匠系来自江南，教导工人织绒毡、服饰等。北京的作坊或商铺在乾隆时期即组织行会，如浙江人的西金行会馆、正乙祠会馆，山西人的潞安会馆、临汾会馆等。这些会馆碑刻资料俯拾皆是，凡有志于宫廷史、社会史、经济史研究者皆可从中找到有价值的材料。

---

① 池泽汇等编纂《北平市工商业概况（一）》，张研、孙燕京主编《民国史料丛刊》第 571 册，第 105 页。

② 池泽汇等编纂《北平市工商业概况（一）》，张研、孙燕京主编《民国史料丛刊》第 571 册，第 182 页。

③ 邹来钰、赵世俊：《北平的毛皮业（续完）》，《工商月刊》第 5 卷第 11 期，1948 年。

④ 夏仁虎：《旧京琐记》，第 97 页。

参考文献

未刊档案

中国第一历史档案馆

宫中朱批奏折·财政类

嘉庆朝内务府银库用项月折档

军机处汉文录副奏折

军机处录副奏折

军机处满文录副奏折

内阁题本户科

内务府呈稿

内务府瓷库月折档

内务府广储司六库月折档

内务府广储司银库月折档

内务府来文

内务府题本

内务府银库进项月折档（乾隆朝）

内务府造办处档案

内务府奏案

乾隆朝内务府银库用项月折档

乾隆朝内务府奏销档

清代谱牒档案

养心殿造办处各作成做活计清档

台北故宫博物院

宫中档乾隆朝奏折

宫中档咸丰朝奏折

宫中档雍正朝奏折

军机处档折件

"中央研究院"近代史研究所档案馆

北洋政府外交部商务档

实业部档

总理各国事务衙门清档

"中央研究院"历史语言研究所

清代内阁大库原藏明清档案

"文化部"蒙藏文化中心

蒙古国家档案局档案

已刊史料

B. C. 米亚斯尼科夫主编《19 世纪俄中关系：资料与文献》第 1
　　卷，徐昌翰等译，广州人民出版社，2013。

阿尔泰语研究所编《御制清文鉴》，大邱：晓星女子大学出版
　　部，1978。

爱新觉罗·溥仪:《我的前半生》，香港：文通书店，1964。

《北京满族调查报告（一）》，中国科学院民族研究所、辽宁少数民族社会历史调查组编《满族社会历史调查报告》下册，1963。

北京市档案馆编《那桐日记（1890—1925）》，新华出版社，2006。

曹雪芹、高鹗:《红楼梦校注》，冯其庸等校注，台北：里仁书局，1984。

陈宏谋:《申铜禁酌鼓铸疏》，贺长龄辑《皇朝经世文编》卷53户政28，台北：文海出版社，1979。

池泽汇等编纂《北平市工商业概况（一）》，张研、孙燕京主编《民国史料丛刊》第571册，大象出版社，2009。

《崇文门商税衙门现行税则》，光绪三十四年刊本，"中央研究院"历史语言研究所傅斯年图书馆藏。

大连市图书馆文献研究室、辽宁社会科学院历史研究所编《清代内阁大库散佚档案选编》，天津古籍出版社，1992。

《清实录》，中华书局，1986。

《大清会典事例（光绪朝）》，中华书局，1991。

《大清会典（嘉庆朝）》，台北：文海出版社，1991。

《大清会典则例（乾隆朝）》，商务印书馆，1908。

《大清仁宗睿皇帝实录》，中华书局，1986。

《大清圣祖仁皇帝实录》，台北：华文书局，1969。

《大清太宗文皇帝实录》，台北：华联出版社，1964。

得硕亭:《草珠一串》，杨米人等著、路工编选《清代北京竹枝词（十三种）》，北京古籍出版社，1982。

杜赫德编《耶稣会士中国书简集：中国回忆录》，郑德弟等译，大象出版社，2005。

范清沂：《重修炉神庙碑记》，清乾隆二十一年（1756）拓片，"中央研究院"历史语言研究所傅斯年图书馆藏。

方以智：《物理小识》，《景印文渊阁四库全书》，台北：台湾商务印书馆，1983。

方裕谨：《宣统二年京师外城巡警总厅抄送各商行规史料》，《历史档案》1995 年第 4 期。

福格：《听雨丛谈》，中华书局，1984。

抚顺市人民政府地方志办公室等编《清永陵志》，辽宁民族出版社，2008。

富察敦崇：《燕京岁时记》，北京古籍出版社，1981。

富俊：《科布多政务总册》，全国图书馆文献缩微复制中心，1988。

高濂：《遵生八笺（重订全本）》，王大淳校点，巴蜀书社，1992。

《造像量度经》，工布查布译，台北：台湾印经处，1956。

故宫博物院、故宫鼓浪屿外国文物馆编《海国微澜：故宫鼓浪屿外国文物馆展览图录》，故宫出版社，2017。

故宫博物院编《故宫博物院藏清代宫廷绘画》，文物出版社，1992。

故宫博物院编《清宫包装图典》，紫禁城出版社，2011。

顾禄：《清嘉录》，上海古籍出版社，1986。

关嘉录、王佩环译《〈黑图档〉中有关庄园问题的满文档案文件汇编》，中国社会科学院历史研究所清史研究室编《清史资料》第 5 辑，中华书局，1984。

郭福祥：《明清帝后玺印》，国际文化出版公司，2002。

《国朝宫史》，左步青校点，北京古籍出版社，1987。

《国朝宫史续编》，左步青校点，北京古籍出版社，1994。

《国家图书馆藏清代税收税务档案史料汇编》，全国图书馆文献缩微复制中心，2008。

国家图书馆分馆编《中国古代当铺鉴定秘籍》，全国图书馆文献缩微复制中心，2001。

何秋涛:《北徼方物考》，《小方壶斋舆地丛钞正编》，清光绪丁丑年（1877）至丁酉年（1897）上海著易堂排印本。

何秋涛:《朔方备乘》，台北:文海出版社，1964。

洪大容:《湛轩燕记·湛轩燕行杂记三》，成均馆大学校大东文化研究院编《燕行录选集》卷上，首尔:成均馆大学校大东文化研究院，1962。

胡敬:《国朝院画录》，台北:明文书局，1985。

纪昀:《阅微草堂笔记》，《笔记小说大观》，台北:新兴书局，1988。

蒋廷黻编《筹办夷务始末补遗》，民国间抄本。

金维诺主编《中国藏传佛教雕塑全集》，北京美术摄影出版社，2002。

金文华编《简明北平游览指南》，北平:中华印书局，1932。

《金吾事例》，故宫博物院编《故宫珍本丛刊》，海南出版社，2000。

净香居主人:《都门竹枝词》，杨米人等:《清代北京竹枝词》，北京古籍出版社，1982。

《九卿议定物料价值》，清乾隆元年（1736）刊本，"中央研究院"历史语言研究所傅斯年图书馆藏。

雷梦水等编《中华竹枝词》，北京古籍出版社，1996。

李斗:《扬州画舫录》,汪北平、涂雨公校点,中华书局,1960。

李华编《明清以来北京工商会馆碑刻选编》,文物出版社,1980。

李汝珍:《镜花缘》,台北:世界书局,1974。

李时珍:《本草纲目·金石部》,人民卫生出版社,1975。

李廷玉:《游蒙日记》,吴丰培整理,香港:蝠池书院出版有限公司,2009。

李基宪:《燕行录·燕行日记》,成均馆大学校大东文化研究院编《燕行录选集》下卷,首尔:成均馆大学校大东文化研究院,1962。

梁廷枬:《粤海关志》,台北:文海出版社,1975。

辽宁社会科学院历史研究所等译编《清代内阁大库散佚满文档案选编》,天津古籍出版社,1991。

刘德泉:《潞郡会馆纪念碑文》,1920年拓片,"中央研究院"历史语言研究所傅斯年图书馆藏。

刘锦藻:《清朝续文献通考》,台北:台湾商务印书馆,1987。

柳泽光治、定力金藏:《电器镀金工业》,西生译,《河北工商月报》第1卷第9期,1929年。

马士:《东印度公司对华贸易编年史(1635—1834)》,区宗华译,中山大学出版社,1991。

迈柱等纂《九卿议定物料价值》,香港:蝠池书院出版有限公司,2004。

孟宪章主编《中苏贸易史资料》,中国对外经济贸易出版社,1991。

《内务府现行则例》,抄本,台北故宫博物院藏。

尼古拉·班蒂什-卡缅斯基编著《俄中两国外交文献汇编

（1619—1792 年）》，中国人民大学俄语教研室译，商务印书馆，1982。

欧阳兆熊、金安清：《水窗春呓》，谢兴尧点校，中华书局，1984。

潘荣陛：《帝京岁时纪胜》，台北：木铎出版社，1982。

彭泽益编《中国近代手工业史资料》，中华书局，1962。

朴趾源：《热河日记》，朱瑞平校点，上海书店出版社，1997。

乔治·斯当东：《英使谒见乾隆纪实》，叶笃义译，上海书店出版社，1997。

《清朝通志》，台北：台湾商务书局，1987。

《清朝文献通考》，台北：台湾商务印书馆，1987。

《清代各部院则例》，香港：蝠池书院出版有限公司，2004。

《清代宫苑则例汇编》，全国图书馆文献缩微复制中心，2011。

屈大均：《广东新语》，中华书局，1985，据清刻本影印。

史若民、牛白琳编《平、祁、太经济社会史料与研究》，山西古籍出版社，2002。

首都图书馆编《清蒙古车王府藏曲本》，北京古籍出版社，1991。

松筠（穆齐贤）记，赵令志、关康译《闲窗录梦译编》，中央民族大学出版社，2010。

宋应星：《天工开物》，据明崇祯十年（1637）初刻本影印，上海古籍出版社，1988。

孙嘉淦：《重修炉神庵老君殿碑记》，清乾隆十一年（1746）拓片，"中央研究院"历史语言研究所傅斯年图书馆藏。

孙健主编《北京经济史资料：近代北京商业部分》，北京燕山出版社，1990。

孙思邈:《千金翼方》,台北:中国医药研究所,1974。

台北故宫博物院编辑委员会编《皇权与佛法:藏传佛教法器特
　　展图录》,台北故宫博物院,1999。

唐慎微著,曹孝忠校,寇宗奭衍义《证类本草》,《景印文渊阁
　　四库全书》,台北:台湾商务印书馆,1983。

万依等主编《清宫生活图典》,紫禁城出版社,2007。

王次澄等编著《大英图书馆特藏中国清代外销画精华》,广东
　　人民出版社,2011。

王世襄编著《髹饰录解说(增订版)》,文物出版社,1999。

王世襄编著《清代匠作则例汇编(佛作、门神作)》,北京古籍
　　出版社,2002。

王世襄编著《清代匠作则例汇编(装修作、漆作、泥金作、油
　　作)》,中国书店,2008。

魏雅平:《工商月报调查·张家口皮革业近况及其衰落之原因》,
　　《工商月报》第1卷第8期,1929年。

夏仁虎:《旧京琐记》,北京古籍出版社,1986。

萧奭:《永宪录》,中华书局,1959。

撷华编辑社:《新北京指南》,撷华书局,1914。

徐朝俊:《高厚蒙求》,嘉庆十四年(1809)刊本,"中央研究
　　院"历史语言研究所傅斯年图书馆藏。

徐珂编撰《清稗类钞》,中华书局,1984。

徐珂编《实用北京指南》,商务印书馆,1920。

徐启宪主编《宫廷珍宝》,香港:商务印书馆,2004。

徐永年增辑《都门纪略》,台北:文海出版社,1972。

延昌:《事宜须知》,"中央研究院"傅斯年图书馆藏,清光绪
　　十三年(1887)桂林杨鸿文堂刊本。

严勇等主编《清宫服饰图典》，紫禁城出版社，2010。

杨丰陌等主编《盛京皇宫和关外三陵档案》，辽宁民族出版社，2003。

杨玉君主编《俄罗斯典藏晚清木板年画》，台中：丰饶文化社，2016。

姚元之：《竹叶亭杂记》，中华书局，1982。

佚名：《乌里雅苏台事宜》，茅海建主编《清代兵事典籍档册汇览》，学苑出版社，2005。

佚名绘《北京民间风俗百图（珍藏版）》，王克友等译，北京图书馆出版社，2003。

俞彦述：《燕京杂识》，林基中编《燕行录全集》，首尔：东国大学校出版部，2000。

《御制增订清文鉴》，台北：台湾商务印书馆，1983。

允禄等纂《皇朝礼器图式》，牧东点校，广陵书社，2004。

约翰·巴罗：《我看乾隆盛世》，李国庆、欧阳少春译，北京图书馆出版社，2007。

札奇斯钦、海尔保罗撰述《一位活佛的传记：末代甘珠尔瓦·呼图克图的自述》，台北：联经出版社，1983。

查慎行：《陪猎笔记》，清刻本影印，毕奥南整理《清代蒙古游记选辑三十四种》下册，东方出版社，2015。

昭梿：《啸亭杂录》，中华书局，1980。

昭梿：《啸亭杂录·续录》，台北：弘文馆出版社，1986。

赵尔巽等：《清史稿》，中华书局，1977。

赵令志等主编《雍和宫满文档案译编》，北京出版社，2016。

赵翼：《檐曝杂记》，中华书局，1982。

正风经济社主编《北京市工商指南》，张研等主编《民国史料丛刊》第 572 册，大象出版社，2009。

郑复光著，李磊笺注《〈镜镜詅痴〉笺注》，上海古籍出版社，
　2014。

中国第一历史档案馆、承德市文物局合编《清宫热河档案》，
　中国档案出版社，2003。

中国第一历史档案馆、故宫博物院合编《清宫内务府奏案》，
　故宫出版社，2014。

中国第一历史档案馆、故宫博物院合编《清宫内务府奏销档》，
　故宫出版社，2014。

中国第一历史档案馆、香港中文大学文物馆合编《清宫内务府
　造办处档案总汇》，人民出版社，2005。

中国第一历史档案馆编《康熙朝满文朱批奏折全译》，中国社
　会科学出版社，1996。

中国第一历史档案馆编《乾隆朝惩办贪污档案选编》，中华书
　局，1994。

中国第一历史档案馆编《乾隆朝满文寄信档译编》，岳麓书院，
　2011。

中国第一历史档案馆编《清宫粤港澳商贸档案全集》，中国书
　店，2002。

中国第一历史档案馆编《雍正朝汉文朱批奏折汇编》，江苏古
　籍出版社，1989 — 1991。

中国第一历史档案馆编《雍正朝起居注册》，中华书局，1993。

中国第一历史档案馆译编《雍正朝满文朱批奏折全译》，黄山
　书社，1998。

中国人民大学清史研究所、档案系中国政治制度史教研室合编
　《清代的矿业》，中华书局，1983。

中国人民银行山西省分行、山西财经学院《山西票号史料》编写
　　组编《山西票号史料（增订本）》，山西经济出版社，2002。

中国社会科学院中国边疆史地研究中心主编《清代理藩院数据
　　辑录·乾隆朝内府抄本〈理藩院则例〉》，全国图书馆文献缩
　　微复制中心，1988。

"中央研究院"历史语言研究所编《明清史料庚编》，台北："中
　　央研究院"历史语言研究所，1999。

《总管内务府现行条例（广储司）》，台北：文海出版社，1972。

周蔼联:《西藏纪游》，全国图书馆文献缩微复制中心，1991。

中野江漢『北京繁昌記』支那風物研究会、1925。

永積洋子編『唐船輸出入品数量一覧:1637 ～ 1833 年復元唐船
　　貨物改帳·帰帆荷物買渡帳』創文社、1987。

Herbert A. Giles, *A Chinese-English Dictionary, 2nd edition.*
　　Shanghai: Kelly & Walsh, 1912.

Hosea Ballou Morse, *The Chronicles of the East India Company
　　Trading to China, 1635-1834.* Oxford: The Clarendon Press,
　　1926-1929.

Irina Fedorovna Popova intro., trans., and comm., *Pictures of Folk
　　Life (Fengsuhua) in Qing Beijing.* St. Petersburg: Slaviya, 2009.

Ferdinand Lessing, *Yung Ho Kung: An Iconography of the Lamaist
　　Cathedral in Peking with Notes on Lamaist Mythology and Cult.*
　　Stockholm, Göteborg: Elanders Boktryckeri Aktiebolag, 1942.

Fioravanti Leonardo, Dello specchio di scientia universale. 1567:
　　Conzatte, https://books.google.co.uk/books?id=Cws8AAAAcA
　　AJ&pg=PP5&dq=Dello+specchio+di+scientia+universale&hl=
　　zh-TW&sa=X&ved=0ahUKEwj1gvHMsPndAhUQdxoKHSjA

DaYQ6AEIVjAG#v=onepage&q=Dello%20specchio%20di%20
scientia%20universale&f=false, 1567 年 的 手 稿， 访 问 日 期：
2018 年 8 月 14 日。

Patrick Connor, *Paintings of the China Trade: the Sze Yuan Tang Collection of Historic Paintings*. Hong Kong: Hong Kong Maritime Museum, 2013.

Richard Watson, *Chemical Essays*. London: printed for J. Johnson, F. and C. Rivington; R. Faulder; J. Walker; J. Scatcherd; J. Nunn; Longman and Rees; Cadell, jun. and Davies; and T. Hurst. 1800. G. Woodfall, printer,1800.

S. Wells Williams, *The Chinese Commercial Guide, Containing Treaties, Tariffs, Regulations, Tables, Etc., Useful in the Trade to China & Eastern Asia: with an Appendix of Sailing Directions for those Seas and Coasts*. Taipei: Ch'eng-Wen Publishing, 1966.

Walter Renton Ingalls, *Production and Properties of Zinc: A Treatise on the Occurrence and Distribution of Zinc Ore, the Commercial and Technical Conditions Affecting the Production of the Spelter, Its Chemical and Physical Properties and Uses in the Arts, together with a Historical and Statistical Review of the Industry*. New York and London: The Engineering and Mining Journal, 1902.

著作

G. F. 米勒、彼得·西蒙·帕拉斯:《西伯利亚的征服和早期俄中交往、战争和商业史》，李雨时译，赵礼校，商务印书馆，1979。

Gary G. Hamilton:《中国人对外国商品的消费：一个比较的观点》，张维安译，《中国社会与经济》，台北：联经出版社，1990。

阿·科尔萨克:《俄中商贸关系史述》，米镇波译，社会科学文献出版社，2010。

阿·马·波兹德涅耶夫:《蒙古及蒙古人》，刘汉明等译，内蒙古人民出版社，1989。

伯德莱:《清宫洋画家》，耿昇译，山东画报出版社，2002。

布罗代尔:《十五至十八世纪的物质文明、经济和资本主义》，顾良、施康强译，三联书店，1992。

陈芳妹:《青铜器与宋代文化史》，台北：台湾大学出版中心，2016。

陈锋:《清代军费研究》，武汉大学出版社，1992。

陈国栋:《清代前期的粤海关与十三行》，广东人民出版社，2014。

陈志高:《中国银楼与银器》，清华大学出版社，2015。

丹津班珠尔:《多仁班智达传：噶锡世家纪实》，汤池安译，中国藏学出版社，1995。

段本洛、张圻福:《苏州手工业史》，江苏古籍出版社，1986。

范金民主编《江南社会经济研究（明清卷）》，中国农业出版社，2006。

费迪南德·D. 莱辛:《雍和宫：北京藏传佛教寺院文化探究》，向红笳译，中国藏学出版社，2008。

冯明珠主编《乾隆皇帝的文化大业》，台北故宫博物院，2002。

郭家彦:《皇朝礼器》，香港中文大学文物馆，2019。

韩光辉:《北京历史人口地理》，北京大学出版社，1996。

韩书瑞:《北京:寺庙与城市生活（1400—1900）》，新北:稻
　　香出版社，2014。

何新华:《清代贡物制度研究》，社会科学文献出版社，2012。

华觉明等编著《金属采冶和加工技艺》，大象出版社，2008。

华觉明:《中国古代金属技术:铜和铁造就的文明》，大象出版
　　社，1999。

嘉木央·久麦旺波:《六世班禅洛桑巴丹益希传》，许得存等译，
　　西藏人民出版社，1990。

金梁编纂，牛力耕校订《雍和宫志略》，中国藏学出版社，
　　1994。

康无为:《帝王品味:乾隆朝的宏伟气象与异国奇珍》，《读史偶
　　得:学术演讲三篇》，台北:"中央研究院"近代史研究所，
　　1993。

赖福顺:《乾隆重要战争之军需研究》，台北故宫博物院，1984。

赖惠敏:《满大人的荷包:清代喀尔喀蒙古的衙门与商号》，中
　　华书局，2020。

赖惠敏:《乾隆皇帝的荷包》，台北:"中央研究院"近代史研究
　　所，2014。

李家瑞编《北平风俗类征》，台北:台湾商务印书馆，1992。

李诫:《〈营造法式〉译解》，王海燕注译，华中科技大学出版社，
　　2011。

李约瑟:《中国科学技术史》，香港:中华书局，1978。

厉声:《哈萨克斯坦及其与中国新疆的关系（15世纪—20世纪
　　中期）》，黑龙江教育出版社，2004。

厉声:《新疆对苏（俄）贸易史（1600—1990）》，新疆人民出
　　版社，1993。

梁思成:《清工部〈工程做法则例〉图解》,清华大学出版社,
　　2006。

刘万航:《金银装饰艺术》,台北:"行政院"文化建设委员会,
　　1989。

路迪民、王大业编著《中国古代冶金与金属文物》,陕西科学
　　技术出版社,1998。

罗伯特·比尔:《藏传佛教象征符号与器物图解》,向红笳译,
　　台北:时报文化出版事业股份有限公司,2007。

罗布桑却丹:《蒙古风俗鉴》,赵景阳译,辽宁民族出版社,
　　1988。

罗文华:《龙袍与袈裟:清宫藏传佛教文化考察》,紫禁城出版
　　社,2005。

罗友枝:《清代宫廷社会史》,周卫平译,中国人民大学出版社,
　　2009。

米·约·斯拉德科夫斯基:《俄国各民族与中国贸易经济关系史
　　(1917年以前)》,宿丰林译,社会科学文献出版社,2008。

米镇波:《清代西北边境地区中俄贸易:从道光朝到宣统朝》,
　　天津社会科学院出版社,2005。

米镇波:《清代中俄恰克图边境贸易》,南开大学出版社,2003。

倪玉平:《清代关税:1644—1911年》,科学出版社,2017。

聂崇正主编《清代宫廷绘画》,香港:商务印书馆,1996。

诺贝特·埃利亚斯:《文明的进程:文明社会起源和心理起源的
　　研究》第1卷,王佩莉译,三联书店,1998。

潘吉星:《天工开物校注及研究》,巴蜀书社,1989。

彭慕兰:《大分流》,邱澎生等译,台北:巨流出版社,2004。

濮德培:《中国西征:大清征服中央欧亚与蒙古帝国的最后挽

歌》，叶品岑等译，新北：卫城出版，2021。

祁美琴：《清代内务府》，中国人民大学出版社，1998。

祁英涛：《中国古代建筑的保护与维修》，文物出版社，1986。

钦则旺布：《卫藏道场胜迹志》，刘立千译注，民族出版社，2002。

瞿同祖：《中国法律与中国社会》，台北：里仁书局，1982。

日本种智院大学密教学会编《西藏密教研究》，世界佛学名著译丛编委会译，台北：华宇出版社，1988。

史志宏：《清代户部银库收支和库存研究》，社会科学文献出版社，2014。

索南才让：《西藏密教史》，中国社会科学出版社，1998。

特鲁谢维奇：《十九世纪前的俄中外交与贸易关系》，徐东辉、谭萍译，岳麓书院出版社，2010。

童宇撰文，谭盼盼、纪捐检测报告《中国古代黄金工艺》，香港中文大学文物馆，2017。

图齐：《西藏人对佛教造像风格的分类》，罗文华译，陈庆英编《国外藏学研究译文集》第15辑，西藏人民出版社，1995。

图齐、海西希：《西藏与蒙古宗教》，耿昇译，天津古籍出版社，1989。

土观·洛桑却吉尼玛：《章嘉国师若必多吉传》，陈庆英、马连龙译，民族出版社，1988。

土观·洛桑却吉尼玛：《章嘉国师若必多吉传》，陈庆英、马连龙译，中国藏学出版社，2007。

万秀锋等：《清代贡茶研究》，故宫出版社，2014。

王家鹏主编《藏传佛教造像》，香港：商务印书馆，2003。

王家鹏主编《梵华楼》，紫禁城出版社，2009。

王佩环:《清代后妃宫廷生活》,故宫出版社,2014。

王永斌:《北京的关厢乡镇和老字号》,东方出版社,2003。

巫仁恕:《品味奢华:晚明的消费社会与士大夫》,台北:"中央研究院"、联经出版社,2007。

吴明娣:《汉藏工艺美术交流史》,中国藏学出版社,2007。

谢·宾·奥孔:《俄美公司》,俞启骧等译,商务印书馆,1988。

谢健:《帝国之裘:清朝的山珍、禁地以及自然边疆》,关康译,北京大学出版社,2019。

谢文聪等:《轻松认识中药》,台中:中国医药大学,2008。

徐广源:《溯影追踪:皇陵旧照里的清史》,人民文学出版社,2014。

许檀:《明清华北的商业城镇与市场层级》,科学出版社,2021。

杨娟:《近代云南个旧锡矿开发研究:基于国际经济一体化视域》,华中科技大学出版社,2017。

姚贤镐:《中国近代对外贸易史资料(1840—1895)》,中华书局,1962。

叶高树译注《满文〈钦定满洲祭神祭天典礼〉译注》,台北:秀威资讯科技股份有限公司,2018。

札奇斯钦:《北亚游牧民族与中原农业民族间的和平战争与贸易之关系》,台北:台湾政治大学出版委员会,1973。

张淑娴:《金窗绣户:清代皇宫内檐装修研究》,故宫出版社,2019。

张维华、孙西:《清前期中俄关系》,山东教育出版社,1997。

章嘉·若贝多杰:《七世达赖喇嘛传》,浦文成译,中国藏学出版社,2006。

赵匡华、周嘉华:《中国科学技术史:化学卷》,科学出版社,

1998。

周卫荣:《中国古代钱币合金成分研究》, 中华书局, 2004。

周锡保:《中国古代服饰史》, 台北: 南天书局, 1989。

《诸佛菩萨圣像赞》, 中国藏学出版社, 2009。

庄吉发:《清高宗十全武功研究》, 台北故宫博物院, 1982。

宗凤英:《清代宫廷服饰》, 紫禁城出版社, 2004。

佐口透:《18—19 世纪新疆社会史研究》, 凌颂纯译, 新疆人民出版社, 1984。

森永貴子『イルクーツク商人とキャフタ貿易: 帝政ロシアにおけるユーラシア商業』北海道大學出版會、2010。

森永貴子『ロシアの拡大と毛皮交易: 16-19 世紀シベリア・北太平洋の商人世界』彩流社、2008。

山脇悌二郎『长崎の唐人貿易』吉川弘文館、1995。

Antonia Finnane, *Changing Clothes in China: Fashion, History, Nation.* London: Hurst& Company Press, 2007.

Clifford M. Foust, *Muscovite and Mandarin, Russia's Trade with China and Its Setting, 1727-1805.* Chapel Hill: University of North Carolina Press, 1969.

Earl H. Pritchard, *Britain and the China Trade 1635-1842.* London and New York: Routledge, 2000.

Evelyn S. Rawski, *The Last Emperors: A Social History of Qing Imperial Institutions.* Berkeley: University of California Press, 1998.

Franke Peter and Dieter Neuschütz, eds. *Binary Systems, Part 5: Binary Systems Supplement 1.*Berlin, Heidelberg: Springer, 2007.

Els M. Jacobs, *Merchant in Asia: the Trade of the Dutch East*

India Company during the Eighteenth Century. Leiden: CNWS Publications, 2006.

Jonathan Schlesinger, *A World Trimmed with Fur: Wild Things, Pristine Places, and the Natural Fringes of Qing*. Stanford: Stanford University Press, 2019.

Keith Pinn, *Paktong: the Chinese alloy in Europe, 1680-1820*. Woodbridge, Suffolk: Antique Collectors' Club, 1999.

Liu Yong, *The Dutch East India Company's Tea Trade with China, 1757-1781*. Leiden: Brill, 2007.

Gedalia Yogev, *Diamonds and Coral: Anglo-Dutch Jews and Eighteenth-Century Trade*. New York: Leicester University Press, 1978.

S. Kalpakjian and S. R. Schmid, *Manufacturing Engineering and Technology*. London: Pearson, 2014.

论文

Anna Grasskamp:《框架自然：从清宫中的三件珊瑚艺术品论起》,《故宫文物月刊》第 399 期，2016 年。

蔡鸿生:《清代广州的毛皮贸易》,《学术研究》1986 年第 4 期。

曹南屏:《玻璃与清末民初的日常生活》,《中央研究院近代史研究所集刊》第 76 期，2012 年。

陈芳妹:《蒋元枢与台湾府学的进口礼乐器》,《故宫学术季刊》第 30 卷第 3 期，2013 年。

陈国栋:《清代中叶广东行商经营不善的原因》, 氏著《东亚海域一千年：历史上的海洋中国与对外贸易》, 山东画报出版社，2006。

陈慧霞:《清代朝珠研究的再省思》,《故宫学术季刊》第 37 卷
    第 4 期,2020 年。

陈捷先:《从清初中央建置看满洲汉化》,氏著《清史论集》,
    台北:东大图书公司,1997。

陈维新:《同治时期中俄乌里雅苏台及科布多界务交涉——以故
    宫博物院藏外交舆图为例》,《蒙藏季刊》第 20 卷第 3 期,
    2011 年。

陈志刚:《清代西藏与南亚贸易及其影响》,《四川大学学报》
    2012 年第 2 期。

戴和:《清代粤海关税收述论》,《中国社会经济史研究》1988
    年第 1 期。

戴逸:《一场未经交锋的战争——乾隆朝第一次廓尔喀之役》,
    《清史研究》1994 年第 3 期。

《法界圣众艺海瑰宝:院藏康熙八年〈内府泥金写本藏文龙藏
    经〉图像介述》,冯明珠、卢雪燕主编《殊胜因缘:内府泥
    金写本藏文龙藏经探索》,台北故宫博物院,2015。

樊明方:《从唐努乌梁海进贡貂皮看清政府对唐努乌梁海的管
    辖》,《中国边疆史地研究》1993 年第 4 期。

樊明方:《清朝对唐努乌梁海地区的管辖》,《中国边疆史地研
    究》1996 年第 2 期。

关雪玲:《金宝印》,《紫禁城》2001 年第 1 期。

关雪玲:《清代后妃的宝印》,《紫禁城》1994 年第 5 期。

郭福祥:《〈皇朝礼器图式〉编纂与乾隆朝科学仪器的礼制化》,
    《故宫学术季刊》第 37 卷第 3 期,2020 年。

郭福祥:《清代帝后印玺的制作》,《紫禁城》1993 年第 3 期。

韩光辉:《清代北京地区人口的区域构成》,《中国历史地理论

丛》1990 年第 4 期。

河内良弘:《明代东北亚的貂皮贸易》,《庆祝王锺翰先生八十寿辰学术论文集》,辽宁大学出版社,1993。

何堂坤、靳枫毅:《中国古代焊接技术初步研究》,《华夏考古》2000 年第 1 期。

黄春和:《元明清北京宫廷的藏传佛教造像艺术风格及特征》,《法音》2001 年第 1 期。

黄希明、田贵生:《谈谈"样式雷"烫样》,《故宫博物院院刊》1984 年第 4 期。

黄一农:《红夷大炮与皇太极创立的八旗汉军》,《历史研究》2004 年第 4 期。

嵇若昕:《从〈活计档〉看雍乾两朝的内廷器物艺术顾问》,《东吴历史学报》2006 年第 16 期。

嵇若昕:《清中后期(1821—1911)内务府造办处南匠及其相关问题》,《故宫学术季刊》第 32 卷第 3 期,2015 年。

姜舜源:《清代的宗庙制度》,《故宫博物院院刊》1987 年第 3 期。

康右铭:《清代的唐努乌梁海》,《世界历史》1988 年第 5 期。

赖惠敏、苏德征:《乾隆朝宫廷镀金的材料与工艺技术》,《故宫学术季刊》第 35 卷第 3 期,2018 年。

赖惠敏、苏德征:《清朝宫廷制作黄铜技术与流传》,《吉林师范大学学报》2015 年第 1 期。

赖惠敏、苏德征:《清朝宫廷制作黄铜技术与流传》,刘小萌、王金茹主编《满学研究论集》第 1 册,中国社会科学出版社,2018。

赖惠敏、苏德征:《清朝宫廷用锡的来源与工艺技术》,《新史学》2019 年第 3 期。

赖惠敏:《崇庆皇太后的万寿盛典》,《近代中国妇女史研究》第28 期,2016 年。

赖惠敏:《从高朴案看乾隆朝的内务府与商人》,《新史学》第13 卷第 1 期,2002 年。

赖惠敏:《乾嘉时代北京的洋货与旗人日常生活》,巫仁恕等主编《从城市看中国的现代性》,台北:"中央研究院"近代史研究所,2010。

赖惠敏:《清乾隆朝的税关与皇室财政》,《中央研究院近代史研究所集刊》第 46 期,2004 年。

赖惠敏:《清乾隆朝内务府皮货买卖与京城时尚》,胡晓真、王鸿泰主编《日常生活的论述与实践》,台北:允晨文化,2011。

赖惠敏:《山西常氏在恰克图的茶叶贸易》,《史学集刊》2012 年第 6 期。

赖惠敏:《苏州的东洋货与市民生活（1736—1795）》,《中央研究院近代史研究所集刊》第 63 期,2009 年。

赖惠敏:《清乾隆皇帝制作金属祭器的意义》,《故宫学术季刊》第 37 卷第 3 期,2020 年。

赖毓芝:《"图"与礼:〈皇朝礼器图式〉的成立及其影响》,《故宫学术季刊》第 37 卷第 2 期,2020 年。

李鹏年:《一人庆寿　举国遭殃——略述慈禧"六旬庆典"》,《故宫博物院院刊》1984 年第 3 期。

李芝安:《清代朝珠述论》,《中国国家博物馆馆刊》2013 年第 6 期。

郦永庆、宿丰林:《乾隆年间恰克图贸易三次闭关辨析》,《历史档案》1987 年第 3 期。

梁旭东:《中国传统的鎏金技术》,《材料保护》第 3 卷第 1、2 期,
    1990 年。

林颀玲:《乾隆的移动宫殿——清宫制"蒙古包"研究》,硕士
    学位论文,台北艺术大学,2016。

林士铉:《〈皇朝礼器图式〉的满蒙西域西洋等因素探究》,《故
    宫学术季刊》第 37 卷第 2 期,2020 年。

刘立勇:《故宫藏乾隆帝御用兵械》,朱诚如、徐凯主编《明清
    论丛》第 18 辑,故宫出版社,2018。

刘潞:《一部规范清代社会成员行为的图谱——有关〈皇朝礼器
    图式〉的几个问题》,《故宫博物院院刊》2004 年第 4 期。

刘小萌:《清代北京内城居民的分布格局与变迁》,《清史 满族
    史论集》(下),中国社会科学出版社,2020。

刘序枫:《清康熙、乾隆年间洋铜的进口与流通问题》,汤熙勇
    编《中国海洋发展史论文集》第 7 辑上册,台北:"中央研究
    院"中山人文社会科学研究所,1999。

马连龙:《一代宗师 百世楷模:章嘉若必多吉生平述略》,《西
    北民族研究》1992 年第 2 期。

马越、李秀辉:《中国古代黄铜制品与冶炼技术的研究状况分
    析》,《中国科技史杂志》2010 年第 1 期。

马跃洲、华自圭:《中国古焊药研究》,《西安交通大学学报》
    1989 年第 4 期。

梅玫:《清宫西洋锦——以乾隆二十三年大阅图中所绘鞍鞯与櫜
    鞬为中心》,《故宫文物月刊》第 367 期,2013 年。

潘玮琳:《锡箔的社会文化史——以民国时期的江浙地区为中
    心》,博士学位论文,复旦大学,2010。

潘志平、王熹:《清前期喀什噶尔及叶尔羌的对外贸易》,《历史

档案》1992 年第 2 期。

邱仲麟:《保暖、炫耀与权势:明代珍贵毛皮的文化史》,《中央研究院历史语言研究所集刊》第八十本第四分,2009 年。

邱仲麟:《皇帝的餐桌:明代的宫膳制度及其相关问题》,《台大历史学报》第 34 期,2004 年。

邱仲麟:《天然冰与明清北京的社会生活》,《中央研究院近代史研究所集刊》第 50 期,2005 年。

袤石、沙勇福:《贡貂与赏乌林制度非贸易辨》,《北方文物》1995 年第 2 期。

施静菲:《象牙球所见之工艺技术交流:广东、清宫与神圣罗马帝国》,《故宫学术季刊》第 25 卷第 2 期,2007 年。

宋丽莉、张正明:《浅谈明清潞商与区域环境的相互影响》,《山西大学学报》2008 年第 1 期。

谭德睿:《大威德金刚鎏金铜坛城——复杂、精致、华丽的小型佛教群雕——〈中国古代艺术铸造系列图说〉之六十二》,《特种铸造及有色合金》2012 年第 2 期。

滕德永:《清代内务府贡貂变价制度探析》,《黑龙江社会科学》2013 年第 6 期。

滕德永:《清季内务府与北京银号借贷关系浅探》,《北京社会科学》2013 年第 5 期。

王汉卿:《论"苏州片"失蜡铸造工艺的特色及其价值》,《东南文化》2016 年第 5 期。

王家鹏:《嘛哈噶喇神与皇家信仰》,《紫禁城》1996 年第 1 期。

王家鹏:《清代皇家雅曼达噶神坛丛考》,《故宫博物院院刊》2006 年第 4 期。

王少平:《恰克图贸易中断原因初探》,《学习与探索》1987 年第 3 期。

王少平：《中俄恰克图贸易》，《社会科学战线》1990 年第 3 期。

王帅：《雍和宫大威德金刚坛城法会宗教艺术初探》，《法音》2022 年第 1 期。

王子林：《三世章嘉与他的护法神》，《紫禁城》2003 年第 2 期。

王子林：《雨花阁：乾隆朝宫廷佛堂建设主导思想论》，《故宫博物院院刊》2005 年第 4 期。

维微：《说锡器（上）》，《收藏家》2005 年第 5 期。

维微：《说锡器（下）》，《收藏家》2005 年第 8 期。

魏巧坤、丘志力：《红珊瑚的历史、文化与现代时尚》，《珠宝科技》2004 年第 3 期。

温廷宽：《几种有关金属工艺的传统技术方法》，《文物参考资料》1958 年第 3 期。

温廷宽：《几种有关金属工艺的传统技术（续）》，《文物参考资料》1958 年第 9 期。

巫仁恕：《明代士大夫与轿子文化》，《中央研究院近代史研究所集刊》第 38 期，2002 年。

吴伯娅：《澳门与乾隆朝大教案》，吴志良等主编《澳门人文社会科学研究文选·历史卷（含法制史）》下卷，社会科学文献出版社，2010。

吴坤仪：《鎏金》，《中国科技史料》1981 年第 1 期。

吴元康、储荣邦：《鎏镀：中国古代发明的一种在材料表面上镀金属的技术》，《涂装与电镀》2011 年第 1 期。

吴元康、储荣邦：《鎏镀：中国古代发明的一种在材料表面上镀金属的技术（续完）》，《涂装与电镀》2011 年第 3 期。

吴兆清：《清代造办处的机构和匠役》，《历史档案》1991 年第

4 期。

薛凤:《追求技艺:清代技术知识之传播网络》,故宫博物院、柏林马普学会科学史所编《宫廷与地方:十七至十八世纪的技术交流》,紫禁城出版社,2010。

杨丙雨:《试金石及其对贵金属的磨试》,《贵金属》1985 年第 2 期。

杨伯达:《郎世宁在清内廷的创作活动及其艺术成就》,《故宫博物院院刊》1988 年第 2 期。

杨伯达:《清代玻璃配方化学成分的研究》,《故宫博物院院刊》1990 年第 2 期。

杨伯达:《十八世纪中西文化交流对清代美术的影响》,《故宫博物院院刊》1998 年第 4 期。

杨玉君:《杨柳青民俗版画中的财富母题意义与转换》,《民俗曲艺》第 207 期,2020 年。

杨玉良:《乾隆内府写本〈甘珠尔经〉》,《紫禁城》1988 年第 4 期。

杨煜达:《清代中期(公元 1726—1855 年)滇东北的铜业开发与环境变迁》,《中国史研究》2004 年第 3 期。

叶高树:《乾隆皇帝与满洲传统的重建——以萨满祭祀仪式为例》,《台湾政治大学历史学报》第 48 期,2017 年。

应兆金:《藏族建筑中的金属材料及其镏金工艺》,《古建园林技术》1991 年第 2 期。

尤景林:《洋风镜子画:清代玻璃油画〈香山九老图〉〈湖边风景中的牧羊女〉赏谈》,《上海工艺美术》2010 年第 4 期。

袁凯铮:《试论藏传佛教铜佛像外部特征与其制作工艺》,《西北民族大学学报》2009 年第 5 期。

袁凯铮:《试析藏族两种传统铸造工艺的存在——由传统铜佛像制作引发的思考》,《中国藏学》2012 年第 3 期。

袁凯铮:《西藏传统铜佛像制作工艺的另面观察——基于清宫活计档案记录的讨论》,《西藏研究》2013 年第 1 期。

袁凯铮:《西藏东部藏传佛教铜佛像制作工艺研究》,博士学位论文,北京科技大学,2010。

张丽:《清宫铜器制造考——以雍、乾二朝为例》,《故宫博物院院刊》2013 年第 5 期。

张淑娴:《装修图样——清代宫廷建筑内檐装修设计媒介》,《江南大学学报》2014 年第 3 期。

张淑芝:《清宫朝珠与满族东珠》,《满族研究》1995 年第 2 期。

章新:《清代宫廷外国织物的来源与用途述略》,任万平等主编《宫廷与异域:17、18 世纪的中外物质文化交流》,厦门大学出版社,2017。

周锦章:《论民国时期的北京商业铺保》,《北京社会科学》2011 年第 3 期。

周锦章:《清末民初北京铜器作坊的转型与发展》,《北京社会科学》2015 年第 6 期。

朱杰:《长春园淳化轩与故宫乐寿堂考辨》,《故宫博物院院刊》1999 年第 2 期。

朱庆薇:《内务府广储司六库月折档》,《近代中国史研究通讯》第 34 期,2002 年。

朱庆征:《故宫藏建筑装修用玻璃画》,《故宫博物院院刊》2001 年第 4 期。

島田竜登「18 世紀におけるオランダ東インド会社の錫貿易に関する数量的考察」『西南学院大学經濟學論集』第 44 巻第 2-3

号、2010 年、199-223 頁。

夫馬進「日本現存朝鮮燕行録解題」『京都大學文學部研究紀要』第 42 号、2003 年、127-238 頁。

吉田金一「ロシアと清の貿易について」『東洋學報』第 45 卷第 4 号、1963 年、39-86 頁。

則松彰文「清代中期社會における奢侈・流行・消費－江南地方を中心として－」『東洋學報』第 80 卷第 2 期、1998 年 9 月、173-200 頁。

Antonia Finnane, "Barbarian and Chinese: Dress as Difference in Chinese Art," *Humanities Australia* 1 (2010), pp. 33-43.

D. R. Tan, H. P. Lian, "The Ancient Chinese Casting Techniques," *China Foundry* 8(1) (2011), pp. 127-136.

Martin Chapman, "Techniques of Mercury Gilding in the Eighteenth Century," in D. A. Scott, J. Podany, and B. B. Considine, eds., *Ancient and Historic Metals: Conservation and Scientific Research*. Marina del Rey, CA: Getty Conservation Institute, 1994, pp. 229-238.

Hannelore Römich, "Historic Glass and its Interaction with the Environment," in *The Conservation of Glass and Ceramics, edited by Norman Tennent, 5-14*. London: James & James, 1999.

Heber D. Curtis, "Methods of Silvering Mirrors," *Publications of the Astronomical Society of the Pacific* 23 (1911), pp. 13-32.

Hu-min Lai and Te-cheng Su, "Brass Consumption in the Qing Empire," in E. Akçetin and S. Faroqh, eds., *Living the Good Life: Consumption in the Qing and Ottoman Empires of the Eighteenth Century*. Leiden: Brill, 2017, pp. 333-356.

Kilian Anheuser, "Cold and Hot Mercury Gilding of Metalwork in Antiquity," *The Bulletin of the Metals Museum* 26 (1996), pp.48-52.

Kilian Anheuser, "The Practice and Characterization of Historic Fire Gilding Techniques," *JOM-Journal of the Minerals Metals & Materials society* 49 (1997), pp. 58-62.

Li Lin, Wei Can and Shen Ping, " Electrochemically Driven Rapid Wetting of 3YSZ by 60Cu–40Ag and Its Robust Joining to 304 Stainless Steel," *Journal of the European Ceramic Society*, vol. 40, no. 12 (2020), pp. 4281-4289.

Liz Karen Herrera, et al., "Studies of Deterioration of the Tin-mercury Alloy within Ancient Spanish Mirrors," *Journal of Cultural Heritage* 9 (December 2008), pp. e41-e46.

Per Hadsund, "The Tin-Mercury Mirror: its Manufacturing Technique and Deterioration Processes," *Studies in Conservation* 38 (1993), pp. 3-16.

Stephen McDowall, "Shugborough: Seat of the Earl of Lichfield," *East India Company at Home* (April 2013), pp. 1-11.

W.R. Zhou, W. Huang, "Lost-Wax Casting in Ancient China: New Discussion on Old Debates," *JOM* 67 (2015), pp. 1629-1636.

工具书及其他

陈佩芬编著《中国青铜器辞典》，上海辞书出版社，2013。

侯仁之主编《北京历史地图集》，北京出版社，1988。

吴山主编《中国工艺美术大辞典》，江苏美术出版社，1989。

吴山主编《中国工艺美术大辞典》，江苏美术出版社，1999。

Daniel Schnee and Harald Krappitz, *Soldering and Brazing, Ullmann's Encyclopedia of Industrial Chemistry*. Wiley-VCH, Weinheim, 2013.

Mayatsky, Dmitry Ivanovich et al. *Qingmuo Huajia Zhou Peichun Beijing Fengsu Hua*, http://ci.spbu.ru/archive/Book/Beijing-albom/index.html#2, 访问日期: 2018 年 8 月 14 日。

Phase Diagrams & Computational Thermodynamics, "Calculated Phase Diagram," https://www.metallurgy.nist.gov/phase/solder/cusn.html, 访问日期: 2018 年 8 月 14 日。

Victoria and Albert Museum, "A Glass Painter," http://collections.vam.ac.uk/item/O16815/a-glass-painter-painting-unknown/, 访问日期: 2018 年 8 月 16 日。

附　录

一　皇帝祭天服饰工价

项目		工时（天）	工价（两）
祭天坛所御	珠顶黑狐朝冠	8	2.04
	青金石装饰东珠朝珠	7	1.79
	镶青金石嵌珠朝带	12	3.06
	貂皮披领	7	1.79
	黑狐皮端罩	18	4.59
	貂皮端罩	18	4.59
	貂皮边蓝缎朝服正面	25	6.38
	貂皮边蓝缎朝服背面	25	6.38
祭雩坛所御	珠顶藤胎朝冠正面	8	2.04
	珠顶藤胎朝冠背面	8	2.04
	青金石装饰东珠朝珠	7	1.79
	镶青金石嵌珠朝带	12	3.06
	描金边蓝纱披领	7	1.79
	四团金龙夹纱补褂	13	3.32
	描金边蓝纱朝服正面	25	6.38
	描金边蓝纱朝服背面	25	6.38

项目		工时（天）	工价（两）
祭地坛所御	珠顶轻凉朝冠正面	8	2.04
	珠顶轻凉朝冠背面	8	2.04
	蜜蜡装饰东珠朝珠	7	1.79
	镶蜜蜡嵌珠朝带	12	3.06
	描金边披领	7	1.79
	四团金龙单纱补褂	13	3.32
	描金边黄纱朝服正面	25	6.38
	描金边黄纱朝服背面	25	6.38
祭日坛所御	珠顶熏貂朝冠	8	2.04
	珊瑚装饰东珠朝珠	7	1.79
	镶珊瑚嵌珠朝带	12	3.06
	海龙边披领	7	1.79
	四团金龙银鼠补褂	13	3.32
	海龙边红缎朝服正面	25	6.38
	海龙边红缎朝服背面	25	6.38
祭月坛所御	珠顶藤胎朝冠正面	8	2.04
	珠顶藤胎朝冠背面	8	2.04
	松石装饰东珠朝珠	7	1.79
	镶玉嵌珠朝带	12	3.06
	片金边披领	7	1.79
	四团金龙锦缎补褂	13	3.32
	片金边月白缎朝服正面	25	6.38
	片金边月白缎朝服背面	25	6.38

续表

项目		工时（天）	工价（两）
设朝所御	珠顶黑狐朝冠	8	2.04
	珠顶熏貂朝冠	8	2.04
	珠顶藤胎朝冠正面	8	2.04
	珠顶藤胎朝冠背面	8	2.04
	珠顶轻凉朝冠正面	8	2.04
	珠顶轻凉朝冠背面	8	2.04
	东珠朝珠	7	1.79
	貂皮披领	7	1.79
	海龙边披领	7	1.79
	片金边披领	7	1.79
	描金边披领	7	1.79
	貂皮端罩	18	4.59
	四团金龙银鼠补褂	13	3.32
	四团金龙锦缎补褂	13	3.32
	四团金龙夹纱补褂	13	3.32
	镶松石嵌珠朝带	12	3.06
	貂皮边黄缎朝服正面	25	6.38
	貂皮边黄缎朝服背面	25	6.38
	海龙边黄缎朝服正面	25	6.38
	海龙边黄缎朝服背面	25	6.38
	片金边黄缎朝服正面	25	6.38
	片金边黄缎朝服背面	25	6.38
	描金边黄纱朝服正面	25	6.38
	描金边黄纱朝服背面	25	6.38

二　吉服等工价

项目		工时（天）	工价（两）
吉服	熏貂冠	5	1.28
	海龙冠	5	1.28
	藤胎凉冠	5	1.28
	轻凉冠	5	1.28
	红宝石数珠	7	1.79
	碧砸数珠	7	1.79
	蓝宝石数珠	7	1.79
	松石数珠	7	1.79
	四团金龙貂皮补褂	13	3.32
	四团金龙银鼠补褂	13	3.32
	四团金龙锦缎补褂	13	3.32
	四团金龙夹纱补褂	13	3.32
	嵌红宝石带	12	3.06
	镶松石嵌珠带	12	3.06
	镶蓝宝石嵌珠带	12	3.06
	镶珊瑚嵌珠带	12	3.06
	黑狐皮金龙袍正面	25	6.38
	黑狐皮金龙袍背面	25	6.38
	银鼠金龙袍正面	25	6.38
	银鼠金龙袍背面	25	6.38
	锦缎金龙袍正面	25	6.38
	锦缎金龙袍背面	25	6.38
	夹纱金龙袍正面	25	6.38
	夹纱金龙袍背面	25	6.38

续表

项目		工时（天）	工价（两）
	熏貂冠	5	1.28
	海龙冠	5	1.28
	藤胎凉冠	5	1.28
	轻凉冠	5	1.28
	菩提数珠	7	1.79
	珊瑚数珠	7	1.79
	青金石数珠	7	1.79
	蜜蜡数珠	7	1.79
	石青缎面黑狐肷褂	8	2.04
	石青缎面银鼠褂	8	2.04
常服	石青缎锦褂	8	2.04
	石青纱夹褂	8	2.04
	嵌猫睛松石带	12	3.06
	嵌松石带	12	3.06
	白玉带	12	3.06
	嵌枷楠香带	12	3.06
	宝蓝缎面黑狐肷袍	11	2.81
	酱色缎面银鼠袍	11	2.81
	古铜色缎锦袍	11	2.81
	沉香色夹纱袍	11	2.81
	黑狐朝冠	8	2.04
	熏貂朝冠	8	2.04
东宫冠服图式	凉朝冠正面	8	2.04
	凉朝冠背面	8	2.04
	装饰珊瑚朝珠	7	1.79

项目		工时（天）	工价（两）
	黑狐皮端罩	18	4.59
	貂皮边朝袍正面	25	6.38
	貂皮边朝袍背面	25	6.38
	四团五爪龙银鼠补褂	13	3.32
	海龙边绵朝袍正面	25	6.38
	海龙边绵朝袍背面	25	6.38
	四团五爪龙绵缎补褂	13	3.32
	片金边夹缎朝袍正面	25	6.38
	片金边夹缎朝袍背面	25	6.38
	四团五爪龙夹纱补褂	13	3.31
东宫冠服图式	片金边夹纱朝袍正面	25	6.38
	片金边夹纱朝袍背面	25	6.38
	镶青金石嵌珠朝带	12	3.06
	熏貂吉冠	5	1.28
	凉吉冠	5	1.28
	貂皮四团五爪龙补褂	13	3.32
	貂皮龙袍	25	6.38
	银鼠龙袍	25	6.38
	绵缎龙袍	25	6.38
	夹纱龙袍	25	6.38
	嵌珊瑚吉带	12	3.06
亲王朝帽朝衣图式	黑狐皮朝帽	8	2.04
	凉朝帽正面	8	2.04
	凉朝帽背面	8	2.04
	装饰珊瑚朝珠	6	1.53

续表

项目		工时（天）	工价（两）
亲王朝帽朝衣图式	黑狐皮端罩	18	4.59
	貂皮边朝衣	25	6.38
	四团五爪龙绵补褂	13	3.32
	海龙边朝衣	25	6.38
	片金边朝衣	25	6.38
	镶玉嵌珠朝带	10	2.55
	熏貂常帽	5	1.28
	凉朝帽	5	1.28
	蟒袍	25	6.38
世子朝帽朝衣图式	黑狐皮朝帽	8	2.04
	凉朝帽正面	8	2.04
	凉朝帽背面	8	2.04
	镶玉嵌珠朝带	10	2.55
郡王朝帽朝衣图式	黑狐皮朝帽	8	2.04
	凉朝帽正面	8	2.04
	凉朝帽背面	8	2.04
	四团五爪龙补褂	13	3.32
	镶玉嵌珠松石朝带	10	2.55
贝勒朝帽朝衣图式	青狐皮朝帽	8	2.04
	凉朝帽正面	8	2.04
	凉朝帽背面	8	2.04
	镶玉嵌珠朝带	10	2.55
	两团四爪龙补褂	11	2.81

续表

项目		工时（天）	工价（两）
贝子朝帽 朝衣图式	青狐皮朝帽 （随三眼孔雀翎）	10	2.55
	凉朝帽正面	8	2.04
	凉朝帽背面 （随三眼孔雀翎）	10	2.55
	镶玉嵌珠朝带	10	2.55
	熏貂常帽（随三眼孔雀翎）	7	1.79
	凉常帽（随三眼孔雀翎）	7	1.79
	两团四爪龙补褂	11	2.81
镇国公朝帽 朝衣图式	青狐皮朝帽 （随两眼孔雀翎）	10	2.55
	凉朝帽正面	8	2.04
	凉朝帽背面 （随两眼孔雀翎）	10	2.55
	四爪蟒方补褂	11	2.81
	镶玉嵌猫睛朝带	10	2.55
	熏貂常帽（随两眼孔雀翎）	7	1.79
	凉常帽（随两眼孔雀翎）	7	1.79
辅国公朝帽 朝衣图式	青狐皮朝帽（随孔雀翎）	10	2.55
	凉朝帽正面	8	2.04
	凉朝帽背面（随孔雀翎）	10	2.55

资料来源:《清宫内务府奏案》第 57 册，乾隆十三年十二月初五，第 228—233 页。

后 记

研究清代宫廷文化，必须提到我在两岸故宫博物院的因缘际遇。1979年修陈捷先老师开的清代文献学，他规定我们要到台北故宫博物院去抄档案。张淑雅和我一清早从台大坐到故宫博物院的交通车，晃到故宫博物院抄档案，每次只能提五件，五件抄完才能再提。当时，故宫图书馆就在现在的展厅旁边，档案抄累了可以去文献处（今展厅内）找庄吉发老师喝茶。庄老师特别好心，每次都帮我准备一杯好茶！还能顺便溜到展厅去看书画、器物等。耳濡目染之下，我多少也学到一点皮毛。更难能可贵的是当时台大历史所硕士班招生，分一般史、近代史、艺术史三组。和我前后期的学姐如蔡玫芬、稽若昕、王正华都很热心地教导我如何鉴赏书画、器物。台北故宫博物院开会常找我凑趣儿，譬如2002年展览"乾隆皇帝的文化大业"，邀我去做报告，顺便得图录一本。后来陆续参加策展或演讲活动。再后来和年轻辈的学者余珮瑾教授、陈慧霞教授、陈东和教授熟识，常受他们的指导。中国社会科学院近代史研究所云妍副研究员告诉我《中国古代当铺鉴定秘籍》很有用，本书有关毛皮、纺织品、珠宝、金属器皿的知识很多来自该文献。2019年，她出版了《官绅的荷包：清代精英家庭资产结构研究》。我们一直都有联系和交换档案资料。

1993 年开始我到北京中国第一历史档案馆查、抄档案，从西华门进宫，一直到三四点闭馆为止。当时一档馆在故宫里头，抄完档案可以到各展厅参访，我因此扩大了文物的视野。通过杨珍教授的介绍，有机会向朱家溍教授、宗凤英教授请教，真是荣幸！2009 年到北京故宫博物院开会，郑欣淼院长好心发给客座研究员聘书。这聘书像清朝匠役进宫的"腰牌"，可以从神武门、东华门等进宫，也能到各馆室和学者切磋。我最常去找宫廷部的罗文华教授、郭福祥教授、万秀峰教授、滕德永教授等。罗教授研究藏传佛教，郭教授研究西洋器物，万教授研究贡茶，滕教授研究内务府财政，均和我旨趣相符。2013 年，北京故宫博物院和德国马普学院共同召开宫廷与地方会议，我学习到边看档案边看文物的方法。到北京故宫博物院提调文物的机会多，章新教授负责保管织绣，提调俄罗斯绸缎时他用实物解释圆金和片金的织法。2014 年出版关于西洋纺织品的作品后，我应邀到中国社会科学院历史研究所、北京故宫博物院演讲。2019 年参加北京故宫博物院召开的造办处会议，周荣教授提供故宫长春宫修复照片，他说清朝以锡背防水的工程现在还用得上，让我了解到梁思成教授、王世襄教授搜集的资料是多么宝贵！该年，和赖毓芝到北京故宫博物院，她提调《皇朝礼器图式》的图册，我提调各种祭祀器物，祭器属于宗教部，通过宗教研究所所长罗文华和鲍楠教授的协助，我能进入清代如意馆所在的地方看到大量的祭器。本书与两岸故宫的学者交流，论述上采取介绍相关学术社群学者著作的方式。在此也要特别感谢中国第一历史档案馆长期整理档案。1990 年代去看档案都是一包包的，积了许多灰尘，一面看档案一面咳嗽。到 21 世纪前十年基本上数字化了，在档案馆计算机上便可以查询、阅读。

好友王澈请去泽园吃饭，我头一次学到"布菜"这一名词。古人上京赶考，我去北京找资料，也学习到京城文化。刘小萌教授研究北京旗人城市文化，也给我很多启发。在此对以上学者们的热忱帮助致以衷心的感谢。

杨玉君教授曾在"中央研究院"近史所演讲报告鲍士铎画的一系列中国皇家贵族的生活景象，其以透视法将建筑、背景画得非常细腻，有大清皇帝祭坛庙、大清皇帝阅兵、大清皇帝出入仪制、北京前门、北京银楼等主题。杨教授猜测是俄国皇室欲窥探中国皇室的生活，因此订制了这一系列的年画。然而鲍士铎究竟是谁，又是为何订制这些年画，是目前仍在探讨的问题，杨教授也期望能集结不同领域的学者一起研究。2017 年 6—7 月，我到圣彼得堡参加台湾中正大学妈祖文化中心与宗教历史国家博物馆（The State Museum of the History of Religion）、俄罗斯东方手稿所（Institute of Oriental Manuscripts of the Russian）主办的会议"风俗画与晚清中国"（Folk Images and Late Imperial China）。会后参观了宗教历史国家博物馆和俄罗斯东方文献研究所、彼得大帝的冬宫，以及俄罗斯美术馆。令我讶异的是中国销售到俄罗斯的商品成为展览对象，特别是凯瑟琳女皇的夏宫，她与乾隆年代相近，喜好中国风，有一座宫殿以中国装潢为主，收藏中式的桌椅、橱柜、瓷器、绘画等。我因受到冲击而开始留意清代宫廷的外来文化。

近年来，学界主张研究走向科普，承蒙冯明珠院长邀请，我曾撰写中俄贸易、珊瑚等科普文章刊登于《故宫文物月刊》。2017 年台北故宫博物院邀请演讲"乾隆皇帝的宝藏"，2020 年"中央研究院"史语所院庆邀请演讲"读清宫档案才看懂《红楼梦》"，被收录在"中央研究院"的《研之有物》，一度被放在台大和"中央研究院"接驳车的广告上，显然大陆的宫斗剧引发了大家对后妃荷包的兴趣。还有些"猫奴"反映说，用猫皮做皮袄太残忍了，希望是我看错了档案。2023 年"国科会"邀稿，我撰写的《乾隆帝的百宝箱》刊登于《人文与社会科学简讯》（第 24 卷第 2 期）。本书若干章节被收入以下书籍：胡晓真、王鸿泰主编《日常生活的论述与实践》（台北：允晨文化，2011）；巫仁恕主编《城市指南与近代中国城市研究》（台北：民国历史文化学社，2019）；《课纲中的世界史：从全球化、文化交流到现代性的反思，纵观世界的形成与展望》（台北：台湾商务印书馆，2021）；E. Akçetin and S. Faroqhi, eds., *Living the Good Life: Consumption in the Qing and Ottoman Empires of the Eighteenth Century* (Brill: Leiden, 2017)；Martina Siebert, Kai Jun Chen, Dorothy Ko, eds., *Making the Palace Machine Work: Mobilizing People, Objects, and Nature in the Qing Empire* (Amsterdam: Amsterdam University Press, 2021)。本书使用的《内务府广储司银库用项月折档》都是由苏春华博士进行分类和绘图，应称他为"科学顾问"，而讨论的金属工艺技术都有赖于曾经与苏德征博士一起发表的论文。苏德征在从英国伦敦帝国学院材料系毕业后做博士后期间，对历史上的金属制成有兴趣，在阅读《天工开物》《高厚蒙求》《镜镜詅痴》之后，发现 17、18 世纪工艺材料的转变和宫廷传教士引进的西方知识有关。在此特别感谢他们的协助和解惑。

在"中央研究院"近史所的三十几年里，感谢历任的所长吕芳上教授、陈永发教授、黄克武教授、吕妙芬教授、雷祥麟教授等对我的提携和关照。尤其近三年吕妙芬教授、雷祥麟教授担任所长帮我办理延聘，使我可以从容地继续未完成的研究课题。这些年来台湾"数位典藏计划"如火如荼地进行,"中央研究院"史语所的汉籍数据库、内阁大库藏明清档案,"中央研究院"近史所的清代档案数据库,以及台北故宫博物院开放军机处朱批奏折全文在线检索,嘉惠读者,由衷感谢。"中央研究院"近史所同人常举办读书会,了解全球学界的研究趋势,由具有前瞻眼光的同人带领组织会议。譬如,康豹教授召开国家治理的会议,让我留心国家与社会的议题。张启雄教授介绍我利用蒙古国的档案,林美莉教授研究财政金融,张宁教授探讨商业、企业史。我和赖毓芝教授长年合作,创建造办处活计档数据库。她研究"图""文",发表了关于鸟谱、兽谱的论文,近年来她潜心研究《皇朝礼器图式》,让我获益良多。本书是从宫廷礼仪规范出发,讨论阶级和器物的相关性。又,与孙慧敏教授创建城市商号数据库、股东名册,从中发现宫廷和北京商号的关联,如替宫廷制作首饰的银楼也涉足金融业,在清末内务府财政困难时借贷给宫廷。巫仁恕教授讨论明代消费文化的趋势由下而上,我则看到宫廷时尚对北京城市文化的影响。连玲玲教授研究上海百货公司的意涵不只是新式商业技术的引进,也带来城市生活方式的变迁,让我思考宫廷的"宫样""内造"对市民消费文化的影响。《诗经·小雅·伐木》"嘤其鸣矣,求其友声"是同人志趣相投的最佳写照,一并于此致谢!

这本书当初的想法是把博物馆的器物放在乾隆时代的经济史脉络来讨论,北京的商铺就像现今的法国巴黎香榭丽舍大道、德国法兰克福歌德大街上的商铺一样,精品店林立。本书繁体版出版后反应热烈,社会科学文献出版社编辑李期耀博士立即联系说想出简体版。李先生很热诚,做事认真,在校对过程中合作愉快。非常感谢他!本书在执行"中央研究院"深耕计划期间完成，感谢吉林师范大学许富翔教授协助绘制北京城市地图，以及助理王士铭博士、王中奇小姐、卫姿仔小姐、黄品欣小姐、坠如敏小姐协助搜集资料与编排。时间过得真快，当初质疑阿嬷写什么皇帝的"荷包蛋"的大孙女已经读高中了，小孙女也已读初中。在她们成长的过程中，我常带她们去台北信义区逛街，通过百货公司的橱窗感受一下时尚潮流。

最后感谢上师雪莉·雪莉·阿南达慕提（Shrii Shrii Ananda Murtii）先生教我每天规律地静坐、做瑜伽，让我保有健康的身心从事研究。

图书在版编目（CIP）数据

乾隆的百宝箱：清宫宝藏与京城时尚 / 赖惠敏著
. -- 北京：社会科学文献出版社，2024.7
（启微）
ISBN 978-7-5228-3489-4

Ⅰ.①乾…　Ⅱ.①赖…　Ⅲ.①宫廷-史料-中国-清
代　Ⅳ.①K249.06

中国国家版本馆CIP数据核字（2024）第073649号

· 启微 ·

乾隆的百宝箱：清宫宝藏与京城时尚

著　　者 /	赖惠敏

出 版 人 /	冀祥德
责任编辑 /	李期耀
责任印制 /	王京美

出　　版 /	社会科学文献出版社·历史学分社（010）59367256
	地址：北京市北三环中路甲29号院华龙大厦　邮编：100029
	网址：www.ssap.com.cn
发　　行 /	社会科学文献出版社（010）59367028
印　　装 /	北京盛通印刷股份有限公司

规　　格 /	开　本：889mm×1194mm 1/32
	印　张：15.75　字　数：347千字
版　　次 /	2024年7月第1版　2024年7月第1次印刷
书　　号 /	ISBN 978-7-5228-3489-4
定　　价 /	118.00元

读者服务电话：4008918866